婚姻家事律师养成手册

张静/著

婚姻家事法律业务全解析

Marriage and Family
Lawyer's Development
Handbook

法律出版社
LAW PRESS · CHINA
北京

图书在版编目(CIP)数据

婚姻家事律师养成手册：婚姻家事法律业务全解析 / 张静著. -- 北京：法律出版社，2021(2026.1 重印).
ISBN 978-7-5197-5381-8

Ⅰ. ①婚… Ⅱ. ①张… Ⅲ. ①婚姻家庭纠纷－处理－中国－手册 Ⅳ. ①D923.9-62

中国版本图书馆 CIP 数据核字(2021)第 034414 号

婚姻家事律师养成手册
——婚姻家事法律业务全解析
HUNYIN JIASHI LÜSHI YANGCHENG SHOUCE
—HUNYIN JIASHI FALÜ YEWU QUAN JIEXI

张 静 著

策划编辑 蒋 橙
责任编辑 蒋 橙
装帧设计 鲍龙卉

出版发行 法律出版社
编辑统筹 法律应用出版分社
责任校对 朱海波
责任印制 刘晓伟
经 销 新华书店

开本 880 毫米×1230 毫米 1/32
印张 16.375 字数 412 千
版本 2021 年 10 月第 1 版
印次 2026 年 1 月第 7 次印刷
印刷 天津嘉恒印务有限公司

地址：北京市丰台区莲花池西里 7 号(100073)
网址：www.lawpress.com.cn
投稿邮箱：info@lawpress.com.cn
举报盗版邮箱：jbwq@lawpress.com.cn
销售电话：010-83938349
客服电话：010-83938350
咨询电话：010-63939796

书号：ISBN 978-7-5197-5381-8
定价：108.00 元
凡购买本社图书，如有印装错误，我社负责退换。电话：010-83938349

我为什么要写这本书

大约2003年时，我开始了实习律师的生涯，2005年正式成为执业律师。2006年，我从事了一年与公司业务有关的法律事务，那时给主任当助理，处理较多的是法律顾问业务和企业改制业务。因为没有经历过诉讼开庭，我总觉得缺少作为律师最基础的业务训练。2006年10月我办理了转所，开始跟随新的老师学习婚姻家事诉讼与非诉讼业务。当时只是想从婚姻家事类诉讼入手，打一下诉讼的基础，也没有想一直从事这一领域的律师业务，但从此之后却一发不可收拾。四年后正式独立执业时，我对这一领域的业务已经很熟悉了，由于一开始走的是专业律师的道路，其他领域的诉讼业务涉猎较少，所以，独立执业后，自然而然地就从事了该领域的工作。

我最终认识到，专业化的选择是正确的。经过了十八年的执业生涯，我仍没有看清律师这个行业，它是如此庞杂，每一领域的专业又有很多不同，即便是在一个领域里深耕，你仍会觉得有学不完的知识，积累不完的经验。所以，我发现，律师只是用法律的角度来看世界的一个行业，这个行业就是完整的世界，只是需要从法律的角度去了解和诠释这个世界而已。换句话说，任何一个领域都需要法律服务，通过法律服务的视角，你可以接触到这个世界的方方面面。所以，除了极个别能力强的律师可以同时从事多个专业领域外，大部分过去那种“万金油”型的律师越来越缺少发展空间了。律师专业化的分工越来越细,专业律师的所长是显而易见的,不仅仅是可以更好地为当事人服务,保证服务的质量,而且对于律师来说,也有利于保证案源。据我观察,凡是以专业见长的律师,案源相对充足,事业发展较好。当事人也认识到了这一点,越来越多的人找律师,首先问你是不是专业律师,他们当然希望得到专业、高质量的服务。

由于我选择了专业化道路,再加上自己爱积累总结的习惯,十几年来,逐渐形成了我自己的一些专业的执业方法和习惯。这不仅包括对于法律本身的熟悉,对婚姻家庭领域案件审判实践的熟悉,还包括作为一个律师需要形成的习惯和“套路”。这些经验从咨询到最后结案订卷,都有我自己的心得体会。由于我所在的律师事务所较大,人员不断增加,我认识的同行也很多,渐渐开始,我每天接到的电话和当面咨询不仅仅来自当事人,很多都来自同行。由于专业的细分,很多律师从事婚姻家庭领域案件时,喜欢到我这里讨论咨询以增加自己的确信。我也是这样,我遇到自己不熟悉领域的案件,也喜欢咨询这一领域的专业律师才会心里踏实。问的人多了,我发现了一个共性,他们问的往往都不是什么高深疑难的法律问题,而是这一领域里常见的法律问题。所以后来我开始在所里开讲座,只讲解最普通的婚姻家庭法律问题。后来考虑到律师工作忙,不方便,便利用微信群在所内讲解。后来法天使网站邀请我以文书为导线,讲解了一个有关婚姻家庭律师业务的系列课,从承接案件到案结订卷,从诉讼代理到非诉讼文书起草,我感觉基本把我想要讲的这一领域的专业内容都有所涵盖。这个课程通过网上销售,受到了律师同行的欢迎,很多人由于课程是婚姻家庭律师基本专业技能课而感到高兴,这和我的观察是一致的，就是很多律师没有专业老师的教导，也缺少专业化的培训，自己“摸着石头过河”，其实他们需要的就是最基础、最专业、最简单、最全面的指导。但之前的课程毕竟是以文书为线索，以讲解文书为目的，进而带出了我想讲解的婚姻家庭律师业务。在我与蒋橙编辑接触的过程中，她鼓励我真正从业务角度直接书写一本通俗易懂的婚姻家事律师业务类书，我高兴地接受了。作为一个在律师领域从业十几年的律师，我看到很多年轻律师的学习热情，也看到他们苦于没有专业老师帮助和引领的无助，希望本书能够带给他们一些帮助，让他们在专业化的道路上越走越远，业务越来越好，更好地从事律师工作，帮助自己的当事人。同时，写作本书，也是我的一份工作总结，在写书的过程中，我也一定会学习到更多的东西，帮助自己成长。

1

第一部分 案源和咨询

2
第二部分
诉　讼

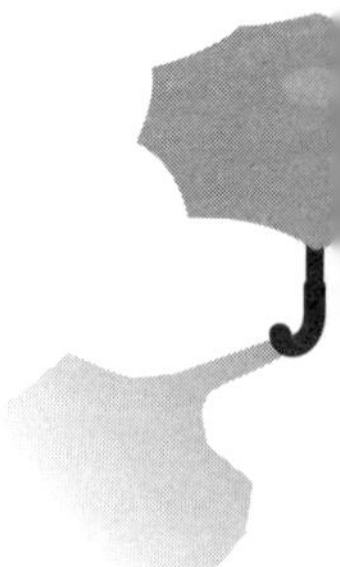

3

第三部分

非诉讼业务

4
第四部分
其　他

1

第一部分

案源和咨询

第一章 律师如何获得案源

一、你的专业性就是你案源的最好基础

总体来说，律师就是个杂家。专业不好，没人信任；人品不好，专业再好，当事人也不愿意选择，也不信任；脾气不好也不行，尤其是婚姻家事这一领域，没有好脾气，准会被当事人投诉的，当事人也不愿意转介绍；还有就是，不成熟的，当事人也不愿意选择，因为没有人生阅历，也难让人信任。总的来说，当事人信任你，才愿意选择你，信任的前提是什么？专业好、人品好、修养好，成熟有经验，办事靠谱。所以说，做一个当事人信任的律师是不容易的。而要修炼成这样一个让人信任的合格律

师，律师要经历的很多，但其中的重中之重，当然是专业。

我记得年轻时，由于对专业问题解答得清楚明白，当事人仍然愿意委托，哪怕年轻一些，人生阅历不如老律师，但当事人觉得比其他的律师解释得明白，更熟悉法律和专业，也会下定决心聘请的。

我们通过实践发现，律师的案源，来源于转介绍的居多，质量也最好。这并不是说律师不能做广告，但当我的案源足够时，不需要再做广告，而且确实转介绍的案源总体上是最好的。至少我本人除了独立执业之初做过一小段的网络推广外，几乎就没有做过什么刻意的营销，都是之前的老客户和同事、同行的转介绍，甚至还有回头客，打完一个官司，再让我代理他的另一个官司。他们之所以愿意转介绍，一种是曾经请我代理过，了解我的专业，所以遇到同类型的案件愿意介绍给我，甚至是不同类型的案件，也愿意通过我找律师，这是出于之前的信任和对我专业的认可。还有一种，就是同行或朋友，了解我的专业领域，自觉地成了我的推荐人。

律所里那么多的同事，为什么会向你进行转介绍呢？而且有些介绍人对你甚至是只闻其名，未见过其人，这里最重要的一个因素，就是专业性。你的专业性获得了认可，转介绍是必然会发生的。所以，刚执业的律师，即便是刚开始承接案件，什么类型的案件都接，也要有一种意识，就是逐渐培养专业领域，这对案源的拓展反而是有好处的，总有一天，专业性的优势会让你明白，你的专业性会让当事人来找你，而不是反过来。

二、专业领域的选择

那么选择什么样的专业领域呢？这个可能是令许多年轻律师困惑的问题。其实，并没有什么是“最好”的选择。有的人首先考虑的，可能是经济收入高；有些人是从兴趣出发；有些人是考虑自己以前的专业或从业经历，比如，根据我的观察，有法院刑事审判庭审判经验的、从公安系统或检察院转行做律师的人,更容易选择刑事领域。有些知识产权律师原本就是从事知识产权审核工作的,等等。有的律师一开始会接各种类型的案件,然后从中观察自己最适合的。无论哪个专业领域,做好了都不错。

我自己当初选择从婚姻家庭领域开始进行学习,主要是考虑这个领域门槛低,作为学习诉讼的领域似乎很好。但真正做起来,却发现有诸多的优点,当然也有诸多的难处。优点是案源充足,收入当然也不错。试问哪一个人可以离开这一领域?你会发现,各行各业的人都会来咨询。因为大部分人都要结婚,有的要离婚,都会涉及财产关系、身份关系等问题,就算婚姻没有问题,人的生老病死总是难以避免的,继承的事,是避不开的。无论家里有没有矛盾,有人去世,遗产总要继承的,如何继承,其程序、方式、份额等,总是少不了咨询律师,有的还要起草协议,当然有争议就更需要律师。我们做文书起草,最常处理的就是离婚协议书、夫妻财产约定和遗嘱。所以,人人都需要婚姻家事律师的帮助。我通过咨询和代理案件,见过各种职业、形形色色的人,这也成为我认识这个世界的途径之一。俗话说,读万卷书不如行万里路,行万里路不如阅人无数。律师这个职业,让单纯的我迅速地成长。

三、如何开展专业化的学习

那么,专业性如何养成呢?我个人觉得,最简单而又直接的方法,是确定好专业方向后,找一个好的专业老师和团队进行学习。律师行业传、帮、带是个传统,好师傅差不多两年就能带出一个专业的律师,四五年成熟,可以做到完全独立没有问题。当然有些人想自我成长探索,也没有问题,但是最基本的程序和法律,总是要先跟着老师傅学习的,我很难想象一个实习期刚过,刚刚拿到执业证的人,可以成熟地代理案件。就算资质再好,跟着一个师傅全职工作,至少也要两年才可能基本独立。

专业化训练可以带给你大量的专业知识和实践,使你很快掌握程序和技巧。我个人认为最锻炼律师的当属诉讼,所以不管你将来做哪个领域,有诉讼基础是必要的。

四、如何获得案源

解决了专业化的问题,案源中最重要的基础就有了,那么谈到推广、营销等,作为一个律师要如何做呢?从我个人的经验来看,推广和有意识的营销是可以的,尤其是在一开始执业时。现在网络营销这么普遍,只要花一点钱,在相关专业网站上做一些推广,也是会产生一定的作用的。但我的感受是,这种推广的作用并不是主要的,案源质量也一般,至少我很快摒弃了这种做法,完全不需要任何网络平台的推广。之所以如此,与我在独立执业前经历了四年左右的专业化律师工作不无关系,当事人、朋友、同事,这个圈子已经形成了对你的基本认识,他们的转介绍还是最主要的案件来源。

另外,我个人比较推荐参加一些可以突出你专业性的活动,不拘形式。作为律师,我很乐意到社区等基层做一些讲座,进行义务普法工作,其实我从不考虑案源,而是这件事本身做起来也很有意义,但你所体现的专业性一定会给你带来业务。我还曾到电台、电视台做过法律节目,进行法律点评,在杂志撰写法律文章。后来,因为同事经常咨询专业问题,我在所内开展讲座和微信课,后来又发展到在公开的法律平台开发网课,这使人们可以从多个途径了解到你,认可你的专业。在这些方法中,我不得不说,讲课是一种很好的方式,我推荐大家进行大大小小的讲座,哪怕刚开始是免费的讲座,也可以达到锻炼自己,推广宣传的目的。

当然,现在我也出了书,更多的人可以了解到我。不仅如此,我从2013 年开始,考虑到婚姻家庭领域的特点,在所内开展了一个公益读书活动,进行心理、伦理、文化、教育等方面的沙龙活动,刚开始,是因为有一批不想离婚的当事人非常希望律师能在心理方面给予一定的指导帮助,挽回婚姻家庭,或帮助自己更好地处理生活中的问题,我给他们介绍了一些心理咨询师后,反馈不一,最后我不得不考虑进行这样一个不定期的沙龙活动,开展自我学习。这个活动开展后,参加的不仅是当事人,还有同行、同事、朋友,以及他们的朋友。这使我的工作更完整,我从事这样的事情也非常快乐,我很早就意识到法律不可能解决生活中方方面面的问题,当一个当事人表示不想活了,有自杀倾向的时候,光靠我的法律知识解决不了这个问题。所以,从嘉宾老师的授课中,从弘扬正能量的书籍中,从分享者的分享中,从当事人的成长中,我也学到了很多。最后,很多人了解我、认可我是通过这样一个非法律形式的读书会,这是我刚开始未曾设想的。

所有这些途径,都形成了一个良好的案件来源循环。几乎每周甚至每日,都会有陌生的朋友找到我,进行咨询,有时问题简单,我在电话里答几句就解决问题,专业有效,虽不收费,但也是一种宣传,等他真的有问题或他的朋友有问题解决不了时,他自然会想到你,为你推荐客户。所以,先给予,再收获,不要着急没有案源,而是要考虑如何提供服务,如何提高自己的专业技能,案源的问题也就自然而解了。

在未进行任何有意识的网络推广的前提下,我的案源日渐增多,最后不得不考虑以团队的方式开展工作,目前我的每个案件都会配一名执业律师一起工作,方便他们学习专业技能,也能使我更好地安排工作,做更多的案件,保证案件质量不受影响。

第二章

谈　案（咨询，第一次见当事人）

案源来了以后，面临的第一件事，就是当事人肯定会和你先咨询，无论是通过电话还是见面，都要先经过咨询，当事人对你有个第一印象，接下来才好决定是不是聘请你来代理案件，或委托非诉讼业务。

咨询时有些注意事项，是律师需要有意识遵守的。

一、着装、形象

律师的着装，当然以职业装为好，即使不穿西服，着装也要尽量体现职业特征，干净整洁，令人信任。经过我的观察，发现其实职业装确实能更好地体现律师的专业,一个人穿着都不能干净利落,说是能代理好自己的案件,这任谁也难以相信。职业装一般端庄大方得体,适合职场,所以在购买衣物时,要考虑到自己的职业特征,在职场,尤其是会见当事人时,不穿奇装异服,尤其不能穿暴露的衣服,这是最基本的。

会见当事人时,淡妆为宜,使人显得精神干练,也是对当事人的尊重。我在律师协会培训时,曾经有一位老师,建议我们在出庭等公开场合,戴首饰以一件为宜,简单、大方、庄重,我试验后,觉得很好,一直遵循这个规则。

第一次见当事人,当然要给人以良好的印象,所以,着装等要在日常就形成好的习惯。我在第一次会见当事人时,会尽量穿职业装。但是如果是其他的场合,如案件进行过程中,对双方进行调解,其实也可以考虑穿一些更放松的服装,尤其是在婚姻家庭案件中,放松有利于调解,这时如果你穿大红色的西服,可能太具压迫感,不利于接近当事人。

二、宣传

第一次咨询,除名片外,我们的助理或律师一般会先给当事人奉上一份团队或部门的宣传页,当事人等待主办律师时可以看一看,咨询完也可以拿走,借此机会可以宣传一下自己的专业团队,体现律师的专业性。

我在跟当事人沟通时,如果觉得必要,也会推荐一些自己的网课给他们,比如,有些当事人有婚外情取证的问题,我会推荐他直接听我的一堂网课,这样更全面,除了当天一对一的指导外,他回去可以花大概一小时的时间听课,既可以帮助他更好地取证,也可以让他深入地了解律师的专业技能,不失为一个好方法。我和其他律师合作时,他们见我时有人会将自己出版的专业书籍签名送给我,使我对这位律师的专业观感即刻提升,也是不错的方法,当然这个适合有法律基础的人。

除此之外，经过我的咨询，当我发现案件有回旋的余地，如离婚案件，两个人的矛盾并非不可调和，尤其是那些不想离婚的，我还会给他一个选择，就是参加我们的公益读书会沙龙活动，如果经过这些活动，当事人只是咨询，并没有进行到诉讼或者最终离婚的程度，也是好事一件。当事人参加了这些相关的活动后，即便最终还是要诉讼，他也会更好地了解你和你的团队。这就是为什么我说增加偏心理学的公益沙龙活动后，感觉业务更完整，由于当事人需要，我们律师可以在这一专业领域内提供更为完整、全面的服务。这种公益活动其实是我们最好的名片，虽然初心并非为了宣传，却成为当事人认可你最好的宣传。往往在第一次谈案过程中，我就会判断这个当事人是不是需要这样的支持，如果需要，我会将信息告诉他，由他自行选择是否参加。有些婚姻家庭案件的当事人，在诉讼中压力巨大，出现明显的心理问题，如焦虑和被害妄想，需要这方面的支持，他们可以在活动中自行发现问题，互相学习成长，而不需要律师当面指出，有时效果更好。

2020 年底，考虑到婚姻家事领域与心理学的密切关联，我所在的律师事务所婚姻家事部门下设了心理咨询中心，2021 年在律所内部开辟了一间心理健康咨询室，对接了专业的心理咨询师，可以为律师及客户在所内的咨询室进行专业的咨询，进一步提升了律师的专业价值与服务，使我们的工作更完整和深入。说到底，只有沉浸于自己所从事的事业，围绕着如何更好地为当事人服务，才是最好的宣传，对于律师个人和一个律所都是如此。这些无声的宣传，往往才是事业长久的根本。

三、记录、沟通

第一次咨询时，我们一般不需作详细的记录，而只作简单的记录，以防案件太多时忘记案情。

婚姻家庭案件，案情烦琐，当事人说到委屈处，也特别喜欢说细节，有些是不必要的，律师咨询既要讲究效率，也要适当考虑当事人的情绪，这个要把握好。那么，一般我们怎么引导当事人进行咨询呢？因为当事人把握不住哪些重要内容该说，哪些内容没必要说那么详细，我一般会采取问话的方式，尤其是离婚案件，做得最多，对于一个案件需要了解哪些情况，是非常熟悉的。如果律师接受了委托，第一次接案时的笔录，我们要问的内容基本是固定的，是比较全面的，所以第一次咨询时，我基本借鉴接案笔录的顺序和内容来了解案件情况（接案笔录的做法后面会详细叙述）。这样问完后，我会根据案情解答关于离婚的程序、子女抚养和财产分割等问题。当事人这时基本就了解了案件中最重要的问题，如果还有疑问，再咨询律师即可。其他类型的案件也类似，这样既可以提高效率，又很全面，当事人一下子就可以感受到律师的专业。

对于离婚案件，在离婚程序上要与当事人多解释一下。因为离婚案件，第一次起诉如果被告不同意离婚，很有可能判决不准离婚，六个月之后可以再起诉。律师代理的到底是哪个程序，代理费包含哪些程序，是要说清楚的，否则当事人很容易产生误解，将来可能产生纠纷。对于离婚案件的程序和代理，我一般会给当事人一张图，让他一下子就明白，并指出我们代理的到底是哪个程序，这样非常直观，就不会产生什么误解，这种可视化的工作律师应该做在前面，就是学会制作和使用各种规范文书：

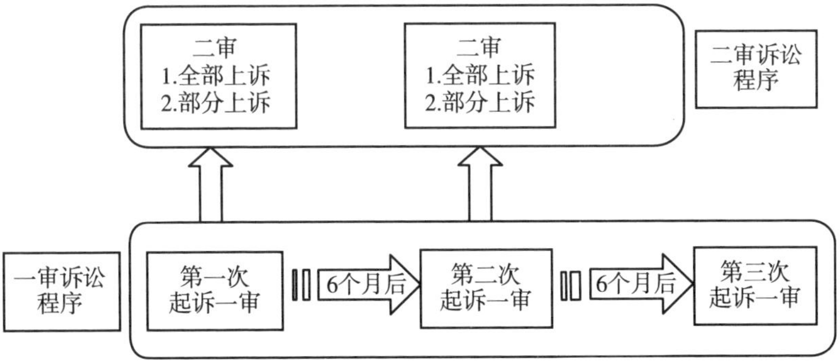

图 2.1　离婚案件诉讼流程

代理离婚案件，我一般的做法是，只签署本次起诉一审程序的委托代理协议，因为离婚案件，第一次可能判决不准离婚，这种情况下上诉是没有意义的，二审改判的概率非常小，所以六个月之后如果再代理第二次起诉的一审程序，需要重新签订第二次起诉一审程序的委托代理协议，第二次起诉一审程序的代理费收取，会考虑第一次曾起诉的情形，只收少量的代理费。不管是第几次起诉离婚，二审程序的代理协议和费用也是要单独签署和收取的，因为二审程序不一定发生，这取决于当事人双方是否上诉，即便上诉，上诉项的不同将导致工作量非常不同，所以一般我们会等到二审实际发生时根据情况再签署二审程序的代理协议。这样律师代理案件不仅考虑了财产标的，也适当考虑了工作量，是比较合理的。当然有些标的较大的离婚案件，当事人也提出一次性收取费用，不管经历几个程序，以最终取得生效的离婚判决书或调解书为准，所有程序均由律师代理。这种做法也是可取的。

所以，你代理的是哪个程序，收费对应的是哪个程序，二审程序或第二次要重新起诉离婚的话，如何委托和再收费，这些提前与当事人讲解清楚，当事人就不会产生误解，否则有些当事人对诉讼程序不了解，认为交了一次代理费律师就应当将所有程序代理完毕，后来发现不是如此，就会心理失衡，容易产生纠纷。律师是专业人士，但当事人不是，所以律师有责任为他们讲解清楚。

《民事诉讼法》第 124 条第（7）项规定：判决不准离婚和调解和好的离婚案件，判决、调解维持收养关系的案件，没有新情况、新理由，原告在六个月内又起诉的，不予受理。因此，收养类型的案件同离婚案类似，也要作一些解释说明，因为都有多次诉讼的可能。

四、解答与提醒

在当事人陈述了案情，或者说经过律师的询问，了解了全部案情后，律师应当对问题进行解答。问话是有准备的、全面的,解答自然也是。

以离婚案件为例,问完案情后,我会从三个方面进行解答。一是关于离婚的问题,告知他离婚的方式有两种,一种是两人达成离婚协议,到民政部门去办理协议离婚登记;另一种是诉讼,当然诉讼也分有争议离婚诉讼和无争议离婚诉讼。无争议的离婚诉讼,即双方都同意离婚,且对子女抚养和财产分割也达成一致意见,但不方便到民政局办理协议登记离婚,这种情况下可能在当地办理无争议诉讼离婚会更方便。或者双方中有人愿意拿到法院出具的民事调解书,因为民事调解书是有强制执行力的。这种情况下,只需双方中的一方作为原告,到被告住所地的法院起诉即可,由一审法院出具民事调解书,办理离婚。

对于有争议的离婚诉讼,律师要解答的问题较多。首先,要讲解离婚程序,如第一次起诉离婚,被告同意离婚的话,法院会判决双方离婚,但是子女抚养和财产分割需法院依法处理。如被告不同意离婚,原告就面临着第一次起诉法院判决不准离婚的可能,如最终法院判决不准离婚,六个月后可以第二次起诉离婚。

其次,要讲解子女抚养的问题,根据案件情况和当事人就子女抚养的诉求,分析利弊在哪里,相关的法律规定和审判实践中做法如何,当事人应当收集哪些证据,注意哪些做法等。

最后,要讲解财产分割的问题,针对案件的具体情况,讲解本案中涉及的财产一般如何分割,有哪些相关的凭证要保留或尽快去调取收集等。另外,可能还要根据法律规定和案件情况给当事人一个调解意见的建议。如果案件中涉及离婚损害赔偿的内容,还要告诉当事人需要准备的证据和实践中的经验等,使当事人了解法律,不作过高期待,同时积极准备、收集证据材料,更好地维护自己的合法权益。这其中,律师常常提醒当事人的是,要知道对方的银行账号,这样一旦诉讼,希望法院调取对方银行账户明细时,可以提供基本的线索,否则法院无法调取,对方的银行存款及相应款项流向等均难以查询了解,不利于当事人维护自己的合法权益。

一般情况下,我在咨询过程中,会根据案件情况,列一个基本的证据清单给当事人,让其注意准备,至少留取证据的复印件,常见的如结婚证、子女出生证,这是离婚案件必须提交的证据,我会告诉当事人要保留原件或复印件。对方的户口簿也是常用证据,因为立案时需要,所以至少要有复印件。如果是继承案件,被继承人的死亡证明是最基本的证据材料。涉及财产的,如房屋,那么购房合同、借款合同、房产证是最常见的证据;如车辆,那么机动车登记证书、行驶证、购买发票是常用证据。打官司就是打证据,所以在第一次咨询时,就提醒当事人注意保留证据及证据线索,是必要的。以涉及家庭暴力的离婚案件为例,我们有制式的文书可以直接给到当事人:

文书2.1:家庭暴力取证方法及应对措施告知书

家庭暴力取证方法及应对措施告知书

一、证据形式及注意事项

(一)伤情照片:受伤后及时拍照,照受伤部位的同时,要照脸,以证明关联性

(二)诊疗记录:及时就诊,包括医疗本、诊断证明、医疗报告、住院病历等

(三)报警记录、警察笔录、伤情鉴定报告、告诫书等

1. 报警要尽量打“110”报警,而不是打派出所的电话号码。因为“110”报警会有报警记录留存,而打派出所电话不一定有报警记录

2. 要记录出警人员的联系方式,方便将来调取证据

3. 如果当时无法报警,事后应及时报警

4. 必要时可要求警察给双方做笔录、依程序进行伤情鉴定、出具告诫书等

5. 家庭暴力受害人不方便报警时,其法定代理人、近亲属也可以向公安机关报案

(四)保证书:施暴方道歉时,要求其本人书写,可留存备用

(五)证人证言:受害人应积极寻求亲友帮助,知情人将来可作为证人作证

(六)录音录像:可事先准备,也可在暴力发生时尽量逃往有摄像头的公共场所。车辆的行车记录仪中也可能有录音录像。小区监控等也可能保留有录像

(七)相关机构证明:受害人可以求助居(村)委会、对方用人单位、妇联、学校等机构

二、应对措施

(一)适时分居

(二)向相关机构求助,寻找紧急庇护场所

(三)报警处理,要求公安机关给予治安管理处罚,够不上治安管理处罚的,可由公安机关对加害人给予批评教育或者出具告诫书

(四)对施暴者可以请求法院撤销其对未成年人的监护资格

(五)必要时对施暴方介入心理治疗

(六)向法院申请人身保护令

(七)起诉离婚、侵权纠纷等,追究施暴方的法律责任

(八)必要时向公安机关报案,追究施暴方的刑事责任

扫描二维码

13092

指导好当事人事先取证比事后律师采用各种办法取证或申请法院调取可能更为有效，所以，这就是咨询的价值。当然，涉及案件代理，我们不能作胜诉的保证，但可以提供有效的指导，帮助当事人更好地维护自己的利益，在将来的诉讼或谈判中争取更有利的地位。

五、隐私

婚姻家庭案件，尤其是离婚案件，均会涉及个人隐私，这种情况下，咨询的律师不宜很多，一般情况下，我们的接待律师不会多于 2 人。接待当事人，宜在单独的会议室接待，当事人情绪不好时甚至会落泪，封闭的会议室环境有利于他们的叙述，也是对他们的尊重，所以在有条件的情况下，尽量安排单独、封闭的会议室谈话。

个别情况下，当事人甚至不同意助理律师在场，只同意与主办律师一人谈话，我们也会允许。

无论是咨询，还是代理案件，婚姻家事从业律师都要有一个基本素质，就是注意保护当事人隐私，不乱说他人隐私，不公开评论。当事人将隐私告知律师，是为解决自己的问题不得已而为之，也是对律师的信任，律师不应当辜负这种信任，这是基本的职业素养。

六、合作

咨询时，如果是一个律师咨询，就不存在相互配合的问题。一旦超过一个人，就有这个问题，如何发问，谁是主谈话人，如何配合等，应当要了解。通常情况下，如果一个律师带一个助理，一般不会出现主次问题，主办律师问话解答，助理律师只就某些问题在讨论时起补充提醒作用即可。但是如果两名律师是合作关系，就要非常注意如何配合的问题。我的经验，事先一定要确定一个主谈话人，按照其思路进行咨询谈话，另一人可以不说话，是的，可以不说话。就是宁愿不说话，也不要为了存在感而经常打乱主谈话人的思路。咨询是有思路的,有顺序的,主谈话人是有规划的,一旦打乱,他再要往回拉,就像一条线经常断掉,或者说走一条路经常出现岔路,还要往回拉,既浪费时间,也没有章法,主谈话人很难进行下去。这一点,深谙销售之道的人应当了解,这是两人一起做销售推广的禁忌,两人之上若想合作,必要朝一个方向,而不能各自为政。

那么,两人合作的情况下,主谈话人如何确定呢?当然是有专业经验的人作为主谈话人合适,即便是专业经验不足的人作为主谈话人,另一人也不要因为自己经验丰富就乱插话,否则很难将咨询完整进行下去,仍然应当按照主谈话人的思路进行,另一名律师可以在每个问题的最后补充,或者在整个咨询完毕后作一下各方面的补充即可。我也曾和外所的律师合作,遇到过类似的问题,那时候只是做了闭嘴的动作,最后想办法把那位律师的不足全面补充一下,也很好地完成了咨询。所以,想合作就要配合,懂得配合之道,才能将事情做好。

七、如何帮助当事人作出是否立案或上诉的决定

(一)调解优先

当事人来咨询,有些只涉及非诉讼的业务领域,如了解继承的相关法律规定,让律师帮助起草遗嘱等。而有些咨询是要决定是否提起诉讼或者对一审的判决提出上诉的。当事人来咨询,不仅仅是了解法律内容,自己去作一个决定,有的时候他们更信任律师,需要倾听律师的建议,甚至有些当事人,对于自己是不是应该离婚都要听取律师的意见。作为律师,如何帮助当事人作出一个正确的决定呢?这是一个根本无法回避的问题。

婚姻家庭案件非常特殊,涉及亲子关系、身份关系等重要的关系,当事人也往往都是亲属,不可简单粗暴处理。我的原则是,对于可以私下调解的案件,不一定要通过诉讼解决,我会给当事人一些建议,让她先协

商试试,但该准备的证据材料要提前备好,以防调解不成仍旧要诉讼。比如,有些人对于离婚一事并不是特别坚决,在提醒他准备好相关证据材料的前提下,会让当事人先通过心理调适等方法改善一下夫妻关系,如果不行,一定要离婚的,也要让当事人试着协商一下离婚的具体方案。

有些案件,一方有出轨行为,无过错方往往希望通过协商拿到比诉讼更好的结果,这其实是非常有效的做法。有些当事人,对于法律存在很多误解,比如,认为只要对方有过错,就可以要求他净身出户,或者获得极大比例的夫妻共同财产。其实,在《民法典》出台前,原《婚姻法》中并无明确规定要照顾无过错方这一原则,更未听说有让一方净身出户的案例,如果一方转移了大部分财产,对于剩余的财产倒是可以根据原《婚姻法》第 47 条的规定,对过错方不分或少分,但这也是有前提的,就是过错方已转移大量资产且难以追回。认为一方有婚外情过错就可以要求他净身出户,或者获得极大比例的共同财产,都是对法律的误解。原《婚姻法》中只规定了对于重婚或有配偶者与他人同居的情形,无过错一方可对另一方提起离婚损害赔偿,也规定了照顾女方和子女利益的原则,并未明确规定照顾无过错方的原则,但是在一些司法解释中,可以看到照顾无过错方原则的规定。

当然,《民法典》第 1087 条首次明确规定了离婚时,夫妻的共同财产由双方协议处理;协议不成的,由人民法院根据财产的具体情况,按照照顾子女、女方和无过错方权益的原则判决。正式将这一原则写入了法典,相信在以后的离婚案件中,法院会更加注重对无过错方利益的保护。

尽管如此,在司法实践中,对于什么是“照顾”,每个法官的认识也是不一样的,属于自由裁量的范畴,照顾的力度也不一样。但大部分情况下,这种照顾在财产比例上极其有限。以我所经历的案件为例,法官强制判决照顾 10% 以上财产比例的少之又少。我们有时甚至会为了争取到更多的财产比例,在提交了一方有重婚或与异性同居的证据后,放弃要求离婚损害赔偿,而直接要求法官在分配财产时考虑过错,照顾无过错方,以期获得更多的照顾。因为有些法官认为,对于一方的过错既然已判决给付了损害赔偿款,在财产上就不需要再因此照顾无过错方了。一般来讲,离婚损害赔偿的数额不会判决得很高,目前笔者见过的最高赔偿额为30万元,还是因为该离婚案件涉及财产标的巨大,30万元真的只相当于九牛一毛。

说这么多,其实是想告诉大家,当事人不了解这些,但是律师要明白,所以对于存在一方出轨的案件,在可诉可不诉的情况下,非诉讼解决方式可以有更大的空间为当事人争取财产利益,一旦诉讼,绝对不会像有些当事人想象的那样获得那么大的财产照顾。

所以,作为律师,这时要帮助当事人把握好谈判的度,不可过于强势,在财产分割方面提出太苛刻的条件,在出轨一方刚开始尚存愧疚的时候,是争取最大利益的最好时机。但是一定要适度,因为一旦谈判破裂,导致诉讼,就不太可能拥有调解谈判那么大的空间了。这期间,律师可以承接咨询和个人法律顾问业务。

如果调解成功,当事人可能就不再需要律师的帮助,顺利解决麻烦了,这是我们乐于见到的。对于当事人的事,我始终认为,应当坚持当事人利益最大化的原则,不要为了成案收代理费,把一件本可以化解的矛盾激化,而应当自然为之,如果可以化解矛盾,化解为好。还有些经调解,需要律师为当事人出具文书的,如离婚协议书、遗嘱等,律师可以承接文书代拟的业务。

(二)律师参与谈判

当然有些矛盾,化解较难,但是调解的可能还是存在的,只是当事人之间由于矛盾激化,不再适合作为沟通人这一角色了。这时我一般会与当事人直接签订委托代理协议,并把委托内容分为两部分,一部分是诉前调解谈判的内容,另一部分是代理诉讼的内容,收费也分为两部分,在律师参与诉前调解成功的情况下,有时根本不需要去立案。如离婚案件,谈判成功,双方可到民政局办理协议登记离婚,再如继承案件,谈判成功,可以到公证处办理继承公证,都不一定要通过诉讼。即使通过诉讼,这时也是无争议诉讼,到法院出具民事调解书即可,手续也比较简便。

(三)建议立案

当然,有些案件久谈不决,适时起诉反而是好的方法。我给当事人的谈判期间一般为三周以内,如果律师直接谈判,除特殊情况外,时间也不宜超过2个月。如果再谈不下来,我会建议当事人必须要考虑诉讼,这时候,诉讼反而是节省时间的方法。

当然,在咨询中,一定要了解全面的案情,防止当事人的一面之词,还要给当事人多普法,让其了解与案件有关的全面的法律规定,劝他们放弃一些不切实际的要求,确实需要诉讼的才诉讼。

(四)是否上诉

律师接待的咨询还有一种情况,是当事人拿着一审判决来找律师,希望咨询律师专业意见,看是否有提起上诉的必要。律师对于自己承接的一审程序的案件,如果出了判决结果,也是要帮助当事人决定是否上诉,但很多情况,律师并没有代理一审程序,有可能是当事人一审没有请律师,也有可能是请了别的律师,现在律师都要帮助当事人作出决定,是否提起上诉。

经过我这些年的观察,二审法院绝不会轻易改判一审判决,除了个别有“硬伤”的判决外,大部分被改判的,都是二审时发现了新的证据得以改判,还有一些当事人在二审时达成了调解,达到了改变判决结果的目的。所以作为律师,你也不要轻易怂恿当事人去上诉,而是要看一审法院在事实认定、法律适用及程序方面是不是真的存在问题,对于小小不言的问题,考虑到上诉可能产生的诉讼费、律师费及时间成本等,我都会劝当事人放弃。但若涉及当事人较大的利益，不应该轻易放弃，有很多确实存在问题的案件，经过努力，二审是会改判的，即便不改判，二审法官往往也会花较多的时间做对方的工作，容易达成调解。所以对于有些案件，律师反而是要有追求正义之心，不能轻言放弃的。

通过一审判决，律师基本可以了解案件全貌，再看一下双方提交的证据材料，让当事人陈述一下开庭的情况，律师即使没有参与一审程序，也基本可以对案件作出一个是否建议当事人提起上诉的判断。说到底，还是要求律师要有扎实的专业根基，再加上多年实务经验的积累，才能更好地服务于当事人。

2

第二部分

诉　讼

第三章
接　案

经过一两次咨询后，当事人一般就会决定是否与这位律师合作。如果信任律师的专业，律师的代理费当事人也可以接受，则很快到达承接案件的阶段，律师将正式成为案件的代理人。在承接案件的初期，律师的工作都有哪些呢？需要注意些什么呢？

一、事先沟通

律师应事先将委托代理协议、授权委托书和风险告知书文本起草好后发给当事人阅读确认，进行见面前的事先沟通。

(一)委托代理协议

当事人表达了想要聘请律师的意愿后,律师应当先制作委托代理协议。我的习惯是将起草好的委托代理协议先发电子版给当事人看,确定后再到律师事务所见面签订正式的协议。这样可以节省见面时沟通的时间,一般第一次接案时,由于事先看过合同,不需要再细看,会很快签署,就可以直接进入案件正题了。

对于委托代理协议,我们有统一规范的文本,每个案件只需要根据个案的情况进行简单的修订添加即可,起草合同很快。婚姻家庭案件有它的特点,如它的调解性。很多离婚案件在诉前就调解成功,当事人甚至不需要诉讼,直接去民政局办理协议离婚登记即可,既快速又不伤和气。这是不是一种结案方式呢?委托代理协议里应当写清。还有在诉讼期间调解成功,出具调解书甚至撤诉处理的,算不算一种结案方式呢?这些是当事人不容易理解的地方,应当写清楚,防止将来发生纠纷。下面给大家介绍一下我通常使用的委托代理协议模板:

文书3.1:《委托代理协议》(详细版)

委托代理协议

第　　号

委托人(下称甲方):

身份证号:

住址:

电话:

电子邮件:

受委托人(下称乙方):北京市________律师事务所

地址:

电话:

传真:

邮编:

甲乙双方根据《中华人民共和国律师法》及其他相关法律、法规的规定,经友好协商,就甲方委托乙方代理法律事务达成一致意见,特订立下列条款,共同遵行。

第一条 委托代理事项

甲方委托乙方代理甲方与________纠纷一案的有关法律事务,具体事项如下:

1. 乙方指定________律师负责代理上述纠纷。

(从一审、二审诉讼程序或其他法律事务中选择)

2. 甲方委托乙方代理权限:________(一般授权或特别授权),授权具体内容及期限另见授权委托书,在乙方代理过程中出现案情变化或甲方的变化,甲方要求改变委托授权内容的,双方另行签订新的授权委托书。

3. 为尽可能详尽周全地完成委托事务,甲方同意________律师指定其他律师或助理协助其办理相关法律事务,包括法律文书的起草、调查取证、与法院沟通联系等。

4. 由于婚姻家庭案件的可调解性,乙方律师可根据情况在诉讼前或诉讼中进行调解,乙方律师可代理委托人参与谈判调解工作(包括诉前调解,诉讼中庭上调解及庭外调解,但此调解工作是指一般性调解,不包括反复调解、长期调解、专项调解、短期法律顾问工作),

若经调解后双方诉讼终结(包括当事人双方达成诉前调解、原告撤诉、委托人单方撤销委托、诉讼中达成调解、一方被判驳或裁驳的情形),均视为乙方律师完成本协议委托代理事务,本代理协议自行终止,本协议第二条所约定的律师代理费乙方不退还。

5. 由于婚姻家庭案件的多变性,甲乙双方一致认可,无论本次诉讼是否经历开庭或开庭几次,在甲方委托乙方之后,若发生原告撤诉情形或当事人双方和解情况,导致本次诉讼终结的,由于乙方律师在接受委托后已付出劳务工作,也视同乙方律师完成代理事务,原代理协议自行终止,本协议第二条所约定的律师代理费乙方原则上不退还。

6. 在甲方委托乙方后,乙方需勤勉尽责按工作规则完成工作,甲方亦需认可接受乙方的工作规则:

(1)乙方律师与甲方每次面谈案情时应作书面笔录,用于记录与案件代理有关事项,甲方认可该笔录内容作为甲方对案情陈述及诉讼意见表达的补充资料,若在笔录中涉及对委托代理事项有所变更的,在双方未签订补充代理协议的情况下,就以甲方签字确认的笔录内容为准,此时笔录可视为委托代理协议书的补充或变更。否则将以另行签订的补充代理协议内容为准。

(2)为规范承办律师为委托人提供认真全面的服务,承办律师在代理过程中可以记录书面的《法律服务工作记录》,由委托人签字确认。

7. 甲方同意以本协议抬头处所填写的邮箱地址为双方沟通所有文书的指定邮箱。同时甲方指定以下地点为乙方律师与其联系、邮寄或快递法律文书及其他资料的收件地址:

____

第二条　律师服务费、其他费用及付款方式

1. 乙方律师服务费的收取标准是考虑以下因素综合确定：

(1)法律事务代理期限的长短及律师耗费的工作时间；

(2)法律事务的难易程度、复杂程度及工作量的大小；

(3)委托人的经济能力；

(4)律师可能承担的风险和责任；

(5)律师的社会信誉和工作水平、专业水准及知名度等；

(6)完成代理事务所在的区域，比如是本市还是外地，代理律师付出的时间成本、执业风险等；

(7)代理本项事务所需律师及律师助理的人数；

(8)涉及财产关系的，考虑诉讼标的额的大小。

2. 经甲乙双方协商一致，本案律师的代理费，确定为________元。

3. 付款时间及支付方式：

(1)一次性付清，甲方应在________，向乙方支付全额代理费人民币________元。

(2)分期支付：

例1：(1)根据甲方陈述，需要处理的夫妻共同财产为房屋一处(地址：________)，根据该财产标的，乙方收取本案基础代理费________元，甲方应在________，向乙方支付完毕；

(2)由于甲方与________的其他夫妻共同财产情况不明，对其他财产，采用如下收费办法：

即如在诉讼过程中，发现除上述房屋外，甲方与________仍有其他夫妻共同财产，经法院依法判决或调解，该部分财产按甲方实际分得的财产总标的的________%收取律师代理费，具体给付方式为：

A. 其中________%在甲方领取判决书或调解书后____日内交纳；

B. 另________%在甲方实际获得财产之日起五日内交纳，即每实际获得一笔财产，按本次实际财产价值的________%交纳代理费，直至全部交纳完毕。

例2：(1)甲方应于签订本合同之日交纳代理费________元。

(2)剩余代理费________元应在签订本合同之日起________内交纳，如本案在________之内结案，该剩余代理费应在结案后三日内交纳。

例3：(1)签订本合同之日起____日内，甲方先交纳基础代理费________元，由乙方律师开始为其进行诉前调解谈判；

(2)如调解成功，双方达成一致的离婚协议，乙方可指导甲方到民政机构办理协议离婚登记，或到法院办理无争议离婚诉讼，出具民事调解书。甲方应在取得离婚证或民事调解书后____日内交纳剩余代理费________元；

(3)如在诉前甲方与男方未能达成离婚协议，本案转为有争议诉讼离婚，乙方律师继续代理有争议诉讼离婚的本次起诉一审程序，甲方应在立案后____日内交纳剩余代理费________元；

(4)如第一次起诉法院判决不准离婚，甲方同意不上诉，等六个月后第二次起诉离婚，乙方可继续代理第二次起诉离婚的一审程序，代理费为________元，于起诉前交纳。

4. 其他特别规定：

(1)如乙方律师存在私下收费(甲方未将费用支付给乙方律师事务所)或在本合同之外收取费用，甲方可以向乙方律师事务所投诉或举报。

(2)如甲方委托他人垫付律师代理服务费的，甲方需向乙方出具第三人同意垫付费用的书面声明，但正式发票中付款人仍开在甲方名下。

(3)在甲方委托乙方时，乙方律师服务费的报价是建立在委托人单方陈述的财产及债权债务的基本情况之上，但若委托后乙方发现甲方未对财产情况作如实告知，或诉讼中因其他原因增加诉讼标的，或调查后发现诉讼标的远大于甲方陈述的，由此会导致乙方律师工作量的增加，此时乙方有权向甲方追加律师费。

5. 本市城区交通费：

若乙方承办甲方委托事务需要到异地(包括本市郊区)办案的，乙方指定律师及其助理的差旅费、住宿费均由甲方负担。乙方律师结案时应与甲方结算完毕，并交付相关票据。

6. 说明：上述代理费的法律服务工作量是指正常诉讼程序，不包括在案件过程中发生的复杂谈判调解工作，不包括管辖异议程序代理、反诉代理等其他非常规法律程序，在代理甲方案件过程中若发生上述程序，或因为案件的进展发生的其他意外法律服务事项，乙方有权要求增加法律服务费用，届时由双方另行协商。

7. 在乙方代理该案过程中，若甲方单方撤销或终止委托，乙方无过错的，乙方已收取的代理费不予退还，本协议自行终止。若甲方变更委托代理事项内容的，乙方有权决定是否继续接受委托，或终止本合同。并由双方另行协商法律服务内容及收费标准，对原代理协议进行变更和补充。

8. 乙方办理本案法律事务若发生其他费用如诉讼费、查询调档费、鉴定费、公证费、公告费、翻译费、评估费、邮递费等费用，此类费用均由第三方收取，应由甲方承担，一般情形下采取甲方自己直接支付，紧急情形下或在甲方不便支付相关费用时，乙方可授权乙方承办律师代为支付，费用发生后再向甲方凭票报销。

9. 在乙方从事甲方委托事务过程中，遇到该案任何一方撤诉、双方达成和解（包括庭下和解和庭上和解）、法院裁定驳回起诉、法院判决驳回诉讼请求、甲方庭审缺席、一方当事人下落不明或死亡导致案件终止审理的，本协议自行终止，同样视为律师已完成协议委托事务，乙方无过错时，已收取的律师代理费用不再退还。

第三条　甲方的义务

1. 甲方应如实提供与案件有关的资料信息、如实陈述与案件有关的情况。

2. 如与案件相关的情况和事实发生变化，应及时告知乙方律师。

3. 如甲方变更联系方式，应及时通知乙方律师。

4. 按照本协议约定支付律师费和其他费用；若甲方不按照合同约定，未按时足额支付律师费和其他费用的，乙方有权停止代理工作，超过合同约定付款时间逾________天的，乙方有权解除合同。

5. 无论何种情况，甲方向乙方律师提出的要求均不得违反律师职业道德和执业纪律的规定。乙方在代理过程中发现甲方利用违法手段调查取证等事项的，乙方有权制止并停止代理本合同事项。

6. 甲方因患病或在国外不能亲自办理委托事宜的，可委托亲友代为签订本协议，代为陈述案情，但甲方应当出具书面授权委托书。

7. 在办理甲方委托的法律事务过程中，甲方对授权范围或对委托事务有所变更的，应及时向乙方提交书面变更说明。否则视为甲方自行改变委托事项或撤销委托。

8. 在乙方律师正常代理过程中，甲方要求乙方律师暂缓立案或暂缓处理其他代理事项的，应出具书面声明，并在谈话笔录中签字说明。

9. 委托事项违法，委托人利用律师提供的法律服务从事违法活动或者委托人故意隐瞒与案件有关的重要事实的，律师有权拒绝继续代理。

第四条 乙方的义务

1. 乙方律师必须遵守律师职业道德和执业纪律。

2. 乙方应当勤勉尽责，维护甲方的合法利益。

3. 乙方应当及时向甲方报告有关案件的进展情况，并对所提供的法律服务作书面记录。

4. 乙方无权超越甲方授权范围从事委托事项。如确有需要，应当由甲方另行给予明确的授权。

5. 若无意外情况，乙方就本协议约定的律师费和其他费用以外，无权要求甲方支付任何其他款项。

6. 乙方代理律师应当保护委托人的合法隐私权及相关商业秘密；对于甲方的相关信息及与案件有关的资料、文件应当保守秘密，若非因办理本案件的需要，在未征得甲方同意的情况下，乙方不得向任何第三方透露。

7. 乙方律师不得与诉讼案件对方串通，侵害委托人权益。

8. 由于乙方律师的过错导致甲方产生损失的，甲方有权撤销委托，乙方应将已收取的律师费在扣除已完成工作量服务费后的余额退还给甲方，造成其他损失的还应当给予委托人赔偿。

9. 乙方代理律师不得在同一法律业务中代理有利益冲突的双方或多方当事人。

第五条 禁止条款

禁止乙方律师为承揽业务向甲方作出不切实际的承诺或保证，建立委托代理关系的前提是诚信。

乙方向甲方提供的代理方案、分析意见和推断均不可理解为乙方律师就案件作出了成功或胜诉的保证。

禁止受托方律师私下收取代理费,律师在本合同之外收取费用的,委托方可以向受托方律师事务所举报。

第六条　协议的完整性

本协议将取代本协议签订之前双方曾经作出的关于本案的口头或书面的约定。

本协议未尽事宜由双方协商解决,需要签订补充协议的,补充协议为本协议的组成部分。

因特殊情况甲方不能与乙方面谈办理协议委托事项的(如委托人在国外),可通过传真、电子邮件等方式确认,签订本协议,明确双方权利义务,电子版本协议或传真件具有同等法律效力。

第七条　争议的解决

甲方与乙方之间就本协议的履行发生的任何争议,双方应协商解决,如协商不成,因本合同引起的或与本合同有关的任何争议,均提请北京仲裁委员会按照其仲裁规则进行仲裁。仲裁裁决是终局的,对双方均有约束力。

第八条　附则

本协议于甲、乙双方签字盖章后生效。本协议一式叁份,甲方持有一份,乙方持有两份,效力等同。

甲　方:　　　　　　　　　　乙　方:北京市　　　　律师事务所

代理人:　　　　　　　　　　律　师:

年　月　日　　　　　　　　年　月　日

签约地点：

扫描二维码

10828

该委托代理协议的每一条都有它的作用，是经过我们长期使用后的总结，以第一条第7项为例：

7. 甲方同意以本协议抬头处所填写的邮箱地址为双方沟通所有文书的指定邮箱。同时甲方指定以下地点为乙方律师与其联系、邮寄或快递法律文书及其他资料的收件地址：

____

____

此处要求当事人填写的地址是一处他必然可以收到快递的地址。我们的案件，偶尔会发生找不到当事人的情形，比如，收到一审判决书后，无论如何联系不到当事人，只好按之前预留的送达地址为其邮寄，因为涉及当事人对一审判决的意见，是否上诉等，此时律师收到法院的判决书后，如果找不到当事人，不知道其意愿，而上诉期又马上要到，律师肯定会左右为难的。这时如果合同中有当事人提前留好的送达地址，律师只需要通过快递方式递出即可。由上可见，协议中的每一条都有它的作用。

关于代理费的收取，要根据案件的情况决定是一次性收取，还是分期交纳，还是基础费用加上风险部分。如果代理的是审判监督程序，即再审案件，我建议收费必须要分期或以风险收费方式收取代理费。即再审申请审核期间律师收取一部分代理费,这期间律师要看卷,帮助当事人寻找新证据,制定再审策略,书写再审申请书,向法院递交再审申请的材料并接受谈话等,有一定的工作量。然后法院确实受理案件,裁定要再审此案时再收取再审审判期间的代理费用。因为当事人提出再审申请,很可能会被驳回,也就是根本不发生再审审判期间的工作,两者工作量和工作成果区别很大,理应分期,当然也可以采取基础代理费加风险部分的收费方法。

上述委托代理协议模板虽然专业,但内容较多,不适合有些当事人。有时考虑案件本身的标的和复杂程度,以及当事人阅读文本的难度,为减少当事人对较多律师免责条款的复杂协议的排斥和担忧,使律师快速成案,在必要时,可选择使用较为简单的委托代理协议版本。当然,虽为简单版,但一些必要的条款是不可缺少的,除缴纳代理费的时间方式等明显必需的条款外,要注意关于解除合同的条件、标的明显增加时代理费的调整(离婚案件中常发生,经调查后发现和所述标的相差甚远的情形时,可增加代理费的内容)、送达地址等条款,是不可或缺的,以更好地保证律师和当事人的基本权益。

文书3.2:委托代理协议(简单版)

委托代理协议

第　　号

委托人(下称甲方):

身份证号:

住址:

电话:

电子邮件：

受委托人（下称乙方）：北京市________律师事务所
地址：
电话：
传真：
邮编：

甲方因与________纠纷一案，委托乙方律师代理诉讼，经双方协议，订立以下条款，以资共同遵守。

一、乙方接受甲方的委托，指派________为甲方________（从一审、二审诉讼程序或其他法律事务中选择）诉讼的代理人。

二、甲方对乙方律师的授权为：________（一般授权或特别授权），授权具体内容及期限另见授权委托书，在乙方代理过程中出现案情变化或甲方的变化，甲方要求改变委托授权内容的，双方另行签订新授权委托书。

三、相关费用：

（一）经双方协商，甲方应向乙方缴纳律师费________元。

（二）支付方式：________________。

户名：北京市____________律师事务所，账号____________，开户行：________。

（三）在甲方委托乙方时，乙方律师服务费的报价是建立在委托人单方陈述的财产及债权债务的基本情况之上，但若委托后乙方发现甲方未对财产情况作如实告知，或诉讼中因其他原因增加诉讼标的，或调查后发现诉讼标的远大于甲方陈述的，由此会导致乙方律师工作量的增加,此时乙方有权向甲方追加律师费。

(四)本市交通费:若乙方承办甲方委托事务需要到异地办案的,乙方指定律师及其助理的差旅费、住宿费均由甲方负担。乙方律师结案时应与甲方结算完毕,并交付相关票据。

(五)办案中产生的诉讼费、查询调档费、复印费、鉴定费、公证费、公告费、翻译费、评估费、邮递费等费用由甲方承担。

(六)如委托方律师存在私下收费(委托人未将费用支付给委托方律师事务所)或在本合同外收取费用,委托方可以向受托方律师事务所投诉或举报。

四、甲方同意以本协议抬头处所填写的联系方式为双方沟通的联系方式,文书一般首先通过电子邮箱传送。乙方律师与甲方联系、邮寄或快递法律文书及其他资料的收件地址均以抬头处填写的为准,相关联系方式如有变更,甲方应及时通知乙方。

五、由于婚姻家庭案件的多变性和可调解性,甲乙双方一致认可,无论本次诉讼是否经历开庭及开庭几次,在甲方委托乙方之后,若发生原告撤诉情形或当事人双方和解情况,导致本次诉讼终结的,由于乙方律师在接受委托后已付出劳务工作,也视同乙方律师完成代理事务,原代理协议自行终止,本协议第二条所约定的律师代理费乙方原则上不退还。

六、在乙方代理该案过程中,若甲方单方撤销或终止委托,乙方无过错的,乙方已收取的代理费不予退还,本协议自行终止。若甲方变更委托代理事项内容的,乙方有权决定是否继续接受委托,或终止本合同。并由双方另行协商法律服务内容及收费标准,对原代理协议进行变更和补充。

七、在乙方从事甲方委托事务过程中,遇到该案任何一方撤诉、双方达成和解(包括庭下和解和庭上和解)、法院裁定驳回起诉、法院判决驳回诉讼请求、甲方庭审缺席、一方当事人下落不明或死亡导致案件终止审理的,本协议自行终止,同样视为律师已完成协议委托事务,乙方无过错时,已收取的律师代理费用不再退还。

八、甲方应按照本协议约定支付律师费和其他费用;若甲方不按照合同约定,未按时足额支付律师费和其他费用的,乙方有权停止代理工作,超过合同约定付款时间逾________天的,乙方有权解除合同。

九、如乙方承办律师不按规定程序认真负责地从事代理事务,与对方当事人或其代理人恶意串通,损害甲方权益的,甲方有权单方解除委托代理协议,要求乙方如数退还或拒付代理费,并可依法要求乙方承担相应的法律责任。

十、本协议将取代本协议签订之前双方曾经作出的关于本案的口头或书面的约定。

本协议未尽事宜由双方协商解决,需要签订补充协议的,补充协议为本协议的组成部分。

十一、甲方与乙方之间就本协议的履行发生的任何争议,双方应协商解决,如协商不成,因本合同引起的或与本合同有关的任何争议,均提请北京仲裁委员会按照其仲裁规则进行仲裁。仲裁裁决是终局的,对双方均有约束力。

十二、本协议一式叁份,甲方持有一份,乙方持有两份,签字盖章后生效,每份具有同等法律效力。

甲　方:　　　　　　　　　　乙　方:北京市　　　　律师事务所

代理人：　　　　　　　　律　师：

年　月　日　　　　　　　年　月　日

签约地点：

扫描二维码

10918

（二）授权委托书

在与当事人签订正式的委托代理协议前，除了给他看委托合同文本外，我们的授权委托书电子文件也会一并发给他，让其看完后见面时就直接签署了。婚姻家庭案件除离婚案件外，我们一般会作特别授权，但是离婚案件，因为涉及身份关系的解除，法院一般只接受一般授权的委托书，当事人本人必须出庭，这个要注意。但是，如果是涉外离婚案件，则可以作特别授权，当事人本人可以不出庭，但是该特别授权的委托书要么是在中国驻外使领馆公证过的委托书，要么是当事人本人在国内时在国内的某公证处公证过的委托书，要么是当事人本人在国内时当着法官的面签署的授权委托书，也就是说，涉外离婚案件的特别授权委托书是有形式要求的，这个也要注意。以下是我们常使用的一般授权和特别授权的授权委托书模板：

文书3.3：授权委托书（一般授权）

授权委托书

委托人：

联系方式：

受委托人：　　　　　　　电话：

工作单位：北京市　　　　　律师事务所　　　　　职务：律师

受委托人：　　　　　　　电话：

工作单位：北京市　　　　　律师事务所　　　　　职务：律师

现委托上列委托人在我方与______纠纷一案中，作为我方诉讼代理人。

受委托人________的代理权限：一般授权代理。代为立案、调查取证，开庭陈述事实和理由，代签法律文书，参加辩论、调解，领取诉讼文书等一般授权。

委托期限为：至本案本次起诉________审终结

委托人：

受委托人：

年　　月　　日

扫描二维码

10921

文书3.4:授权委托书(特别授权)

授权委托书

委托人:

联系方式:

受委托人:　　　　　　电话:

工作单位:北京市________律师事务所　　职务:律师

受委托人:　　　　　　电话:

工作单位:北京市________律师事务所　　职务:实习律师

现委托上列委托人在我方与______纠纷一案中,作为我方诉讼代理人。

受委托人________的代理权限:全权代理。含代为立案、调查取证,开庭陈述事实和理由,参加辩论、调解,领取诉讼文书,代签法律文书,承认、放弃、变更、增加诉讼请求,进行和解,提起反诉等特别授权。

委托期限为:至本案本次起诉________审终结

委托人：

受委托人：

年　月　日

扫描二维码

10920

需要注意的地方：

(1)婚姻家庭案件如离婚、解除收养关系等案件，可能涉及多次起诉，委托期限也要作更为明确的约定。因此建议委托期限的表述为“本次起诉的一审程序”“本次起诉的二审程序”，以明确仅限本次诉讼。

(2)代理权限里，我个人建议增加“代签法律文书”这一内容，实践中因有代理人代签法律文书导致异议的情况，因此，为简化工作，同时减少代理人的风险，建议在代理权限里将代签法律文书作为一项明确的权利。

(3)代理人可以为一人，也可以为两人。代理人可以是：①律师、基层法律服务工作者；②当事人的近亲属或者工作人员；③当事人所在社区、单位以及有关社会团体推荐的公民。

婚姻家庭案件不同于其他案件，对于某些当事人，有近亲属作为代理人是较好的选择，这时我们也可能会选择一名律师为代理人，一名近亲属作代理人，注意近亲属作代理人的，必须提供与委托人的亲属关系证明。

(三)诉讼风险告知书

除了委托代理协议和授权委托书外，我们还会一并将诉讼风险告知书的电子版发送给当事人，让他提前看，签委托代理协议时一并签署此告知书。

律协要求律师不能对案件作胜诉保证，实际上，我个人也认为没有人实质上能真的保证案件会胜诉。虽然有经验的律师根据专业知识和实践经验，大部分时候实际上可以评估案件的风险和大致可能，但诉讼中各种情况都有可能发生，对有些法律问题的理解每个法官、律师都未必一样，法官还有自由裁量权，除了受法律条文的约束，法官还要考虑法律的基本原则等，你如何能确定案件的结果呢？尤其是未开庭，未看到对方提交的证据时，律师仅凭当事人的一面之词和单方证据，如何能保证案件的胜诉？有些律师为了承接案件，一味顺着当事人说，实际上是加大了其期望值，给今后当事人与律师和律师事务所的纠纷埋下了伏笔，是不明智的做法。据我的观察，你客观分析案件，但是向当事人保证朝着最有利于他的方向努力，当事人反而会信任你。所以，律师不能作胜诉保证，胜诉保证也不能真正的为你赢得客户，还有可能给你的将来带来麻烦。

虽然律师不作胜诉保证，但是有些当事人可能会抓住律师说过的某一两句话，认为律师实际上说过该案会胜诉等，这种情况下，只要律师拿出让当事人在当初签订的诉讼风险告知书就可以解决。所以我所在的律师事务所有固定格式的《诉讼风险告知书》，要求每个律师在承接案件时必须交当事人签署，留存于卷中。其实如果让当事人看过、签过此文书，当事人也真的很少在之后投诉律师，说律师作过胜诉保证的。所以，很多工作要做在前面，这才是专业的体现。

在此，我也根据婚姻家庭案件的特点，单独起草了一份《婚姻家庭案件风险告知书》，以供大家参考：

文书3.5:诉讼风险告知书

北京××律师事务所
婚姻家庭案件风险告知书

尊敬的委托人:

感谢您委托北京××律师事务所律师承办您的法律事务!

为维护您的合法权益,同时也为了您能更好地了解律师工作,使案件办理的风险具有可预见性,当您委托本所办理案件前,北京××律师事务所遵循诚实信用原则,特对您做如下风险提示:

1. 合理预见案件风险

任何案件均具有法律风险,案件进程和结果可能受到各种主、客观因素的影响,在聘请律师前您应确认具有承受此等法律风险之负担能力及合理预见。

2. 形成委托关系

您在委托律师办理案件时,应与本律师事务所而非律师个人签订委托协议,律师事务所应当签字盖章;合同签订后,您在交纳律师代理费时,本律师事务所应当向您出具正式发票。同时,您需要与承办律师签订授权委托书,明确授权范围。

3. 及时提供或变更联系方式

您应当向承办律师提供准确的联系方式,如您变更联系方式应当及时通知办案律师;律师将根据您提供的联系方式向您送达相关的通知书、裁判文书等资料。

4. 信任并积极配合律师的工作

律师对案件的分析及策略均建立在当事人向承办律师提供真实、全面、准确的事实和证据上,因此当事人应如实陈述及提交证据。

律师无权开展任何违反法律、法规、政策和公序良俗之活动，更不能实施向办案人员行贿、说情等违法、违规行为，当事人亦无权要求律师从事上述行为。

5. 起诉与诉讼请求

起诉不符合法律规定条件的，人民法院不会受理，即使受理也会驳回起诉。

起诉不符合管辖规定的，案件将会被移送到有权管辖的人民法院审理。

您的请求/申请/答辩意见，存在部分或全部不被司法机关或者其他国家机关支持的可能；或者某些陈述、辩解成为法律上的自认。

离婚和解除收养关系案件，有可能多次诉讼后方能成功，即第一次起诉有可能不被支持，没有新情况、新理由，原告在六个月内又起诉的，不予受理。原告只能间隔六个月后再次起诉，您须了解该情况。

6. 证据的收集及出示

您主张的任何权利，均需提供相关证据加以证明，如果不能充分提供证据证明自己的主张成立，或者律师经过努力无法根据您提供的线索取得充分证据，您有可能承担不利或败诉的后果。

证据应在举证期限内提供，否则您可能面临证据不被采纳、不被认定的风险。

证据应当提供或出示原件、原物，否则有可能不被采信。

提供证人证言的，一般证人应当亲自出庭作证，证人不出庭作证，证人证言可能不被采信。

婚姻家庭案件的证据可能涉及当事人或案外人的个人隐私，以非法手段收集的此类证据有被排除的风险。

7. 按时缴纳诉讼所涉各类费用

当事人起诉或者上诉,不按时预交诉讼费用,或者提出缓交、减交、免交诉讼费用申请未获批准仍不交纳诉讼费用的,人民法院将会裁定按自动撤回起诉、上诉处理。当事人提出反诉,不按规定预交相应的案件受理费的,人民法院将不会审理。

当事人申请评估、鉴定等程序,未在人民法院指定期限内提出申请或者不预交相关费用,或不提供相关材料,致使争议的事实无法通过评估、鉴定等结论予以认定的,可能对申请人产生不利的裁判后果。

8. 律师不承诺案件结果

承办律师承诺全力履行职责,但基于众多不确定因素,律师不能保证案件必然受理、胜诉或者达到委托人预期结果,承办律师也不会对案件结果向您作出任何承诺。

9. 婚姻家庭案件的多变性及可调解性

由于婚姻家庭案件的可调解性和多变性,律师根据情况参与大量调解工作。在委托关系形成之后,若经调解后出现原告撤诉、委托人单方撤销委托、当事人双方达成庭前调解、庭上调解或庭外调解、一方被判驳或裁定驳回起诉的,均视为承办律师完成委托代理事务。继续聘请承办律师处理其他诉讼或非诉讼的程序的须另行签订委托代理协议。

10. 执行

在婚姻家庭类案件中,因被执行人下落不明、履行能力不足、逃避、无被执行财产等,可能导致生效法律文书无法被执行。被执行人不履行生效法律文书确定的义务的,将承担相应的民事或刑事法律后果。

11. 免责事由

在案件审理过程中，可能存在个别司法不公、司法效率低下等现象，律师会勤勉尽责，维护当事人的利益，但承办律师对因上述原因对案件的进程及结果产生的影响不承担责任。

如果在委托合同履行过程中本所律师有任何违规行为，或者您有任何疑问或意见，请与本律师事务所联系：电话×××－××××××××，或者将投诉材料、相关意见发送至电子邮箱：××××××××@×××.com。

委托人确认：我已了解告知书中所提示和说明的内容。

委托人签名或盖章：

年　月　日

扫描二维码

10917

（四）其他见面时应携带材料

经过第一次的咨询，律师已经告诉当事人需要注意准备的证据材料等，进行见面之前的沟通时，律师应当再次提醒当事人，正式签约时要携带这些材料，以备正式签订合同时进行复印。如身份证，是签订委托代理协议时必须要的，也是立案时必须的材料，其他还有诸如户口簿、子女出生证等常用证据材料，律师应提醒当事人在签约前准备好，见面时需携带。

二、面谈第一步：签订委托代理协议、授权委托书、诉讼风险告知书

见面后，因为事先已沟通过委托代理协议、授权委托书和诉讼风险

告知书的内容,律师和当事人可就协议文本作最后的确认,一般这时的修改都是小修改,相关的沟通工作应当在之前都做得差不多了,经当事人确定文本后,律师与当事人正式签署委托代理协议,建立委托代理关系。

一般情况下,我们签订委托代理协议一式三份原件,一份交当事人,一份交律师事务所行政部门,一份留于律师的卷宗中,待结案后一并订入卷中。所以,委托代理协议最好准备三份,方便使用。授权委托书我们最少也会签订三份原件,一份交法院,一份留于律师卷中存档,一份以备外调证据时使用,如果已评估过案件的工作量,显然外调工作较多,可以多备几份授权委托书。

诉讼风险告知书一份由当事人签署后放入卷中。

三、面谈第二步:做接案笔录

(一)使用固定格式的笔录纸

签订完以上材料后,律师就可以正式进行案件的代理工作了。首先,就是要给当事人做一个全面的笔录,这个笔录应当是纸质的。我们会使用固定格式的笔录纸,以前是习惯手写,后来改为用电脑打印,都很方便。

文书 3.6:谈话笔录模板

北京市 ××律师事务所

当事人谈话笔录

时 间:________年____月____日________时________分至________时________分

地点:____

谈话人:________律师　记录人:________

被谈话人姓名:________,性别:________,身份证号:________

电子邮箱:________________,住址:____________________,

工作单位:____,

联系电话:____。

扫描二维码

17031

(二)律师如何询问当事人,了解全部案情

1. 第一次的接案笔录如何做

首先,对于律师的问话和陈述,我们全部采用"?"的方式表示,用":"表示当事人所说内容,如果被问话人是多人,则在冒号前注明姓氏来区分。总之,记笔录需快速,所以相关记录要从简。如:

？请介绍一下您和配偶的自然状况。

：好，我叫张三，生于1990年7月2日，汉族，××公司职员，身份证号是××，住×××，电话×××。我先生叫李四，生于1991年8月9日，汉族，×××企业经理，身份证号是××，住×××，电话×××。

？请介绍一下您婚姻的基本情况。

：我和李四是大学同学，2008年相识，大三时确立恋爱关系，2015年5月19日登记结婚，均是初婚。2018年11月11日生育一女李楠楠，现年1岁半。我们恋爱期间感情不错，结婚初期也尚可。但是自怀孕开始就有矛盾产生了………

2. 律师按固定顺序引导问话

其次，无论是何种案件，律师都应当了解案件所需的信息，应以律师带动为主，当事人根据律师的引导陈述与案件有关的全部案情。下面以离婚案件为例，向大家介绍一下，在第一次接案时，应向当事人了解的全部情况：

文书3.7：离婚案件基本情况调查表

离婚案件基本情况调查表

如原告是男方，应首先询问妻子一方是否在怀孕期间、分娩后一年内或终止妊娠后六个月内，此期间男方不可提起离婚诉讼。

一、当事人基本情况

（一）己方当事人：姓名________，性别________，________年____月____日生，民族________

工作单位及职务：________________________________

住址：____________________

身份证（军官证）号码____________联系电话________

（二）对方当事人：姓名______，性别______，______年____月____日生，民族______

工作单位及职务：____________________

住址：____________________

身份证（军官证）号码____________联系电话________

注：如当事人系外籍，还应注明国籍和护照号码。

（三）如果一方身份为军人，其所在部队团级以上政治机关的态度

（要求在立案或诉讼中提交其所在部队团级以上政治机关同意其离婚的证明）

（四）注意管辖问题

询问户籍所在地，经常居住地

二、婚姻基本情况

（一）相识时间及方式：

确立恋爱关系时间：

结婚登记时间：

登记机关：

是否初婚：

（二）子女基本情况：

姓名	性别	出生日期	照顾人

(三)恋爱期间感情状况

(四)结婚初期感情状况

(五)夫妻矛盾或感情破裂的原因及具体情况

例:

1. 与异性同居、重婚

2. 实施家庭暴力

3. 虐待、遗弃家庭成员

4. 有赌博、吸毒等恶习

5. 夫妻是否分居,分居的时间

6. 对方已经失踪

7. 婆媳矛盾

8. 不愿生育等

9. 是否已经起诉过离婚,是的话,上次生效判决的时间为:

(六)其他情况:夫妻双方是否存在导致婚姻无效的情况:重婚;有禁止结婚的亲属关系;未到法定婚龄。是否是受胁迫结婚;一方在婚前是否有隐瞒重大疾病的情况等

(七)在以往的谈判中,对方是否同意离婚

三、子女抚养基本情况

(一)子女基本情况:姓名,性别,出生年、月、日

(二)子女抚养情况:子女从出生以来的直接照顾人,抚养的实际情况

(三)一方抚养子女的优势及对方不利于抚养子女的情况

四、夫妻共同财产和债权债务的基本情况

(一)房产

坐落:

购买时间:

购买人:

购买价格:

出资情况:

房屋性质:如商品房□　　福利分房□　　经济适用房□

两限房□　　成本价购房□　　集资购房□

房屋产权证号:

登记权利人:

建筑面积:　　套内面积:　　________居室

已付清全款□

有贷款□

贷款情况:首付________元,借款人:________,贷款银行:________

借款总金额:________元,借款期限为________年,自________年____月____日起至________年____月____日止,每月还贷约________元,现已偿还________个月贷款,还剩________个月的贷款未还。

房屋现市场价值:

(二)车辆

购买时间:婚前□　　婚后□

购买的具体时间:________年____月____日

购置价格:

出资情况：

车型：　　　　　　　　车牌：

登记权利人：

已经付清全款□

有贷款□

贷款情况：首付________元，借款人________，借款总金额为________元，借款期限为________年，自________年____月____日起至________年____月____日止，每月还贷约________元，现已偿还________个月贷款，还剩________个月的贷款未还。

车辆现值约：

实际使用人：

（三）公司股权/股份

1. 公司名称：

2. 成立时间：

3. 注册资本：

4. 股东：

5. 原被告入资额：

6. 原被告持股比例：

7. 入资时间：

8. 是否实缴：

9. 现公司股权/股份现值：

（四）银行存款

双方名下银行账户的户名、银行账号、估计余额、开户行等

（五）有价证券（股票、债券、投资基金份额等）情况

以股票为例：

1. 证券账户号：

2. 股东编号：

3. 开户的证券公司营业部名称及地址等：

4. 大概价值：

（六）住房补贴、住房公积金、养老保险金、破产安置补偿费、军人的复员费、自主择业费、个人损害赔偿金等

（七）其他财产

1. 知识产权中的财产性收益

著作权：

商标权：

专利权：

2. 黄金、钻石、贵重手表首饰等

3. 古董字画等

4. 其他

（八）共同债权债务

1. 共同债权

借款人	借款金额	借款时间	约定还款时间	借款用途

2. 共同债务

债权人	借款时间	借款数额	还款时间	借款人	借款原因

(九)屋内家具家电:名称,品牌,购买时间,购买价格

(复杂的请单列家电清单)

五、诉讼请求(答辩意见)总结

(一)委托人是原告:要求离婚

委托人是被告:同意离婚□　　不同意离婚□

(二)子女的抚养

1. 抚养权归属:要求归　自己□　　对方□　抚养

补充:

2. 抚养费数额:　　/月

3. 探望权要求(频率、天数):

(三)共有财产的分割意见

1. 总体的分割比例:原告________%　　被告________%

2. 具体想获得的财产及折价:

(1)

(2)

(3)

……

3. 若存在重婚/有配偶者与他人同居/实施家庭暴力/虐待、遗弃家庭成员等恶劣情节,是否要求离婚损害赔偿

4. 是否要求离婚经济补偿或经济帮助

(四)诉讼费、保全费、鉴定费等费用的承担

六、调解意见

扫描二维码

13090

为什么要使用这样的调查表呢？因为法官有固定的问话及书写法律文书的内容，所以律师的起诉状、答辩状等也要有固定的内容，相应地，对离婚案件基本情况的了解就有许多固定的内容，此调查表可供新手及非该领域专业律师使用，减少反复多次询问当事人相关情况的不专业行为，提高工作效率，专业律师在长时间执业后完全可脱离此表直接问话。

这里面要注意一些要点：

（1）询问女方妊娠情况，是因为《民法典》明确规定了女方在怀孕期间、分娩后一年内或终止妊娠后六个月内，男方不得提出离婚。女方提出离婚的，或人民法院认为确有必要受理男方离婚请求的，不在此限。律师必须了解这一情况，以决定男方提起诉讼的时间，或者答辩的意见，如代理女方，则可以选择要求驳回起诉。

（2）当事人住所情况，也是需要提前了解的，以确定管辖地。

（3）当事人的自然状况有固定的格式，其中如果当事人是外籍人士，还需注明国籍以及护照号。军人无身份证号的，填军官证号码。

（4）当事人一方为军人的，必须有其所在部队团级以上政治机关同意其离婚的证明。

（5）所有财产都有固定需要了解的信息，这个需要律师具有专业知识，了解法官判案的流程。如婚前一方购买，婚后共同还贷的房屋，需要了解婚后还贷的本息和，以及整个购房款数目、现值，方可计算出给另一方的折价数，而婚后共同购买，尚未还完贷款的房屋，需了解房屋现值、未还贷款本息和，以及整个购房款数目，方可计算出折价数，这些应该提前了解或指导当事人去取证获得。

我一般不会真的把这个表拿去给当事人填，案件情况很复杂，尤其是现在人们的财产较多，一张表也不可能列举得下，这只是给刚开始工作的专业律师使用的一个表，让他可以按顺序来问，不至于落下重要的内容，以至于之后再去打扰当事人。我们问话也基本是按这一顺序问的，但不需要再看表格，基本上是烂熟于心了。

根据律师的问话引导，记录一下当事人的回答，基本上这份笔录的内容就十分完整了。之后再有新的情况，可随时与当事人联系，但是能一次问话解决的，律师不应当再去不停地询问，做到高效工作，也是体现专业性的地方。这样看起来第一次见面时间会长一些，但其实可以节省以后很多的沟通交流时间，因为有记录，案件时间即便很长，也可以随时拿出笔录来回忆信息，而且这种良好的习惯会使律师知道在第一次见面的笔录里可以找到与案件相关的最完整陈述，在案件材料众多，开庭时各种资料信息混杂，时间紧的情况下，万一有任何信息忘记，律师也可以第一时间找出这份笔录来核实，不会出现大的纰漏。可以说，律师的代理水平与习惯息息相关。

（三）记笔录的注意事项

法学院的学生都要在法院、律师事务所等机构实习，这时候往往要充当书记员的角色，记笔录。我记得当初在法院实习时，根本跟不上法官的节奏，当事人说话有口音，我完全听不懂，一场开庭记下来，连我自己都不知道记了些什么。后来不断练习，再加上有上学时记笔记的功底，就做得越来越好了，还得到法官老师的认可。所以说，熟能生巧。

我发现刚来实习的学生在记笔录时有一个问题，就是不作总结，不抓重点，什么都记，乱七八糟地记了一大堆，但是有用的可能还落下了。

有些实习生,甚至把当事人试图隐瞒财产的企图也记在笔录里,让主办律师十分无语。如果是手记笔录,因为速度不可能太快,所以要学会总结,抓重点,注意条理,遇到重要的内容记不下来时,要提出来请当事人说慢一些。如果是打字记笔录,需要记录者提升打字速度。我一直使用的打字软件是五笔拼音打字法,就是基本用五笔方式,而且是以打词为主,能打词的不要打字,这样会大大提高打字效率,对于生僻记不住的词可以马上转换成拼音方式,无缝衔接,所以我个人非常推荐用这种输入法。

四、面谈第三步:自动生成的证据准备清单

在询问当事人案情,做记录的过程中,相应的需要当事人提前准备的证据清单也就自然列出来了。如谈到当事人自然状况、户籍情况的部分,因为立案需要被告住所地的证明,那么就需要提供被告的户口簿或身份证复印件,如果没有,律师马上就知道自己需要调取的第一份证据就是被告的户籍证据。如果被告离开了户口所在地,而有经常居住地的,就需要律师提供一份《居住证明》的模板给当事人,让当事人到物业公司、居委会或派出所任一机构开具就可以,需加盖机构公章。这份《居住证明》证据就由律师列在需准备的证据清单里。再如,谈到感情破裂的原因,如果发现另一方有家庭暴力,而且当事人保留有《保证书》之类的证据,律师应当马上列在清单上。这样,即便案情复杂,需准备的证据很多,但按照谈话的顺序,律师随时列出需当事人准备的证据材料、需律师调取的证据材料清单,再加上当事人已拿给律师的证据材料,基本上第一次接案笔录做完,律师就已有了全部的证据材料清单,将来只要按顺序一一列在证据目录里即可,为下一步的工作打下了基础。

还有些证据,是需要律师引导当事人去寻找的,比如,有的当事人说对方有债权,但是自己没有证据,律师很可能会问那你怎么知道对方有债权的，或者有的当事人说配偶有婚外情，但是没有证据，律师也会问如何知晓的，都是想从源头找到证据线索。实在没有的，律师会引导当事人去寻找短信、微信、邮件资料、电脑文件、证人等线索，看能否找到一些间接的证据材料。如实在难以查找证据，律师可能会建议当事人与对方谈话时录音确定相关事实，关于录音证据的技巧律师也需告知当事人，这份需当事人准备的录音也就会列在清单上。再如，对于子女抚养证据，律师会引导当事人去寻找与孩子有关的购物记录等可以证明当事人尽到抚养义务的凭证，当事人根据类别自行去寻找即可。所以清单上既有明确的证据，也有划分了类别的证据，与当事人初次谈话后，当事人的工作是明确的，而律师的工作也是明确的。

第四章
接案后准备工作

第一节　接案后文书起草

承接了案件，也和当事人做完了第一次笔录后，接下来要做的第一项准备工作，即是起草起诉状或答辩状。如果是原告，当然就是起草起诉状，如果是被告，就起草答辩状。说到答辩状，笔者经常发现律师不准备书面的答辩状，只作口头答辩，我个人认为，除非案件情况特殊，故意为之，任何案件都应该有一个书面的答辩状，这样更专业一些。以离婚案件为例，即使是最简单的答辩状，也需要说清双方的自然状况、相识时间和方式、结婚登记时间、双方是否初婚、生育子女情况,以及是否感情破裂,感情出现问题的原因是什么,是否同意离婚,子女抚养情况及对抚养权的意见,财产都有哪些,等等。这些都要靠记忆,而没有任何书面材料,很不专业,律师也容易记不住。所以即便是一张纸的答辩状,我们也是要认真书写的。下面来讲如何起草起诉状和答辩状等各类文书。

一、起草起诉状和财产清单

起诉状的书写很重要,它是一个案件的策略体现,也是很体现专业性的文书。想要讲清楚如何更好地起草起诉状其实很难,涉及诸多内容,下面我们将几类案件分类为例来讲解。

(一)离婚案件起诉状

我们先来看一个离婚案件起诉状的模板:

文书4.1:起诉状(离婚纠纷)

民事起诉状

原告__________,男/女,________年____月____日生,________族,________工作单位和职务:________________,住________________,电话______________

被告__________,女/男,________年____月____日生,________族,________工作单位和职务:________________,住________________,电话______________

案由:离婚纠纷

诉讼请求：

一、判决原告与被告离婚；

二、婚生子________由原告抚养，被告可自愿给付抚养费（或：被告每月支付子女抚养费________元；或婚生子________由被告抚养），一并处理探视权；

三、依法分割夫妻共同财产及债权债务；

四、如有要求离婚损害赔偿、经济补偿、经济帮助金的诉讼请求，请列在此外，如：

判决被告向原告支付离婚损害赔偿款__________元；

判决被告向原告支付一次性困难帮助金________元；

判决被告向原告支付家务劳动补偿金__________元；

五、本案诉讼费用由被告承担。

事实和理由：

原被告于________年____月通过________认识，________年____月____日在________民政局登记结婚，双方均为初婚（再婚，或一人为初婚，一人为再婚）。________年____月____日生一子（女）________，现年________岁。

一、原、被告感情破裂的主要原因及表现

（一）被告在经济上对原告过于苛刻，导致原告无法进行正常的生活和交际。

（二）被告及其父母对原告及其父母不够尊重，导致双方关系产生裂痕。

（三）原、被告婚后多次分居，经多次尝试证明无和好可能。

（四）________年____月，原告曾起诉离婚，法院判决不准离婚后半年内双方关系无任何改善（**注：重要**）。

［其他感情破裂的原因，例如：

被告有重婚行为（**注：法定事由**）

被告与异性多次同居导致夫妻感情彻底破裂（**注：法定事由**）

被告婚外情导致双方感情彻底破裂（**注：常用**）

被告多次出轨是感情破裂的主要原因

被告频繁家庭暴力导致夫妻感情彻底破裂（**注：法定事由**）

被告遗弃子女，置原告及子女于不顾，导致感情彻底破裂（**注：法定事由**）

双方性格严重不合，基本无交流（**注：常用**）

被告有赌博（吸毒）恶习且屡教不改（**注：法定事由**）

原、被告连续分居已经超过两年（**注：法定事由**）

原告第一次起诉离婚之后双方又分居满一年，感情无任何改善，双方感情已彻底破裂（**注：法定事由**）

婚姻基础薄弱

婚后未建立起夫妻感情（**注：常用**）

被告不愿生育子女，致使感情确已破裂（**注：法定事由**）

被告习惯逃避问题，缺乏责任感，严重影响夫妻沟通

被告与原告父母严重不睦，关系恶劣

被告缺乏责任感,脾气不好]①

二、要求子女由原告抚养,被告自愿支付抚养费

(一)婚生子________基本情况

儿子(女儿)________年____月____日出生,现年________岁。儿子(女儿)从出生至今一直由原告直接照顾。尤其是________年____月原告从美国回国后,一直跟随原告居住于原告父母处,并由原告父母帮助照顾。

(二)原被告抚养条件基本情况

1. 原告系研究生毕业,学历较高;目前就职于国有企业,工作稳定,收入稳定。原告名下有个人房产,有固定住所可以解决母子的居住问题。

除此之外,原告父母条件也较好,能帮助原告照顾外孙。原告父母身体不错,母亲系医院护士退休,父亲系研究所退休,经济条件也较好。

2. 被告系高中毕业,目前无业,________年____月左右又将自己仅有的住所出租,目前没有固定住所,不利于抚养孩子。除此之外,被告脾气急躁,除多次对原告实施家庭暴力外,还曾打伤他人,经派出所调解,赔偿受害人1万元。其性格显然不适合直接抚养子

① 可对照《民法典》第1079条:【诉讼离婚】夫妻一方要求离婚的,可以由有关组织进行调解或者直接向人民法院提起离婚诉讼。人民法院审理离婚案件,应当进行调解;如果感情确已破裂,调解无效的,应当准予离婚。有下列情形之一,调解无效的,应当准予离婚:(一)重婚或者与他人同居;(二)实施家庭暴力或者虐待、遗弃家庭成员;(三)有赌博、吸毒等恶习屡教不改;(四)因感情不和分居满二年;(五)其他导致夫妻感情破裂的情形。一方被宣告失踪,另一方提起离婚诉讼的,应当准予离婚。经人民法院判决不准离婚后,双方又分居满一年,一方再次提起离婚诉讼的,应当准予离婚。

女。且双方分居期间被告没给过一分钱抚养费,也未尽到监护人的基本责任。

被告父母早已离异,被告一直与母亲生活,因此其父不可能帮助照顾孙子,而被告母亲居住在美国,也不可能帮助照顾孙子。

因此,从双方条件看,显然原告的情况更适合直接抚养子女。且子女刚刚2岁,对母亲十分依恋,从未离开过母亲,突然改变成长环境对其生活和心理将有极大影响,不利于子女成长。

(三)原告身体状况难再生育

1. 原告患有多囊卵巢综合征,该种疾病几乎不能怀孕,原告能怀孕生下儿子几乎是个奇迹,因此原告再怀孕的可能性非常小。

2. 原告腰椎还做过大手术,腰椎被摘除一块,因此,怀孕也有极大风险,________年生产时,医生表示,原告生产有可能导致全身瘫痪,但原告仍然不顾个人安危毅然生下儿子,为此被告深为感动,表示夫妻的矛盾从此既往不咎,会好好与原告过日子。

考虑到原告很难生育的特殊情况,也希望被告予以理解,能够同意子女归原告抚养,原告同意离婚后被告按期探视子女,将离婚带给子女的负面影响降到最低。

(四)被告抚养费数额

目前被告无业,没有工作收入,但自________年____月起,被告将自己在西城区的房屋租出,根据该房面积及地理位置,每月租金应超过________元,原告要求每月________元的收入仅占20%,被告完全有能力承担。

自________年____月分居以来,一直由原告独自承担儿子的抚养费,被告未支付过任何子女抚养费,因此,被告还应支付________年____月至判决前的分居期间抚养费。

（五）子女探视权

结婚以来，被告与原告家人有诸多矛盾，为防止双方离婚后因子女探望权问题再发生争执，原告希望与被告协商或由法院判决，明确子女探望权，按约定或判决书履行。

三、夫妻共同财产及债权债务

原、被告婚后主要共同财产为婚后购买的________室房屋和________室房屋。

综上，原告根据《民法典》和《民事诉讼法》相关规定向贵院提起诉讼，请贵院依法判决！

此致

________人民法院

具状人：

年　月　日

扫描二维码

13094

离婚案件的起诉状有很多固定的内容，如原、被告双方认识的方式，生育子女的时间及婚姻是否为初婚等，这些是法官必须了解的情况，且关于财产分割的诉讼请求有特殊性，离婚的理由也最好针对法律上明确视为感情破裂的具体情形，有很强的特点和专业性。关于离婚案件起诉状的书写，要注意以下要点：

1. 诉讼请求如何书写

(1)诉讼请求的第一项一般应为请求判决离婚。

(2)诉讼请求的第二项是关于子女抚养的,要明确提出自己对抚养权、抚养费的要求,探望权的要求也可以列上,但如果不列,离婚案件的法官不必然主动处理探望权。

(3)诉讼请求的第三项是关于财产分割的,由于离婚案件可能涉及的财产是大量的,所以不太建议在诉讼请求里作明确列项,只要求分割夫妻的共同财产及债权债务即可,在调查终结,所有财产和债务较为明确时,可以列诉讼请求意见汇总,再将所有财产及分割请求列明。有些法官明确要求将详细的关于财产的诉讼请求列明,但大部分法官接受诉讼请求只列"依法分割夫妻共同财产及债权债务"这样的内容,具体的财产和分割意见列在正文当中。

(4)如有离婚损害赔偿的请求,也要列在诉讼请求中。要求离婚损害赔偿,不是分割共同财产,不能混为一谈,要单独提出诉讼请求,其依据是《民法典》的第1091条。

(5)如还有其他诉讼请求,可列在其中,如要求一次困难帮助金、家务劳动补偿等。

(6)诉讼请求的最后一项是关于诉讼费承担的请求。

2. 感情破裂情形

起诉状中的感情破裂情形,应尽量针对法定情形进行罗列,即《民法典》第1079条所列情形,及相关司法解释中明确规定的属于感情破裂的情形。

3. 子女抚养费

根据《最高人民法院关于适用〈中华人民共和国民法典〉婚姻家庭编的解释(一)》(以下简称《婚姻家庭编解释(一)》)第49条的规定,子女抚养费数额可根据子女的实际需要、父母双方的负担能力和当地的实际生活水平确定。有固定收入的,抚养费一般可按其月总收入的百分之二十至三十的比例给付。负担两个以上子女抚养费的,比例可适当提高,但一般不得超过月总收入的百分之五十。无固定收入的,抚养费的数额可依据当年总收入或同行业平均收入,参照上述比例确定。有特殊情况的,可适当提高或降低上述比例。由此,建议当事人主张的抚养费数额在其月总收入的百分之二十至三十的比例范围之内。

4. 何种情况下列财产清单

在原告不想将自己了解到的被告实际财产的具体情况提早告知被告,防止被告有时间转移财产的情况下,也可以在起诉状中只列举双方的主要财产,开庭时再提交清楚详细完整的财产清单,也是很好的做法,实践中律师经常采用这种方法。

由此份文书我们也可以看到,为什么我们的离婚案件基本情况调查表会如此设定,是因为在起草文书时都要用到,或者说这些内容开庭时法官都要调查。

当然,有些原告,不愿意过早地将财产信息告知被告,比如,被告有隐瞒财产的情况,原告在立案前经调查实际已得知财产信息,这时如果贸然把所有详细财产清单列在起诉状正文中,在开庭前被告仍然有时间转移财产。同时,在立案时有些财产证据还未取得,而开庭时可能对财产信息的掌握更充分,所以在开庭前我们还可以准备一份详细的财产清单,专门来列举财产的情况,就可以解决上述问题。所以作为原告可能需要准备起诉状和财产清单两份文件在开庭时使用,而被告则不必,一般直接将财产信息列举清楚在答辩状中即可。

(二)财产清单

文书4.2:财产清单(离婚纠纷)

________与________夫妻财产及债权债务清单

一、个人财产

(一)原告________个人财产

1. ________________号房屋及车位

________年____月,原告________签订购房协议书,购买________房屋(含车位),该房为原告婚前出全资购买,为原告的婚前个人财产,不是夫妻共同财产。

2. ________________号房屋

该房为原告父母出资________元赠与原告个人的财产,建筑面积为________平方米,不是夫妻共同财产。

3. ________有限公司________%的股份

该____%的股份为原告婚前________年____月入资获得,不是夫妻共同财产。

4. ________________号房屋

该房屋应为原告婚前所购个人财产,但婚后还贷本金及增值价值可作为夫妻共同财产分割。

(二)被告________个人财产

1. ________________号房屋

该房为被告于婚前出全款购买,建筑面积________平方米,为被告的婚前个人财产。

2. ________________号房屋

原告认可该房屋为被告婚前所购个人财产,但婚后还贷本金及增值价值应作为夫妻共同财产分割。

二、夫妻共同财产及债权债务

（一）房产

1. ________号房屋

双方于婚后________年购买以________名义出全款购买，所有权登记在________名下。

2. ________号房屋

________于婚前________年____月购买，首付款为________元，以________的名义向银行借款________万元，至________年____月共还贷款________元，其中婚前________个人偿还________元，从结婚时________年____月至________年____月共还款________元（根据________证据________还贷清单计算）。该房产权登记在________名下，产权证号为________。该房建筑面积________平方米。

该房依法应归________所有，但婚后还贷的本金及增值可作为共同部分予以分割，________可取得一半折价。离婚后贷款为________个人债务，由________继续偿还。

（二）公司股权

________持有的________有限公司________%的股权

婚后________年____月____日，________入资________有限公司________元，成为该公司股东，公司注册资本________元，________持有该公司________%的股权，该股权为夫妻共同财产。

（三）汽车

________轿车一辆（车牌号________）

该车所有人登记为________，使用人为________。

该车购买时间为________年____月，价税合计________元，全款购买(或其中首付款________元,其余________元为分期付款,共________期,已全部支付完毕;或其中首付款________元,其余________元为分期付款,共________期,目前已支付________期,尚余________期未支付)。

(四)存款

原告名下无存款

________年原告曾转给被告________元存款,据估计,被告名下的存款应当超过________元,要求法庭依法查清后分割。

(五)共同债权及债务

1. 双方无共同债权

2. 因还________名下及________名下房屋贷款、车贷等婚后共产生________元(其中还________房屋贷款________元,还________房屋贷款________元,还________轿车车贷及费用________元,________信用卡消费________元)对________有限公司的债务,系双方共同债务。

3. 离婚后________房屋未还银行贷款为________的个人债务,________房屋未还银行贷款为________的个人债务。

三、共同财产、债务分割意见

1. 双方各自名下的个人财产(见本清单第一条)仍归各自所有。

2. ________房屋归原告所有,被告享有相应折价。

3. ________房屋归被告所有,原告享有相应折价(婚后还贷本金及增值的一半),未还贷款离婚后由被告继续偿还。

4. ________名下的________公司的股权,同意归________有,________享有相应折价。

5. ________轿车一辆(车牌号________)归原告所有,离婚后原告继续偿还贷款,被告享有相应折价;考虑到________有婚前购买的车辆使用,婚姻存续期间以________名义购买的________轿车(车牌号________)应判归________所有为宜。

6. 原被告名下的存款归各自所有,________应向________支付存款差价________元。

7. 双方无共同债权,产生的________元对________有限公司的债务由________负债偿还,________给付________共计________元。

原告:

年　月　日

扫描二维码

14164

清单其实是将起诉状的一部分单列出来,离婚案件中夫妻共同财产的情况往往在调查结束前才能完全查明,如果财产复杂,到调查结束时,被告也可以单独组织财产清单。书写财产清单的要点是:

1. 房屋是财产中经常出现的,说明房屋的基本情况,一般要列购买的时间,以谁的名义购买,有无向银行的借款,借款人是谁,借款金额和期限,目前还款的情况,房屋面积、居室情况,房款的出资来源等,如夫妻二人共同出资多少,一方父母出资多少,该父母出资是什么性质(赠与单方、赠与双方、参与投资、借款等),房屋现值等。

2. 公司股权的情况,一般需写明入资时间,公司的注册资本,股东是谁,所占股权的比例,股权现值等。

公司股权的现值在婚姻家庭案件中往往是一个难点,虽然按法律程序,在双方对股权现价值不能达成一致的情况下,可以对股权价值进行评估,但实际操作中有许多困难,很多情况下难以进行。股权评估,需要公司提供所有会计账目,只有在公司提供会计资料且资料真实的情况下,评估公司才能出具评估报告,而股东或公司往往不配合,很难拿到会计资料组织评估。

所以,建议非股东一方注意诉讼前涉案公司是否因融资等原因出具过对股权的评估报告,可以在取得该证据后向法院提交以作参考。

实践中,也有主张股权价值与入资相当,法院以注册资本或入资额为参考对非股东一方进行折价补偿的情况。

还有法官直接将股权进行分割的情况,这种情况要受很多限制,要么是夫妻双方协商一致将出资额部分或者全部转让给该股东的配偶,过半数股东同意、其他股东明确表示放弃优先购买权的;要么是公司的股东只有夫妻二人或一人,无其他股东的情况。

3. 汽车的情况,一般要写清购买时间、购买人即登记的所有权人、购买价、现值,以及现在的实际使用人。

4. 存款、股票类财产,由于其经常变化及私密性的特点,一般需要法庭调查,出具明细单后方可确认价值,财产清单中可简单写明了解的情况,如男方名下有股票,开户的营业厅为某某证券公司某某营业部,股票价值约××元等,依法查明后分割。

在离婚后财产纠纷案件中,对于未分割的夫妻共同财产需要列清单的,也可以参照。在继承案件中,遗产清单可以列在起诉状中,也可以根据案件情况单列遗产清单,列举的方法和本财产清单类似。只是继承案件中,遗产可能是财产的一部分,比如,夫妻中一人离世的,所列的夫妻共同财产中的一半才是遗产,这个是需要说明的。

（三）离婚后财产纠纷起诉状

离婚后财产纠纷案件也是婚姻家庭领域常见的案件类型。有很多原因导致出现这一类案件。比如，有的是对原有离婚协议的不履行导致的，有的是有漏分财产或一方故意隐瞒财产未分割的等原因，该文书即针对无论因何种原因导致但离婚后仍有未分割共同财产的情况设计。

当事人起诉离婚后财产纠纷需要了解以下法律问题：

1. 诉讼时效

《婚姻家庭编解释（一）》第 83 条规定，离婚后，一方以尚有夫妻共同财产未处理为由向人民法院起诉请求分割的，经审查该财产确属离婚时未涉及的夫妻共同财产，人民法院应当依法予以分割。

离婚后财产纠纷案件是仅次于离婚案件的最常见的一种婚姻家庭案件，原告只要有证据证明共有物未在离婚时分割，均可提起该种诉讼。关于诉讼时效问题，是这类案件中比较有争议的问题，最高人民法院对该条及该问题的解释是：一是对夫妻共同财产分割的请求，属于共有物分割请求权，夫妻对其共同财产的共同所有权是绝对权利，只要没有出现共有基础丧失或重大事由的情形而分割过就一直拥有共同的物权，不应当再规定诉讼时效。离婚后，经审查确属离婚时未涉及的财产，人民法院应当依法予以分割。二是夫妻作为共有人请求分割夫妻共同财产，只有在引起夫妻共有法律关系发生重大变化时，才会存在一方原来拥有的物权共有权受到分割的情形。双方离婚后，一方以尚有夫妻共同财产未处理，以另一方侵害自己对夫妻财产的共有权为由向人民法院起诉请求分割，才能依据原《最高人民法院关于适用〈中华人民共和国婚姻法〉若干问题的解释（一）》（以下简称原《婚姻法司法解释（一）》）第 31 条的规定，适用两年（根据《民法典》的规定，现应为三年）的诉讼时效。如果双方离婚后，该物权共有权没有实际发生变动，即没有被原夫妻共有人之外的其他人善意取得时，没被侵权行为改变共有权属状态，一方以尚有夫妻共同财产未处理,以分割夫妻财产的共有权为由向人民法院起诉请求分割未处理过的夫妻共同财产,不应当受到诉讼时效的限制……①

自2021年1月1日起,原《最高人民法院关于适用〈中华人民共和国婚姻法〉若干问题的解释(三)》(以下简称原《婚姻法解释(三)》)第18条变更为《婚姻家庭编解释(一)》第83条,原文被全部保留,并未变更。由此可见,如果物权没有发生变动,或无被侵权的事实,基本上没有诉讼时效的限制。

2. 其他

离婚后财产纠纷这一案由,基本可视为离婚案件的一种继续,因为无论是审判依据和原则,还是管辖原则均和离婚案一致,离婚后财产纠纷案的被告如发现也有其他共有财产未分割,可直接以答辩的方式提起,无须反诉。

离婚后财产纠纷可包罗所有未分割共同财产,包括离婚协议中未履行的也可囊括进来,是一个极其有效的案由,诉讼费的收取也和离婚案件一样,而不是按一般财产案件收取,较为低廉,是专业律师经常采纳的案由。

下面介绍两个离婚后财产纠纷案的起诉书模板:

起诉状(离婚后财产纠纷之未分割)

文书4.3:起诉状(离婚后财产纠纷之未分割)

---

① 最高人民法院民事审判第一庭编:《最高人民法院婚姻法司法解释(三)理解与适用》,人民法院出版社2011年版,第268~269页。

民事起诉状

原告________，女/男，________年____月____日生，________族，工作单位及职务：________________，住________________，电话____。

被告________，男/女，________年____月____日生，________族，工作单位及职务：________________，住________________，电话____。

案由：离婚后财产纠纷

诉讼请求

一、依法分割原、被告婚姻存续期间的夫妻共同财产；

二、判决原告在被告支付完毕共同财产折价后一个月内，可以在被告婚前房屋内居住，作为被告对原告的困难帮助；

三、判决被告支付离婚损害赔偿款________元；

四、诉讼费由被告承担。

事实和理由

一、原、被告结婚及离婚的基本情况

原、被告________年____月____日经人介绍相识，很快确立恋爱关系，________年____月____日在________民政局登记结婚，婚后________年____月____日生育一子________，现年3岁半。双方均系初婚。

……

二、夫妻共同财产情况

由于被骗离婚，双方的夫妻共同财产未进行分割，因此，原告不得不起诉要求分割，双方主要的夫妻共同财产为：

1. ________车(车牌号：________)一辆，登记在被告名下；

2. 被告名下有存款，要求依法分割；

3. 被告名下住房公积金，要求依法分割；

被告采取欺骗手段与原告离婚，故意不分割夫妻共同财产给原告，属于恶意隐瞒转移财产的性质，同时与异性有婚外情并同居，存在明显的婚姻过错。依《民法典》第一千零八十七条的规定，要求对无过错方在财产分割方面进行照顾，要求共同财产按原告60%，被告40%的比例进行分割。

三、原告要求被告给予经济帮助

原告名下没有房屋，收入一般，属于生活困难，而被告名下有房屋，收入也高于原告，根据《民法典》第一千零九十条的规定，被告应从其住房等个人财产中给予适当帮助。因此，原告要求，在被告给付完毕上述夫妻共同财产的折价之后一个月内，可以与子女在被告的婚前房屋______________号房屋内居住。

四、要求被告向原告支付离婚损害赔偿款________元

被告与异性有婚外情并同居生活，严重违反夫妻忠实义务，依《民法典》第一千零九十一条之规定，要求向原告支付损害赔偿款________元。

请法庭依法判如所请。

此致

________人民法院

具状人：

年　月　日

扫描二维码

13097

文书4.4：起诉状（离婚后财产纠纷未分割加未履行）

离婚后财产纠纷案有的是对原有离婚协议的不履行导致的，有的是有漏分财产或一方故意隐瞒财产未分割的等原因引发的，该案由可以将漏分财产及已分割但是一方未履行的内容都加在一起，被告有自己不同的主张，如认为在原告名下也有漏分财产或未履行项的，直接答辩即可。

现针对离婚后既有未分割共同财产又有已分割但未履行项的情况，提供给大家一个模板。

民事起诉书

原告一________，女，________年____月____日出生，________族，工作单位及职务：________________，住________________，电话____。

原告二________，女，________年____月____日出生，________族，学生，住________________。

法定代理人________，女，________年____月____日出生，________族，工作单位及职务：________________，住________________，

电话________________。

被告________，男，________年____月____日出生，________族，工作单位及职务：________________，住________________，电话____。

案由：离婚后财产纠纷

诉讼请求

一、请求法院依法分割如下离婚时未分割的夫妻共同财产：

1. 判决原告一获得被告名下________%的________公司股份（对应公司股份________%，对应出资额________元）。

2. 判决被告名下________控股有限公司的股份（________%）归被告所有，原告获得折价________元。

二、请求法院依法判决被告履行离婚协议第二条，被告向原告二支付补偿款500万元。

三、请求法院依法确认________文化传播有限公司________%的收益权归两原告所有。

四、本案诉讼费、诉讼财产保全费等费用由被告承担。

事实和理由

事实与理由：

一、双方离婚的基本情况

原、被告原系夫妻关系，于________年____月____日登记结婚，婚后生育一女________（本案原告二）。后因男方存在婚姻过错于________年____月____日在________民政局办理了协议离婚。

原告一和被告原来夫妻感情尚好，一直共同经营公司，后因男方出轨且与其他异性生育子女，给原告________造成极大精神打击，无法维持正常家庭。在极大的精神压力下，原告一希望尽快解除与被告的婚姻，解脱痛苦，遂敦促男方尽快到民政局办理离婚。由于离婚心切，________年____月____日，双方来到________民政局时，甚至未准备好书面的离婚协议，因无书面离婚协议婚姻登记工作人员根本不予办理离婚登记，双方就到附近的小店内草草起草打印了离婚协议，对婚姻存续期间购买的房屋作出处理，对两人实际控制的________有限公司的收益权进行了分配，还约定男方对女方给予500万元的补偿。而对________名下的夫妻共有股份，未作任何处理。主要原因是，双方虽因男方过错离婚，但在公司经营方面，还有基本信任，且一直共同经营公司，相关公司的股权也存在质押状况，股权过户在当时也不可能，双方打算离婚后继续维持现有经营状况，待时机合适时再行办理股权分割事宜。因此，对被告所持有的两公司________有限公司和________控股有限公司的股份未作处理，仍保持共有状态，双方均认为在两公司的管理和利益分配方面不会产生任何问题。

二、离婚后情况

但离婚后，双方未能很好地配合经营公司，产生矛盾并且矛盾不断加深，被告甚至威胁原告要将其清除出公司，原告称自己是股东，享有公司股份，有股东权益，有权对公司的经营及决策发表意见。被告声称离婚时双方只对________公司的收益有约定，其他公司股权均在被告名下，应由被告决策。原告这才认识到夫妻共同股权未分割已实际影响了自己的切身利益，因此提出分配原夫妻共有股权，但被告拒不配合。

对于在离婚协议第二条中约定的男方要给女方的500万元补偿款，被告至今未履行；对于离婚协议第三条男方应保证支付给原告及女儿的________公司的________%的收益，原告也未收到过一分钱。

三、被告名下夫妻共有公司股权的情况

(一)________有限公司________%的股份

原、被告婚后以被告名义在________投资有限公司持有________%的股份。

________公司注册资本为________元，其中原被告婚后共出资________元，以男方的名义享有________%的股份，公司注册地为________工商行政管理局，被告为法定代表人，公司住所为______。

该公司主要有下属两家子公司，分别为：

1. ________有限公司

________公司注册资本为________元，________公司系唯一股东。________公司注册地为________工商行政管理局________分局，被告为法定代表人，公司住所为________。

2. ________有限公司

________有限公司注册资本________元，共有股东________名，其中________公司出资________元，占有________%的股份。________公司注册地为________工商行政管理局，被告为法定代表人，公司住所为________。

(二)________控股有限公司________%的股份

原、被告婚后以被告名义在________控股有限公司持有________%的股份。

________公司注册资本为________元，其中原被告出资______

元,以________的名义享有________%的股份,公司注册地为________工商行政管理局,法定代表人为________,公司住所为______________。

综上,原告一和被告离婚仓促,对________公司及________公司的夫妻共同股权未分割,现双方矛盾激化,严重影响原告行使股东权益,为维护原告合法财产权,理应对上述股权依法分割,由于在本案中发现被告涉嫌重婚等重大婚姻过错,按《民法典》照顾女方及无过错方利益的原则,原告一要求获得未分割夫妻共同财产的60%。且原离婚协议内容合法有效,被告亦应履行离婚协议书内容,鉴于________公司________%的收益权(含出售股权的获益及每年分红等全部收益)的履行有时间延续性及不确定性,原告仅要求法院对该部分权益的归属予以确认。望法院严格依《民法典》及相关司法解释之规定,判如所请。

此致

________人民法院

具状人:

年 月 日

扫描二维码

13098

大家从这个模板中会看到一个奇怪的现象,就是在这个离婚后财产纠纷案例中,原告有两个人。一般来讲,离婚案件的原、被告就是夫妻二人,不会有其他人作为当事人。我们认为离婚后财产纠纷案一般也应是这种情况,但是这个案件,因为离婚协议中涉及了给子女的利益,男方也没有履行,所以子女也是离婚后财产纠纷案件的当事人,并且成了原告之一,这一点,是离婚后财产纠纷案与离婚案件明显不同的地方。

(四)继承纠纷起诉状

除上述常见案件的起诉状外,继承案件也是婚姻家庭案件常见类型之一,下面我们来介绍一下遗嘱继承和法定继承的起诉状的起草要点:

继承纠纷根据情况有多个下级案由,其中最常见的是遗嘱继承、法定继承和遗赠纠纷,特点稍有不同,本文书为遗嘱继承的起诉状,即针对被继承人留有遗嘱的情形。遗嘱继承案的起诉状要点为:

1. 继承纠纷的当事人一般应当列所有法定继承人、受遗赠人,即其中一部分人为原告的话,其余所有人就应当均是被告,所以当事人常常是多人。相应地,立案时应当提交所有法定继承人与被继承人的亲属关系证明以及被继承人的死亡证明。

2. 根据《民事诉讼法》的规定,因继承遗产纠纷提起的诉讼,由被继承人死亡时住所地或者主要遗产所在地人民法院管辖。继承纠纷中的主要遗产往往是不动产,因此一般选择在不动产所在地法院起诉。

文书4.5:起诉状(遗嘱继承)

民事起诉状

原告________,男/女,________年____月____日出生,________族,工作单位及职务:____________,住______________,电话________________。

被告一________,男/女,________年____月____日出生,________族,工作单位及职务:____________,住______________,电话________________。

被告二________，男/女，________年____月____日出生，________族，工作单位及职务：____________，住______________，电话________________。

被告三________，男/女，________年____月____日出生，________族，工作单位及职务：____________，住______________，电话________________。

案由：遗嘱继承纠纷

诉讼请求

一、判决由原告继承被继承人________以下全部遗产：

1. ________号房产50%的产权。

2. 被继承人名下存款的一半共计________元。

二、诉讼费由被告承担。

事实与理由

一、事实经过

被告________与被继承人________系夫妻关系，育有三个子女，分别为长女被告________、长子被告________和小女儿原告________。在________查出患有癌症前，家庭关系还算和睦。

……

被继承人认识到，被告父子二人不愿意为其治病花钱，即便她只剩下几个月的生命。她对父子二人的行为感到气愤与失望，遂于病患中立下遗嘱，将自己的财产份额，即________号房产中属于自己的产权份额和夫妻共同存款中属于自己的份额，全部留给了原告

________继承。

被继承人去世后,被告________便意欲出卖________________号房屋。被继承人的存折也一直由被告________持有。

二、遗产范围

(一)________号房产50%的产权份额

该房系________与________婚姻存续期间购买,建筑面积________平方米,房产证号为:________,为夫妻共同财产。该房的一半产权应为被继承人的遗产。

(二)被继承人名下存款的一半共计________元

被继承人在与被告________婚姻存续期间,共积蓄存款________元,相关存折和存单均由被告________持有。该存款扣除用于被继承人治疗、丧葬等费用,现应剩余________余万元左右,其中一半份额共________元应为被继承人遗产。

原告认为,被继承人的遗嘱真实有效,依法应判决原告继承________的上述全部遗产。

此致

________区人民法院

具状人:

年　月　日

扫描二维码

13099

文书4.6:起诉状(法定继承)

法律要点:法定继承案件,由于不存在遗嘱,所以遗产清单往往需要当事人查证,被继承人如列有遗嘱,遗嘱中一般会涉及所有遗产。

由于我国适用的夫妻财产制度为婚后所得共同制,所以,要求继承的遗产应考虑被继承人的婚姻状况,如系已婚,只能要求继承夫妻共同财产的一半价值。

民事起诉状

原告一________(中文名________),男,________年____月____日在北京出生,________族,现为美国国籍,无业,住________________号,美国住址为:________,护照号________,电话______________(美国电话______________)。

原告二________,女,________年____月____日生,________族,工作单位及职务:________________,住________________,电话______________________________________。

原告三________,女,________年____月____日生,________族,工作单位及职务:________________,住________________,电话______________________________________。

被告一________,男,________年____月____日生,________族,工作单位及职务:________________,住________________,电话______________________________________。

被告二________,男,________年____月____日生,________族,工作单位及职务:________________,住________________,电

话____。

被告三________，男，________年____月____日生，________族，工作单位及职务：________________，住________________，电话____。

案由：法定继承纠纷

诉讼请求

一、请求法院判决各法定继承人依法律规定按份继承被继承人________的以下遗产：

________________号房屋

二、本案的诉讼费用由原被告分担。

事实与理由

……

此致

________人民法院

具状人：

年　月　日

扫描二维码

13100

二、起草上诉状

上诉状的起草和起诉状有所不同。起诉状可以只重陈述,事实与理由方面对于法律的内容涉及得不多,而上诉状,是就一审时法院的判决书中事实认定、法律适用及程序方面有错误之处进行陈述、分析和论述,以表明自己的上诉理由,必然会涉及更多的法律分析,在这一点上,上诉状甚至有点接近代理词,但又不完全相同。

当然有些当事人自己书写的上诉状,或者是有些律师书写的不甚专业的上诉状中,也有只有事实陈述而少作法律分析的,并不影响其提起上诉程序。但是,上诉状和起诉状有一点是相同的,就是代表这个诉讼程序的总体策略,是法官审查一审判决是否真的存在问题主要依据的文书。二审法官要从你的上诉状中了解上诉理由,一旦确定,不好随意修改。在这一点上,上诉状的书写实际上比起诉状要难一些,或者说,专业性更强一些。

下面我们来看一些上诉状模板:

文书4.7:上诉状(离婚纠纷)

民事上诉状

上诉人(原审被告)________,男/女,________年____月____日出生,________族,工作单位及职务:________________,住________________,身份证号________________,电话________________。

被上诉人(原审原告):________,女/男,________年____月____日出生,________族,工作单位及职务:________________,住________________,身份证号________________,电话________________。

上诉人不服________人民法院作出的________号民事判决书。依据《中华人民共和国民事诉讼法》的相关规定,特向贵院提起上诉。

诉讼请求

一、改判________号民事判决书第________项,判决________归上诉人抚养;

二、如二审法院仍旧判决子女归女方抚养,则改判________号民事判决书第三项,判决上诉人每两周可探视________一次,一次两天;

三、改判________号民事判决书第四项中关于房屋的分割内容,认定上诉人撤销赠与成立,________________号房屋________归上诉人所有,被上诉人仅享有婚后共同还贷部分所对应的折价;

四、一、二审诉讼费由双方平均承担。

事实及理由

一、一审判决女儿归原告方抚养,对女儿成长不利

婚生女________现年2岁10个月,已超过两周岁,依法可以判归父亲抚养。且其处在成长的关键阶段,今后需面临入托、入学等众多人生环节。

被上诉人(一审原告)在一审第一次开庭中自述在________企业供职、第二次开庭又表示自己在北京________公司。不论其职业真伪,起码颇不稳定。且原告自称银行卡中余额仅有217元,基本无财产可言,根本不具备提供孩子正常成长所需的基本经济能力。原告既然自述就业,必然会将养育子女的责任转移到其父母身上,但原告自述其父母长期患病,显然无照顾幼女能力。加之原告母亲长期患有焦虑症,脾气暴躁、行事极端,对幼女成长极其不利。

总之,被上诉人________在北京无财产、无房屋、无户口、无稳定工作、且在其父母带病的情况下,根本无法为幼女提供健康适宜的成长环境。

上诉人及其父母,对孩子感情深厚,无论在原告孕产还是孩子养育期间都付出了巨大心力和物质,各方面条件均更有利。因此,将子女判归上诉人抚养,更有利于子女的健康成长。

二、一审法院对探望权的判决频率过低,时间过少,割裂了被告方与女儿的正常亲情联系

如二审法院不同意将子女抚养权判归上诉人,上诉人则要求对探望权进行改判。

在上诉人与被上诉人双方离婚纠纷期间,被上诉人一直不让上诉人接触子女,上诉人为保护幼儿身心,不愿与被上诉人一家发生冲突,争抢子女。但内心一直极度渴望与女儿的亲情,由于被上诉人的刻意隔离,已导致父女、祖父母与孙辈无法相认。被告方对孩子无一日不思念,上述隔离对上诉人及其父母心理感情伤害巨大。

一审法院所判决的一个月可以探视子女一次,一次一天,频率显然过低,时间过短。上诉人于情、于理都无法接受。

三、一审将婚前购买的房屋作为夫妻共同财产分割,存在明显的认定事实和适用法律错误

一审基本情况:

……

根据以上情况,上诉人认为,一审法院主要存在以下认定事实和适用法律的错误:

（一）上诉人约定房屋为共有，应认定为赠与性质，依法有权在不动产产权变动之前撤销赠与，房屋应判归________所有，被上诉人只能享有婚后还贷部分所对应的折价。

根据……的规定……

本案中，上诉人在结婚第二天将个人名下的房屋约定为夫妻共有，应视为将其中的一半赠与给了被上诉人________，应适用《婚姻家庭编解释（一）》第三十二条之规定，认定为赠与行为。

同时，根据《民法典》第六百五十八条之规定，赠与人在赠与财产的权利转移之前可以撤销赠与。赠与的财产依法需要办理登记等手续的，应当办理有关手续。众所周知，不动产赠与的完成应以过户完成为准，既然未办理产权过户手续，应视为财产权利还未转移，上诉人依法可行使撤销权。上诉人在一审时明示法庭要撤销赠与，房屋就应当按照《婚姻家庭编解释（一）》第七十八条的规定判决归上诉人所有，被上诉人仅享有婚后共同还贷所对应的折价①。

一审法院在被告明示撤销赠与的前提下对于夫妻财产约定是不是适用赠与，被告有无撤销权等未作任何论述和考虑，只是认定夫妻财产约定有效，就认定房屋是夫妻共同财产，是明显的认定事实和适用法律错误。

（二）从“夫妻财产约定”内容看，赠与也是附条件和义务的，现条件和义务未达成，赠与理应可以被撤销。

---

① 《婚姻家庭编解释（一）》第78条：夫妻一方婚前签订不动产买卖合同，以个人财产支付首付款并在银行贷款，婚后用夫妻共同财产还贷，不动产登记于首付款支付方名下的，离婚时该不动产由双方协议处理。

依前款规定不能达成协议的，人民法院可以判决该不动产归产权登记一方，尚未归还的贷款为不动产登记一方的个人债务。双方婚后共同还贷支付的款项及其相对应财产增值部分，离婚时应根据民法典第一千零八十七条第一款规定的原则，由不动产登记一方对另一方进行补偿。

因此,从这个角度来说,上诉人也完全可以撤销赠与,一审法院漠视被告撤销赠与的主张,也是明显的认定事实和适用法律错误。

(三)一审法院将上诉人父母对房屋的出资认为是债权问题,在被告提交了证据的情况下不处理,也是适用法律错误,房屋如果作为共同财产分割,________父母对房屋的出资也应当认定为双方的共同债务、由双方共同承担才对。

一审中,上诉人(原审被告)已向法庭提交了证据________,可以证明________父母曾为房屋出资________元。该________元为投资款,理应享有相应份额的投资利益,________未经共同投资人同意,将房屋单独处分,侵犯了父母的财产权益。

而且,在……

一审法官未认定双方存在投资关系,但认为这是债权问题(参见判决书第6页),既然认为双方存在债权债务,在认定房屋为共有的前提下,在________已提交了全部证据的情况下,对________父母的出资理应认定为共同债务方为公平,对此,________在提交证据________父母出资凭证时,也在证明内容里提到过,即便法官认可了房屋的共同性质,父母的出资及增值也应一并认定为债务才对,一审法官并未处理,也是认定事实及适用法律错误。

四、即便按照一审法官的认定,其房屋折价的计算方法也出现了严重的错误

即便假设房屋就是夫妻的共同财产,一审法官在折价的计算上也出现了严重的错误,按照……相关解释,房屋价值是包含银行贷款利息的,所以未还贷款利息也要计算在未还债务范围内,但是一审法官只将未还贷款本金进行了扣减,少扣减了约30万元的利息,

导致在________应给付________的折价方面,多计算了约________万元。一审法官的计算公式为:

……

而正确的计算公式应为:

……

综上所述,一审法院出现认定事实及适用法律错误,理应改判,请二审法院依法公正审理本案。

此致

________人民法院

上诉人:

年　月　日

扫描二维码

13102

离婚案件主要处理三大块内容:一是离婚,二是子女抚养,三是共同财产及债权债务分割。上诉主要针对这些内容,当然,也可能有其他的诉求,如对离婚损害赔偿的内容有异议等。

三、起草一、二审答辩状

如果你代理的不是原告或上诉人,而是被告或被上诉人需要起草的就是答辩状。

(一)一审答辩状

在起草一审答辩状之前,你需要详细地看原告的起诉状和证据材料,一般来讲,很多地方法院不要求原告立案时即提交完整证据,所以被告收到起诉材料时，证据材料往往较少，律师应认真研究这些材料，起草答辩状。既然是答辩状，当然就是针对起诉意见的答辩。比如，离婚案件，原告要求解除婚姻关系，被告针对其第一项诉讼请求要答辩是否同意离婚，对子女抚养及其他财产分割意见也要逐一答辩。

在这里，要注意，离婚及继承类案件的答辩状，与其他案件的答辩状有不同之处，即对于原告没有提及的财产或诉讼请求，被告如果要单独提出的话，无须反诉，直接在答辩状中以答辩意见提出即可。答辩意见可如诉讼请求一般，在事实与理由前一一列清，也可在正文中以题目列出。一般简单的案件，只要按标题一一列清即可，不会影响法官的裁判，但是在复杂的案件中，如果答辩意见过多，就需要在事实与理由前列清，这样更为清晰；或者，如原告一般，最终判决前列诉讼意见汇总，被告或被上诉人也可列答辩意见汇总，以清晰自己的全部答辩意见，方便法官最终判决。

因为答辩状是针对原告起诉状的答辩，所以，在事实与理由部分，每一小部分我会分两个方面去答辩，一方面，针对原告的起诉状中的内容是否属实进行答辩；另一方面，如有其他补充的意见，列在后面。这样，答辩状相对完整，又不会被原告完全牵着鼻子走。

下面，我们来看一个离婚案件的答辩状：

文书4.8：一审答辩状

起草要点：

离婚案件的答辩状和起诉状一样，与其他案件有很多不同之处，由于处于被告的位置，所以财产项一般不需要单列财产清单，答辩状的内容涵盖关于感情、子女抚养、财产分割等的全部内容。离婚案的答辩状还能起到类似于其他案件反诉状的某些目的，其单独提出的答辩意见，法官可以直接审理并判决。

如果答辩意见较多,也可以把主要答辩意见在最上方单列出来,以对应诉讼请求,正文处也要单列题目,同时再详细说明事实理由。

民事答辩状

答辩人________,女,________年____月____日出生,________族,工作单位及职务:________________,住________________号,电话________________。

就原告________起诉答辩人离婚一案,答辩人具体答辩意见如下:

一、答辩人同意离婚,但原告所述离婚的事实与理由不完全属实

原、被告于________年因工作关系相识,之后很快确立恋爱关系,________年____月____日在________民政局登记结婚,双方均系初婚,婚后________年____月____日生育一子________,现年________岁。

原、被告恋爱期间及结婚初期感情不错。后来,被告发现双方在很多方面观念差异很大,导致双方在经济问题、子女抚养等方面经常产生矛盾;且原告在生活中缺少家庭责任感,对被告不关心,在家务方面从不帮助被告;在被告孕育、生育至抚养子女阶段,原告没有尽到做父亲的责任。除此之外,原告经常无故很晚回家,后半夜回家简直就是家常便饭,被告难以理解,夫妻感情逐渐破裂。________年____月原告主动离家,双方现已分居________,夫妻感情彻底破裂,因此答辩人同意离婚。

二、婚生子由答辩人抚养较有利于其成长,答辩人要求原告每月支付________元抚养费

被告父母在被告孕期时就来照顾原、被告生活,儿子________

出生后,被告父母一直与答辩人共同照顾,答辩人上班后,________也一直由答辩人父母直接照顾。现________已上幼儿园,每日也是由答辩人父母接送。原告父母患有心脏病、高血压,身体情况不适合照顾子女。

从________出生以来,一直是由答辩人及家人照顾,分居期间,________也是一直跟随答辩人,如离婚后突然改变他的生长环境,将难以适应,对其成长明显不利。且________只有3岁半,年龄太小,一直母乳喂养至2岁多,对母亲的依恋较重,不宜由父亲直接抚养,显然本案的情况子女判归被告抚养更有利于他的成长。

三、夫妻共同财产及债权债务的分割

(一)房屋

1. ________________号房屋一处(产权证号:________号)

该房为原告婚前以个人名义购买,产权登记在原告名下,但婚后用夫妻共同财产还贷约________元左右,现贷款已全部还清,该房婚后还贷所对应房屋价值为夫妻共同财产。

2. ________________号房屋一处(产权证号:________号)

该房为婚前________年____月____日被告以个人名义购买,产权登记在被告名下。婚后有还贷,现贷款已全部还清,该房婚后还贷所对应房屋价值为夫妻共同财产。

(二)公司股权

________年____月____日,原告与答辩人作为发起人成立了________有限公司,原告持股比例为________%,答辩人持股比例为________%,公司注册资本________元,目前仅实缴了________元。

(三)汽车

________轿车一辆(车牌号:________)

该车为婚后以原告名义购买，购买价________元，全款已付清，产权登记在原告名下。

（四）存款

被告名下有存款约________元，原告名下存款情况不清楚，请法院依法调查后分割。

（五）股票

原告名下股票价值不清楚，答辩人无股票。

（六）双方无共同债权债务

（七）财产分割方案 1. ________________号房屋离婚后归原告所有，原告应支付被告相应折价；

2. ________________号房屋离婚后归被告所有，被告愿支付原告相应折价；

3. ________公司股权归答辩人所有，被告同意支付原告相应折价；

4. ________轿车一辆（车牌号：________）离婚后归被告所有，原告配合办理过户手续，被告愿支付相应折价；

5. 双方存款依法平均分割；

6. 原告名下股票归原告所有，答辩人要求按市值获利一半折价。

综上所述，答辩人同意离婚，但认为原告所述离婚的事实与理由不属实，要求子女判归答辩人抚养。夫妻共同财产请法庭依法分割。

此致

________人民法院

答辩人：

年　月　日

扫描二维码

13101

(二)二审答辩状

二审答辩状是针对上诉人的上诉请求来答辩,但是又不止于此。除了对上诉人的上诉理由进行反驳论述外,还可以从其他的方面说明支持一审法官判决的其他理由,从总体上论述自己的观点。因为二审法官其实也并不是只针对上诉理由对案件进行审查,有时,虽然上诉人的上诉理由不够充分,但二审法官如发现有其他的原因同样导致该项判决理应改判的,并不限于上诉人的上诉理由,上诉人的上诉请求才是法官最终审核的范围。

因为上诉状主要说明一审法院判决在事实认定、适用法律及程序方面的问题,所以二审的答辩状较一审的答辩状也更加注重法律分析,而不能仅仅是陈述。即从法律的角度反驳上诉人的理由,提出自己的理由,对一审的证据进行分析,对法律适用进行列举分析等。下面,我们来看一个离婚案件的二审答辩状:

文书4.9:二审答辩状(离婚纠纷)

答　辩　状

答辩人(被上诉人,一审被告):X,女,________年____月____日出生,________族,________公司员工,住________________,电话

______________________。

被答辩人(上诉人,一审原告):L,男,________年____月____日出生,________族,________公司员工,住________________,电话____________________。

答辩人因与被答辩人离婚纠纷一案,根据本案事实,依据相关法律规定,提出如下答辩意见:

一审判决认定事实清楚,适用法律正确,程序合法,答辩人请求依法驳回被答辩人的上诉请求,维持原判。

一、答辩人符合优先抚养婚生子女的法定条件,一审判决婚生子女李××由答辩人直接抚养是正确的。

一审程序中,答辩人向法庭提交了大量子女抚养证据,包括出生证、日常抚养的照片、抚养票据、母亲证言等,可以证明以下事实:

1. 婚生女李××目前4周岁,年龄尚小,不宜离开母亲。李××自出生至今一直随答辩人以及答辩人的母亲一起生活,孩子随母亲一起生活时间较长,如果贸然改变孩子的生活环境,极有可能对孩子身心健康产生不利影响。

2. 答辩人一审提交的大量证据可以证实,答辩人在生活和教育方面付出了全部的心血,包括女儿的衣、食、住、行,服装和玩具的购买,定期检查和疫苗的接种,幼儿早教的培训班等。照片和医院的监护人签字进一步证明了答辩人在孩子的日常生活中起到了主要抚养作用,尽到了抚养孩子的义务。

3. 答辩人身体健康,其工资卡显示其有很好的工作和稳定收入,照顾子女有良好的身体和经济基础。答辩人性情温和,待人善良,对于孩子的成长没有任何不利的因素和影响。

4. 另外,答辩人的母亲目前与答辩人及其子女共同生活,其母亲有文化，身体健康，性格开朗，且有固定的退休金，经济基础好，协助答辩人照看子女，对子女成长很有利。

5.《婚姻家庭编解释(一)》第四十六条规定：对已满两周岁的未成年子女，父母均要求直接抚养，一方有下列情形之一的，可予优先考虑：……(二)子女随其生活时间较长，改变生活环境对子女健康成长明显不利……(四)子女随其生活，对子女成长有利，而另一方患有久治不愈的传染性疾病或者其他严重疾病，或者有其他不利于子女身心健康的情形，不宜与子女共同生活。所以根据上述事实及法律规定，答辩人符合优先抚养婚生子女的法定条件。

综上所述，无论是根据婚生女李××自出生以来就一直与答辩人长期生活的事实及对答辩人及其母亲的依赖程度，还是答辩人对照顾子女有良好的身体和经济基础等条件，与被答辩人相比，答辩人都是更加适合抚养婚生女的一方。所以答辩人不同意被答辩人在上诉状中提出的被答辩人各方面均优于答辩人、婚生女应由被答辩人抚养的主张，一审法院判决由答辩人抚养婚生女李××是正确的，二审法院应予以支持。

二、答辩人不同意被答辩人第二项上诉请求即“请求法院撤销原判决第三项，判决上诉人每周五从被上诉人处接走李××探望，每周日送回，被上诉人予以协助”。

答辩人不同意被答辩人第二项上诉请求即“请求法院撤销原判决第三项，判决上诉人每周五从被上诉人处接走李××探望，每周日送回，被上诉人予以协助”，一审法院判决被答辩人可以每周探望李××一次，即已经保障了被答辩人的子女探望权。探望子女也需要考虑子女的身心健康，被答辩人要求每周五接走李××，每周日送回，该请求未考虑李××的身心健康，未考虑到孩子每周疲于奔波于父、母的不同处所，经常更换居住地点对孩子身心健康发展的严重不良影响。一审法院判决被答辩人每周一次的探望权，如被答辩人希望接回孩子住两天，可就此与答辩人商议，被答辩人强求固定探望的时间反而是错误地行使探望权，不利于婚生女李××的成长。所以，答辩人不同意被答辩人上述上诉请求，一审法院判决被答辩人每周探望李××一次是正确的，二审法院应当驳回被答辩人的该项上诉请求。

三、坐落于________________号房屋为答辩人与被答辩人的婚内共同财产，答辩人有权利分割该房屋，除该房屋作为抵押担保的由答辩人与被答辩人共同承担的个人（商务）贷款________万元外，房屋剩余价值由答辩人与被答辩人分割，由被答辩人给付答辩人房屋折价款________万元，判决合理适当。

1. ________________号房屋为答辩人与被答辩人婚内共同财产，答辩人有权分割该房屋。

关于被答辩人名下坐落于________号的房屋，虽然法院另案判决认定该房屋系被答辩人与答辩人婚姻存续期间被答辩人父亲对被答辩人的赠与房屋，但是该房屋转让时被答辩人的父亲并未明确仅赠与被答辩人一方，根据《民法典》第一千零六十二条“夫妻在婚姻关系存续期间所得的下列财产，为夫妻的共同财产，归夫妻共同所有：……（四）继承或受赠的财产，但是本法第一千零六十三条第三项规定的除外；”之规定，该房屋取得期间为被答辩人与答辩人婚姻存续期间，且房屋转让时也并未明确该房屋为被答辩人父亲对被答辩人的单方赠与。

就被答辩人在上诉状中提出的所谓父母赠与子女房屋不会签订协议，赠与房屋时答辩人不知晓赠与之事，以及被答辩人父母已经赠与双方另一套________家园的房屋等理由,答辩人认为,上述理由并不能作为________________号房屋系被答辩人父亲单方赠与被答辩人的理由,也没有充分的证据予以证明,且另一套________家园的房屋也非被答辩人父母无偿赠与答辩人与被答辩人,而是由答辩人出资购买,并单独负担了房屋贷款。所以答辩人认为,该房屋为双方婚内共同财产,答辩人有权分割该房屋。

2. 本案不适用……的规定。

……而本案中,________________号房屋并非被答辩人婚后由被答辩人父母出资购买的不动产,且《民法典》第一千零六十二条第一款第(四)项已经对婚姻存续期间赠与所得房产归属有了明确规定,即如未在赠与合同中确定只归夫或妻一方的,则赠与所得的财产归夫妻共同所有。所以,在关于婚内赠与财产归属问题有明确法律规定的情形下,被答辩人还要依据其他的法规主张房屋为其个人财产,既与事实不符,也不符合法律规定。

四、家园房屋属于夫妻共同财产,该房屋以答辩人名义购得,其首付款及贷款均由答辩人一方支付,答辩人贡献更大,应当由答辩人居住使用。

关于________家园房屋,一审判决确定该房屋虽系被答辩人父母拆迁房利益所得,但是该房屋以答辩人的名义购得,贷款一直由答辩人偿还。《婚姻家庭编解释(一)》第七十七条第一款规定:"离婚时双方对尚未取得所有权或者尚未取得完全所有权的房屋有争议且协商不成的,人民法院不宜判决房屋所有权的归属,应当根据实际情况判决由当事人使用。"考虑到一审法院判决婚生女由答辩人抚养,________________号房屋归被答辩人所有,答辩人及女儿必须有住所,以及________家园房屋以答辩人名义购得、房屋首付款及贷款均由答辩人支付的事实,在答辩人名下无其他房屋的情况下,一审法院判决________家园房屋由答辩人占有使用既符合法律规定,也有利于子女的抚养。

综上所述,一审判决________家园房屋归答辩人占有使用既符合法律规定也有利于子女的抚养,二审法院应当予以支持,依法驳回被答辩人的上诉请求,维持原审判决。

五、答辩人认为,在一审判决对被答辩人公司股权、知识产权、存款等没有分割和处理的情况下,被答辩人是得到实际利益的,答辩人并未分到被答辩人公司任何股权折价利益。从公平原则及照顾女方及子女利益的原则考虑,一审法官综合考虑以上情况,将________________号房屋认定为被答辩人父亲对双方共同的赠与,房屋为夫妻共同财产的认定客观公证,既符合法律规定,也符合当时的事实,平衡当事人双方利益,也有益于子女的抚养照顾,二审法院应当考虑,并予以维护。

六、答辩人作为无过错方及婚生子女抚养方,在财产分割时,法院应当适用照顾无过错方的原则,照顾答辩人的利益。

被答辩人在婚姻存续期间,与其他异性有婚外情,属于有过错一方,这是事实;被答辩人在婚姻存续期间,设立、出资公司,隐瞒重大投资事项,对家庭成员不尽抚养义务,日常开销和房屋还贷均是答辩人一个人承担,答辩人对家庭贡献较大。被答辩人在离婚时,存在隐匿、转移财产的主观故意,一审庭审中仍违背诚信原则,未能如实向法庭陈述夫妻共同财产信息,在答辩人提交证据的情况下,才被迫承认夫妻存续期间的共同财产情况。

根据……法院审理离婚纠纷案件时应当适用照顾子女和女方权益、照顾无过错方等原则,结合被答辩人存在的过错行为等情节,答辩人请求二审求法院综合考虑以上情况,在法律适用上适用照顾妇女和子女的原则,维护答辩人的利益,依法驳回被答辩人的上诉请求,维持原判。

综上所述,恳请法庭考虑上述事实,结合本案实际情况,依法驳回被答辩人的上诉请求,维护答辩人的合法权益,维持原判。

答辩人:

年　月　日

扫描二维码

17033

四、起草管辖异议申请书

如果我们代理的是被告,被告来找律师时,往往是已经接到了法院送达的起诉状甚至是传票,但如果被告表示管辖法院所在地并非自己的"住所地"时,我们律师要询问他,是否要求提起管辖权异议。根据《民事诉讼法》第127条的规定,人民法院受理案件后,当事人对管辖权有异议的,应当在提交答辩状期间提出。第125条规定,被告应当在收到起诉状副本之日起15日内提出答辩状。第268条规定,被告在中华人民共和国领域内没有住所的,通知被告在收到起诉状副本后30日内提出答辩状。也就是说,如果被告在国内居住,要在收到起诉状副本之日起15日内提出管辖权异议,如果被告居住在国外的,被告要在收到起诉状副本之日起30日内提出管辖权异议。因此,如果律师发现管辖地错误,应当及时提示被告,决定是否提起管辖异议。这时,律师要尽快了解情况,起草管辖异议申请书并同时准备相应证据,以便在答辩期内尽快提交。

什么样的案件需要提起管辖异议呢?就是被告的“住所地”与管辖地不一致,此处的“住所地”在法律上的含义是有特指的,并不是普通老百姓理解的,我现在居住的地方。我们来看一下有关住所地的法律规定:

《民事诉讼法》

第二十一条 对公民提起的民事诉讼,由被告住所地人民法院管辖;被告住所地与经常居住地不一致的,由经常居住地人民法院管辖。

对法人或者其他组织提起的民事诉讼,由被告住所地人民法院管辖。

同一诉讼的几个被告住所地、经常居住地在两个以上人民法院辖区的,各该人民法院都有管辖权。

《最高人民法院关于适用〈中华人民共和国民事诉讼法〉的解释》(以下简称《民诉法司法解释》)

第三条 公民的住所地是指公民的户籍所在地,法人或者其他组织的住所地是指法人或者其他组织的主要办事机构所在地。

法人或者其他组织的主要办事机构所在地不能确定的,法人或者其他组织的注册地或者登记地为住所地。

第四条 公民的经常居住地是指公民离开住所地至起诉时已连续居住一年以上的地方,但公民住院就医的地方除外。

婚姻家庭案件的被告一般为自然人,通过以上法律和司法解释的规定,我们可以确定此类案件中,法律上的“住所地”首先指的是公民的户籍所在地,如果公民离开了户籍所在地,至起诉时居住超过一年的地方就是他的经常居住地,也就是法律上的住所地。

所以,我们在起草管辖异议申请书时的关键或者说是核心,就是要论述被告的住所地不是管辖法院所在地。要么说明被告户籍所在地即是被告现在的实际住所地,户籍地为被告法定的住所地,而其户籍地不在管辖法院所在地;要么说明被告已离开户籍所在地,在某地已居住超过一年,且现仍在此地居住,构成法律上的"经常居住地",其经常居住地为其住所地,与管辖法院所在地不一致。当然,如果被告居住地在国外的,案件本身是可以在原告住所地管辖的,被告如果认为原告住所地不是管辖法院所在地的,也是可以提出管辖异议的,但这种情况比较少见。

在《民诉法司法解释》中,还有一些特殊的关于管辖的规定,如被告被注销户籍的,当事人的户籍迁出后尚未落户的,双方当事人都被监禁或者被采取强制性教育措施的,双方当事人均为军人或者就职于军队单位的,其管辖都比较特殊。对于这些特殊情况,要根据案件的具体情况提出管辖异议的理由。

本书主要介绍婚姻家庭案件常见的管辖异议情形,我们如何起草管辖异议申请书。下面,我给大家一个管辖异议申请书的模板:

文书4.10:管辖异议申请书

管辖异议申请书

申请人________,男/女,________年____月____日生,________族,工作单位及职务:______________,住______________,电话________________________________。

申请人因________诉________离婚一案,向贵院提出管辖异议。

申请事项

将该案移交有管辖权的________人民法院管辖。

事实与理由

贵院受理的________诉________离婚纠纷一案【________字第________号】,原告在深圳市福田区起诉,申请人于2015年12月4日收到起诉书,但申请人住所地实际不在深圳市福田区,依法贵院并无该案的管辖权。具体的事实和理由为:

由于2011年7月申请人调到北京工作,因此从2011年7月起申请人就已经长住北京,只是偶尔到深圳与原告团聚,有时原告和子女也到北京来住在申请人的住所。申请人现仍然在北京工作,因此现在仍然住在北京。从2011年7月起,申请人即住在北京市朝阳区________小区内。2014年2月,申请人搬到北京市朝阳区________________号房屋内,仍然是朝阳区,即从2011年起申请人在北京市朝阳区已居住四年多。

根据《中华人民共和国民事诉讼法》第二十一条的规定,对公民提起的民事诉讼,由被告住所地人民法院管辖;被告住所地与经常居住地不一致的,由经常居住地人民法院管辖。根据《最高人民法院关于适用〈中华人民共和国民事诉讼法〉的解释》第四条的规定,公民的经常居住地是指公民离开住所地至起诉时已连续居住一年以上的地方。申请人户籍在上海,现在居住于北京,因此其户口所在地并非其住所地,申请人只有经常居住地,申请人至起诉时已在北京市朝阳区居住四年多,目前仍在此居住,显然其经常居住地为北京市朝阳区,因此,依法本案应由北京市朝阳区人民法院进行管辖审理,贵院无该案管辖权,请贵院将该案移交有管辖权的法院管辖。

特此申请!

此致

________人民法院

申请人:

年　月　日

扫描二维码

13104

如果被告提起管辖异议,则需要在答辩期内尽快提交管辖异议申请书。管辖异议申请书不像答辩状,即便不在答辩期内提交,在开庭时提交书面的答辩状,一般也不会影响开庭,甚至口头答辩也不影响被告的主体权利。但是管辖异议申请书则不同,不在法定期限内提起,则被告将失去这项权利,视为同意现法院进行管辖。

当然,即便被告认为原告起诉的管辖地有些问题,有时被告也不会提起管辖异议,但是这并不妨碍法院进行主动审查。有些法官在发现被告的住所地不在法院所在地时,经查实,可以依职权主动将案件移送到有管辖权的法院。但是一般情况下,被告对管辖不提出异议,就默视为认可管辖。

五、起草再审申请书

如果律师接的是再审案件,那么首先要起草的文书就是再审申请书。再审申请书与二审的上诉状有类似之处,就是不能只陈述事实,重点还是要分析终审判决中哪些事实认定有错误,哪些法律适用有错误,或者是存在程序问题。当然,由于我们国家适用的是两审终审制,只要当事人上诉,不管其理由如何,都会启动二审程序。但是再审程序却不然,如果不能证明生效判决确有错误,很难启动审判监督程序。以笔者个人的经验,再审案件,要注重引导当事人寻找新证据,除非原审判决有"硬伤",即明显的事实认定或法律适用方面的问题,否则不会轻易被再审。但是如果有原审中没有发现的"新证据"被找到,则可以增加申请再审成功的可能性。因此律师既要认真研究案件,多看卷宗材料,找出原审的问题,也要引导当事人在原有证据基础上发现新证据。所以,我们起草的再审申请书相应也要围绕原审认定事实是否错误、适用法律是否错误、程序问题以及目前本案有无发现新证据这几个方面展开。

下面,给大家提供一个再审申请书的文书例子,供参考:

文书4.11:再审申请书

民事再审申请书

再审申请人(一审被告、二审上诉人):Z,女,________年____月____日出生,身份证号________________,________族,________退休职工,住________________,电话________________。

再审被申请人(一审原告、二审上诉人):M,男,________年____月____日出生,身份证号________________,________族,________退休职工,住________________,电话________________。

申请人因继承纠纷一案,不服________市________区人民法院________年____月____日________号判决和________市第三中级人民法院________年____月____日________号判决,现申请再审。

再审请求:

一、撤销________市________区人民法院________年____月____日________民初________号判决和________市第三中级人民法院________年____月____日________民终________号判决。

二、请求法院依法改判或者发回重审。具体改判请求为：

1. ________房屋和除________外的其余遗产归申请人Z继承。

2. ________的两幅字画________和________按法定继承处理，判决由申请人和被申请人平均分割。

三、一、二审诉讼费及再审费用由被申请人M承担。

具体事实与理由：

《中华人民共和国民事诉讼法》第二百条第一项：有新的证据，足以推翻原判决、裁定的；第六项：原判决、裁定适用法律确有错误的；第十一项：原判决、裁定遗漏或者超出诉讼请求的，人民法院应当再审。特依此申请再审。

一、申请人发现新证据足以证明被继承人D遗嘱中所说“其余遗物”包含涉案房屋

本案再审申请人Z找到其母亲D的一份手写草稿，可证明将涉案房屋与家中其他遗物留给Z是D立遗嘱时的真实意思表示，符合《中华人民共和国民事诉讼法》第二百条第一项：有新的证据，足以推翻原判决、裁定的，人民法院应当再审。具体事实理由如下：

（一）申请人找到D的手写稿

本案经二审审理后，法院竟将房屋按法定继承处理，申请人对于母亲将房屋留给自己所有的想法非常了解，因此无奈，在他人的提醒下，翻遍整个房屋，终于找出一张D的一份手写稿，该稿中提到：

……

此手写稿与遗嘱正式稿件的内容完全一致，可见将涉案房屋与家中遗物留给Z才是D的真实意思。……该手写稿可以正面反映D将房屋留给申请人继承的本意，一、二审法院将涉案房屋作为遗嘱中未作分配的财产按照法定继承判决背离D的本意，属于认定事实有误。

（二）申请人找到更多证人可以证明D遗嘱本意

除此之外，申请人找到更多证人，可以证明D生前明确表示房屋留给申请人继承的本意。

二、原审判决忽略遗嘱的合理性，对遗嘱的推断出现明显错误

另外，于情方面：D作为老一辈革命家，清白一生，靠工资生活。晚年患有多种疾病，半身不遂，生活不能自理，生活起居全部由Z一人悉心照料。在其百年之后，除珍藏的________的两幅画与本案的涉案房屋，未曾留下任何大额财产。________的两幅画，价值不菲，其现价至少相当于房屋的价值，按其遗嘱，基本上给两个子女一人一半的财产，是较为合理的。但是，按照一、二审法院的判决，D在自书遗嘱时将珍藏的价格不菲的两幅画留给养子，将自己的金首饰留给了养子的媳妇，对于日夜陪伴照料自己的亲生女儿却仅分配剩余琐碎财产，价值相差巨大，这实在于情不合。

且D于________年____月____日去世后，M在2013年年初拿走其认为属于自己的________的两幅亲笔画，在当时未对涉案房屋提出任何请求，足以证明M对遗嘱中关于其余财产的处理表示认可。时隔多年，房屋升值后，M又以遗嘱未处分该房屋为由向法院提起诉讼，违背诚信原则。

最后，遗嘱的认定应根据当事人生前的真实意思表示与大众的普遍价值观进行判断，不应机械地套用法律。根据原有证据及新发现的证据，足以证明涉案房屋应当按照遗嘱继承处理，归Z个人所有。

三、原判决有遗漏处理遗产的情况，存在明显的认定事实及适用法律错误，案由错误

本案中，法院按法定继承的案由处理，但实际上申请人在一、二审中坚持要求按照遗嘱继承处理本案，并提交了D生前的自书遗嘱为证，经申请人再三审查后发现，该案应为继承纠纷，法院在认定事实及适用法律方面存在十分明显的错误，导致以下事实不清，适用法律不当，因此案由也错误的情况：

D的《遗嘱》中除了明确“其余遗物由长期陪伴照顾我的女儿Z继承”外，还有“……”并将该两幅画都留给了M继承。但是从这份遗嘱的表述中，明显可以看出

的两幅画为D与C的夫妻共同财产，因为是二人婚姻存续期间共同购买的，而C本人已于________年____月____日去世，并未留有遗嘱，因此C的遗产应按法定继承处理，即两幅画中有1/6价值为申请人的财产，1/6价值为M的财产，只有2/3的价值才是D的财产，D根本无权单独处分，但其将两幅画完整地留给了M，其对该部分财产的处理应视为无权处分，理应作无效处理，因此两幅画应按法定继承办理，由申请人和被申请人平均分割。

法官在申请人提交了该份遗嘱作为证据的前提下，未对该明显有问题的内容进行询问和审查，属于认定事实和适用法律的错误，也导致判决中有遗漏的部分。继承案件不同于其他案件，只要答辩人提出按遗嘱继承，法官就应当全面审查遗嘱的内容及效力，无须答辩人提出反诉，而在申请人提交遗嘱，要求按遗嘱的内容继承房屋和财产时，法官竟然只审查遗嘱的后半部分，对前面明显无效的遗

嘱内容只字不提，是明显的认定事实和适用法律错误，也是明显遗漏判决项的做法。

对此，显然一、二审法院未尽到全面审查义务，该案中画的部分应按法定继承处理，房屋的部分应按遗嘱继承处理，而一、二审法院正好将此内容搞反了，把画作为遗嘱继承认为已履行完毕，却把房子做了法定继承。

根据申请人的分析，由于本案中同时含有法定继承（画）和遗嘱继承（房屋和其他财产）部分，应列上级案由，即继承纠纷，才能正确处理本案。

综上，申请人Z因持有新证据，明显加强了其在一、二审时的陈述及其他证据的证明力，形成完整链条，足以证明D立遗嘱将涉案房屋留给亲生女儿即Z继承的本意。因此无须法院进行推论，应按遗嘱本意判决房屋归Z所有。且一、二审法院明显未尽全面审查证据（主要指遗嘱）的义务，导致对明显无效部分的遗嘱内容未作处理，显失公正。

申请人在此恳请贵院依法撤销原审判决，作出公平、合理的裁判，以维护法律公正，维护Z的合法权益。

此致

________市高级人民法院

申请人：

年　月　日

扫描二维码

17034

第二节　证据准备

一审案件在立案前,我们一般会将全部证据或大部分证据准备齐全,这样律师的工作游刃有余,法官随时安排调解或开庭,当事人和律师不会忙乱。如果是上诉案件,因为证据基本上在一审时已提交完全,证据准备工作不多,有些需要调取和准备新的证据的,也可以一、二审转卷期间去调取,所以如果承接的是二审案件,证据的准备工作会显得轻松一些。

有些地方的法院只要求原告在立案时提交基本证据即可,不需要太完整的证据材料。我们只提交最基本的证据把案件立上即可,而有些地方的法院要求尽量提交完整的证据材料,这时则需要将全部证据材料尽量提交齐全。

在承接案件与当事人做第一次谈话时,律师其实已经基本拉出了证据清单,让当事人提供或自己去调取,下面我们来讲一讲婚姻家庭案件常用证据如何准备。

一、婚姻关系证据

离婚案件首先需要提交婚姻关系证据,这个非常简单,就是提交一方手中的结婚证即可。当事人经常有拿不到结婚证的情况,夫妻有矛盾,一方想离婚,而另一方不想,可能会把结婚证藏起来,防止另一方去立案。这种情况下,只要原告自行到当初结婚登记的民政局或档案馆去调取婚姻登记档案,加盖民政局或档案局的公章即可,就是结婚关系的证明,同样可以立案。

有些年龄大的人,结婚登记时间较早,结婚证丢失后,民政部门或档案室难以查找结婚档案的,也有通过村委会、居委会等机构开具双方婚姻关系证明的,法院也会同意立案。

二、感情破裂证据

在离婚案件中,必须要提供感情破裂的证据才能达到离婚目的,在某些离婚后财产纠纷案件中,同样要证明一方存在过错,要求法官对无过错的一方在财产上进行照顾,这时,也可能要提交一些当时离婚感情破裂方面的证据。

但是当事人离婚的原因多种多样,有的是性格不合,有的是婆媳关系不和,有的因为教育子女问题发生争执,这些是不是都需要提交证据呢?并非如此。在实践中,我们发现,有些当事人对法律并不了解,尤其有些偏执性格的当事人,认为起诉状或答辩状中提到的所有事情,甚至是每句话的内容最好都有证据予以证明才好。这其实是对诉讼不了解。提交什么样的证据,应该以律师的意见为主,当事人补充为辅,律师应当和当事人进行充分的交流,以保证了解尽量多的细节,好找出各方面的证据,但证据准备到何种程度,专业的律师自然会掌握,证据也并不一定是越多越好,证据越多透露的细节越多,我们有时也会从对方的证据中发现问题,反为自己所用。所以,证据要进行审查梳理,不是当事人拿来一份材料就要往证据里放。某一方面的证据数量太多,有时重点反而不突出,并不一定是合适的。

以感情破裂证据为例,我们一般首先会按《民法典》及其司法解释中认定的属于感情破裂的情形,参考来准备证据,但是并不是说未达到这种情形的证据就不提交,如果证据本身不属于法律或司法解释规定的这几种情形,却也可以证明双方感情已恶化到一定程度,这样的证据我们也会选择提交。这个需要律师有基本的专业敏感度,帮助当事人去拣选确定。

那么都有哪些证明双方感情确已破裂的常用证据呢?我们来看一

下法律及相关司法解释中规定的感情破裂的情形,根据这些规定来组织证据,才是有针对性的:

《民法典》

第一千零七十九条 【诉讼离婚】夫妻一方要求离婚的,可以由有关组织进行调解或者直接向人民法院提起离婚诉讼。

人民法院审理离婚案件,应当进行调解;如果感情确已破裂,调解无效的,应当准予离婚。

有下列情形之一,调解无效的,应当准予离婚:

(一)重婚或者与他人同居;

(二)实施家庭暴力或者虐待、遗弃家庭成员;

(三)有赌博、吸毒等恶习屡教不改;

(四)因感情不和分居满二年;

(五)其他导致夫妻感情破裂的情形。

一方被宣告失踪,另一方提起离婚诉讼的,应当准予离婚。

经人民法院判决不准离婚后,双方又分居满一年,一方再次提起离婚诉讼的,应当准予离婚。

《婚姻家庭编解释(一)》

第二十三条 夫以妻擅自中止妊娠侵犯其生育权为由请求损害赔偿的,人民法院不予支持;夫妻双方因是否生育发生纠纷,致使感情确已破裂,一方请求离婚的,人民法院经调解无效,应依照民法典第一千零七十九条第三款第五项的规定处理。

(一)重婚证据

根据《民法典》第 1079 条第 3 款第(1)项的规定,重婚或者与他人同居的是感情破裂的情形,所以,如果找到一方存在重婚的证据,就可以证明双方感情破裂,法院应当判决双方离婚。

当然,要想准备重婚证据,也同样要先了解在法律上哪种情况属于重婚,好有针对性地准备证据。我们来看一下相关的法律规定:

1. 相关的法律规定

(1)《刑法》

第二百五十八条　重婚罪

有配偶而重婚的,或者明知他人有配偶而与之结婚的,处二年以下有期徒刑或者拘役。

(2)《婚姻家庭编解释(一)》

第七条　未依据民法典第一千零四十九条规定办理结婚登记而以夫妻名义共同生活的男女,起诉到人民法院要求离婚的,应当区别对待:

(一)1994 年 2 月 1 日民政部《婚姻登记管理条例》公布实施以前,男女双方已经符合结婚实质要件的,按事实婚姻处理。

(二)1994 年 2 月 1 日民政部《婚姻登记管理条例》公布实施以后,男女双方符合结婚实质要件的,人民法院应当告知其补办结婚登记。未补办结婚登记的,依据本解释第三条规定处理。

(3)《最高人民法院关于〈婚姻登记管理条例〉施行后发生的以夫妻名义非法同居的重婚案件是否以重婚罪定罪处罚的批复》(法复〔1994〕10 号)(已失效)

四川省高级人民法院:

你院川高法[1994]135 号《〈婚姻登记管理条例〉施行前后发生的事实上的重婚关系是否按重婚罪处理的请示》收悉。经研究,答复如下:

新的《婚姻登记管理条例》(1994 年 1 月 12 日国务院批准,1994 年 2 月 1 日民政部发布)发布施行后,有配偶的人与他人以夫妻名义同居生活的,或者明知他人有配偶而与之以夫妻名义同居生活的,仍应按重婚罪定罪处罚。

中华人民共和国最高人民法院

一九九四年十二月十四日

通过《刑法》的规定,我们可以看到,有配偶者与他人再结婚的,或者是明知他人有配偶而与之结婚的,都构成了重婚罪。但是根据《婚姻家庭编解释(一)》第7条的规定,在1994年2月1日前以夫妻名义共同生活的男女,男女双方已经符合结婚实质要件的,按事实婚姻处理。在这里,事实婚姻是有特指的,即一定是1994年2月1日前以夫妻名义共同生活的男女,虽然没有进行结婚登记,法律上也认可其婚姻效力。而1994年2月1日之后以夫妻名义共同生活的男女,法律上仍认为其为同居关系,不认可具有事实婚姻的效力。

相应地,重婚,应当就是指A与B登记结婚后,又与C登记结婚;或者A与B登记结婚后,又与C形成事实婚姻的情形。这两种情形A均构成重婚,C在明知的情况下也构成重婚。

那么,一方与他人登记结婚,又于1994年2月1日之后与他人以夫妻名义共同生活的,构不构成重婚呢?这是一个问题。如果后者在法律上只认为是一种同居关系,从法律上讲,这种情形就不属于重婚,而属于有配偶者与他人同居的情形。

但我们看到在《最高人民法院关于〈婚姻登记管理条例〉施行后发生的以夫妻名义非法同居的重婚案件是否以重婚罪定罪处罚的批复》(法复〔1994〕10号)中,有配偶的人与他人以夫妻名义同居生活的,或者明知他人有配偶而与之以夫妻名义同居生活的,仍应按重婚罪定罪处罚。在这一批复中,明确了如果同居是以夫妻名义的话,仍然构成重婚。虽然这一批复已失效,但主要的原因是否为《婚姻登记管理条例》已被废止,现在适用的是《婚姻登记条例》呢?但是该批复中关于"重婚"的事实认定,却基本被保留下来。在实践中,这一类型的重婚当前更为常见。究其原因,一方面,由于科技的发达和人们对法律的了解,想要同时在民政局有两个婚姻登记已十分困难。另一方面,随着时间的流逝,事实婚姻越来越少,也就是在 1994 年 2 月 1 日之前以夫妻名义同居的越来越少,现在大部分是 1994 年 2 月 1 日以后以夫妻名义同居的情形。这种情形,想要证明有过错一方是“重婚”而不是“有配偶者与他人同居”,“以夫妻名义”对外成为了构成重婚的关键。所以,相应地,对这种情形,除需寻找男女同居的证据外,最关键的证据应该是男女对外以夫妻名义生活。

2. 证据形式

通过以上分析,律师明了了重婚的含义,那一般情况下都有哪些证据可以证明一方构成了重婚呢?

这个证据形式其实不一而足,可根据每个案件的情形去寻找。我们虽然很少启动重婚的刑事案件,但在离婚案件中,也会直接以一方构成重婚作为理由要求认定感情破裂,判决双方离婚。所以在离婚案件这种民事案件中,也可以提交重婚的有关证据。

在离婚案件中,关于重婚的证据可以分为两部分,一是男女双方同居的证据,二是双方以夫妻名义同居的证据。所以其实第一部分的证据可以和下述“有配偶者与他人同居”的证据相重合。所以,这里重点讨论一下关于“以夫妻名义”同居的证据。

原则上任何可以显示二人以夫妻名义对外的证据均可提交,如:

(1)邻居或熟人的证人证言

没有婚姻关系而同居的男女,对外时如以夫妻名义,了解最多的当然就是熟人圈子和邻居,如果他们中有人可以出具证言证明平时男女双方以夫妻相称,并对外生活的,可以作为证据提交。

(2)双方对外的公开资料

双方对外的书面公开资料,是比较好的证据。如笔者本人在办理一起离婚后财产纠纷案件时，为要求法官照顾无过错一方，仍然提交了男方重婚的证据。我方通过外地律师到当地户籍部门调查，发现于婚姻存续期间，男方将一女子的户籍以“妻子”的名义调入了某市，在当地户籍部门留有存档。又如前些年，在外购房时，需填写一些表格表明婚姻关系。笔者还办理过一起离婚案件，男方在国外与一女子以夫妻名义同居，在美国当地购买房屋时签订的相关合同和文件中，也留有二人系夫妻关系的材料。又或者，重婚者一方就医时，另一方以夫妻名义签订的相关同意文书等。公开对外的书面材料是比较好的重婚证据，可以根据案件的具体情况去寻找。

(3)非婚生子女出生的相关资料

这些资料里可以显示非婚生子女的父母是谁，他们也有可能对外宣称是夫妻，按照这些线索去寻找，有可能找到相应的证据。

(4)保证书、悔过书、信件等

还有些人在重婚事情败露后，也会写下悔过书、保证书之类的材料，如系本人书写，也可留存为证据。

(5)重婚者互相联系的记录、照片等

有大量的重婚证据一开始是通过网络发现的，如双方通信的电子邮件、微信或短信记录、网上的 QQ 聊天、微博私信聊天记录等，男女双方以夫妻互称，还有一些亲密照片，也可作为证据提交。

(6)其他音频视频资料等

有些当事人在事情败露后会承认自己确实存在重婚行为，这时如果进行录音或录像作为证据，也是可以的。

(二)有配偶者与他人同居的证据

凡可证明双方存在同居关系的证据均可，这个有很多和重婚的证据重合，只是证明的重点在于同居，不在于以夫妻名义。

如男女双方共同居住生活的照片、录像；有些是可以在公开场合拍到的照片,还有些是随机取得的。如笔者曾经代理的一个案件,当事人的女儿去外地看望父亲时,无意中发现了一些女性的用品和衣服,偷偷拍照作为证据。

在过错方使用过的电脑、邮箱、手机中也有可能发现一些证据。这些可能是他们自留的录像、照片、音频、信件。在双方互相联系的 QQ 和微信等媒介中也可以发现日常对话,透露出双方同居的关系。

在微博、朋友圈中也有可能会有蛛丝马迹出现,可顺着线索寻找证据。比如,有的当事人通过线索知道男女双方何时一起出国旅游,从网上查到二人的机票信息,也可以印证双方同居的事实。有的人在双方的朋友圈中查到两人穿情侣装等的照片,可以作为间接证据佐证。还有的人了解到男女双方何时在哪家酒店同居的,要求法院查询开房记录,虽然法院不一定会去查询,但是这些信息也是非常重要的,笔者的一个案件,法官就是通过我们的调查取证申请书多次询问对方当事人,且表示如法院亲自查询属实的情况下将视为隐瞒,对财产分割等有较大影响,当事人不得不当庭承认的。还有的当事人将这些细节信息与对方对质,对方不得不承认,而获得录音证据。

所以,证据从线索而来,每一个案件都不一样,我们的另一个当事人,还拿到男方车中的行车记录仪,里面记录了很多男方与婚外情人的日常,这些都可以作为证据提交。

当然保证书、录音证据等仍是常用的证据形式,一方在被发现与他人同居的最初,往往不设防,最容易承认同居的事实,这时候进行录音有可能取到证据。

(三)家庭暴力证据

前文中笔者提供的《家庭暴力取证方法及应对措施告知书》中,笔者已告知了取证的详细形式和注意事项,参照该文书第一部分:"证据形式及注意事项"来取证即可。

（四）遗弃家庭成员证据

在感情破裂情形中，这类证据提供得不多，但也偶有出现。其实所有想要证明某种事实存在的证据都要根据事实线索去找，不外乎是那几种。如最基本的证人证言，对于当事人遗弃子女或生病的配偶、需要赡养的老人等情形，最了解情况的莫不是帮助当事人照顾这些人的家人或朋友，只要是了解情况的人，都可以写出证人证言证明相关情况。当然还要根据案件情况具体去寻找，如笔者遇到的一个案例，男方致女方重伤后离家不归，女方自己不能照顾子女，女方家人不得不照顾她和未成年子女，后女方报案，认为男方失踪，报案的相关记录也可以成为证据。再如，一方向另一方求援，要求支付子女抚养费或自己的扶养费，而另一方拒绝的微信或短信记录等。

（五）有赌博、吸毒等恶习的证据

同样，除了证人证言，当事人自己书写的保证书、悔过书和录音等常规证据外，还要根据恶习本身的特点收集证据。如笔者一个有家暴史的对方当事人，每次家暴前往往都要喝酒，也就是说，实际上家庭暴力往往伴随着酗酒的恶习。我方当事人把他平时购买的酒及空酒瓶排列进行拍照。另有一个案例，男方经常去澳门赌博，女方将男方出入赌场的一些凭证牌等资料进行拍照。吸毒的案例较少，但笔者也有接触，通过有方便条件的接触者在吸毒人员吸毒时进行录像等。

（六）分居证据

虽说《民法典》规定了因感情不和分居满两年的情形才属于感情破裂，但是即便不足两年，分居也可以说是双方感情不和的重要证据，不管时间长短，建议有证据的情况下都要提交。但这里的分居是有前提的，就是“因感情不和”分居，如果单纯是因为工作、出差、留学等暂时性的分居，并不构成感情破裂。所以在调取分居证据时，不能只单纯调取分居的材料，最好还要有感情不和的证据。

1. 分居协议

所以我们在指导当事人因感情不和分居时，非常推荐双方签署分居协议，这一方面可以提供分居的时间、原因证据，也可以解决分居期间的孩子抚养和探视，抚养费如何支付，分居期间的债务性质如何等一系列问题，做到文明分居，不要争抢孩子，给子女带来更大的压力。

以下为一份夫妻分居的协议书模板以供参考：

文书 4.12：分居协议

使用场景：夫妻分居时就相关问题达成的协议

法律要点：

1. 签订分居协议，可以证明双方分居的时间和事实，如果双方之后离婚，可通过该协议确定双方分居时间，如连续分居达两年，或经人民法院判决不准离婚后，双方又分居满一年，在法律上就视为感情破裂，依法可以判决离婚。

2. 签订分居协议，应当约定分居期间债务性质，以免因分居期间债务产生进一步的矛盾。

3. 如果有子女的，还要约定分居期间子女抚养及抚养费等事宜。

夫妻分居协议书

协议人（男方）：________，________年____月____日出生，________族，身份证号________________。

协议人（女方）：________，________年____月____日出生，________族，身份证号________________。

协议双方于________年____月____日登记结婚,于________年____月离婚,________年____月____日于________民政局再次登记结婚,婚后________年____月____日生育一女名________,现年5岁。现因夫妻经常闹矛盾,感情不和,为缓和夫妻矛盾,双方一致同意分居,以便冷静思考婚姻之继续与否。经协议人自愿协商,达成正式分居协议,如下:

一、分居时间:

双方一致确定并认可夫妻分居从________年____月____日到________年____月____日。

二、住所安排:

分居期间男方居住于____________;女方与女儿居住于____________________。

三、子女抚养:

1. 分居期间子女随女方生活,男方每月给付抚养费________元;

2. 男方每两周可探望女儿一次,每次为两天,于隔周的每周五晚接走,周日晚送回。

四、财产规定:

1. 分居前的夫妻共同财产,房屋两套,一套位于________________,一套位于________________。位于____________________的房屋归男方使用,位于________________的房屋归女方使用;

2. 汽车两辆，分别为现代途胜及宝马轿车。分居期间现代途胜由男方使用，宝马车由女方使用；

3. 分居期间淘宝5皇冠网店1间（年营业额约________元人民币），4钻网店1间、个体工商户店铺1间、现有生意净资产（服装库存、摄影器材，办公用品）约合人民币10万元，归男方经营使用；

4. 两人名下全部债务，由男方承担，分别为：

淘宝贷款________元，网店经营货款欠款及男方个人用途贷款；

广发银行信用卡，女方名下卡号：________，网店经营货款欠款________元；

中信银行信用卡，女方名下卡号：________，欠款________元；……

朝阳区房屋装修费用________元，及每月分期手续费________元，2016年____月____日新增________元，分36期，每月还款________元，手续费每月________元；

浦发银行信用卡，女方名下卡号：________，欠款________元，含________首付款，________元及部分货款欠款；

华夏银行信用卡，男方名下卡号：________，欠款________元，为男方个人债务；

广发银行信用卡，男方名下卡号：________，欠款________元，为男方个人债务。

5. 双方各自承担对父母的赡养义务，互不干涉。

6. 分居后，双方均不得对外借款，如有借款则视为其个人债务。

五、人身规定：

1. 分居期间相互不履行夫妻权利义务，任一方不得强制要求对方履行夫妻义务；

2. 分居期间，双方享有平等的分居权利，双方暂时互不履行相互扶养之义务，但有一方丧失劳动能力等特殊情况时除外。

六、分居期间或结束时，双方有如下选择：

1. 双方协议自愿恢复正常夫妻关系；

2. 双方达成离婚协议并到民政部门办理离婚登记；

3. 双方协议不成，任一方可以据此协议到法院起诉离婚。届时本协议将视为“因感情不和分居的”主要证据。

七、本协议一式两份，自双方签字时生效，男女双方各持一份，具同等法律效力。

协议人(男方)：　　　　协议人(女方)：

日期：　　　　日期：

扫描二维码

13141

根据以上分居协议内容，我们可以再次清晰地看出签订这种协议的众多好处：

(1)可以证明双方分居的时间和事实。

(2)约定分居期间债务性质，避免因分居期间债务产生更深的矛盾。

(3)约定分居期间子女抚养、抚养费、探望等事宜,避免争抢孩子等矛盾升级现象。

当然,有些情况下,不宜完全按照模板内容签署,只要解决主要矛盾,把主要内容写清即可,否则协议可能不好签署。

2. 居住证明

其实,居住证明是立案时常用的证据,一般是原告开具被告经常居住地证明时使用,即被告离开了户口所在地,在现实际居住地居住超过一年的证明。立案庭一般要求这种居住证明由实际居住地的物业公司、居(村)委会或派出所开具,要加盖公章方有效。但是在证明双方分居时,我们也会使用居住证明。即原告要开一份自己的居住证明,也要到被告住所地开一份居住证明,通过两份居住证明可以反映出双方不在一起居住的事实。如果双方没有离开自己的户籍地,户口簿和身份证也可作为居住证据,就不需要单独再开居住证明了。

如果是立案时使用的证明被告经常居住地的居住证明,根据法律规定必须证明被告的住址、居住时间超过一年,且目前仍住在此这三个要点,立案庭法官方能给予立案,因为《民事诉讼法》规定了关于地域管辖的内容如下:

《民事诉讼法》

第二十一条第一款　对公民提起的民事诉讼,由被告住所地人民法院管辖;被告住所地与经常居住地不一致的,由经常居住地人民法院管辖。

《民诉法司法解释》

第三条第一款　公民的住所地是指公民的户籍所在地,法人或者其他组织的住所地是指法人或者其他组织的主要办事机构所在地。

第四条　公民的经常居住地是指公民离开住所地至起诉时已连续居住一年以上的地方，但公民住院就医的地方除外。

通过以上规定的内容可以看出，为什么立案时证明被告经常居住地的居住证明要有以上三个要点，那是因为经常居住地的定义就是“公民离开住所地至起诉时已连续居住一年以上的地方”，所以居住证明中必须有住址、连续居住超过一年，同时还要说明现在仍住于此方可证明“至起诉时”连续居住的事实。

以下为居住证明的模板：

文书4.13：居住证明

居住证明

________（身份证号________________）自________年____月起居住在我小区________号，至今仍在此居住，特此证明！

（盖章）①

年　月　日

扫描二维码

13091

当然，这里指的是为了证明分居而开具的居住证明，所以如果不是用于立案，此处的居住时间应该是两年以上，才符合《民法典》婚姻家庭

---

① 由所在地居委会、物业公司或者派出所盖章开具。

编规定的感情破裂的情形,但格式是完全一样的。

3. 其他

以上为比较常用的效力较高的证明分居的证据,还有一些其他的证据可根据案件的具体情况去准备。两个人不在一起居住,还有很多证据可以反映出来,如了解情况的人书写的证人证言,从双方微信、短信的交流记录也可以看出,两人不居住在一起,一方还要定期探视子女等内容,以及双方各自不同的快递地址等网络资料。

(七)生育纠纷证据

根据《婚姻家庭编解释(一)》第23条的规定,因是否生育发生纠纷,也被列入了感情破裂的法定情形。根据案件情况,如系一方单方终止妊娠的,应从医院等机构调取相关的手术、诊疗记录作为证据。双方因生育子女产生纠纷的,也可以制作相关的录音文件作为证据,双方的日常交流短信、微信等均可作为证据提交。

三、亲子关系证据

在离婚案件、抚养类案件中,必须提交的一种证据是亲子关系证明,不仅仅用于证明亲子关系,还需用于证明子女的基本自然状况。这个也很简单,提交子女出生证明即可,出生证上有子女姓名、出生时间、民族、身份证号、父母信息等,所需要的信息非常齐全,在有关子女抚养、探望等案件中,是法官必须要审查的证据。如果一方没有出生证,法官一般也会让持有的一方主动提供的。在我们的当事人没有子女出生证及复印件的情况下,我们有时也会让他提交子女的身份证及户口簿作为替代。

四、抚养类证据

离婚案件,抚养纠纷、抚养费纠纷等案件,都会涉及要提交抚养类证据。尤其是离婚案件,夫妻双方要争夺子女的抚养权,当然必须要提交相应的证据证明自己更适合抚养子女。所以,抚养类证据是非常常见的证据种类。下文列举一些常用的抚养类证据。

(一)子女不足2周岁的证明

如果子女不足2周岁,可在“子女出生证明”这一证据的证明目的中增加一项,即不仅要证明亲子关系,还要证明子女的年龄,因为《民法典》第1084条规定了离婚后不满两周岁的子女以由母亲直接抚养为原则。

(二)日常抚养情况的证据

1. 照片、视频

最常见的有关抚养情况的证据,就是日常照顾子女的照片、视频资料,这些证据可以还原一部分当事人的日常生活,是非常直观的。我们一般要求当事人每年选取一张与子女的日常生活照片,统一打印后提交,或提交一些短视频。子女平时由哪一方主要抚养,是法官处理子女抚养问题时最为关心的事实,因为尽量不改变子女的抚养环境,是《婚姻家庭编解释(一)》中明确规定的,该解释第46条第(2)项明确规定:“子女随其生活时间较长,改变生活环境对子女健康成长明显不利的。”要将抚养权判归该方享有。

2. 支出抚养费票据

父母抚养子女,除了表现在平时对子女的照顾、教育外,还体现在支付抚养费用,所以可以提交一些自己平日为子女支付的生活费、教育费和医疗费的凭证,这些费用虽然并不是记名在父母的名下,但是往往是实际支付的一方持有,也是可以提交的,证明该方在经济方面尽抚养义务的情况。

3. 辅导学习相关证据

子女的教育不仅体现在平时对子女的言传身教,辅导子女的学习是最常见的教育事项,所以我们也会选取一些家长为子女作业、考卷签字的证据,提供给法官,让法官直观地了解平时辅导子女学习的情况,这也是抚养的重要内容之一。

4. 日常照顾子女的其他证据

根据案件的情况,还可以适时提交一些其他的照顾、抚养子女的凭证,如家校联系手册、为幼儿打预防针的记录、幼儿园接送证明等。

(三)经济情况证据

1. 一方实际收入证据

当事人有无抚养子女的经济能力,也是法官考虑子女抚养权归属的因素之一。所以一般情况下我们会让当事人提交以下两类证据作为收入证据:

(1)收入证明

一种是由当事人用人单位开具的收入证明,需加盖单位公章或财务章,证明其现每月平均工资是多少。一是可以证明实际收入情况,抚养费的确定要参考收入证明,二是也可以达到证明当事人是否有足够的经济能力抚养子女的作用。

(2)工资卡明细单

当然,对于上述《收入证明》证据,有时候当事人会不认可真实性,因为觉得是员工本人开具,其单位有可能未出具真实的收入情况证明,所以法官有可能会要求双方各自打印工资卡的明细证据,以证实过去12个月的实际收入情况,通过12个月的收入汇总,平均后就可得出每月实际收入,便于在确定抚养费时参考,也可以了解当事人的实际收入水平,是否有能力抚养子女等。

工资卡账户的交易明细单确实更能反映当事人收入的真实情况。即其收入可能不只固定的工资,还可能有奖金、年终奖等。

2. 经济条件证据

除当事人的工资和收入证明外，还可以提交一些证明当事人经济实力的其他证据，如房产证，以便证明当事人有住房，或有多处住房，经济实力更好。这些证据不完全等同于离婚案件中的夫妻共同财产证据，可以是一方的婚前财产，如婚前购买的房屋，婚前入资的股权，或婚前存款等。

（四）子女实际需要费用证据

根据《婚姻家庭编解释（一）》第49条第1款的规定，子女抚育费的数额，可根据子女的实际需要、父母双方的负担能力和当地的实际生活水平确定。所以“子女的实际需要”也是法官确定抚养费需要参考的因素之一。如一方实际抚养子女，平时累积的各种抚养费票据也可以作为子女实际需要的证据提交，如幼儿园教育费票据，课外班费用票据，平时为子女购买食品、衣物的凭证，子女的医疗费票据等。

（五）教育程度证据

有时我们也会提交一些当事人教育程度方面的证据，尤其是父母教育程度差异较大的情况，作为一方更适合抚养教育子女的证据。一般是学历证、学位证等。

（六）健康情况证据

有时我们也会提交当事人或者直接照顾子女的老人的健康方面的证明，一方可能身体健康，而另一方或其父母患有疾病，不能照顾子女等，这方面的证据如体检报告、诊断证明、诊疗记录、住院记录、医药处方等都可以作为证据提交。

（七）一方存在过错、恶习或不良记录的证据

如果一方有犯罪史，或曾受过治安管理处罚、行政处罚等，相关记录可以作为其不适合抚养子女的证据。一方有赌博、出轨或家暴等过错或恶习的，相关证据同时也可以作为不适合抚养子女的证据。

（八）八岁以上子女的意见

《民法典》第1084条规定，离婚后，不满两周岁的子女，以由母亲直接抚养为原则。已满两周岁的子女，父母双方对抚养问题协议不成的，由人民法院根据双方的具体情况，按照最有利于未成年子女的原则判决。子女已满八周岁的，应当尊重其真实意愿。所以如果子女年龄超过八周岁的，其本人的意见非常重要，律师可以指导当事人提交子女亲笔书写的有关抚养权的意见供法官参考，也可以录制相关视频作为证据。

五、财产证据

在离婚和继承等婚姻家庭常见案件中，财产类证据往往是证据中的主要部分，下文根据财产类型，对主要财产的证据形式、种类等作一个梳理：

（一）房屋

1. 房屋买卖合同

房屋买卖合同，是最常见的也是最重要的证明房屋财产的证据之一。房屋购买时间、价款、方式、购买人等信息是法院最常需查明的事实，是确定房屋是个人财产还是夫妻共同财产等重要信息的依据，这些都反映在购房合同中，所以证明房屋财产，首先应该让当事人出示这一份证据材料。如当事人手中没有，可以到房管部门申请查询，如果房屋已进行产权登记，房屋买卖合同在档案中可一并查询到。

有些地方的房屋管理部门，当事人查询房屋信息，不给出具纸质档案，需要法院亲自查询或出具调查令方可出具纸质资料并盖章，这时，作为律师，如果当事人无法在诉讼前查到房屋证据，应当在立案或开庭前准备好关于房屋的调查取证申请书，和证据一起准备提交。

以下为一份关于房屋的调查取证申请书，供读者参考：

文书4.14:调查取证申请书(房屋)

调查取证申请书

申请人________,男/女,________年____月____日生,________族,工作单位及职务:____________,住____________,电话____________。

被申请人________,女/男,________年____月____日生,________族,工作单位及职务:____________,住____________,电话____。

申请事项:

请求调取________室的购房合同、房产登记信息、是否有抵押登记等。

拟调查机构:

________不动产登记事务中心

地址:

电话:

事实与理由:

申请人________诉________离婚纠纷一案已由贵院受理,案号为________号。被告________结婚前,曾购买________室房屋一处。据申请人了解,________系以按揭方式购买,在婚后应有还贷。在第一次庭审中,________提出分割________个人房屋________栋房屋或在此居住,但实际上,被告________在婚前就购有自己的房屋,根本不需要居住在申请人的个人住房内。为依法查清被告________名下的房屋情况,以及该房在婚后是否有贷款偿还、是否有抵押登记,请求人民法院依法向房屋管理部门调取房屋买卖合同及产权登记信息等材料。如婚姻存续期间被告________有对该房的还贷,申请人申请依《婚姻家庭编解释(一)》第七十八条的规定获得折价补偿。

综上,为查清被告________名下房屋情况及夫妻共同还贷情况,特申请法院依职权查询,或为申请人代理律师出具调查令依法调查。

此致

________人民法院

申请人:

年　月　日

附:持令律师信息

________律师

________律师事务所

执业证号:

扫描二维码

13115

一般情况下，当事人调取房屋买卖合同，需要向法院和房管部门提供房屋的产权证号或者具体地址，法院方可查询。但是特殊情况下，如一方隐藏、转移房产的情况，另一方可能不了解房屋具体地址，更不可能得知产权证号，这时，我们会让当事人至少确定登记地，如北京市东城区，然后提供产权人的名字和身份证号信息，有的法院也会同意以到该房管部门进行信息搜索的方式进行查询。

实践中，当事人一般都能至少提供房屋的具体地址，但是在此也提醒一下律师和当事人，房屋的地址应以房屋所嵌的白色或蓝色地址牌上的地址为准，我们发现，这些地址才是与房管部门的产权登记簿一致的地址表述，其他地址，如商业地址、户籍地址都不准确，如果房管部门通过其他地址搜索往往会搜索不出来，影响查询，所以律师应该了解这些基本常识，在一开始让当事人提供地址时，就告知他如何确定和取得正确的地址。

2. 购房发票、税费票据

购房发票和相关税费票据是确定房屋购买价款的重要证据，往往最为准确，和房屋买卖合同上的购买价会稍有差别，如果当事人有原件，应该提交原件核实，如无原件，也可以提交复印件、照片和银行账户转款信息。

3. 房产证

房产证是证明房屋存在的最重要的证据。但是有些房屋，购买后只签订了购房合同，还未来得及进行产权登记，这时就只能提交房屋买卖合同作为证据。房产证一般在当事人手中，没有原件，也可以提交复印件或照片，如实在没有，也可以向房管部门调取产权登记信息加盖房管部门公章，具体调取的程序和上述房屋买卖合同一样，是同时调取的。

4. 借款合同

对于以按揭方式购买的房屋，购买人与银行签订的借款合同（借贷合同)是重要的证据。法官需要通过借款合同了解借款人、借款额、借款期限、还款方式等信息。

5. 还贷清单或还款计划表

对于以按揭方式购买的房屋,涉及财产分割问题时,需要确定一方给另一方的折价计算,这时需要了解未还贷的本息数据、婚前还贷的本息数据、婚后还贷的本息数据等,有些继承案件也需要这些信息,可能需要确定被继承人未偿还债务的情况,也可能需要先析分出被继承人配偶的财产份额,所以需要当事人去还贷银行打印还贷清单,未还款部分打印还款计划表,以确定这些数据。

(二)汽车

关于汽车的证据非常固定,不外乎以下几种:

1. 机动车登记证书;

2. 购车发票、保险合同等;

3. 行驶证;

4. 车辆管理所登记资料(机动车综合信息查询表)。

如当事人不能提供以上证据,可向各地车辆管理所调取车辆登记材料(机动车综合信息查询表)。一般来讲,律师持调查介绍信、授权材料可调取;不清楚车牌号的情况下,以身份证号和名称搜索即可。

(三)公司股权

1. 市场监督管理局档案;

2. 公司章程;

3. 股东及出资名册等。

公司股权的证据非常明确,一般应当提交市场监督管理部门的档案资料,现在提交市场监督管理局的网上查询资料也是可以的。其实公司章程和股东名册、出资情况表等在市场监督管理局档案中均有,所以一般情况下,都可通过市场监督管理部门查询到档案资料。只要知道公司的名称，在市场监督管理局的网站上也可查到登记资料，十分方便，只是网上的资料有限，必要时，仍需到市场监督管理局查询内档。各地市场监督管理部门对于查询档案的要求不尽相同，一般持案件立案材料、应诉通知书或传票，律师再凭律师证和律师事务所调查介绍信就可查询，如不行，可向法院申请调查令查询。应该说，只要知道公司名称，公司股权的证据并不难查，市场监督管理局档案中还记载了每次股权转让的过程，如果一方有曾经私自转让股权的行为，在档案中均可查询到相应证据。

另外，有些企业为了激励员工，会给员工配发公司期权，需要查询公司与员工个人签署的期权合同方可确定期权的具体情况。公司期权与普通的公司股权有差别，期权涉及已行权和未行权部分，具体的分割也要考虑这些，所以公司期权的证据相比普通股权证据要更难查询一些。期权合同一般要律师持调查令到当事人所在单位查询方可获得。

（四）存款

有关存款的证据形式都有哪些呢？笔者根据经验总结了以下几种：

1. 户主历史交易明细单原件（银行盖章）

这是有关银行存款最常见、最正规、效力最高的证据，银行出具的历史交易明细表盖有银行的公章，几乎不可能伪造，而且内容详尽，时间跨度至少可以达到五年，即五年以内的历史交易明细肯定可以查到。法官和当事人不仅可以看到户主目前的银行存款的余额，还可以看到一系列的财产信息，如在临近诉讼前有无大额转出款，户主有无购买理财、基金、股票等，都与哪些人或机构有金钱上的来往等。

现在有些法官不同意审查两年以上的银行存款交易明细，有时只同意调取立案前一至两年以内的交易明细，再往前的交易明细就不审查了。诉讼并不是对婚姻存续期间的所有交易明细进行审查或“算账”，有些当事人有大量的银行卡，交易也特别频繁，给法官审查带来很大的工作量。况且有些法官认为,两年以前转移财产的可能性本来就不大,没有审查的必要。但在某些案件中,法官会极大地放宽时间限制,甚至同意调取婚姻存续期间的全部历史交易明细。

这里我们说的立案前准备好存款证据,一般指当事人自己可以先行将自己的银行交易明细打印出来,如自己的工资卡交易明细,以备开庭时提交。但是对方当事人的银行存款,己方当事人一般是不能提供的,因为银行存款交易信息是个人隐私,即便是配偶也无权打印。目前,银行甚至不接受律师持调查令调取对方银行账户信息,而一律由法院调取,所以,如果希望调取对方当事人的银行存款证据,只能事先写好调查取证申请书,开庭时向法庭提交,要求法院亲自调取。一般情况下,法官收到一方或双方的调查取证申请,会先要求各自打印自己名下的银行存款交易明细,如一方有意隐瞒或是坚持不打印,法官才会向银行发函或亲自前往银行调取。

有些当事人对调取银行存款历史交易明细等证据有误解,认为只要自己在法庭发言时陈述表示法院应当去调取,法官就有义务去调取。其实不然,在举证问题上,要遵循“谁主张,谁举证”的原则,当事人要求调取对方的银行存款历史交易明细,必须向法院书面申请,且应当向法院提供必须的信息,即户名、银行账号和开户行的具体信息,否则法官可以不予调取。所以,相应的调查取证申请书内容必须完整、具体,以下为银行存款证据的调查取证申请书模板,以供参考:

文书4.15:调查取证申请书(存款)

调查取证申请书

申请人________,男/女,________年____月____日生,________族,工作单位及职务:____________,住____________,电

话____________________。

被申请人________，女/男，________年____月____日生，________族，工作单位及职务：____________，住____________，电话____________________。

申请事由：请人民法院依法对被申请人________（身份证号为________）名下的银行账号内财产情况进行调查。

具体查询内容：

1. 账户内目前余额；

2. ________年____月____日至今的存取款交易明细；

3. 账户内附带理财产品或基金等其他财产的情况。

需查询账户及开户行信息：

账号：

开户行：________银行________分行________营业部

地址：

电话：

事实与理由：

原被告系夫妻关系，于________年____月____日登记结婚。现申请人起诉被告________离婚，但原告对被告名下的银行存款情况并不清楚，被告拒不主动提供，这属于案件当事人确因客观原因无法取证的情形。特申请法院对上述账号内的财产情况依法进行调查，以确定夫妻共同财产的具体情况，以维护原告的合法财产权益，请准许申请人的申请！

此致

________人民法院

申请人：

年　月　日

扫描二维码

13112

该文书在离婚、离婚后财产纠纷、继承案件中常用，律师应当在开庭前准备好，也需要在举证期限内提交，所以我们一般是和证据一起准备。书写该文书时，除户名外，申请人应提供银行账号和具体的开户行信息，一般来说，只要知道了账号信息，就可以通过银行的客服电话了解到具体的开户行信息，并不是特别难的事情。有的法院，在当事人提供了具体的开户行信息，如某某银行北京中关村分行营业部，并且提供了开户人姓名和身份证号的情况下，即便没有提供户主的账号信息，也有去调取的。查询的主要内容，首先是当前余额。另外，一般要查近期（一般指起诉前一至二年）的交易明细记录，看是否有大额转出，如有，开户一方的当事人应当对资金去向进行说明，没有合理去向的，也要作为存款依法分割。

为方便读者，以列表方式来写明注意事项：

1. 调查取证申请中应当具有的信息：

（1）户主姓名及身份证号；

（2）账号；

（3）具体开户行信息：如“北京银行中关村支行”。

2. 不知道开户行或账号信息怎么办

（1）通过账号可查到开户行；

(2)直接填当地分行作为开户行;

3. 知道开户行不知道账号的情况

写清户主姓名及身份证号,直接去开户行搜索查询。

除了上述由银行出具的历史交易明细表之外,其他形式的银行存款证据在效力上都稍差,但在无法调取当事人银行账户的情况下,如法官只同意调取两年之内的银行明细,但是当事人知道对方在两年前有转移大额存款的事实,或者当事人自己的银行卡丢失,难以查找到当时的明细的等,也可以寻找以下其他形式的证据予以证实。

2. 户主网上明细单

在某些情况下,虽然不能直接到银行打印自己或对方的明细交易表,但是通过网上银行同样可以打印出明细表,只是缺少银行的盖章,也是可以作为证据提交的。尤其是一些在境外的银行账户信息,通过提供网上明细单是比较可行的做法。

3. 转出账户的转出记录

有时,虽然我们不能打印出对方当事人的银行存款明细,但是己方当事人可以提供自己于近期某月某日大额转账给对方的转出记录,由于是大额记录,对方应当提供证据证明这些钱的去向,否则该转出记录仍可作为法官参考对方存款数额的依据。

4. 照片

在我们以往的案件中,有当事人发现了对方打印的银行存款交易明细原件,但出于谨慎,不能直接扣取原件的情况下,拍照留作证据的,在法庭上,对方不得不认可,使账户照片起到了完全和历史交易明细证据一样的效果,可见,账户照片虽然不是原件,但仍然可以作为证据提交。

5. 其他:如双方的沟通记录、录音等

如果没有直接的证据证明存款的情况,也可以提交一些双方沟通的记录或录音等作为证据提交,只要这些记录中提到过存款数目,且又离诉讼期间较近,也可以作为法官参考的依据。

(五)股票

1. 基本证据和调查取证申请书

除银行存款外,股票也是非常重要的财产,是离婚、继承等案件中常见的财产形态之一,在证据准备时,必须询问当事人有无股票财产需要分割。如有,需要当事人提供户主的开户证券公司和具体的营业厅名称,这和银行存款的调查有些类似,但又有不同。一般来说,不知道股票账户和资金账户号,只要知道具体开户的证券公司和营业厅名称,通过户主的姓名、身份证号可以查询出具体的股票账户号和资金账号。股票的查询反而比银行存款要宽松一些,律师只要持调查令去证券公司营业网点调取,证券公司会为其出具有关股票的信息。很多律师并不炒股,对需要查询哪些股票信息就可以了解证券账户内的全部价值不清楚,下文简单讲解一下。

一个人购买股票,需要有一个自己名下的银行账户,这个银行账户,就是我们通常所说的银证转账账户,股票里所有资金均来自这个银行账户,而钱最终出来也要通过这个银行账户,炒股的人不能直接从证券公司的账户里取钱。银行账户的钱要转至该人在证券公司开立的资金账户内,该人通过将资金账户的钱转出购买股票,其股票账户内则可以显示其买卖股票的情况,该人出售股票后钱也是先回到自己在证券公司的资金账户内,如需取钱,再将钱从资金账户转回银行账户方可取现,见图 4.1。

图 4.1　资金流转

所以,要想知道某人在证券公司的全部财产,只需了解两个信息即可:一是其现在持有的股票信息,对应查询当日的市场价值,可以计算出股票的价值；二是资金账户内现存的资金余额。两个数据一加，就是该人在证券公司内的财产价值。一般来讲，从证券公司为我们出具的证据里（证券账户单）（见图4.2），可以看到该人现持有的股票情况，也可以看到现值，还可以看到资金账户内的资金余额，同时，也有财产总额的显示，即股票市值加上资金余额的总价值，还是非常清晰实用的。

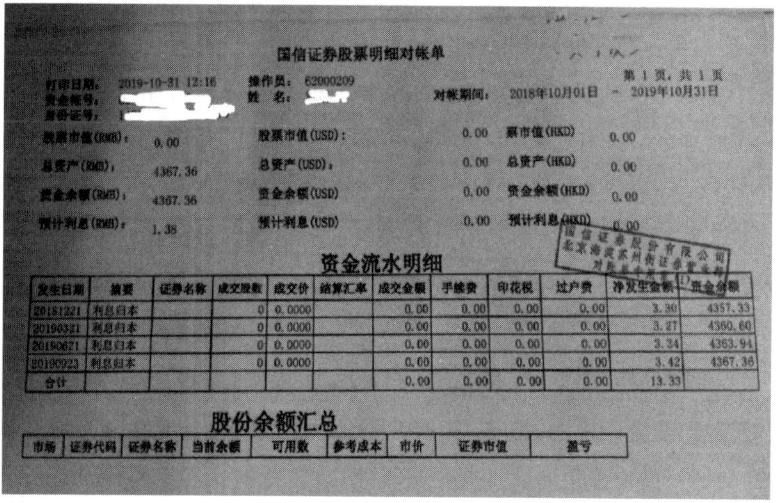

国信证券股票明细对帐单

第 1 页，共 1 页

打印日期：2019-10-31 12:16　操作员：62000209
资金帐号：[redacted]　姓　名：[redacted]　对帐期间：2018年10月01日 - 2019年10月31日
身份证号：[redacted]

股票市值(RMB)：	0.00	股票市值(USD)：	0.00	票市值(HKD)	0.00
总资产(RMB)：	4367.36	总资产(USD)：	0.00	总资产(HKD)	0.00
资金余额(RMB)：	4367.36	资金余额(USD)	0.00	资金余额(HKD)	0.00
预计利息(RMB)：	1.38	预计利息(USD)	0.00	预计利息(HKD)	0.00

资金流水明细

发生日期	摘要	证券名称	成交股数	成交价	结算汇率	成交金额	手续费	印花税	过户费	净发生金额	资金余额
20181221	利息归本		0	0.0000		0.00	0.00	0.00	0.00	3.30	4357.33
20190321	利息归本		0	0.0000		0.00	0.00	0.00	0.00	3.27	4360.60
20190621	利息归本		0	0.0000		0.00	0.00	0.00	0.00	3.34	4363.94
20190923	利息归本		0	0.0000		0.00	0.00	0.00	0.00	3.42	4367.36
合计						0.00	0.00	0.00	0.00	13.33	

股份余额汇总

市场	证券代码	证券名称	当前余额	可用数	参考成本	市价	证券市值	盈亏

图4.2　证券对账单

所以，实际上并没有什么必要去查询股票账户的交易明细，要想通过查询股票的交易明细来确定现在股票的情况以及股票买卖后资金走向，基本是不现实的，也是徒劳的和不必要的，如果不知道银证转账账号，只需查询资金账户内的交易明细即可，基本可以看到资金账户与银行账户、股票账户之间互转资金的情况，如果资金账户内有大额资金转出至银行账户的，直接要求法官查询或分割即可，所以说，查询股票账户交易明细还不如去查一下资金账户的交易明细，更有价值和意义。有的时候，为了谨慎起见，我们也会查询股票交易的明细，但其实查询意义根本不大，可以不查。

下面来看如何书写股票的调查取证申请书。

文书4.16:调查取证申请书(股票)

调查取证申请书

申请人________,男/女,________年____月____日生,________族,工作单位及职务:____________,住____________,电话____________。

被申请人________,女/男,________年____月____日生,________族,工作单位及职务:____________,住____________,电话____。

申请事由:请人民法院依法对原告________(身份证号为________)名下的证券账户内资金及股票信息情况进行调查,或为申请人律师开具调查令进行调查。

具体查询内容:

1. 资金账户内目前资金余额(原告资金账号为:　　　);
2. 资金账户从________年____月____日至今的资金账户明细;
3. 证券账户内目前股票情况及对应市值(原告证券账号为:　　　);
4. 与证券账户对应的________开户银行及银行账户号。

被申请人________证券账户开户信息:

一、________证券公司________营业部

地址:

电话：

证券账户号：

资金账号：

二、________证券公司________营业部

地址：

电话：

证券账户号：

资金账号：

被申请人姓名及身份证号：

事实与理由：

申请人与被告________离婚纠纷一案，被告婚后有投资股票，但被告拒不提供证券账户内股票情况和资金账号内资金情况，被申请人在中国________证券和________证券购买过股票，开户地址分别为________营业部和________营业部。该两个股票账户内资金余额及股票应为________的财产，应当依法予以分割。原告无法自行收集相关证据，这属于案件当事人确因客观原因无法取证的情形，为依法查清婚后夫妻共同财产情况，故请求法院依法向________证券和________证券调查，或为申请人律师开具调查令进行调查，通过被申请人________的名字及身份证号查询其具体股票账户内信息，以确定股票及资金价值并依法予以分割。

此致

________人民法院

申请人：

年　月　日

扫描二维码

13113

2. 其他取证方法

股票最终的取证需要通过所开户营业厅打印单据，所以取证的重点也应当在如何获取开户的证券公司和营业厅信息上。如果不能获取，可以从当事人所有的银行账户中寻找信息，这是最容易发现证券公司信息的地方，有些银行的系统，其明细可以看到明确的对手信息，看出当事人向哪家证券公司转账，从而发现对方当事人开立证券账户所在公司。如不然，在对方当事人的电脑、邮件、微信、短信等信息中，也有可能发现其开户的证券公司信息。当然，在上海和深圳的证券结算中心，通过姓名和身份证号可以查询到当事人开户的证券信息，打印股票及资金情况，但这种跨地域取证十分周折，有些法官也不会同意。以北京的情况为例，也可以首先向法官递交调查取证申请书，向设在北京的中国证券登记结算有限责任公司调查当事人开户的具体证券公司等基本信息，再向具体的证券公司开户营业厅调查当事人股票账户和资金账户具体情况。

（六）基金、理财、期货

在当事人的存款账户明细中，往往可以看到其购买基金、理财的记录，但是正式的证据应当是当事人与基金公司签订的合同、当事人在银行签订的理财合同，但是这些合同原件都在当事人自己手中，很难取得。所以如果不能取得原件，有机会时应尽量复印，或者从当事人的存款账户明细中获得。但是往往这些明细无法穷尽时间，而基金、理财有购买、有赎回，反复多次，很难通过银行账户计算出当事人实际拥有的准确基金或理财数额，法官最多只能参考或酌情判决。这时，如果我们知道当事人是在哪家基金公司购买的基金，也可以写出调查取证申请书要求调查。

期货的证据有些类似于股票，如果知道当事人在哪家期货公司运营，可以直接写出调查取证申请书要求法院到开户的营业机构去调查。笔者也曾持法院开具的调查令到期货公司调取当事人运营期货的财产证据，但从数量上看，婚姻家庭案件涉及期货财产的确实不多。

下面为有关基金财产的调查取证申请书模板：

文书4.17：调查取证申请书（基金）

调查取证申请书

申请人________，男/女，________年____月____日生，________族，工作单位及职务：____________，住____________，电话____。

被申请人________，女/男，________年____月____日生，________族，工作单位及职务：____________，住____________，电话____。

申请事由：请人民法院依法对以下证据进行调查：

________在________基金管理有限公司自________年____月____日以来购买的基金的历史明细及现基金状况。

被申请人身份证号：

拟调查机构：

________基金管理有限公司

联系电话：________________

具体信息：

户名：

基金账号：

网点号：

事实与理由：

贵院受理的原告________诉被告________离婚纠纷一案，婚后原告________在________基金管理有限公司购有基金。该基金及获利系夫妻共同财产，但原告有意隐瞒，因个人名下基金属于财产隐私，________基金管理有限公司不能接受普通公民及律师的调查，这属于案件当事人确因客观原因无法取证的情形。为依法维护被告的财产权益，被告特申请贵院亲自向________基金管理有限公司调取原告名下基金产品的证据。

此致

________人民法院

申请人：

年　月　日

扫描二维码

13114

（七）住房公积金

住房公积金的证据比较简单，一是通过所在单位开具，二是通过住房公积金管理中心打印明细单。有些人的住房公积金是在公积金账户中储存，我们需要通过明细单和余额确定其取出的以及现余额的具体数额,而有些人因为有购房经历,除有一次性提取公积金的记录外,住房公积金每隔一段固定时间会定期转入银行账户,如每三个月定期转入,这时公积金的余额一般不会超过三个月缴存额,而住房公积金因转入银行账户内,基本就和银行存款合并了,可以存款形式进行分割。

对于未能提取的住房公积金,为什么需要打出明细单,而不仅仅是说明余额呢?因为我们不仅需要了解当事人目前公积金账户内的余额,还需要了解这些公积金发生的时间,如有些人,公积金余额中包含了婚前及婚后所发生的公积金,这时需要我们计算出婚前的余额,再用总余额予以扣减,才能得出婚姻存续期间的住房公积金余额,确定属于夫妻共同财产的部分。除此之外,我们还需要了解在诉讼之前较近的时间,当事人有没有大额取出公积金,这些都需要打印住房公积金的明细单才可以确定。所以,如果采取由所在单位出具证明的方式,也应当在说明材料里写明住房公积金总余额、婚前部分余额才行,如果住房公积金全部来源于婚后,且未曾有提取记录,则只需说明余额即可。

有些单位还会发放住房补贴,这个也是由所在单位出具说明并盖章即可。

(八)保险

对于保险财产,提供保险合同即可。我们的案件中,当事人一般都至少可以提交保险合同的复印件。如一方隐瞒保险合同拒不提交的,另一方当事人可以向法院申请由法院亲自调查或由代理律师持调查令到所涉保险公司调取该人的保险合同即可。所以,至少应该知道当事人是在哪家保险公司购买的保险。

(九)知识产权

1. 相关法律规定及分割难点

在婚姻家庭案件中,也会遇到对知识产权财产的分割,原《婚姻法》第17条将知识产权的收益明确规定为夫妻共同财产。《民法典》第

1062 条延续了该规定。《婚姻家庭编解释(一)》第 24 条又对此作了进一步阐释:"民法典第一千零六十二条第一款第三项规定的'知识产权的收益',是指婚姻关系存续期间,实际取得或者已经明确可以取得的财产性收益。"也就是说,在离婚案件中,要证明一方名下确实有知识产权,而且还需要证明其收益情况。

其实,笔者认为,知识产权本身就是有价值的,在其还未产生实际收益前就离婚的话,难道就对该项财产不予分割吗?如果离婚后才产生实际的收益,而另一方却无法享有任何分割的权利,是不是不公平呢?尤其是有些知识产权产生在婚姻存续期间,另一方可能付出了大量的劳动及对配偶的支持,配偶才得以创造出知识产权。所以说,知识产权的分割是存在难点的。即便知识产权本身有价值,其价值也较难评估。如果知识产权本身存在价值,且在离婚时已作了分割,则离婚后的收益确实不应再与前配偶有关系,但是如果离婚时一方未获得知识产权的折价补偿,而离婚后也无法分割知识产权的收益,无异于将知识产权完全列为另一方的个人财产,这对该方是不公平的。

所以,笔者认为,对于还未产生收益的知识产权,也要证明知识产权的存在,即便在离婚时无收益可分,也要申请将该知识产权作为共同财产予以确认,从而获得在离婚后收益的可能。如权利人不同意,则可以以主动给付折价的方法获得知识产权的所有权。

当然,即便作为知识产权的共有人,也只是对其中的财产权共有,并不享有署名权。

2. 知识产权取证途径

那么,要证明某人名下有相关的知识产权,我们应当提供哪些证据呢?如果像刚才提到的离婚案件,是在调查公司股权的过程中发现的,则可以将工商档案中其提交的知识产权文件直接作为证据提交。但我们仍需知道一般情况下知识产权证据都有哪些,或可通过哪些正当途径查询。

就如购房有购房合同和产权证一样,知识产权也有凭证,即著作权登记证、专利证、专利登记簿副本、商标证。如不能获取这些凭证的原件和复印件,可到国家知识产权局的公开网站上进行查询,获得网上公开信息资料。对于著作权凭证,也可以直接递交出版物作为证据。

知识产权的收益及确定可以取得的收益,应当提交相关合同作为证据,已经获取收益的也可以通过查询相关收款账户获得。

(十)古董、价值较高的首饰

古董这类财产的举证是最困难的。我们虽然也会让当事人提供诸如古董照片、证人证言等证据,但是对于没有购买凭证的古董,一旦被一方藏匿,法院就很难处理,因为很难证实财产的存在,也很难证实由谁实际控制。所以对于古董类的财产,我们会第一时间建议当事人直接控制和持有,但是对于持有的事实将来会向法院明示,也会同意依法分割。因为控制财产并不是隐匿财产。

有些案件,当事人还会要求对于首饰等价值较高的个人用品进行分割。我们首先会考察当事人家庭财产情况,如果家庭财产较多,首饰的价值又不是很高,会建议当事人作为个人用品处理,不再分割,如果首饰价值较高,而家庭财产又不多的,也会同意当事人提交购买票据、银行刷卡记录、实物照片等证据,依法要求分割。

(十一)债权债务

债权债务也是常见的财产形态,在婚姻家庭案件中经常涉及。一般的证据形式有:

1. 借款协议、借条、欠条;

2. 银行凭证:转款凭证、银行转出或收到款项的明细单、债务人支付利息的记录;

3. 证人证言;

4. 录音证据；

5. 其他。

所谓“其他”类证据，往往就是间接证据，如债权人与债务人之间交流的微信记录，一方要求还款，一方请求缓期等，只要能证明债权债务存在的一切证据都可以提交，这个要根据案件的具体情况去寻找。

六、继承案件常用证据

继承案件的证据比较固定，也有自己的特点，这里作一个简单的汇总，方便律师准备。

继承案件立案时，必须提供最基本的证据，否则法院不会予以立案。这些证据包括：

（一）被继承人死亡的证明

一般情况下，被继承人死亡，是有医疗机构开具的固定格式的《死亡证明》的，死亡证明是最正规的证据。但是如果原告不能取得死者的死亡证明，如死亡证明在被告手中难以获得的，就需要通过获得被继承人死亡的其他证据。如果被继承人已被销户，在派出所户籍管理部门就会留存有其死亡且销户的证明，也可以向户籍部门调取销户证明，以证明被继承人死亡的事实。在我们的案件中，也有提交火化证明代替死亡证明的。这样可以先完成立案，在案件审理过程中，法官一般也会要求持有死亡证明的一方向法庭提交正式的《死亡证明》作为证据。

（二）继承人与被继承人的亲属关系证明

在继承案件立案时，须提交所有的法定继承人与被继承人的亲属关系证明，以下途径是最常用的取证途径：

1. 被继承人人事档案；

2. 家庭成员未分户时的户籍记录；

3. 继承人自己的人事档案；

4. 出生证。

通过查询被继承人的人事档案或者家庭人员未分户时的户籍记录，可以查询到几乎全部家庭成员的亲属关系证明，但如果不知道被继承人人事档案存放地或者全家人没有登记在一个户口簿上的，通过查找健在的继承人本人的人事档案，往往也可找到大部分家庭成员信息。人事档案复印后须加盖人事单位公章，户籍材料也要加盖公安户籍部门的公章。当然，子女的出生证也可证明该子女与父母的亲子关系，必要时，也可以提交。一般情况下，通过前三种方式我们都可以查找到亲属关系的证明，无须提交出生证。

（三）遗产证据

遗产就是财产，可以参考前述“五、财产证据”项下“（四）存款”中财产证据的取证方法，所谓遗产，就是公民死亡时遗留的个人合法财产，只不过所有权人是死者而已，所以和前述财产证据的准备是一样的。对于立案时无法查清的遗产，如死者在银行的具体存款数额，也可以在审理过程中提交相应的调查取证申请书由法院亲自调查，所有遗产的调查取证申请途径和财产类的取证是一模一样的，在此就不赘述了。

（四）抚恤金和丧葬费

抚恤金和丧葬费是被继承人死亡后发放给家属的，本质上不属于遗产，继承案件的法官有时不处理，如果处理，对于抚恤金和剩余的丧葬费也基本是比照遗产处理。抚恤金和丧葬费的举证是比较简单的，有的当事人直接提供发放单位给的书面凭证，这个由于是死者单位所发，向死者单位申请调取是比较简单的事，必要时也可以向法院申请调查令依法调查。

七、管辖异议证据

还有一类特殊的证据，就是被告提出管辖权异议，需要针对管辖问题提交证据。有关管辖异议,有一些常用证据,其核心就是证明受理法院不是法律上明确规定的管辖地。在前述如何书写管辖异议申请书时,已就管辖异议的核心问题进行了讨论。一般情况下,离婚、离婚后财产纠纷等婚姻家庭案件以被告住所地为管辖地,继承案件则是由被继承人死亡时住所地或者主要遗产所在地人民法院管辖。所以要根据案件具体情况提交管辖异议证据。这其中最常见的情形,就是要证明被告住所地不在法院所在地,证据要围绕这个核心去寻找。下面我们列举一些常用证据:

(一)户籍证明

前面已讨论过什么是自然人在法律上的"住所地",首先是一个人的户籍所在地。如果该人并没有离开其户籍所在地,那么其户籍地就是他的住所地。所以,户口簿、身份证是我们经常提交的住所地证明,且是证明住所地最为正规的证据。如果当事人拿不到被告的户口簿和身份证复印件,律师也可持律师事务所介绍信和委托材料向户籍登记地的公安派出所户籍管理部门申请调取户籍记录。这个证据较好调取,户籍部门有固定的基本信息表格,打印盖章后与户口簿原件有同样的效力。

(二)居住证明

在前述"分居证据"中,已经讨论过立案时使用的居住证明的内容了,就是要证明某人已离开户籍地,在某地居住一年以上且现在还在此居住,以确定其"经常居住地"为其法律上的住所地。而立案时为什么要提交这种居住证明呢?不就是为了确定管辖地吗?所以在管辖异议证据中,居住证明往往是最为重要和常见的证据。很多情况下,原告在被告的户籍所在地起诉,但是被告实际已离开户籍地,有其他经常居住地,这种情况下极易发生管辖异议的问题,即被告提交《居住证明》证明自己有经常居住地,案件应由经常居住地法院管辖。这时,居住证明成为法院认定当事人住所地的最为重要的证据。居住证明的模板以及注意事项在前面已有所论述,在此再强调一下,从《居住证明》中可以得出结论,就是某当事人在某地居住超过一年,且现在仍在此居住。该证据材料必须由当事人经常居住地的物业公司、居(村)委会或派出所开具方为有效。

现在某些城市,如北京,对长期居留的外地人员,开具有《居住证》,该《居住证》如果可以证实某人在证明中所载的地址居住一年以上的,可以代替居住证明。如果不能,则可以配合其他证据证明一年的年限,但至少居住证可以证明目前当事人的住所情况。在适用《居住证》之前,北京市曾为大量外地人员办理过暂住证,但是每张暂住证的有效期也只是一年而已,所以可通过《居住证》配合之前的《暂住证》的方法来达到证实某人在某地经常居住一年以上的目的。

如果当事人手中有《居住证》《暂住证》的原件和复印件,可以直接提交,如果没有,律师也可持调查手续向派出所户籍管理部门调取。

(三)租赁合同

在证明当事人经常居住地方面,租赁合同也是律师经常提交的一种证据。租赁合同上有起租日和到期日,有房屋所在地址,能很好地证明当事人经常居住地的情况。虽然由于大部分租赁合同是和个人签署,其效力有时得不到对方当事人的认可,但仍不失为一份好的证据,很多法官还是会认定这类证据。

(四)房产证

在找不到更好的证据时,我们也会提交当事人在某地的房产证,证明其在该地购买房屋。房屋虽不是证明当事人经常居住地的直接证据,但是作为间接证据是没有问题的,可以帮助形成证据链,也是管辖异议常用证据之一。

当然,如果购买了房屋,但是还未进行产权登记的,可以先提交房屋买卖合同作为证据。

(五)单位证明(劳动合同)

对于外地人员,如在本地工作和生活,我们还可以让他提交以下证据:

可到单位开具相关的证明,证明以下事项:一是他在本地的工作年限,从何时至今,以证明该员工不可能在户籍地居住。二是该员工曾在单位填写过居住地址的,单位也可作一说明或复印相关材料为证。单位出具的证明要盖单位公章。同理,如果当事人有单位发的工作证,也可以证明其长期在户籍地以外工作的事实,从而佐证其经常居住地才是其住所地的情况。

除了单位开证明信的方式,当事人也可以提交与单位签署的有单位公章的劳动合同,证明其经常居住地情况。

(六)日常生活消费凭证

当事人在某地生活,总会留下蛛丝马迹,如要交水电、燃气费,要购物,相关的交费凭证上往往有地址,网购也有收货地址,这些都可以作为证明居住地的证据向法庭提交。

(七)其他

其他如交流凭证(微信)、证人证言、照片等,凡可以证明当事人经常居住地的均可向法庭提交,要根据每个案件不同情况引导当事人举证。

八、二审和再审新证据

除了上述证据,再来单独说一下新证据的准备和提交。

(一)什么是新证据

什么是新证据呢?我们必须首先要来了解一下法律关于举证期限的规定:

《民事诉讼法》规定:

第六十五条　当事人对自己提出的主张应当及时提供证据。

人民法院根据当事人的主张和案件审理情况，确定当事人应当提供的证据及其期限。当事人在该期限内提供证据确有困难的，可以向人民法院申请延长期限，人民法院根据当事人的申请适当延长。当事人逾期提供证据的，人民法院应当责令其说明理由；拒不说明理由或者理由不成立的，人民法院根据不同情形可以不予采纳该证据，或者采纳该证据但予以训诫、罚款。

所以，证据应当在一审举证期限内提交。但是，有些证据发生在一审庭审之后或判决之后，或者有些证据当时不能发现，在一审判决之后才发现，那么就有可能出现二审新证据。对于再审期间的新证据，《民诉法司法解释》中有明确的规定：

第三百八十八条　再审申请人证明其提交的新的证据符合下列情形之一的，可以认定逾期提供证据的理由成立：

（一）在原审庭审结束前已经存在，因客观原因于庭审结束后才发现的；

（二）在原审庭审结束前已经发现，但因客观原因无法取得或者在规定的期限内不能提供的；

（三）在原审庭审结束后形成，无法据此另行提起诉讼的。

再审申请人提交的证据在原审中已经提供，原审人民法院未组织质证且未作为裁判根据的，视为逾期提供证据的理由成立，但原审人民法院依照民事诉讼法第六十五条规定不予采纳的除外。

也就是说，无特殊情况，二审期间和再审期间不能再提交证据，只是对一审的证据进行审查，但是，如果确实出现了上述“新的证据”，法院也需要对新的证据进行审查。很多案件之所以在二审期间或再审程序中予以改判，与新的证据不无关系。所以，善于发现和寻找新的证据，在第二审程序和审判监督程序中尤为重要。

当然,如果一审时就可以找到证据,而当事人怠于提交,则要承担举证不能和败诉风险,法院经审查不一定将当事人提交的证据作为新证据认定,所以,作为律师,我们会一再向当事人声明不在举证期限内积极举证的后果。

(二)新证据的寻找和提交

律师要想帮助当事人寻找到新的证据,需要了解详细案情,仔细研究和分析原审双方证据,研究判决依据,找出关键症结,寻找关键的新证据线索,引导和启发当事人。比如,笔者曾经代理过的一起确认收养关系纠纷案件,对方当事人坚称自己是养子,实际为获得继承人身份,一审时我方当事人败诉,因对方在户籍部门查找到自己以养子身份入户的资料,这份资料对我方当事人极为不利。但经过与我方当事人的多次交谈,律师比较确信所谓的养子其实是寄养在其家中的外甥,当时办理入户,是为了解决其入学问题,双方从未以养父母的身份互称过。为此,代理人在接受了二审程序的委托后,从多个方面寻找新的证据,如引导老人回忆对方当事人与其亲生父母的相关资料,在老人的回忆下,律师到天津市户籍管理部门等多方调查,查出大量其与生父母的资料,双方一直未解除亲生父母子女关系,以父母子女关系相称,对方当事人以子女身份办理诸多事宜。另外又引导当事人多方寻找证人,由于时间较久,证人难以寻找,但还是找到一些一审时未发现的新证人。二审时由于新的证据的提交等原因,本案得以改判。

婚姻家庭案件需要提交的证据,其实大概率就是前述的各类证据。新证据也是如此,形式上都差不多,只是新证据的发现及提交在时间上与普通证据不同,其寻找和发现更见律师业务功底,需要律师有极丰富的经验才好寻找,尤其是在原审中当事人已经聘请过律师的情况下,需要在二审或再审程序中通过新证据改变案件结果,更不容易,但其实还是会有很多成功的案例,也是体现律师真正价值所在。

当然,有些人在二审或再审中提交的很多新证据,根本不会被法院认定为新的证据,也不会得到对方当事人的质证,是因为证据显然在举证期限内可以提交,所以不是说二审时和再审时新提交的证据都可以称为新证据。所以,作为律师,应当在举证期限内尽量充分地提交证据。

第五章 立 案

做好了以上所有准备工作,如果您代理的是原告、上诉人或者是再审申请人,就需要为当事人立案或提交上诉状,或提交再审申请材料,笔者在此将在立案时提交的材料总结如下:

一、提交起诉状、上诉状或再审申请书

如律师代理的是一审案件,在立案时需提交的第一份材料当然是起诉状。如律师代理的是二审程序,则需在上诉期内向法院提交上诉状。如律师代理的是审判监督程序,则需在法定期限内提交再审申请书。以

上文书，除提交法院外，也要依照对方当事人人数提交副本。

二、提交授权委托材料

不管代理的是哪一方，都要提交授权委托材料，尤其是当事人不亲自提交立案材料的情况，律师立案必须持授权委托材料，否则法院将不予立案或接收材料，尤其是代理二审程序，上诉案件受上诉期较短的限制，必须在期限内提交上诉材料，律师单独提交上诉材料应当带齐授权委托材料。授权委托材料如下：

（一）律师事务所函

律师单独立案必须携带《律师事务所函》，即出庭函。为了防止出现开庭时忘带出庭函的情况，即便是陪同当事人一起去立案，我们也会要求部门律师携带完整的授权委托材料包括出庭函，在立案时一并提交。这是因为我们不止一次地发现，有个别律师在开庭时有忘带出庭函的现象，所以要求律师养成好习惯，在立案时就提交出庭函，开庭时就不必携带了。因为一旦开庭时未提交出庭函，法院及对方当事人有权利不同意律师出庭，后果将非常严重。如果当事人开庭时到场，授权委托书还可以现补，但是律师事务所盖章的出庭函根本没办法现补。

一般各律师事务所都有固定格式的《律师事务所函》，直接填写或打印后盖章即可使用，以下是笔者经常使用的出庭函模板，供参考：

文书5.1：律师事务所函（出庭函）

律师事务所函

编号：

________________人民法院：

贵院受理________一案，现在________已委托本所________律师为其________代理人。

特此函告

北京市________律师事务所

年　月　日

北京市________律师事务所地址：

____

邮编：________

扫描二维码

17036

填写范例：

律师事务所函

编号：MS191237

北京市东城区人民法院：

贵院受理 张三诉李四　离婚纠纷 一案，现在 张三 已委托本所 张静 律师为其 一审程序 代理人。

特此函告

北京市××律师事务所

年　月　日

北京市××律师事务所地址：
北京市海淀区××号××大厦A座十六层
邮编：100080

（二）授权委托书

关于授权委托书的格式，前面已述，不再赘述。如果是离婚案件这种需要解除身份关系的案件，需要携带的就是一般授权的委托书，否则应当签署特别授权委托书为宜，这样律师的授权范围更大，工作更方便一些。如果是涉外案件，当事人在国外委托的，应当携带公证认证过的特别授权的授权委托书。

由于授权委托书是证明律师与当事人之间委托关系的重要文件，委托人处的签名应保证是委托人本人所签，用正楷字签署。如果当事人是外籍身份，其名字应当与护照一致，如果是外籍华人，原来有中文名字的，我的习惯是让其在签署正式名字（与护照一致）外，再签一遍原中文名，因为很多文件和证据，可能都是使用原来的中文名。

如果委托人是公司等法人机构，授权委托书则需加盖单位公章并由法定代表人签名或盖章。

（三）当事人身份证复印件（护照复印件）

婚姻家庭案件的当事人一般为自然人，还需要在授权委托书后面附当事人的身份证复印件。身份证的正面和反面都要复印在A4纸上一并提交。现在法院立案，律师一般只需要持当事人的身份证复印件就可以了，但是要求严格时，一度必须持当事人身份证原件方可立案。

如果当事人是外籍身份，则要求持当事人护照复印件立案。

当然，并不是所有的婚姻家庭类相关案件的当事人都是自然人，在许多案中案中，如离婚案件，常会带出所有权确认纠纷、合同纠纷等案件，有的当事人可能是公司等法人机构，则需要携带加盖公章的公司营业执照复印件、法定代表人身份证明方可立案。

(四)受托人身份材料(律师执业证复印件等)

委托材料里还要有律师执业证的复印件,同时立案时还需携带原件供核对。如果受委托人里有实习律师,则提交实习律师证及其实习律师本人的身份证复印件。如受托人里还有自然人,如当事人的近亲属,则需提交该受托人的身份证复印件及亲属关系证明,如户口簿复印件等。

三、提交管辖地证明(被告住所地证明等)

立案时要提交管辖地证明,其实在准备立案材料时,管辖地证明就应已准备好,所以律师自然知道立案时应向哪个地方的法院递交材料。一般婚姻家庭案件,均在基层人民法院管辖,个别标的巨大的或者是重大涉外案件,一审才有可能在中级人民法院管辖。

当事人一般是自然人,所以被告住所地证明是最常见的管辖地证明。像离婚、离婚后财产纠纷以及涉及抚养、子女探望权、监护权、收养关系等案件,一般都是提交被告住所地证明以确定立案法院有管辖权,但是继承类案件不是,根据《民事诉讼法》第33条的规定,因继承遗产纠纷提起的诉讼,由被继承人死亡时住所地或者主要遗产所在地人民法院管辖。所以继承类案件,需要提交的管辖地的证明是被继承人死亡时住所地的证明,如被继承人的户口簿、身份证或者常住地证明材料。如果是在主要遗产所在地起诉,则需要提交主要遗产的所在地证明,最常见的就是房产证。如果被告是法人或者其他组织,则需提交该法人或者其他组织的住所地证明,即《民诉法司法解释》第3条规定的主要办事机构所在地证明,主要办事机构所在地不能确定的,法人或者其他组织的注册地或者登记地为住所地,即提供其营业执照证据即可确认。

下面,我们以被告住所地证据为例来给大家列举一些证据形式:

(1)被告的户口簿。

(2)被告的身份证。

(3)被告的居住证明。

此处的居住,如前所述,是指常住超过一年且目前仍居住的地址,由被告居住地的物业公司、居(村)委会或派出所开具。

(4)被告是法人或者其他组织,该法人或者其他组织的住所地证明或营业执照。

四、立案时必须提交的其他证据材料

(一)总体说明

一审立案时,只要能够提交最基本的证据材料,可以证明案件的相关基本事实就可以立案,因此,很多律师在立案时并不会提交全部的证据材料。一方面,是因为从立案后到实际开庭还有一段时间,这段时间当事人和律师还可以再寻找更多的证据,即便是开庭之后,只要举证期未满,当事人和律师也还可以补充证据,因此,习惯上,很多律师只在开庭时或法官设定的交换证据环节才会提交完整证据。这不会影响立案,而且在某些案件中,可能会起到较好的作用。比如,有些证据,被告在开庭时突然拿到,又比较简单,完全可以当庭质证的,法官当庭询问,当事人比较容易据实回答。而一旦立案时提交,就会在开庭前提前给被告,被告有较长的时间可以思考,开庭时往往会隐瞒事实,甚至有转移财产的可能。所以,我们的证据一般都会在第一次开庭时提交完整。

但是,有些地方的法院非常强调在立案时交齐证据,或者将举证期限定在第一次开庭前,律师就必须在立案时或者举证期限届满前提交完整证据。

一审立案时不管提交多少证据,按《最高人民法院关于民事诉讼证据的若干规定》(以下简称《民事证据规定》),除依法向法庭提交外,还需依照对方当事人人数提交副本。

如果是二审案件,在递交上诉状的同时一般不需要再提交新的证据,如发现有新的证据,也可以在二审开庭前或开庭时提交。但如果是再审案件,除提交再审申请书外,原审证据一般也要列在立案材料里,新的证据更要放入立案材料中。再审法院一般不能第一时间看到原审卷宗,因此,需要律师提交一些当时原审的证据材料等,如果有新的证据,当然要放入,方便再审法院审查本案情况,以决定是否裁定再审。

(二)常见案件一审立案时证据材料

有些证据,是一审立案时必须要提交的,如不提交,则不予立案。下面列举一些常见婚姻家庭案件的立案材料。

1. 离婚纠纷

离婚案件,除了上述授权委托材料和管辖地证明外,还需提交如下证据材料:

(1)结婚证或结婚登记证明

离婚案件,立案时必须提交结婚证以证明原、被告的婚姻关系。如果原告没有结婚证及复印件,可以到原结婚登记机构开具婚姻关系证明或复印结婚登记档案,加盖民政部门的印章即可代替结婚证。

(2)子女出生证

对于有子女的,离婚案件立案时还要提交子女出生证,复印件即可。因为离婚案件除了处理婚姻关系,还要处理子女抚养问题,所以必须有子女出生证以证明父母子女关系和子女的基本自然状况。如果原告没有子女出生证的,也可以以子女的身份证或户口簿代替。但是在案件审理过程中,法院一般会要求持有子女出生证的一方必须提交该证据。

有起诉状、授权委托材料、管辖地证明、结婚证和子女出生证基本就可以成功立案了,虽然离婚案件中往往还要处理夫妻共同财产,但并不是所有的离婚案件都有财产需要处理,所以即便不提交财产证据,也不会影响立案。但是在某些要求严格的法院,需要将全部证据在立案时交齐,那就必须要交夫妻共同财产证据,包括离婚原因、子女抚养权归属相关的证据就都要一并提交。

2. 离婚后财产纠纷

离婚后财产纠纷案件,除了上述授权委托材料和管辖地证明外,立案时还需提交如下证据材料:

(1)离婚证

离婚后财产纠纷案件,是离婚后提起的案件,要证明双方曾有婚姻关系,且已离婚的事实,因此,如果是通过民政机构办理的协议登记离婚,应在立案时提交离婚证。

(2)离婚协议书

离婚后财产纠纷案件,是离婚后就离婚时未分割财产或离婚协议履行等相关财产纠纷提起的案件,离婚协议书是确定相关财产是否处分或如何处分的重要证据,如果是通过民政机构办理的协议登记离婚,应一并提交。

(3)离婚判决书(调解书)

如果不是通过民政机构办理的协议离婚,则必然是通过法院办理的诉讼离婚,那离婚案件的生效判决书或民事调解书就是证明双方离婚及财产如何分割的重要证据,应当在立案时提交。

(4)结婚证

离婚后财产纠纷因为涉及分割财产的问题,所以结婚证和离婚证可以帮助法官确定婚姻存续期间,以进一步确定财产是否是夫妻共同财产,应当提交。当然,如果是通过法院办理的诉讼离婚,法院的民事判决书或者民事调解书中也会载明结婚和离婚时间,而且结婚证原件会被法院收入卷宗,所以此种情况下不提交结婚证也是可以的。但是在民政机构协议离婚的情形,离婚证不能显示双方的结婚登记时间,必须单独提交结婚证方可。通过民政机构协议离婚的,结婚证不收回,只是在结婚证上盖作废章，因此，仍然可以起到证明作用。没有结婚证及复印件的，可以向原结婚登记机构申请调取结婚登记证明或档案代替。

(5)财产证据

对于要分割的财产，应当在立案时提交财产证据，如房产证、银行账户照片、股票开户证据等。

3. 继承纠纷

除了授权委托材料，继承案件的管辖地证明材料也要提交，即被继承人死亡时住所地或者主要遗产所在地证明；被继承人死亡时住所地证明，应当提交其户口簿、身份证或者有权机构开具的居住证明；主要遗产所在地证明，如不动产，就提交房产证、购房合同等，如果主要遗产是其他财产，也要提交财产凭证，如车辆所有权证、存款开户证明等。

在继承纠纷类案件中，法定继承纠纷、遗嘱继承纠纷和遗赠纠纷是最常见的案件。下面分别列举一下这些案件在立案时应当提交的其他证据材料：

(1)法定继承纠纷

A. 被继承人死亡证明

B. 法定继承人与被继承人之间的亲属关系证明

C. 被继承人婚姻关系证明

之所以提交被继承人婚姻关系证明，是因为我国适用的婚姻法定财产制度是婚后所得共同制，所以该证据可以帮助法官确定被继承人的婚姻关系，以进一步确定遗产的范围，如被继承人是已婚身份，则需将夫妻共同财产中在世一方配偶的财产先析出，不能纳入遗产的范围。如果被继承人已离婚，则还要提交离婚证、离婚协议或离婚判决书(调解书)以确定财产是否全部是其本人的遗产。

D. 主要遗产证据

关于上述证据的调取和准备，我们在证据准备章节中已介绍过，在此不再赘述。

(2)遗嘱继承纠纷、遗赠纠纷

遗嘱继承纠纷和遗赠纠纷案件立案时除提交上述法定继承案件的全部材料外,还需单独提交遗嘱证据。

遗嘱原件可以在立案时不提交,只提交遗嘱复印件,立案法官可以审查、核对原件,到开庭时遗嘱持有人再提交原件,因为遗嘱原件是极为重要的证据,一定要保存完好。

在此提醒一下律师同行,一般不要收取当事人的重要证据原件,尤其是像遗嘱这种重要的原件,一旦丢失或损坏,律师难以承担赔偿责任,有些遗嘱所涉遗产巨大,而遗嘱原件可能只有一份,书写也比较简陋,应当由当事人妥善持有为宜。笔者也曾代理外地当事人委托的继承类案件,当事人不亲自出庭,律师在立案及开庭时需持遗嘱原件的情况,如果办公条件允许,应当在办公室内单独、合理保存好该原件,如果办公条件不允许,可以考虑在银行开具保险箱暂时保管,立案及开庭时取出使用,平时只使用复印件。

4. 抚养费纠纷

抚养费纠纷案件一般是离婚后一方不支付抚养费,或者抚养费一直不变更,已经不适应当下的情况,一方要求增加或减少孩子抚养费产生的纠纷。根据《婚姻家庭编解释(一)》第43条的规定,在未离婚的情况下,一方或双方父母不支付抚养费,未成年子女或者不能独立生活的成年子女也可以要求支付,因此,在婚姻存续期间也有可能发生抚养费纠纷。除了授权委托及管辖地证明外,立案时还需提交以下证明材料:

(1)子女出生证、子女身份证等可以证明父母子女关系及子女基本自然状况的证据

提交这份证据,不仅是为了证明父母子女关系和子女的自然状况,同时,本案的原告一般是未成年子女,因此,这份证据也是证明法定代理

人身份的重要证据。

(2)法定代理人身份证

除了上述子女出生证外,还要提交抚养权人这方父母的身份证件,证明代理人的身份。

(3)结婚证等婚姻关系证明

(4)离婚证及离婚协议书

(5)离婚民事判决书或民事调解书

如双方不是以协议登记离婚方式离婚,而是以诉讼方式离婚的,需要提交民事判决书或民事调解书代替离婚证和离婚协议书。

(6)其他证据

其他证据包括一方不支付子女抚养费的证据,如一方父母给另一方发的短信、微信等要求支付抚养费的凭证,或者是录音凭证。再如,子女实际抚养费的数额,以证实目前子女的抚养费需要提高。或者是一方父母生病、失业等凭证,以证实自己的实际收入有较大变化,应当减少抚养费等。

当然这些实体证据不一定要在立案时提交,或提交太多。一般也不会影响立案,但可以适当提交一些。

5. 变更抚养关系纠纷

变更抚养关系纠纷案件是离婚后一方父母要求将子女的抚养权变更到自己名下,或者认为自己的条件不再适合抚养子女,要求另一方父母直接抚养子女的案件。根据上述特征,除授权委托材料和管辖地证明外,立案时还需要提交以下材料:

(1)子女出生证等可以证明父母子女关系及子女基本自然状况的证据

(2)离婚证及离婚协议书(以诉讼方式离婚的提交离婚的民事判决书或民事调解书)

该证据主要是要证实离婚后子女的抚养权人是谁。

(3)可以证实一方不适合继续抚养子女的证据(变更抚养权原因证据)

根据《婚姻家庭编解释(一)》的如下规定,可以得知哪种情形下法院会变更子女抚养权,所以应主要提交可以证明以下事实的证据。

第五十六条　具有下列情形之一,父母一方要求变更子女抚养关系的,人民法院应予支持:

(一)与子女共同生活的一方因患严重疾病或者因伤残无力继续抚养子女;

(二)与子女共同生活的一方不尽抚养义务或有虐待子女行为,或者其与子女共同生活对子女身心健康确有不利影响;

(三)已满八周岁的子女,愿随另一方生活,该方又有抚养能力;

(四)有其他正当理由需要变更。

第五十七条　父母双方协议变更子女抚养关系的,人民法院应予支持。

根据上述意见,可以提交一方的疾病证明,一方不尽抚养义务或虐待子女的证据(如子女受伤照片、报警记录、证人证言等),8周岁以上未成年子女的书面证言或视频,父母双方协议变更子女的书面材料等。

这方面的证据提交主要证据即可,在实际开庭前可以整理更多证据提交法庭。如果暂时没有证据,而只是在起诉状中陈述,一般也不会影响立案。

6. 其他案件

婚姻家庭案件非常容易引发案中案,比如,离婚期间,一方不承认借名买的房屋或汽车等是夫妻共同财产,或者不承认有共同债务存在,就非常容易引发因借名买房而产生的所有权确认案件或合同纠纷,或者民间借贷纠纷。借名买房类案件立案时,房屋存在的凭证即房产证就是必须要提交的,对于借名买房的约定,立案时往往并不一定要提交,但在开庭时却必须提交,否则难以胜诉。因婚姻存续期间的债务引发的民间借贷纠纷,则欠条或借款合同应当在立案时提交。分家析产案件,对于需要析分的财产也应当在立案时提交基本凭证。

第六章
开庭前工作

第一节 财产保全

在立案之前，就可能涉及财产保全的问题，在当事人的财产有可能有灭失、被隐瞒、转移等风险时，就要考虑是不是要申请做财产保全。而诉前财产保全的申请相对困难，每个法院申请的程序稍有不同，所以，我们在大部分案件中做的是诉讼中的财产保全。实际上，在立案时，如果同时提交财产保全申请书，案件被分配至法院审判庭后，审判法官只要在立案材料中发现有财产保全申请，一般会先审查财产保全事宜，不会给被告送达诉讼材料,经审查确实具备财产保全条件后,先出具财产保全裁定,对财产进行实际保全措施后,方向被告送达起诉状等诉讼材料,起到的作用和诉前财产保全并没有两样。笔者发现,目前大部分法院也是这样操作的。但是有些财产保全申请,是在庭审进行过程中,当事人才发现线索并提出的,这时,诉讼材料已向被告送达,甚至庭审也已经进行过。法院接到财产保全申请后,也会组织申请方谈话,了解情况,符合条件的进行财产保全,过程中一般也不会将一方申请财产保全的事宜告知对方,仍然可以起到保全财产的作用。因此,如果案件的情况确实需要,在适当的时候,律师要告知和询问当事人是否申请财产保全,以尽量保护当事人的财产权益。

如果在立案前就决定对某些财产申请财产保全,财产保全申请书应作为立案材料在立案时一并提交。如果是诉讼进行中决定做财产保全,由于财产保全措施是为了防止一方当事人转移财产,所以一旦作出决定,应当尽快进行,尽快提交申请书并可提交相关证据。这一工作比实体证据准备等工作更为急迫。

一、如何帮助当事人作出财产保全决定

并不是所有案件都需要申请财产保全的,如前所述,只有一方当事人有转移、隐瞒、变卖财产可能时才要考虑进行财产保全。实际上,从笔者的实践经验发现,大部分婚姻家庭案件不需要做财产保全。也就是说,需要进行财产保全的案件比例是较低的,但是婚姻家庭案件数量较多,申请财产保全的情况也是会经常遇到的。离婚、继承类案件,都涉及财产的分割问题,都有可能需要申请财产保全。

但笔者也发现,有些案件完全没有做财产保全的必要,当事人只是出于谨慎才申请,或者是对财产流转的程序不清楚,因而过于担心而申请。比如,笔者曾经代理的一个继承案件,房屋产权登记在被继承人名

下,因被继承人已死亡,因此在未经继承程序将房屋变更为生存的人的情况下,根本不可能被出售,所以基本没有被私下转卖的风险,这样的继承案件,一般情况下没有必要申请财产保全。但原告还是申请了财产保全,笔者认为,此种房屋被私下转移的风险较小,除非一方恶意向房屋管理部门隐瞒产权人去世的消息,由相貌相似的人冒充出售房屋,才会出现风险,而且一旦被发现,侵权人是要赔偿损失的。所以除非侵权人做好了“跑路”的准备,否则总体上风险较小。但是在现实生活中很多风险都出人意料,所以有些谨慎的人在这种情况下仍然申请了财产保全,法院也予以准许。

所以,当律师发现案件中对方当事人极可能会转移财产时,应主动向委托人言明,建议申请财产保全。对于有可能存在对方转移、隐藏财产等情况时,律师也应当与当事人讨论案情,分析风险,询问当事人的意见,共同作出是否申请财产保全的决定。对于根本没必要申请财产保全,但当事人一再要求的,律师也要将财产保全的程序、费用、保全错误的后果讲给当事人听,如果当事人一再坚持,也可以为他申请,是否准许法院自会裁量。当然,只要申请财产保全,律师必须将一旦保全错误,权利人有权提出赔偿的法律后果告知当事人,这也是为什么保全需提供担保金的原因。而且,要将相关内容记录在笔录中。因为有些当事人不听律师劝告,一旦出现风险,律师不应当承担责任。

当然,由于大部分案件,财产保全都要提供担保,而且很多法院要求等额担保,即以被保全财产的实际价值为标准提供担保金,虽然有些法院会有变通,如要求担保金的现金部分至少达到30%,其余70%可以采取其他担保方式,如由担保公司出具保函,或以不动产等物提供担保等,但对于很多当事人来说,也十分困难。以北京的不动产为例,一处房屋市值500万元很平常,如果对该房屋申请财产保全,要提供相当于500万元价值的担保财产,这其中,假设30%要求以现金方式担保,也是150

万元,对于普通人来说,一下子拿出这么大一笔钱也不容易。所以,即便是决定申请财产保全,一般也不会将所有财产进行保全,而是选择一些最重要的,或者最有可能被转移的财产申请保全。

二、哪些案件宜申请财产保全

那么哪些案件宜申请财产保全呢?这个要综合考虑案件的各方面因素,这些因素笔者总结如下:

(一)案件中有易转移财产

最容易被转移的常见财产就是存款。不动产的转移是需要时间的,但是存款,一旦当事人知道有人起诉他,可以很快取款或转账。所以如果了解对方账户里有大量存款的情况,可以及时申请财产保全。股票也有些类似于存款,比较好转移。还有些案件的当事人,在诉讼期间就把房屋、汽车偷偷卖了,所以,对登记在对方当事人名下的房屋和汽车,也可以申请财产保全。另外,在笔者参与的案件中,也发现有不少转移公司股权的现象,如以较低价转让甚至是无偿转让的方式将股权转让给他人,还有些人会伪造巨额债务,然后提前对公司股权做质押,妄图达到不分股权价值的目的。所以,公司股权也是比较容易转移的财产,针对案件的具体情况,必要时也可以对公司股权进行保全。

(二)当事人有明显转移财产的倾向

婚姻家庭案件的当事人往往是夫妻、家人、亲属,互相都比较了解。对于当事人是否有可能存在转移财产的意向及之前是否有类似的行为,当事人往往是最有发言权的。如果对方当事人存在明显的转移财产的可能,这时,就要考虑对相关的财产申请财产保全。

(三)当事人有刻意隐瞒的财产

在有些案件,尤其是离婚及离婚后财产纠纷案件中,往往有明确的夫妻共同财产,当事人不好转移,因为知道即使转移也有可能被追回或者承担赔偿责任。但是,当事人一方在另一方不知情的情况下购置的财产,在案件发生前后,最容易被转移。比如,未告知配偶偷偷购买的不动产,在配偶不知道的某些证券公司开立的股票账户等,当事人一旦发现有诉讼风险,可能最先想到转移这些财产。因此,当事人如果发现了对方已经隐瞒的财产线索,可以考虑尽快申请财产保全。

(四)当事人有拒不执行的可能性

有些案件,当事人存在明显不执行判决的可能性,如笔者曾经代理的某个离婚后财产纠纷案件,双方在民政局办理了协议登记离婚,离婚协议里约定离婚后男方要向女方支付10万元人民币。但离婚后男方找各种理由拒不履行。在我们起诉离婚后财产纠纷案件之前,当事人最关注和担心的是离婚协议不能约束男方的行为,将来法院出具的判决书男方也有可能不执行,甚至诉讼期间就把可执行的存款转移,到时去申请强制执行也无可执行的财产怎么办。所以律师和当事人商定在立案时同时提起财产保全,由于债务数额不大,案情也相对清楚,法官很快实施了保全措施,冻结了男方银行账户内10万元存款。之后将诉讼材料送达男方,并顺利开庭和调解成功。类似这种被告明显存在不执行判决可能性的案件很多,可以考虑申请财产保全,这不仅能帮助当事人解决将来的执行问题,对案件顺利解决也有一定的帮助。

三、申请财产保全的程序

(一)起草财产保全申请书

1. 基本书写规范

启动财产保全的程序就是先书写一个申请书,财产保全申请书如何书写呢?我们先来看一个模板:

文书6.1:财产保全申请书

财产保全申请书

申请人________，男/女，________年____月____日生，________族，工作单位及职务：____________，住____________，电话____。

被申请人________，男/女，________年____月____日生，________族，工作单位及职务：____________，住____________，电话____。

申请事项

请求贵院对________持有的20%的________投资有限公司股权采取保全措施，即对被申请人名下82%公司股权中的24.39%的份额采取保全措施，相对应的出资额为600万元。

事实与理由

申请人与被申请人原系夫妻关系，于________年____月____日登记结婚。后于________年____月____日在________民政局办理了协议离婚。由于原告受到男方出轨并与异性生育子女的极大精神打击，仓促离婚，离婚时未对________名下的夫妻共有股权作任何处理。离婚后，在双方共同经营公司中发生矛盾，原告要求获得应有的公司股权，被告拒不配合。原告无奈提起诉讼，要求法院依法分割________名下的夫妻共有股权，其中________在________投资有限公司有82%的股份（对应出资额2460万元）。为避免被告转移夫妻共同财产，维护原告的合法财产权，特请求法院对________投资有限公司中20%的公司股份（________名下，对应出资额600万元，相当于________所持有的82%公司股份中的约24.39%

的份额)实施财产保全措施。该公司的基本情况如下:

________公司注册资本为3000万元,其中原被告共出资2460万元,以________的名义享有82%的股份,公司注册地为北京市市场监督管理局,被告为法定代表人,公司住所为________________。

因申请人资金紧张,提供担保金有困难,因此只对被申请人名下部分股权申请保全措施,请法院依法批准申请人的申请。

此致

________人民法院

申请人:

年　月　日

附:公司注册地地址及营业执照复印件

________投资有限公司

注册地:________市场监督管理局

具体地点:

地址:

扫描二维码

13105

书写法律要点:

(1)书写财产保全申请书,要写明理由,在没有正当理由的前提下,法院不能轻易对公民财产实施保全措施。同时,要写清楚要保全的财产情况,如要保全存款的,是保全当事人哪个账户的多少存款,数额要写清;如要保全公司股权的,要把公司信息、股东信息、要保全的股权比例等写清楚。

(2)申请财产保全,法院的审查较严格,要受到诸多限制,如笔者就曾申请对房屋按份共有人之一的产权份额进行保全,但是未获法院允许,原因是法院认为保全措施一般针对整个物权,虽然当事人只申请保全了其中一人个人名下的产权份额,但是会影响其他共有人的利益,不同意对房屋进行保全,也无法实施对部分产权进行保全的措施。

(3)由于实施财产保全会影响权利人的财产权益,一般情况下,申请财产保全要提供担保,一旦保全错误影响到权利人的权益,需要对权利人进行赔偿。

2. 对股票的保全

这里要重点讲一下股票这种财产的保全方法。前文在讲解股票的调查取证申请书的书写规范时,已经提过股票这种财产的特点,就是股票账户负责股票的买卖操作,在证券公司开立的资金账户负责钱的进出,即从银行账户转来的钱要先进入资金账户,股票账户买进股票,资金账户的钱就减少,股票账户出售股票,所得收益即资金就进入资金账户,客户需要取现,资金账户的钱就必须转出至对应的银行账户,客户再从银行取现。银行账户在银行开立,而资金账户和股票账户在证券公司开立。这实际就是股票的第三方存管,即证券公司客户证券交易结算资金交由银行存管,由存管银行按照法律、法规的要求,负责客户资金的存取与资金交收,证券交易操作保持不变。

了解股票交易及存管的程序有利于我们合理地申请股票的财产保全。如果将上述三个账户即银行账户、资金账户和股票账户都予以冻结,有以下问题:一是工作复杂,涉及银行及证券公司;二是股票无法自由买卖,影响客户根据股票市场变化买卖股票,有可能会造成客户的实际损失。有人认为,只要把出钱的账户,即银行账户封住,堵住钱的出口，就可以解决上述问题，所以只要保全银证通账户即可，不必将资金账户和股票账户一并保全。但是如果客户改变三方托管银行，钱就可以从资金账户转出，从而有可能使股票财产全部被转移。因此，这种方法是危险的，不可取的。就这个问题，其实法院专门进行财产保全操作的法官是比较有体会的，笔者也是在多年前遇到类似问题时，经过与法官的讨论，认识到法官说的非常有道理，而且现在大部分法院对股票进行财产保全，也是这样操作的。就是只把在证券公司开立的资金账户查封住，就堵住了资金的出口，钱可进不可出。这样工作量小，也不影响银行账户的存款流转，同时不影响股票的买卖，达到了保全的最佳效果。

（二）担保金的准备

向法院申请财产保全，除需交纳财产保全费用外，还要额外提供担保金。大部分情况下法院会要求提供等额担保，个别情况，法官根据案件具体情况可以批准差额担保或不需要担保。但即便是等额担保，担保方式也可以是多样的，比如法院要求担保的30%是现金部分，这部分申请人可以提前准备，其余70%的价值可以采取其他方式提供担保，如由担保公司提供保函，或者由当事人、当事人亲属抵押不动产提供担保。所以，需要律师配合当事人寻找担保公司，递交材料，担保公司审核通过后方会提供担保函。有时需要当事人寻找到亲属提供物的担保，律师需提前与担保人沟通，也可以在提交财产保全申请时一并提交担保人和担保财产的信息。

（三）准备适当的证据

只有财产有被转移的可能时法院才会支持进行财产保全，所以，必要时可以准备一些证据作为附件，证明对方当事人很可能会转移财产，以提高财产保全申请成功率。比如，笔者代理的一个离婚后财产纠纷案件，一方采取了欺骗手段离婚，我们提交了大量证据证明女方的故意欺骗及逃避共同债务的行为，所以尽管是在离婚后，法院仍同意将女方名下的房屋进行了财产保全。

（四）提交财产保全申请材料并进行谈话

接下来，就需要将财产保全申请书及适当的证据附件提交给法院。一般情况下，法院会单独对申请人进行谈话，如果第三方为申请人提供担保的，法院还要找担保人谈话，并核实担保财产，担保人需向法院提交担保财产凭证。如果是请担保公司出具保函方式提供担保的，要提供保函原件给法院。

（五）法院出具财产保全裁定书并实施保全措施

法院会根据申请人提交的财产保全申请书、相应证据材料、担保财产情况等进行审查，并决定是否准许财产保全，如果准许，则出具财产保全的裁定书并对相关财产采取保全措施。

四、关于申请房屋异议登记

（一）法律依据

由于目前房屋的市场价值较高，一旦要对房屋申请财产保全，可能需要提交较高的担保金，有些当事人根本无力提交，这种情况下只能放弃担保。但是在北京、上海和深圳等地，还可以通过申请房屋异议登记的方式来达到保全房屋的目的。

房屋异议登记的法律依据是《民法典》第220条，我们先来看一下该条的内容：

> 第二百二十条　【更正登记与异议登记】权利人、利害关系人认为不动产登记簿记载的事项错误的，可以申请更正登记。不动产登记簿记载的权利人书面同意更正或者有证据证明登记确有错误的，登记机构应当予以更正。
>
> 不动产登记簿记载的权利人不同意更正的，利害关系人可以申请异议登记。登记机构予以异议登记，申请人自异议登记之日起十五日内不提起诉讼的，异议登记失效。异议登记不当，造成权利人损害的，权利人

可以向申请人请求损害赔偿。

由于在离婚、继承等案件中,涉及财产的实际分割,权利人有极大的可能变更,如由登记的所有权人一方变更至配偶名下,或由父母变更为子女等,这是否属于法条中所述的“不动产登记簿记载的事项错误”呢?笔者认为,其实不属于,实际上,北京、上海、深圳等城市已经拓展了对异议登记的处理方法,在离婚、离婚后财产纠纷、所有权确认、合同纠纷、夫妻财产约定纠纷、继承类案件中,都有可能申请房屋异议登记。但经过笔者的尝试和了解,在很多地方,并没有这种变化,不动产登记管理部门只要认为原始的登记没有错误,就不会因这些案件涉及不动产的分割而同意给予异议登记。

如果您所在的城市允许上述情形下的异议登记的,那么申请房屋异议登记实际上可以代替对房屋申请财产保全措施,而且有诸多的好处。

(二)申请房屋异议登记的优点

1. 期限一直到终审判决,与财产保全不同,不必考虑续保的问题

申请财产保全,保全措施是有期限的,到期需要申请续保,否则保全就自动到期解除了。有时候案件时间长,到应续保时当事人和律师甚至都会忘记,从而出现风险。而异议登记则不会,房屋管理部门一旦最终将房屋进行了异议登记,则一直到案件出具终审判决或调解书时都有效,如果判决或调解结果是将房屋归属给非登记的一方,则原来的显名所有权人根本没有办法解除异议登记,需要申请人解除方可。

2. 费用低廉,无须提供担保金

申请异议登记只需交纳极少的费用,基本可以忽略不计。而申请财产保全,首先要交纳申请费,根据《诉讼费用交纳办法》,申请保全措施的,根据实际保全的财产数额按照下列标准交纳:财产数额不超过1000元或者不涉及财产数额的,每件交纳30元;超过1000元至10万元的部分,按照1%交纳;超过10万元的部分,按照0.5%交纳。但是,当事人申请保全措

施交纳的费用最多不超过5000元。除此以外,大部分案件还需要提供担保财产。申请费最高5000元,往往不会成为当事人申请财产保全的障碍,但是担保财产却不然,尤其是在法院要求提供等额担保的前提下,很多当事人根本无力提供。而申请房屋异议登记则基本不需要什么费用。

3. 及时有效

对房屋申请异议登记十分便捷快速,甚至比申请财产保全更快。如果当事人发现所有权人已经在转移房屋了,去法院申请立案、申请财产保全都是需要时间的,而异议登记,只需要快速准备好申请材料,凭号办理,有可能半天就办完了。然后15日内必须去法院起诉,将起诉的凭证在15日内提交给不动产登记事务中心即可。或者在没有那么紧急的案件中,我们通常是先到法院起诉立案,持法院开具的案件受理通知书去不动产登记事务中心办理异议登记,就一次性办好了。离婚案件中我们大量使用房屋异议登记,效果很好。

(三)申请房屋异议登记的注意事项

1. 房屋必须和申请人有足够的关联

当然,并不是所有案件,房屋管理部门都会同意进行异议登记,有权机关会审查房屋的性质、案件的基本情况和风险大小。如同样是离婚案件,如果发现房屋是全款在婚前购买的,不一定是夫妻共同财产,就有可能不同意做异议登记。房屋管理部门毕竟不是法院,无法像法院一样,可以收到众多的双方证据作为审查和评判依据,也没有法官那样的专业法律素养可以精确判断房屋的性质,因此他们的审查往往是比较单一和机械的,有一些固化的标准,这是完全可以理解的。

2. 在法定期限内申请

只要房屋已经在不动产登记部门进行了登记,申请人可随时向不动产登记部门申请房屋异议登记,但是申请人在异议登记之日起15日内不起诉,异议登记失效。所以15日内应将起诉的材料如受理案件通知书提交给不动产登记部门。有时,我们会在立案后直接持受理案件通知书去办理异议登记,这样就没有 15 天的问题了,也是可以的。还有,如果我们代理的是被告一方,可以持应诉通知书或传票等案件材料去办理异议登记。

3. 一种案由只有一次申请机会

目前在实践中,不动产登记部门对于同一种案由,当事人又相同的,只会给予一次异议登记机会。比如,当事人第一次起诉离婚,但是法院判决不准离婚,六个月后再起诉的,就会出现两次的离婚案由,我们一般会和当事人讨论,看是在第一次还是第二次起诉时提起,因为根据案件的情况,第二次可能根本不会发生,如被告同意离婚,就不会发生第二次起诉的问题了,律师应当知晓这些,和当事人提前讨论提起异议登记的时机。

(四)异议登记的程序及需要提供的资料

1. 异议登记申请书

该申请书可以根据案件情况提前写好,但有些不动产登记部门有自己固定格式的异议登记申请书,会要求当事人按他们的格式书写。下面提供一份异议登记申请书的模板,仅供参考:

文书 6.2:异议登记申请书

异议登记申请书

申请人________,男/女,________年____月____日生,________族,工作单位及职务:____________,住____________,电话____________________。

被申请人________,男/女,________年____月____日生,________族,工作单位及职务:____________,住____________,电话____________________。

申请事项

对________名下的位于________________号房屋进行异议登记。

事实与理由

申请人与被申请人系夫妻关系,两人于婚姻存续期间购买房屋一处,产权登记在________名下。现申请人已向法院提起离婚诉讼,要求与________离婚,并要求分割以上夫妻共同房屋,上述房屋的所有权人有可能要变更,因此,特对________名下的________________号房屋所有权申请异议登记,在诉讼期间,被申请人不得出售房屋,待诉讼结束,根据生效的法律文书确定实际的所有权人。

特此申请!

此致

________不动产登记事务中心

申请人:

年　月　日

扫描二维码

13103

2. 异议申请人身份证明

3. 异议登记的原因资料,如诉讼材料、结婚证等

如系在法院立案前申请,注意15日内交回起诉证明,如受理案件通知书;如系被告申请,可以提交应诉通知书、传票、起诉状等。

第二节　证据的整理完善

一、如何编写证据目录

（一）顺序

前文介绍了如何在立案前就开始准备证据以及如何调取具体的证据，在律师捋出需要的简单证据清单后，当事人和律师就开始积极准备各种证据，最终需要律师整理出完整具体的证据目录，把所有证据列入。同时通过证据目录的表格，能够比较容易清晰地看出哪方面的证据有所欠缺，需要补充。所以证据目录的编写是一项极为重要的工作。基本上，律师先要写出起诉状和答辩状这种基本的文书，然后就是准备证据材料，编写证据目录，这是最主要的一条工作线。

编写证据目录，我们遇到的第一个问题就是证据的顺序。证据有顺序吗？笔者认为是有的，以离婚案的原告为例，证据目录的第一部分应该就是结婚证明，这个基本上没有什么悬念，必须要证明原、被告有婚姻关系，才会有离婚的问题，这是离婚案必交的证据，也是第一份证据。第二部分就是感情破裂的证据，第三部分是有关子女抚养的证据，第四部分就是财产证据，同一项财产的多份证据放在一起。基本上，证据也是要按起诉状的顺序来组织的。同样地，如果是被告的证据，可以按照答辩状的顺序来编写证据目录。即答辩状中所述的，在法律上有证明意义的事实，按顺序通过证据一一来证实。当然，并不是文书中所说的所有事实都需要去证实，这也是某些完美型性格的当事人容易犯的错误，认为律师应当举证证明所有事实。律师应当选择在法律上有意义的事实去举证，而不是对任何事实都去证实。比如，感情破裂，在事实上可能有很多反映，但是律师重点要找《民法典》及相关司法解释中明确列举的感情破裂情形方面的证据。

下面来看一个离婚案件的证据目录：

文书6.3：证据目录

证 据 目 录

提交人（签名）：　　　　　　　　　　提交日期：

分类说明	编号	证据名称	种类	来源	取得或登记时间	证明内容	页码	备注
婚姻关系	1	结婚证	书证	××市××区民政局	2000年3月23日	证明原、被告婚姻关系及结婚时间	1	提交复印件
感情破裂	2	被告发给Y的邮件及邮箱截屏	书证	原告	2010年12月30日 2011年1月5日	2010年年末时，原告发现被告出轨，与Y发生关系，在婚姻中存在明显过错	3	提交打印件，原件可核对
	3	2011年原、被告互发的电子信件	书证	原告	2011年1月	原告发现被告出轨Y后，写给被告的信，被告进行了回复。证明从2010年年底开始，双方感情就出现严重问题	4	提交信件打印件
	4	被告与另一异性R的短信聊天记录	书证	原告	2014年	2014年，原告发现被告再次出轨，与另一异性R发生不正当两性关系，女方在婚姻中有一定过错	11	提交照片打印件

续表

分类说明	编号	证据名称	种类	来源	取得或登记时间	证明内容	页码	备注
感情破裂	5	被告与其他不知名异性C的手机微信聊天记录	书证	原告	2014年	2014年,原告还发现被告与其他异性的暧昧微信,双方关系明显不正常。被告婚外情导致双方感情走向彻底破裂	4	提交照片打印件
	6	原告与被告的电话录音1 附:录音文字整理	视听资料	原告	2011年1月	2010年年底至2011年年初,原告第一次发现被告与Y出轨时,与被告所作谈话,被告承认出轨,证明被告在婚姻中存在明显过错	11	提交光盘
	7	原告与被告的电话录音2 附:录音文字整理	视听资料	原告	2015年4月20日	2015年,因被告仍保持与R的暧昧关系,原、被告发生争吵时的录音,被告承认自己出轨,在婚姻中存在过错	22	提交光盘
	8	被告动手将原告打伤的照片	书证	原告	2018年8月	2018年8月,被告因琐事动手将原告打伤。证明夫妻感情确已破裂	1	提交打印件

续表

分类说明	编号	证据名称	种类	来源	取得或登记时间	证明内容	页码	备注
感情破裂	9	原告门诊病历手册	书证	原告	2011 年 6 月 21 日	2011 年，由于得知妻子出轨Y，原告精神受到很大刺激，产生抑郁失眠等现象，不得不到医院就诊	2	提交复印件，原件可核对
	10	门诊病历、诊断证明书、脑血流图检查报告单、测定分析报告、结果分析报告处方笺、病假证明书	书证	北京××医院	2018 年 11 月 27 日	被告的出轨行为及在婚姻中持续否定原告，长期以来给男方造成巨大精神心理压力，导致原告精神焦虑，患有复发性抑郁障碍及睡眠障碍，致双方冲突加剧，导致双方感情彻底破裂	11	提交复印件，原件可核对
子女抚养	11	女儿×××的出生证	书证	××市公安局××分局	2012 年 7 月 24 日	证明×××系原告与被告的婚生女	1	提交复印件
	12	抚养费凭证	书证	原告	2018～2019 年	证明分居期间原告尽到了抚养义务	4	提交打印件，原件可核对
	13	收入证明	书证	××××有限公司	2019 年 10 月 17 日	证明原告的收入情况	1	提交复印件，原件可核对

续表

分类说明	编号	证据名称	种类	来源	取得或登记时间	证明内容	页码	备注
夫妻共同财产	14～18:A 房屋							
	14	房号确认、面积结算补充协议及房款发票	书证	××××房地产开发有限公司	2006 年 11 月 4 日 2006 年 4 月 15 日	证明双方婚后购买房屋 A,购买价格为×元,该款项已全部付清。该房屋为夫妻共同财产	2	提交复印件
	15	X 京房权证海字第××××××号房屋所有权证	书证	北京市××区建设委员会	2008 年 11 月 6 日	证明 A 房屋为夫妻共同财产,产权登记在被告名下,建筑面积 140 平方米	3	提交复印件
	16	原告××银行交易明细(卡号××××)	书证	××银行×××分理处	2006 年 4 月 15 日	证明原、被告双方曾用夫妻共同财产支付购买 A 房屋,该房屋依法应为夫妻共同财产	2	提交复印件
	17	被告××银行交易明细(卡号××××)	书证	××银行×××分理处	2006 年 4 月 15 日		6	提交复印件
	18	免税发票	书证	××市税务局	2006 年 1 月 18 日	证明 E 房屋卖房款存入原告账户,并用于购买 A 房屋,该房屋依法应为夫妻共同财产	1	提交复印件,原件可核对

续表

分类说明	编号	证据名称	种类	来源	取得或登记时间	证明内容	页码	备注
夫妻共同财产	19~21:B房屋							
	19	居间成交协议、补充协议、房款收据及税务发票	书证	原告、××市海淀区地方税务局	2009年12月8日 2010年1月14日	证明双方婚后购买B房屋,购买价格为×××万元,首付款×万元,贷款70万元。该房屋为夫妻共同财产,未还贷款为共同债务	6	提交复印件,原件可核对
	20	个人二手房按揭贷款借款合同	书证	××银行股份有限公司	2010年	证明B房屋贷款70万元,该房屋为夫妻共同财产,未还贷款为共同债务	2	提交复印件
	21	X京房权证海字第××××××号房屋所有权证	书证	北京市××区房屋管理局	2010年1月14日	证明B房屋为夫妻共同财产,建筑面积136平方米,依法应为夫妻共同财产	3	提交复印件

续表

分类说明	编号	证据名称	种类	来源	取得或登记时间	证明内容	页码	备注
夫妻共同财产	22～23：×国房产C							
	22	××银行伦敦分行房屋贷款放贷通知附：主合同翻译件	书证	××银行伦敦分行	2015年12月22日	证明×国C房产系婚后以被告名义购买并办理贷款，购买价为×××英镑，其中首付款×××英镑，贷款×××英镑，2016年时每月还款××英镑，依法应为夫妻共同财产	30	提交复印件
	23	××银行伦敦分行贷款对账单（2016年全年）附：翻译件	书证	××银行伦敦分行	2016年2月18日至12月16日		3	提交复印件
	24～26：×国房产D							
	24	×国房屋地契附：翻译件	书证	×国San mateo郡政府	2017年4月23日	证明×国D房产系婚后以双方名义所购，为夫妻共同财产	7	提交复印件
	25	×国××银行贷款对账单附：翻译件	书证	×国××银行（××bank）	2017年11月16日	证明×国D房产系贷款购买，其中贷款××××美元	3	提交复印件

续表

分类说明	编号	证据名称	种类	来源	取得或登记时间	证明内容	页码	备注
夫妻共同财产	26	原告从×国××银行账户(××bank)向被告××bank账户转账×万美元的转账申请	书证	×国××银行(××bank)	2017年3月16日	×国房屋系用婚后财产所购,原告向被告转款×万美元,其中支付该房屋首×万美元,余款已存入被告名下,应为夫妻共同财产	1	提交复印件
	27:汽车							
	27	机动车行驶证	书证	××市公安局公安交通管理局	2012年1月16日	婚姻存续期间,原告摇号中标后购买斯柯达明锐汽车一辆(车牌号京×××××),为夫妻共同财产	1	提交复印件,原件可核对
	28~34:存款、基金、股票							
	28	原告与被告的微信聊天记录(2010年10月13日)	书证	原告	2017年10月13日	被告在×国××银行(××bank)或者×国××bank的账户(账号××××)中至少有×万美元存款	1	提交截图复印件,原件可核对

续表

分类说明	编号	证据名称	种类	来源	取得或登记时间	证明内容	页码	备注
夫妻共同财产	29	银行账户交易明细	书证	香港××银行	2015年12月1日至2016年1月31日	证明被告在香港××银行名下有存款（参考账户号码：××××），未分居前此账户内有上百万港元价值，应为夫妻共同财产	1	提交复印件
	30	香港××银行持仓情况邮件	书证	香港××银行北京分行	2015年5月21日	证明被告在香港××银行北京分行有账户及存款，且曾购买基金约×万人民币（曾购买的产品代码：××××），该财产应为夫妻共同财产	1	提交复印件
	31	××银行伦敦分行远程开户回执	书证	××银行	2015年2月11日	证明被告在××银行伦敦分行有存款，应为夫妻共同财产	4	提交复印件

续表

分类说明	编号	证据名称	种类	来源	取得或登记时间	证明内容	页码	备注
夫妻共同财产	32	××银行香港分行个人银行历史转账汇款记录	书证	××银行香港分行	2016年5月1日至2018年12月16日 2016年5月23日	1. 证明被告在香港××银行(账号:××××)及香港××银行(账号:××××)有存款,应为夫妻共同财产 2. 原告于2016年5月23日转给美国某移民公司账户×万美元,该×万美元应为双方的共同预期债权	2	提交复印件,原件可核对
	33	原告与被告的微信聊天记录(2016年12月)	书证	原告	2016年12月19日至20日	证明被告曾购买××××基金及××财富睿韬3号基金等,该财产应为夫妻共同财产	1	提交微信截图打印件
	34	原告与被告的微信聊天记录(2018年6月7日)	书证	原告	2018年6月7日	证明被告通过移民中介××购买美国×××私募股权投资项目,金额约×万余美元,该财产应为夫妻共同财产	1	提交微信截图打印件
	35~39:先前出售房屋等证据 双方曾出售共同房屋4套,出售款约××万余元全部转给被告,除此以外,被告还曾出售××省自己名下一套夫妻共同房屋,获利×万元,以上共计约××万余元,系之后购房款、共同生活开销及其他投资的主要来源,因此之后产生的双方名下财产均应为夫妻共同财产。							

续表

分类说明	编号	证据名称	种类	来源	取得或登记时间	证明内容	页码	备注
夫妻共同财产	35	E房屋购买时的合同、付款凭证及房产证复印件、出售时的合同	书证	××市××区房管局等	2002年10月16日	2002年10月16日婚后，曾以原告名义购买E房屋一处，系夫妻共同财产，于2005年12月时出售，获利×万元	26	提交复印件，原件可核对
	36	F房屋购买时的合同、发票、房产证复印件及出售合同(××市存量房屋买卖合同)	书证	××市××区房管局等	2005年1月6日 2012年10月27日	2005年1月6日婚后，曾以原告名义购买E房屋一处，2012年时，原告出售自己名下，获利×××万元	33	提交复印件
	37	G房屋购买时的个人购房贷款/担保合同、付款凭证及房产证复印件	书证	××市××区房管局等	2009年7月22日	2009年时，双方曾以被告名义购买G房屋一套，后被告出售，据原告听被告说，获利约×××万元	10	提交复印件
	38	H房屋购买时的商品房认购书、住房公积金贷款审核确认书、房产证复印件	书证	××市××区房管局等	2009年9月8日 2012年9月11日	2009年9月8日，双方曾以被告名义购买H房屋一套，后被告出售，获利约×××万元	6	提交复印件

续表

分类说明	编号	证据名称	种类	来源	取得或登记时间	证明内容	页码	备注
夫妻共同财产	39	银行交易明细	书证	××银行、××银行、××银行	2009年7月7日至2018年11月27日	上述证据19这套房屋一直有贷款,上述证据36~38共3套房屋,曾有贷款,原告均参与过还贷,特别是在2009年以后,每月还款均在×××××元左右,原告倾尽全力负责还贷,在家庭财产购置上,原告有明显的贡献	20	提交复印件,原件可核对
	40~45:债务凭证							
	40	×万元借条	书证	××	2005年8月5日	证明在婚姻存续期间曾因买A房向原告亲属借款×万元,该笔借款应为夫妻共同债务	1	提交复印件,原件可核对
	41	证人证言(××)附:公证书	书证	××	2019年10月25日		3	提交复印件,原件可核对
	42	××万元借条	书证	×××	2005年8月4日	证明在婚姻存续期间曾因买A及G房向原告亲属借款××万元,该笔借款应为夫妻共同债务	1	提交复印件,原件可核对

续表

分类说明	编号	证据名称	种类	来源	取得或登记时间	证明内容	页码	备注
夫妻共同财产	43	×万元借条	书证	×××	2008 年 11 月	证明在婚姻存续期间曾因交纳 A 房屋税费向原告亲属借款×万元,该笔借款应为夫妻共同债务	1	提交复印件,原件可核对
	44	证人证言(×××) 附:公证书	书证	×××	2019 年 10 月 25 日	证明在购买 A 房及 G 房时曾向原告亲属借款共××万元,该笔借款应为夫妻共同债务	4	提交复印件,原件可核对
	45	××万元借款合同及借款银行流水	书证	××银行××××支行	2019 年 9 月 28 日	证明原告在××银行所借××万元贷款均交给被告使用,该笔贷款系夫妻共同债务	27	提交复印件,原件可核对

扫描二维码

17037

通过上述例子,我们可以看出,该离婚案件按如下顺序整理证据:

1. 结婚证明;

2. 感情破裂证据;

3. 子女抚养证据;

4. 财产证据。

财产类证据基本按房屋、汽车、存款、基金、股票、购买共同财产的资金来源、共同债务的顺序进行整理,凡指向同一项财产的证据集中在一起放置,如果有公司股权类证据,也可以考虑放在房屋之后,公司股权类财产如有限责任公司股权、股份有限公司的股份、上市公司股票,往往是大标的婚姻家庭案件中最为主要的财产。

总之,律师要根据案件的具体案由、案情来合理安排证据顺序。证明目的一致的要集中放在一起。

(二)证据目录的书写

1. 目录模板

通过上面的例证,我实际上给大家提供了我们平时使用的证据目录模板,为了信息的全面,我一般使用横板的证据目录,这样,有利于把各项信息全面体现在证据目录上。在庭审过程中,我会尽量不去翻找证据回答法官提问,而是出于对婚姻家庭案件的了解,把可能需要的证据关键信息都在证据目录上写出。这样会使律师在庭审中游刃有余,节省时间,法官也看得清楚。当然每个律师的做法不同,我发现有些律师不会做这样的表格,而是列证据分类表,只要清晰可视,没有一定之规。但这一版的证据目录是我个人经过实践不断总结和修改的,以最后一栏"备注"为例,为什么要写明向法庭提交的是原件还是复印件呢?是因为证据繁多,我们根本记不清楚当时向法庭提交的是原件还是复印件,提交的复印件,是否有原件核对,还是只有复印件,有些复杂的民事案件,证据可达100份以上,律师不可能记住,而开庭笔录,也只是律师拣重要内容记的大流水内容，既不可能特别全面，也不直观。所以在发生过当事人询问原件是否提交法庭，而律师又记不清楚的这类事情后，我增加了这一栏。

下面，我来逐一说明证据目录各项的书写注意事项。

2. 分类

证据的分类根据案件情况来设定，简单的案件，如法律关系非常单一的案件，也可以不要分类。以离婚案件为例，我们一般会将证据做"婚姻关系证据、感情破裂证据、子女抚养证据、财产证据"等分类，财产证据里也可以再做细分，如"房屋、汽车、公司股权、存款、股票、债权债务"等，房屋证据里又可分为"房屋 1、房屋 2、房屋 3"的证据等，这样清晰有条理。必要时，还要提交个人财产证据。

3. 编号

复杂的婚姻家庭案件，开庭的次数会比较多，开上十几次庭的也并不少见，证据超过 100 份的，也会有。我印象中，最多的案件交了十来套证据，证据目录从"一"排到"十几"。所以如果是第二次交证据，我们的证据目录题目会写明是《证据目录二》，证据的编号也是这样，《证据目录二》上的证据编号一定是接着《证据目录一》编的，比如《证据目录一》有 20 份证据，《证据目录二》的第一份证据的编号就是"21"，《证据目录三》的证据编号是接着《证据目录二》编的，以此类推。

这样有什么好处呢？就是寻找证据简便，证据编号也不容易重复，否则会有多个证据 1，多个证据 2，很容易混淆，也不方便法庭做记录。这样的案件，我们写代理词需引用证据时，直接说证据的编号和名称，十分清晰简便，如果每一次编证据都需要从证据 1 编起的话，到最后写代理词引用时都不知道该如何引用。

4. 证据名称(题目)

证据题目的写法尽量要求正规。一般情况下，我会直接抄写证据本身体现的证据名称,比如,同样都是房屋买卖合同,有的叫《二手房买卖合同》,有的叫《房屋委托出售合同》或《存量房屋买卖合同》等,一般直接抄题目即可。

遇到同类型的证据,比如同一银行账户的历史交易明细,只是分散在不同页,出于不同的证据目的需要在不同地方分列为证据时,题目如果都一样,就很难区分,想办法加以区分为宜,比如,证据 10,张三中国银行 0516 账户 2018 年 7 月交易明细;证据 15,张三中国银行 0516 账户 2019 年 1 月交易明细。这样更为清楚。

有些证据的证明目的一致,如作为同一份证据,题目要尽量都有所提及,可以简化名称,用顿号隔开,或总结证据性质统一名称,如"××公司市场监督管理局登记档案资料"。

5. 证据种类

根据《民事诉讼法》第 63 条的规定,证据包括:

(一)当事人的陈述;

(二)书证;

(三)物证;

(四)视听资料;

(五)电子数据;

(六)证人证言;

(七)鉴定意见;

(八)勘验笔录。

所以,关于证据的种类,按以上分类填写即可。

6. 证据来源

证据的来源一般写证据获得或开具的单位或个人。有些证据虽然是由当事人持有的,但并不是说来源就一定是当事人本人,如出生医学证明,实际上是由医疗机构开具的,应该按该证明上的盖章单位填写。常见的证据如结婚证,其来源应当是各地民政局,银行出具的账户交易明细单,证据来源当然就应该写各银行。户口簿证据,来源也应该看盖章单位,如某某市公安局某某派出所。

7. 时间

有关证据的时间,一般写取得时间或与案件有关的时间,比如,房产证,最好写产权登记时间;结婚证,写结婚登记时间;购房合同,写签订时间。如你提供当事人某一页银行账户交易明细,时间应当写你需要证明的那一笔交易的时间。有时候,时间也可以体现为一段时间,比如“2018年5月至2019年6月”,说明此类证据跨越这段时间,比如,我们经常提交的子女抚养照片证据,往往跨越了子女的一段成长期,利用一些照片可以直观地证明平时某一方照顾子女的实际情况,这时证据涉及的时间就是一段时间。

8. 证明目的和证明内容

我个人设计的这版证据目录只有“证明内容”一栏,但是有的人可能会把它分为证明目的和内容两栏,我个人习惯于写在一起,这样简便一些。我们可以把证明目的写在首部或干脆写尾部总结,这也是有些年轻律师比较容易忽略的,就是只写证明的内容,而不写在法律上的证明目的。举例说明,我们常提交一方出轨的证据,以证明某年某月至某年某月,当事人与异性长期同居的事实。但是该证明内容写完后,应该写在法律上的证明目的,即“该人在婚姻中存在过错,是导致感情破裂的主要原因,为婚姻中的过错方,明显不适合抚养子女”等。

9. 页码

证据的页码,如何编排呢?如果证据简单的话,可以采用大流水的方式,但是我一般不会这么做。因为如果证据多,案件复杂的话,很有可能在提交前还会不停地往里增加证据,虽然我们一再和当事人说证据已确定了,要编号,但当事人往往还是会在开庭的前一天突然拿出个什么证据,说又找到了更好的证据,如果证据比较重要,证据又没有提交,律师肯定还是会同意增加证据,这时,根据已有证据的分类,这份证据并不一定适合放在最后,如果按照大流水的编码方式,那这份证据后面的证据全部要重新排列。这样既费时,也会比较乱,有时证据很多,至少三套,修改起来是个很大的工作量。

针对这种情况,我采取了以下方法进行编页码,这些年来,一直采用这种编码方式,效果较好,可以推荐给大家。就是每份证据单独编码。比如,证据1共5页,在目录中的页码就写5,表示该证据有5页,但是在证据的第1页,我会标注好此证据为“证据1(共5页)”,同时标注本页页码为“1-1”,第2页为“1-2”,一直到第5页,即“1-5”;以此类推,如证据2有7页,则在第1页标注“证据2(共7页),2-1”,第2页标注为“2-2”,一直到第7页,为“2-7”。根据律师的习惯,有些人把编号写为“1.1”“1.2”;“2.1”“2.2”这种方式,也很直观。

这样做的好处是,如果证据编好后,又有新的证据需要临时加进去,可以考虑根据该证据的情况将其合并至某份证据中,增加编号即可,比如,加入证据2,将证据2变更页码为8页,新的证据编号为“2-8”,就把问题解决了。这样做的好处还有,无论证据怎么散乱,根据编码,可以立刻确定此页证据是证据几中的第几页,所以即使证据被弄乱了也好整理。

当然,有时增加的证据必须要单列,须修改时也要修改编号,为了防止出现类似情况,我一般在编号时尽量使用铅笔,方便擦改。在整理完一套证据后编号再复印,这样编号就可一起复印了,不用在三套证据上重复编号,可以节省工作量。这些小细节,都是我在做律师助理时工作较多,为了增加工作效率总结出来的。律师时间宝贵,要注意养成好的工作习惯,节省时间。

10. 备注

前面讲过，为什么我会在证据目录模板中加了“备注”一栏，是因为在证据太多的情况下，向法院提交的证据到底是原件还是复印件比较容易忘记，所以在证据准备提交时就在备注栏里做备注。另外，如有其他需要备注的，也可以写在这一栏中。这样，证据目录表格就比较全面，尽量争取做到开庭时不用翻找证据，一份证据目录，基本可以解决法院可能询问的所有问题，或者说，基本可以覆盖该案证据中的关键信息。

二、证据整理和制作

（一）证据的寻找

在前文中，从咨询到接案，再到之后的调取证据，我多次讲到了如何帮助当事人寻找证据。其实到证据最终提交之前，这个工作一直不会停止，而且往往在我们给当事人做完庭前培训，确定了所有证据之后，当事人还会根据律师讲解的庭审过程，质证程序等，想起一些可以提交的证据材料。所以，律师帮助当事人寻找证据，要一直持续到举证期限届满之前。甚至在举证期限之后，如果发现有重要的新的证据，还是要争取向法庭提交，一般一审法院还是以查清事实为要务，法官针对情况还是可以决定是否要对新的证据重新质证，并决定是否采信。

律师利用经验可以帮到当事人，因为很多案件的证据有固定形式，比如，继承案件中，死亡证明和被继承人与继承人的亲属关系证明就是必须要提交的，离婚案件中结婚证和子女出生证也是必须要提交的。这些，律师直接告诉当事人去准备就可以。但是有些案件的特别情况，就需要个别分析，尤其是一些不好寻找的证据，也需要律师运用经验去启发当事人寻找。我有时候会特意和当事人多聊一会儿天，从一些细节中去发现可能找到证据的地方。比如，最常见的债务证据，虽然可能当时没签借条，但是有可能有转款记录，所以一般要问一下当事人这笔钱是如何拿到的，是现金还是银行转账。收到钱的时候，有没有其他人在场，有没有可能存在证人等。

其实大部分证据，都是当事人提供给律师的，或者说是在律师指导下由当事人提供的，个别证据是需要律师去调取的。如我常去调取的证据，有工商档案、房屋档案、人事档案、户籍档案、车辆登记档案、报警记录及笔录、股票证据等。婚姻家庭案件的特点，就是当事人之间是亲属关系，很多证据都是当事人在生活中自己发现和收集的，律师要给予适当的指导。

（二）证据的挑选

有时候当事人见律师，会拿出一堆材料让律师看，律师不能将与案件相关的所有材料都变成证据，而是要进行适当的挑选。同一类证据如果有很多，也不一定都要放进去，有足够的份数可以说明问题就可以。有些证据明显不适合放入的，要挑拣出来。比如，有些证据虽然可以起到证明作用，但明显来源不合法，就不要放入。有些证据可以证明的事实其实在法律上意义不大，有些当事人经常为了要争个“对错”，希望法官站在自己的角度，从心理上谴责对方，坚持要提交。律师要说服当事人不要随便加证据，举证是一件严肃的事，并不是为了逞一时口舌之快，鸡毛蒜皮的家务事也要证明，并希望法官去论断。以离婚案件为例，如果夫妻经常争吵，一方想将这些事实以证据呈现，律师最好不要去提交这些事发生的原因、过程等细节证据，但可以提交报警记录、一方受伤记录等证据，证明双方感情破裂的事实。

（三）证据重点标注

证据按证据目录的顺序排好，并编好页码后，是不是就完成了呢？我习惯一定会“划重点”。由于证据较多，且证据中一般大部分是书证，有很多文字，而与证明目的和内容相关的地方可能只有几处。比如，房屋买卖合同，法官需要看的往往是买受人是谁、购买时间、价款、购买方式、房屋地址及面积等，这些地方，我习惯用彩色笔画出，在法院的要求中，一般不允许对证据进行涂画标注，但在证据多且链条长的情况下，不做标注，根本是不现实的，太不利于法官的审查。所以，在不影响证据完整性的情况下，我还是要做标注，有利于法官快速了解证据。当然，都是在证据复印件上标注，原件是不可以动的。

（四）关于证据的可视化

上述提到对证据的重点进行标注，但是对于需要一整个链条才能证明的事实，如果链条过长，只是通过证据进行呈现，太过抽象。这种情况下，就要考虑通过画图、列表等方式对证据进行可视化的总结。

比如，涉及多个时间点，可以画一个时间轴，将证据呈现的时间列在一起，方便观看，以便直观地确定某些事实。

如图 6.1 所示：

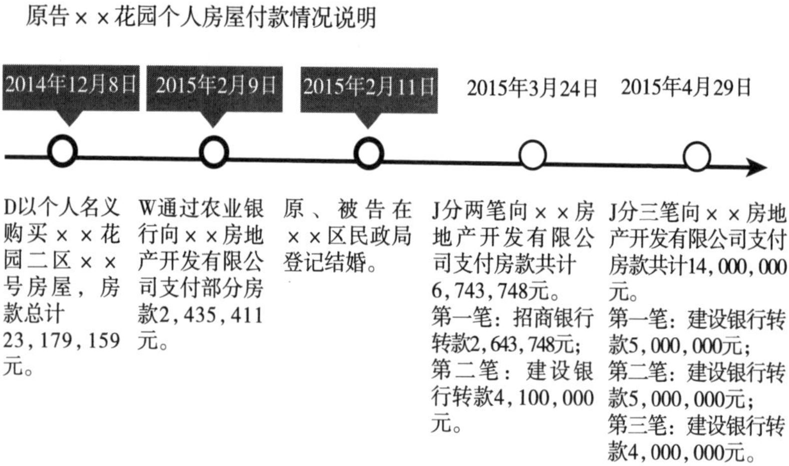

图 6.1　证据时间轴

再如，为了证明资金的来源，在复杂情况下需要画资金流向图，尤其是在离婚案件中，为了证明购房的款项全部来自个人财产，房屋不是婚后的夫妻共同财产时，使用得最多。下面我们看一个复杂情况下的资金

流向图(见图6.2):

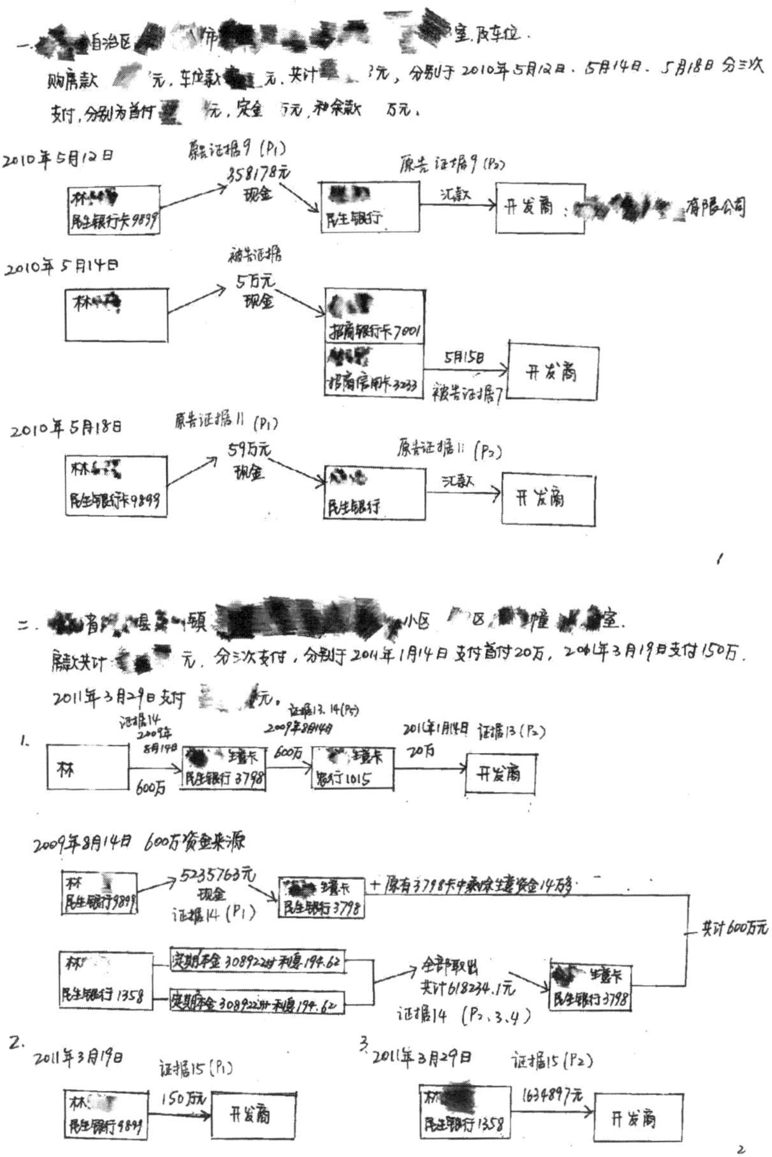
一.[redacted]自治区[redacted]室.及车位.
购房款[redacted]元.车位款[redacted]元.共计[redacted]元,分别于2010年5月12日.5月14日.5月18日分三次
支付,分别为首付[redacted]元,定金 万元,剩余款 万元.
2010年5月12日
原告证据9(P1)
358178元
现金
原告证据9(P2)
林[redacted]
民生银行卡9899
[redacted]
民生银行
汇款
开发商:[redacted]有限公司
2010年5月14日
被告证据
5万元
现金
林[redacted]
[redacted]
招商银行卡7001
[redacted]
招商信用卡3233
5月15日
被告证据7
开发商
2010年5月18日
原告证据11(P1)
59万元
现金
原告证据11(P2)
林[redacted]
民生银行卡9899
[redacted]
民生银行
汇款
开发商
二.[redacted]省[redacted]县[redacted]镇[redacted]小区[redacted]区[redacted]幢[redacted]室.
房款共计[redacted]元,分三次支付,分别于2011年1月14日支付首付20万,2011年3月19日支付150万,
2011年3月29日支付[redacted]元.
1.
证据14
2009年8月14日
600万
证据13.14(P5)
2009年8月14日
600万
2011年1月14日
证据13(P2)
20万
林
[redacted]生意卡
民生银行3798
[redacted]生意卡
农行1015
开发商
2009年8月14日 600万资金来源
林[redacted]
民生银行9899
5235763元
现金
证据14(P1)
[redacted]生意卡
民生银行3798
+原有3798卡中剩余生意资金14万多
共计600万元
林[redacted]
民生银行1358
定期本金308922.44 利息194.62
定期本金308922.44 利息194.62
全部取出
共计618234.1元
证据14(P2、3、4)
[redacted]生意卡
民生银行3798
2.
2011年3月19日
证据15(P1)
林[redacted]
民生银行9899
150万元
开发商
3.
2011年3月29日
证据15(P2)
林[redacted]
民生银行1358
1634897元
开发商
1
2

三、北京市[redacted]区[redacted]号楼[redacted]号房屋。

2004年6月20日，[redacted]婚前购买，合同价[redacted]元。首付[redacted]5元，2004年9月向银行借款120万元。
房产证号：京[redacted]号。

2004年6月20日，婚前

2004年10月—2006年8月3日 婚前还贷 共计231934.18元（原告证据58）

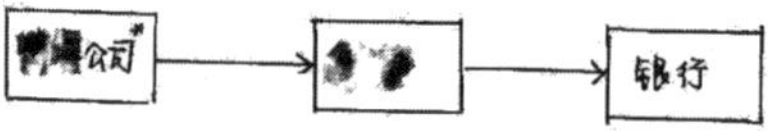

2006年8月9日 [redacted]结婚

2006年9月—2016年3月 婚后还贷共计1025037.9元（原告证据58）

*[redacted]公司全称：北[redacted]有限公司 3

四、[redacted]区[redacted]楼[redacted]号房屋。

[redacted]婚前购买，合同价 元，实际购买价 0元，首付[redacted]元，贷款 万元。

1. 2005年7月28日，婚前

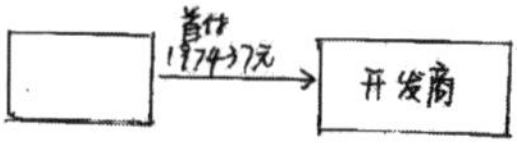

2. 婚前还贷共计39092.83元

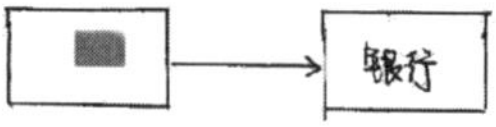

3. 婚后还贷 2006年8月—2013年12月
共计344032.07元

2014年1月 至今

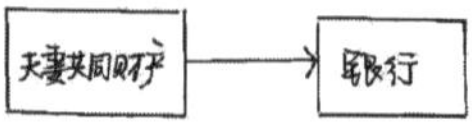

4

五.北京市[redacted]区[redacted]号楼8层 号房屋.

一[redacted]借用 名义购买,房款全部由 出资,已于2009年过户归还[redacted],不是夫妻共同财产

1. 2002.3.19.

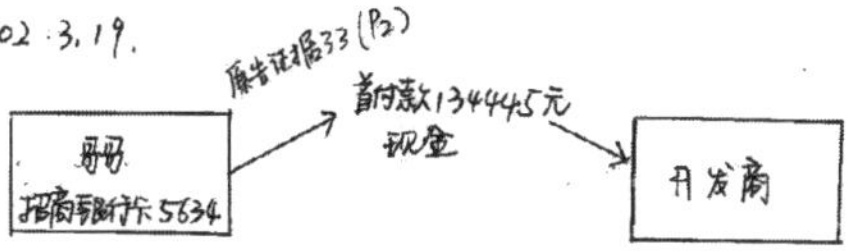

2.

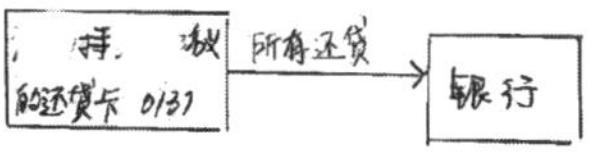

3. 最后一次性还贷.

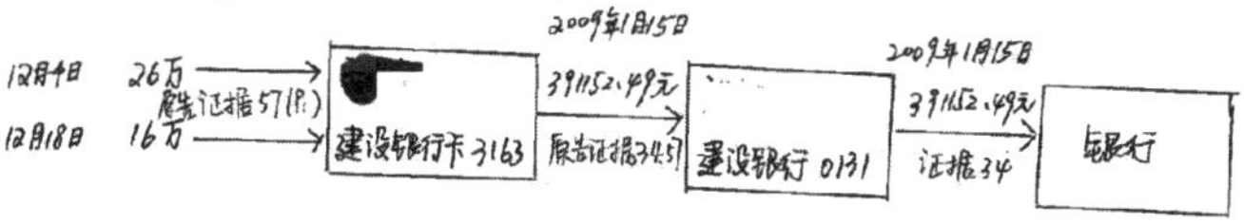

5

七.奥迪A8轿车(车牌号京)

该车于2012年9月19日购买,价税合计 元(原告证据26)

1、2012年9月19日

2、

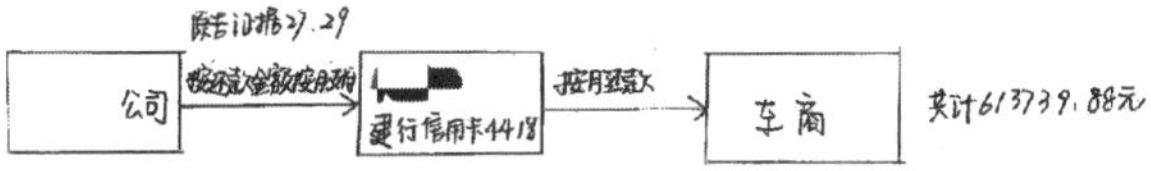

八.北京现代轿车(车牌号京)

2016年6月20日

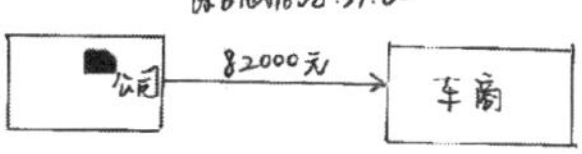

6

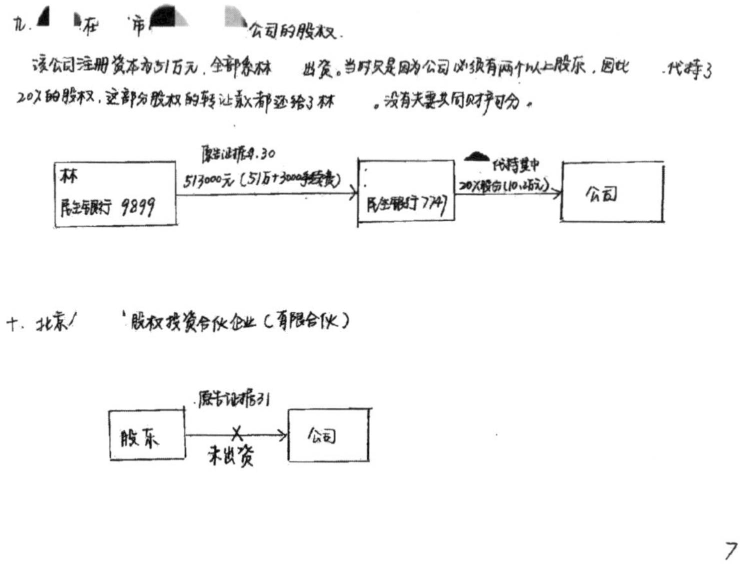

图 6.2　复杂情况下资金流向

该案例因为涉及较多的财产，其中有夫妻共同财产，有婚后购买但实际资金均来源于一方父母出资，即一方当事人的个人财产，也有婚前出资一部分、婚后共同还贷的财产等，情况非常复杂，证据多、链条长，所以我们对主要财产均做了图示，单独提交给法庭。

下面，我们再来看一个资金流向图（图 6.3）。

三、H 案 167 万元债务资金流向

H 中国银行 7081 账户内有资金共 136 万余元，由两笔转账资金构成，主要用于购房及还贷，即 2009 年 7 月 9 日转入 52 万元和 84 万余元，其中 120 万元用于购买××××的房屋，约 8 万元用于还房屋贷款，约 3 万元用于 H 日常开销，5 万元由 W 取走。这 136 万元的具体来源如下：

1. 其中 84 万元的来源：

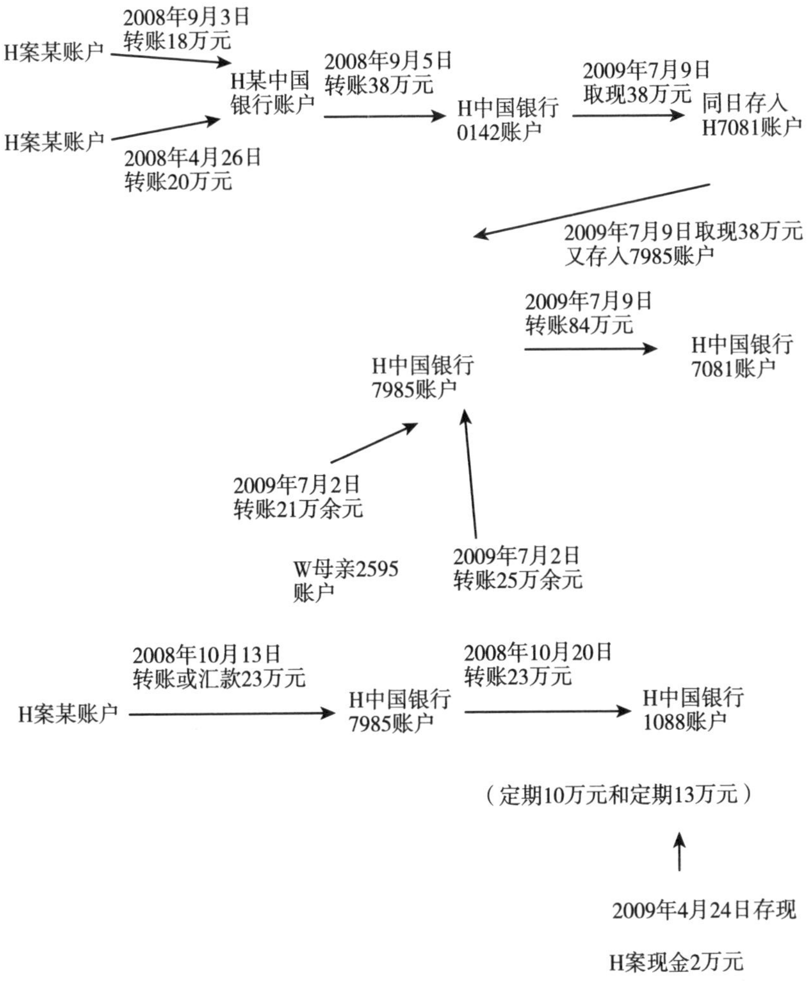

2. 其中 52 万元的来源：

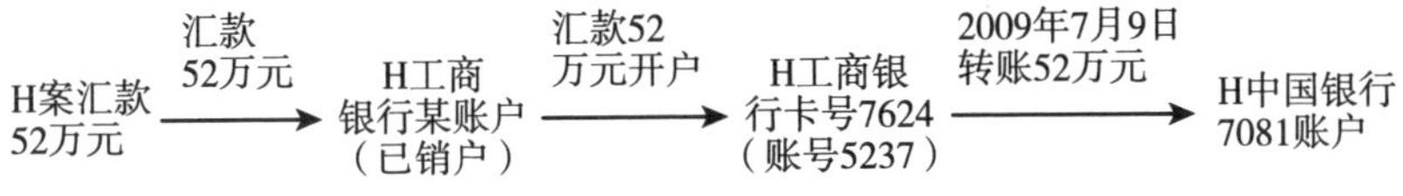

3. 这 136 万元支出走向：

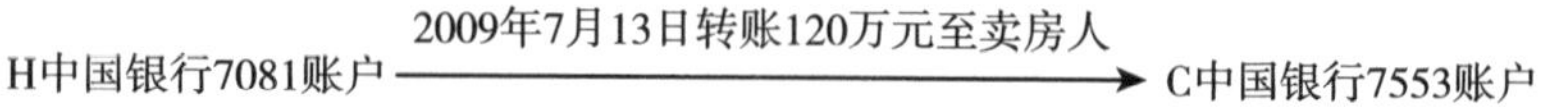

(1)其中 120 万元用于支付房屋首付

余额 15 万元的去向：

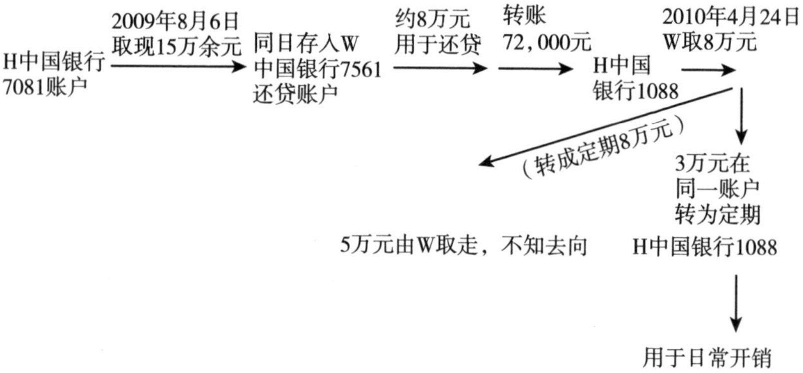

(2)车款 22 万元来源及 28 万元存款去向

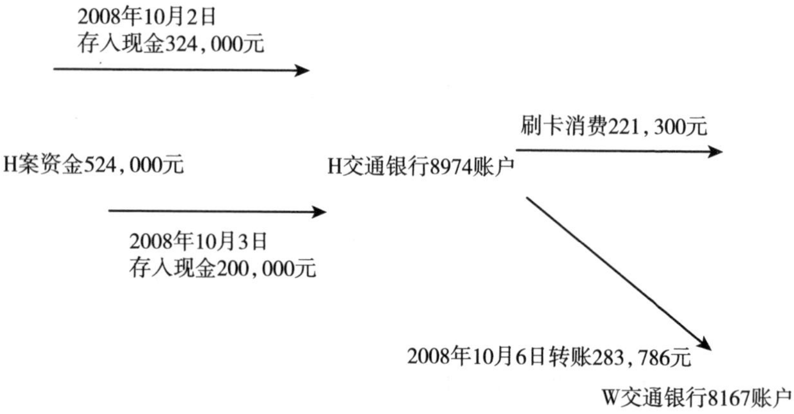

图 6.3　资金流向

以上款项共计约 188 万元，其中 H 案资金 167 万元，W 父母资金 21 万元。

当然,更常用的是对信息进行列表,这个很多律师都常使用。列表确实能更直观地反映信息的情况,下面我们来看一个例子。

表 6.1 《对 W 存疑的收支明细》的解释

序号	日期	金额(元)	说　　明
1	2017 年 4 月 20 日	114,034	这是购买宝马车的首付款,当时向被告 W 的朋友 × × 借了 15 万元(2017 年 4 月 20 日转来),交的首付款
2	2017 年 4 月 21 日	11,137	宝马车的保险费
3	2017 年 5 月 20 日	50,000	招商银行的基金产品,于 2018 年 6 月 11 日转回
4	2017 年 5 月 20 日	20,000	进入微信
5	2017 年 5 月 21 日	48,000	进入微信
6	2017 年 5 月 22 日	48,000	进入微信
7	2017 年 5 月 23 日	34,000	进入微信
8	2017 年 5 月 26 日	150,000	还给 × × 的钱(× × 于 2017 年 4 月 20 日曾转来 15 万元)
9	2017 年 6 月 1 日	48,000	进入微信
10	2017 年 6 月 2 日	48,000	进入微信
11	2017 年 6 月 11 日	50,000	进入微信
12	2017 年 7 月 10 日	50,000	进入微信
13	2017 年 9 月 26 日	100,000	给母亲 × × 转的生活费
14	2017 年 10 月 9 日	20,000	当日 W 从微信转回 2 万元,周转了下资金后又返回微信,因此,两项互相抵销
15	2017 年 11 月 6 日	10,000	2017 年 11 月 5 日,W 曾从微信里转回 1 万元,第二日即 2017 年 11 月 6 日又转回微信,因此,两项互相抵销
16	2017 年 11 月 22 日	10,800	当日 W 从微信转回 1 万元,支出 10,800 元是健身房的费用

续表

序号	日期	金额(元)	说　　明
17	2017 年 12 月 8 日	16, 500	是给房东 × × 的房租,该款来源于微信转回的 2 万元
18	2017 年 12 月 30 日	10, 000	转给 L(房贷)
19	2018 年 2 月 1 日	12, 500	转给 L(房贷)
20	2018 年 3 月 1 日	12, 500	转给 L(房贷)
21	2018 年 3 月 7 日	16, 500	当天暂时支出到微信,第二天即 2018 年 3 月 8 日返回银行账户,支出给 × × 房租(见下一行)
22	2018 年 3 月 9 日	16, 500	是给房东 × × 的房租,该款来源于微信转回的 16, 500 元
23	2018 年 3 月 17 日	18, 165	是给新房东 × × 的 4 个月房租,来源于微信同日转回的 2 万元
24	2018 年 4 月 1 日	10, 000	转给 L(房贷)

表 6.2　微信与银行账户互相转账明细

序号	日期	银行账户转入微信金额(元)	微信转回银行账户金额(元)
1	2017 年 5 月 20 日	20, 000	
2	2017 年 5 月 21 日	48, 000	
3	2017 年 5 月 22 日	48, 000	
4	2017 年 5 月 23 日	34, 000	
5	2017 年 6 月 1 日	48, 000	
6	2017 年 6 月 2 日	48, 000	
7	2017 年 6 月 11 日	50, 000	
8	2017 年 7 月 10 日	50, 000	
9	2017 年 7 月 24 日		17, 000
10	2017 年 7 月 30 日		18, 000

续表

序号	日期	银行账户转入微信金额(元)	微信转回银行账户金额(元)
11	2017年8月5日		100
12	2017年8月8日		560
13	2017年8月20日		2000
14	2017年9月26日		115,200
15	2017年10月1日		2000
16	2017年10月3日		20,000
17	2017年10月9日	20,000	20,000
18	2017年10月21日		10,000
19	2017年10月27日		10,000
20	2017年10月31日		10,000
21	2017年10月31日		5000
22	2017年11月5日		10,000
23	2017年11月6日	10,000	10,000
24	2017年11月22日	10,800	10,000
25	2017年11月26日		20,000
26	2017年12月1日		1500
27	2017年12月8日	16,500	20,000
28	2018年1月4日		20,000
29	2018年1月27日		548
30	2018年3月7日	16,500	
31	2018年3月8日		16,500
32	2018年3月17日		20,000
	合计	419,800	358,408

根据W招商银行账户内微信与银行账户之间从2017年4月至2018年4月的互相转账记录，可以看出，W转入微信的大额开支在41万余元，而从微信转回的所有开支共35万余元，相差只有6万元左右，

非常符合其日常开支的需求,因此不同意认为其转入微信的钱是转移财产,微信内资产大部分已转回该银行账户,差额6万元作为一年的日常花销极其合理,无分割必要。

第三节　庭前会议

律师写好了该写的文书如调查取证申请书,整理好了大部分证据,接下来就面临实际的开庭,但是在开庭前,需要做一些工作。没有特殊情况的话,律师需要和当事人见面,无论当事人本人是不是亲自出庭,庭前会议是必须的,通过庭前会议要将所有开庭前需要确定的事情全部确定,是律师最为重要的工作之一。

一、询问当事人出庭意见

婚姻家庭案件一般会涉及当事人隐私,尤其是离婚案件,很多不适合公开审理。对于离婚案件,每个法院的处理方式稍有不同,有些法院只要是离婚案件,一律不允许旁听,不公开审理。有些法院,只有在当事人申请的情况下才会不公开审理。所以在开庭前,对于是否公开审理要询问当事人的意见,如果当事人明确表示不愿意公开审理案件,要写出书面的不公开审理申请书,于开庭时提交。下面我们为大家提供一个不公开审理申请书的简单模板:

文书6.4:不公开审理申请书

不公开审理申请书

申请人________,男/女,________年____月____日生,________族,工作单位及职务:____________,住____________,电

话____________________。

申请事项

请求法院准予不公开审理本案。

事实与理由

申请人与××离婚纠纷一案，已由贵院受理，该案为离婚纠纷案件，其中涉及申请人夫妻二人生活及家庭隐私情况。故特依据《中华人民共和国民事诉讼法》第一百三十四条之规定，申请不公开审理，请予准许。

此致

________市________区人民法院

申请人：

年　月　日

扫描二维码

17038

那么是不是只有离婚案件才有必要申请不公开审理呢？并不是这样的，如我们经常代理的离婚后财产纠纷案件，也有需要证明一方在婚姻中存在过错从而要求对无过错方多分财产等情形，会涉及一方的隐私，这种情况下，法官也可能会同意不公开审理案件。只是在《民事诉讼法》第134条第2款中，对于离婚案件特别指出，所有离婚案件，只要当事人申请，法官一般都会同意不公开审理，但在其他案由的案件中，就不一定允许,法官的审核会更加严格。

其实,关于案件的隐私,即便不是离婚案件,作为律师也要注意履行保密义务。如继承案件,也涉及家庭隐私,律师应当注意为当事人保密。我曾经代理的一个继承案件,对方律师在案件没有审理结案的情况下,就将案件情况在网络上发表,且案件中所有的人名全部使用了真名,当事人发现后,非常气愤,向律师协会进行投诉,要求删除在网上的所有内容。这样完全没有保密及尊重当事人隐私的意识是绝对不可取的。

对于当事人是否亲自开庭,也要询问当事人的意见。离婚案件,除非当事人在国外且办理了公证认证授权,都应当亲自出庭。其他案件,代理人出庭即可。在当事人不亲自出庭的情况下,当事人的相关意见就更要询问清楚,证据原件也要向律师交接,便于开庭时核对或提交。

二、确定全部文书

律师与当事人见面,需要做的第一件事就是和当事人确定所有文书,这些文书其实在见面前都已经通过发电子文档的方式让当事人提前看过。这些文书有可能是补充起诉意见、财产清单、答辩状、证据目录、调查取证申请书、不公开审理申请书等。相关的内容都需要当事人最后确认,如果当事人再提出修改意见的,就需要再修改,让当事人签字。尤其是当事人不亲自出庭的情况,文书最好让当事人在见面时签署,虽然我们的授权委托书的委托内容里都有“代签法律文书”这一项,但一般情况下,所有文书我们还是要求当事人亲自签署。

其实确定这些文书,并不只是确定文书中的文字表达。有很多时候,涉及当事人对某些问题的最终意见,如对子女抚养权的意见,对探望权的具体要求等。还有一些数据要最终确定。所以,确定这些文书的工作,时间可能会较长,需要律师耐心地再和当事人讨论、核对、计算并最终确定。我印象中有个案件,花了整整两天的时间做庭前培训,确定所有材料和数据,是十分辛苦的。

签署文书的份数也要符合法律规定,要自留至少一份,为法官和对方当事人各准备一份。对于证据目录,我们还要多准备一份给书记员,以方便他们记录。

三、确定证据

1. 当事人看证据确定最终意见

在庭前会议中,最重要的工作之一就是与当事人确定证据材料,包括确定证据目录文书及证据本身。我们一般会事先准备好一套证据,不编号,先给当事人确定。当事人看过后,我们会问他对证据目录还有无最后的修改意见,对证据有无补充。这时,当事人很可能会补充证据,所以我们的面谈一般与开庭时间错开一段时间,就是因为我们发现当事人在看完我们整理的证据后,往往会受到启发,特别容易再找证据。如果当事人表示还有证据,可以在面谈结束后邮寄给律师,律师补充进证据即可,证据完全收集好后再编号、标注、复印等,以免导致不必要的工作反复。

2. 核对整理证据原件

当事人如果亲自出庭,则需在面谈前就告知其需携带所有证据原件来律师事务所,在面谈时,要帮助当事人整理证据原件。有些需要提交的证据原件,直接放在证据中,并标注该套证据是提交给法庭的含有原件的一套,其余的都应当是复印件。剩下的原件就应当是只可核对,不能向法庭提交的,如当事人的房产证原件。但是由于有些案件证据非常多,虽然律师多次和当事人说开庭当天要携带所有原件,但是当事人往往会落掉一些,还有就是原件混乱,当庭找不出来,耽误时间,显示律师的准备工作不足。而律师完全可以帮助当事人在庭前会议中就整理好原件,当事人可以直观地看到一套复印件证据,按顺序整理叠放即可。这样可以确保开庭当日不会出现落拿证据原件的情况,也好帮律师最终确定哪些证据有原件而哪些根本就没有,在证据目录的备注中明确。

如果当事人不出庭,那么证据原件应在此次面谈时交给律师。律师需确定所有的证据原件都已拿到并按顺序整理放好。律师收到当事人的证据原件,一定要小心保管,开完庭后应尽快退回。收证据原件和退回时,我们要求所有律师在笔录、律师工作记录表中予以记录。必要时,如退回的证据原件多时,可打印收条由当事人签署。

四、讲解开庭程序

该确定的文书、证据都确定好后,另一个重要的工作,也是为什么要进行庭前会议的重要原因之一,就是讲解开庭程序。对于不亲自开庭的当事人,此步骤可以省略,但是对要亲自出庭尤其是第一次出庭的当事人来说很重要。

开庭程序图几乎是每个案件都要讲的,所以我们有一些制式的程序图,下面我们提供其中的一版供参考(见图6.4):

开庭程序图

庭前调解阶段

部分法官会在庭前与双方当事人进行一次谈话，也即庭前调解工作。

若能化解矛盾，庭前调解不失为一种高效的纠纷解决方式。

若庭前调解无望，则当日或择日进入正式庭审程序。

宣布开庭阶段

书记员宣布当事人及代理人入庭，宣读法庭纪律，向审判长报告出庭人员情况。

审判长核对出庭人员身份，宣布案由，宣布正式开庭，宣读法庭注意事项及合议庭组成人员、书记员名单，告知各方诉讼权利、义务，询问各方是否申请回避。

法庭调查阶段

原告陈述诉讼请求、案件事实及理由（可由律师宣读起诉状，当事人做补充）。

被告针对原告所述做答辩意见，并对事实做补充（可由律师宣读答辩状，当事人做补充）。

审判长按照先原告、后被告的顺序对事实部分进行调查、询问。

双方当事人提交证据，并相互质证（包括证人出庭作证）。

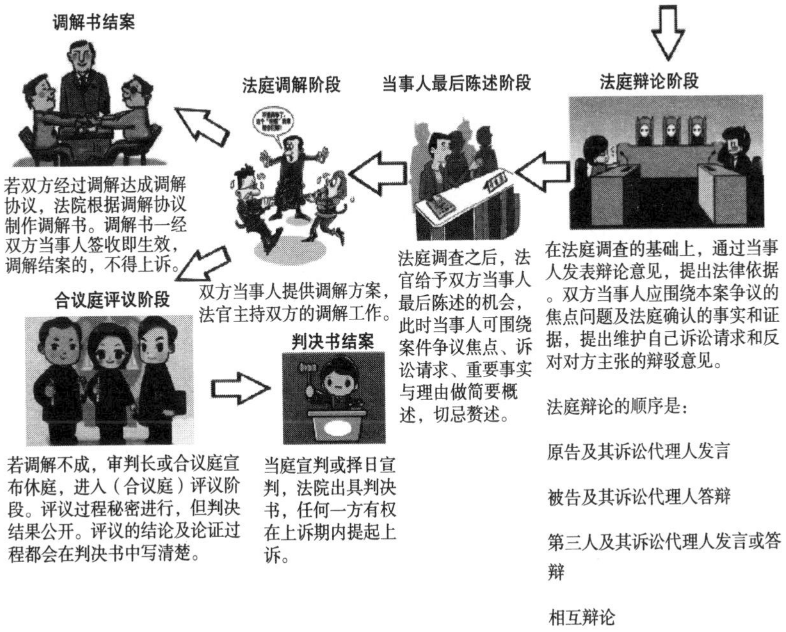

图 6.4　开庭程序

律师会按照此图逐一为当事人讲解开庭的程序、法庭纪律，解释何为质证、律师会如何质证、法庭上有可能发生的情况、注意事项等。在讲解质证环节时，律师一般也会询问当事人，对方当事人有可能提交的证据有哪些。比如，有的当事人会告诉律师自己曾写过夫妻财产约定，对方很可能提交这样的证据，约定里大概写了些什么等。在讲解程序时，尤其是要告诉当事人不可私自录音，否则法官可能会予以训诫，甚至没收录音设备。这样，律师通过当事人的介绍，对于开庭时对方有可能提交的证据有个大概的预判，有利于庭审工作。

律师提前对当事人培训有利于庭审工作的开展。比如，我会告诉当事人，一方当事人发言的时候，另一方不能说话；如果另一方当事人越过法官直接与我们争吵，尽量不要直接对话等。律师也是经历了多次失败的经验，才总结出适合的庭审经验的。

五、询问当事人调解意见

由于开庭程序图的最后是关于法庭调解的，所以，我也会在此时询问当事人的调解意见。婚姻家庭案件，法官一般都会进行调解，离婚案件，调解更是必经程序，所以我们一定会询问当事人的调解意见。首先当事人要考虑是不是同意调解，如果同意的话，调解意见是什么，当事人的调解意见有没有空间等，律师都要在这个时候了解清楚，并记入笔录。

六、提醒

最后，对于亲自开庭的当事人，除提醒其要携带所有证据原件外，还要提醒开庭的时间、地点、法庭，并提醒当事人携带身份证原件这些进入法庭必须持有的证件和材料。

七、对证人的培训

（一）关于证人应否出庭作证的说明

根据《民事诉讼法》第 73 条和《民事证据规定》第 68 条[①]的规定，证人应当出庭作证，无正当理由不出庭，其提交的书面证言不得作为认定案件事实的根据。所以，如果证据中有证人证言，律师应当在给当事人的培训中明确告知证人应当出庭作证的法律规定及不出庭的后果。当

---

① 《民事诉讼法》第七十三条　经人民法院通知，证人应当出庭作证。有下列情形之一的，经人民法院许可，可以通过书面证言、视听传输技术或者视听资料等方式作证：（一）因健康原因不能出庭的；（二）因路途遥远，交通不便不能出庭的；（三）因自然灾害等不可抗力不能出庭的；（四）其他有正当理由不能出庭的。《民事证据规定》第六十八条　人民法院应当要求证人出庭作证，接受审判人员和当事人的询问。证人在审理前的准备阶段或者人民法院调查、询问等双方当事人在场时陈述证言的，视为出庭作证。双方当事人同意证人以其他方式作证并经人民法院准许的，证人可以不出庭作证。无正当理由未出庭的证人以书面等方式提供的证言，不得作为认定案件事实的根据。

然,如果实在不方便出庭的,如在外地,可以采用公证证人证言的方式出证。再不然,就须根据《民事诉讼法》第 73 条和《民事证据规定》第 76 条的规定①,向法庭递交申请书,经许可,可以通过书面证言、视听传输技术或者视听资料等方式作证。

很多当事人不明白出庭这种形式对于证人证言这种证据意味着什么,认为只要提交了书面证言,也附了证人的身份证复印件,就可以了。根据上述规定,我们可以看出,如果不是双方当事人均认可,或者特殊情况经法院许可,光提交书面等形式的证人证言是没有效力的。如果证人证言是重要的证据,一定要促成证人出庭。如果当事人就是不同意证人出庭,律师应当将上述告知内容记入笔录,表示当事人愿意承担因此而出现的不利后果。

(二)对证人的庭前培训

1. 证人证言的采集方式

没有特殊情况,必须对证人进行庭前的培训,哪怕不方便,通个电话也是必需的。我很反对不对证人作任何培训或者说明就让他们上法庭。原因是,大部分证人都未经历过出庭作证,对出庭作证的程序、注意事项、技巧都不知道。律师作为专业人士,对此非常了解,有义务事先了解证人作证的详细内容,以决定是否出证以及告知证人如何更好地作证。这一点应当和刑事案件有很大的区别。

婚姻家庭案件中的证人,往往是由一方当事人寻找到并联系,提交证人证言作为一方的证据,律师进行采集是非常正常的。那么一般我们如何采集调取证人证言呢?

---

① 《民事证据规定》第七十六条　证人确有困难不能出庭作证,申请以书面证言、视听传输技术或者视听资料等方式作证的,应当向人民法院提交申请书。申请书中应当载明不能出庭的具体原因。符合民事诉讼法第七十三条规定情形的,人民法院应当准许。

证言形式除了上述所说的视频音频的方式外,最常用的当然是书面证人证言,不管哪种证言,第一要保证是证人的真实叙述。我个人的习惯通常是先由当事人联系证人,让证人依真实的情况写出证人证言,然后律师再给予指导意见,如哪些与案件无关的事实不要写,主题要突出;该有的信息必须要有,如叫什么名字,与当事人的关系;不应有评论性内容,重事实陈述。证人的证言应当是陈述自己了解的事实,或看见、经历的真实情况,而不是加以论断,这不是证人证言应当呈现的,证人只需要陈述事实即可,如何判断是法官的任务。律师提出修正意见后,证人再完善证言即可。律师不应当告诉或引导证人作虚假的陈述,指导的意义仅仅是为了让证言更为专业,而不可以对内容加以暗示或引导,这也是律师工作的大忌。律师也不必对证人的用语是否是书面语加以指导,证人可依自己的习惯表达,真实、清晰即可。

有时候,我会提前见证人,对他了解的情况作出笔录,再将笔录内容整理打印成证言形式让其签署,因为笔录是有问有答的形式,而书面的证人证言则全是证人的陈述;或者干脆就把调查笔录直接作为证据提交也是可以的。也就是说,证人证言可以打印后让当事人签署,也可以让当事人抄写后签署。

不管如何采集,关键是律师通过与证人见面,了解真实的情况,如果发现证人所述不实,应当拒绝其作证,这也是保护自己当事人的一种做法。

2. 为证人宣讲作证程序、注意事项和如实作证义务等

接下来,律师应当为证人讲解作证的程序、注意事项和法庭纪律等。要告知证人如下相关内容:

(1)作证时需携带的证件

必须携带身份证,外国人要携带护照。笔者曾经经历过对方携证人去开庭,但证人没有带身份证,最后只好拿驾照代替,但我方当事人不认

可，法庭无奈宣布证人不能出庭作证的情况。

(2)证人不可旁听案件，并须签笔录

同时，必须告知证人，不可旁听案件[①]，如果旁听案件，就不能再做证人，所以开庭时只能在外等待，等法庭通知进入时方可进入法庭。作证完后要在法庭外等待，开庭结束后必须要在笔录上签名字日期。

(3)证人要如实作证

要告知证人如实作证，不可作伪证，以及作伪证的法律后果。

(4)作证时应主题突出，不评论

要告知证人作证的大概程序和注意事项，如法官宣布其进入法庭作证后，会告知其作证的相关纪律，然后会给证人陈述的时间，证人应以陈述为主，不能念证言稿。证人应当客观陈述其亲身感知的事实，作证时不得使用猜测、推断或者评论性语言。作证切忌主题不突出，作证时间宝贵，应围绕证明的主题。

(5)证人须接受法官、当事人及代理人的发问

要告知证人，法官、双方当事人及律师均有权在作证后询问证人，与证言有关的内容应回答，与案件无关的可不回答，并说明理由。

3. 作证演练

律师最好要求证人以律师为法官，陈述自己的证言，律师一定会发现诸多问题，比如念发言稿。律师应当让当事人习惯正常陈述事实，不能念稿。还有常见的问题就是主题不突出，说一些跟案件无关的。必须让证人学会围绕证明主题说事实，不要啰唆，节省开庭的宝贵时间。律师可询问证人问题，让证人习惯问话，而减轻因初次进入法庭而紧张的

---

① 《民事证据规定》第七十二条　证人应当客观陈述其亲身感知的事实，作证时不得使用猜测、推断或者评论性语言。证人作证前不得旁听法庭审理，作证时不得以宣读事先准备的书面材料的方式陈述证言。证人言辞表达有障碍的，可以通过其他表达方式作证。

情绪,有些证人没进过法庭,一进法庭头脑都是空白的,本来很简单的作证也搞得时间很长,重点不突出,甚至所说不着边际,影响法官了解案情,浪费了时间。让证人事先体验一下作证的过程可以帮助他们正确地作证,那就是客观陈述事实、不评论、主题突出、正面回复询问。

(三)证人出庭作证申请书

《民事诉讼法》第159条规定,基层人民法院和它派出的法庭审理简单的民事案件,可以用简便方式传唤当事人和证人、送达诉讼文书、审理案件,但应当保障当事人陈述意见的权利。所以对于简易程序审理的婚姻家庭案件,代理人可事先打电话告知法官证人会到庭,获得法官许可即可,无须提交申请书。但是根据最高人民法院《民事证据规定》第69条的规定,当事人申请证人出庭作证的,应当在举证期限届满前向人民法院提交申请书。所以以普通程序审理的婚姻家庭案件,应当在举证期限届满前向人民法院提交申请书,律师应当了解这一程序,在举证期限内提交文书,下面我们给大家提供一个申请书的示例:

文书6.5:证人出庭作证申请书

证人出庭作证申请书

申请人________,男/女,________年____月____日生,________族,工作单位及职务:____________,住____________,电话____。

申请事项:

申请人因与________继承纠纷一案,为查明案件事实,特向你院申请证人________、________、________出庭作证。

申请理由：

________与________继承纠纷一案，因________、________、________三人均与被继承人交谈过涉案房屋归属问题，知晓相关的事实情况，尤其________作为被继承人________的遗嘱见证人之一，知晓被继承人立遗嘱时的本意，对于立遗嘱的情况更为清楚。这对于查清案件事实非常重要，现申请________、________、________能在下一次开庭时出庭作证，以查清事实。

此致

________人民法院

申请人：

年 月 日

附：证人信息：

证人________，男/女，职业：________，住________________，身份证件号码：________，电话：________。

证人________，男/女，职业：________，住________________，身份证件号码：________，电话：________。

证人________，男/女，职业：________，住________________，身份证件号码：________，电话：________。

扫描二维码

17040

第四节　二审及再审开庭前必要工作

一、再熟悉原审卷宗

对于一审程序不是自己代理的二审和再审案件,有一项工作是律师必须要做的,这项工作其实在最初承接案件时已经做过一次,就是将原审卷宗看一遍,或者至少将双方证据和开庭情况了解清楚,看卷宗是最好、最有效的方式。在咨询阶段,要帮助当事人作出是否上诉和提起再审的决定,那时律师应当了解过原审的基本情况。到真正承接案件后至开庭前,律师应当要看到原审卷宗,代理二审程序的,要查阅一审卷宗;代理再审程序的,要查阅原审卷宗(含一、二审程序)。通过双方证据了解案件突破点、辩论要点等,通过庭审笔录确定某些事实以及了解原审是否存在程序问题。

在开庭前,要全面翻看卷宗全部材料,这是律师开庭前必须要做的。但是代理二审和再审程序的,除了翻看、熟悉准备好的开庭材料外,律师还要看原审卷宗。因为原审是否存在错误,是二审法院和再审法院审查的重点。

二、梳理判决书

当然,这其中最重要的工作,是与当事人讨论确定原审判决书中的事实认定部分哪些有问题,并在判决书中画线标注;法律适用哪里有问题,也在判决书中画线标注。之所以要做这项工作,是因为大部分二审法院和再审法院的法官习惯于这样审理案件,凡上诉案件和再审案件,法官往往在开庭时要求双方指出判决书中事实认定的表述中哪里有错误,以及法律适用的表述中哪里有错误。然后法官将针对双方认为有错误的地方进行查明事实和审查法律适用问题的工作,其余双方未指出的部分视为认可,不再审查。

所以,如果代理的是二审或再审案件,律师在庭前培训时首先要做的工作应当是梳理判决书,即从判决书中"本院经审理查明如下事实:……"这几个字开始,后面要逐句审查,看是否有错误,有错误之处画线。从判决书"本院认为……"这几个字开始,看法律适用部分,当事人和律师认为有错之处,画线。可以在旁标注实际的事实是什么,认为正确的法律适用是什么等简单内容。

当然,有些法院比较注重查明事实,只要求当事人针对判决书的事实查明部分哪里有错进行发言,法律适用方面法院会自行审查,所以,关于判决书的事实查明部分,律师一定要逐字逐句地与当事人核对确定。否则开庭时法官让当事人拿出判决书,对照着说认为哪些地方不对,当事人和律师现场看判决书文本,难免来不及,容易出现疏漏。尤其是有些数据,需要提前核对,开庭时再计算或与当事人讨论也根本来不及。

三、其他准备工作

对于二审和再审案件,律师可以在开庭前与法官确认是否需要为法官复印原审中当事人提交的证据材料。有时,二审或再审法官也会明示当事人,开庭时必须为法官复印一套原审证据。

第七章 开 庭

律师在前期做了那么多的工作,都是为了开庭做准备,开庭是律师工作中最重要也是最显示律师水平的一个焦点场景。如果把律师比作一名学生,之前的那些准备工作,更像是平常的学习,而开庭则像一场考试,要把所做的工作进行一个考核。

一、律师个人形象

在咨询部分,我也讲过关于律师的着装,以职业装为宜等。这里想再强调一下,因为开庭是严肃的,法官要着法官袍,法庭也庄严神圣,双方的当事人和律师也都会在场,律师应当着符合身份的职业装。有些地方的律师协会有明确的规定,律师开庭时必须着律师袍,我也曾着律师袍开过庭,有仪式感其实是不一样的,会让律师更自律。

有些人包括我自己,在从事律师职业之初,也有不注意的时候,但是,经过那么多场开庭,我个人越来越深刻地感受到,着符合身份的职业装是最和谐、最适宜的,也是专业的表现。我见过律师着牛仔裤上法庭,还有些不合时宜的装束,完全没有专业意识,不符合律师形象,说得直接一点,不和谐就是不美。

如果律协要求开庭必须穿律师袍,那就穿律师袍开庭。有些地方的律协和法院没有强制要求,律师开庭也至少要穿偏职业的装束,干净整洁,职业干练为好。律师可以化淡妆,端庄大方即可,不可浓妆艳抹。

二、遵守法庭纪律和执业规范

律师的形象不仅体现在着装等方面,更重要的是在法庭上的表现。首先,律师要遵守法庭纪律和执业规范。尤其是婚姻家庭案件,法庭上容易有冲突,律师首先要保证,自己在法庭允许己方发言时发言,在对方发言时不插话、不打断。在己方当事人情绪激动时适当安抚,矛盾激化时适时提醒。尤其是当事人听到对方所述并非事实时,情绪特别容易激动,喜欢当即指出对方撒谎,并用刺激性的言语评论对方的行为,有时还对对方律师进行人身攻击。如果法官缺少经验,不能很好地掌控法庭秩序,容易发展成当事人之间的大争吵。如果双方都有律师,律师应当各自安抚自己的当事人,以免事情发展到不可收拾的地步。

如果发生对方当事人或律师指责、辱骂自己的当事人的情形,律师可以向法庭要求维持法庭纪律,停止对当事人和律师的人身攻击。对于对方当事人挑起事端的行为,刚开始我也会还击,尤其是在自己的当事人比较弱势的情况下,这是律师本能的正义感,但是我发现,这样只是陷入了无谓的口舌之争,除了让双方都非常生气外,并不能解决任何问题。律师是专业人士,应当寻找更为专业的解决办法。我经过多年的开庭,对于一方以言语挑起争吵有一个最简单的解决办法,就是不直接回应,也就是不回答,无论怎么样以言语问话和挑衅,不说话、不回应、不交流。除非到辩论阶段,双方可直接对话,否则开庭时本来就不应该直接对话。双方若是可以和平交流,也不至于一定要诉讼,所以,开庭就是通过第三方也就是法庭来查明事实,这时,交流的方式应主要以法官主持为主。

在休庭时法官不在场期间,如果一方当事人发生过激行为,律师可带领己方当事人更换场地,暂时离开法庭,到法院其他地方就坐,等待再次开庭。

律师还要注意,开庭时不得录音等纪律必须遵守。

三、表达

有人说,律师就是靠嘴吃饭的,虽然不全面,但也确实抓住了律师行业的一大特点。好律师当然口才要好,那么律师在法庭上的表达要注意一些什么呢?在此,分享一点我自己的感受。

(一)重点突出,言简意赅

开庭时间有限,应当在有限的时间内抓住重点,突出重点问题,言简意赅地表达法律意见,陈述事实。切忌啰唆,重点不突出。发言中要多使用法言法语、书面语,少用口语。

(二)学会借助文书

为什么我会那么强调法律文书,是因为在开庭时,律师不可光靠记忆回答法官提问。案件那么多,有的案件案情又很复杂,证据材料多,律师不可能记住所有信息。所以,法官所需要的绝大部分信息,我们应该借助提前准备好的文书来回答。这需要律师对于婚姻家庭案件中需要查明哪些事实有充分的经验。起诉状、答辩状、财产清单、证据目录、调查取证申请书、补充意见及相关附表等，是我们经常用到的文书，借助这些材料，我们可以游刃有余地回答法官的各种询问。比如，法官问双方什么时候分居的，如果当事人是原告，我会习惯性地去找起诉状，如果当事人是被告，我会看答辩状，立刻会找出双方分居的详细时间，不需要回忆，不需要问当事人，因为这是起诉状和答辩状中一定会涉及的事实问题。有些人习惯性地不准备书面答辩状，案件简单勉强可以，复杂的根本不可取。俗话说，好记性不如烂笔头。所以律师的表达，一定要借助文书，准确、省时、专业。

（三）重事实陈述和法律分析，不说或少说评论性语言

律师在开庭发言时，要注意用语，客观陈述事实，表达法律诉求，不说或少说评论性语言，尤其不能说刺激性语言，不能恶意攻击对方当事人。诉讼就是具有对抗性，双方当事人之间有矛盾才上法庭，当事人不是专业人士，不能很好地控制自己的情绪是可以理解的，但是律师却不然，律师是专业人士，如果也轻易评论对方，就失去了专业性和客观性，很容易引发对方当事人对律师的攻击。在开庭时主要是由律师负责陈述和质证等，律师用语不当，也特别容易加深双方当事人之间的矛盾。婚姻家庭案件都具有可调解性，如果不注意用语，很可能使一个本来能够调解的案件走到针锋相对、不可调和的地步。

刚开始走上律师道路的朋友，比较容易犯的一个错误就是，直接把己方当事人的陈述搬到起诉状或答辩状上，而不加以任何修饰、改变。这是不可取的，双方当事人之间由于有矛盾，互相批评甚至诋毁都有可能，律师要把文本改成书面语、法言法语，变成在法律上有意义的陈述，不可照搬。律师要考虑在法庭上宣读这些文书时产生的实际效果，应当既要阐明自己的观点，充分陈述事实，又要注意表达用语的恰当。比如，当事人在修改律师起草的起诉状或答辩状时，表达对方是“一个极其阴险狡诈的变态小人”，虽然文书是以当事人的名义发表，但其实所有人都知道,文本是由律师起草的,所以过分口语化、尖刻,都不可取。我们会尝试用"双方性格严重不合,男(女)方生活中多疑,性格较为偏激,缺乏界限感,完全不尊重女(男)方"等事实陈述并简单举例的方式,尽量减少尖锐的评论。

有些律师,甚至几乎不放任何评论性的语言在起诉状中,只是简单陈述与案件有关的事实。以离婚案件为例,有的律师会在离婚原因部分简单写上三四句,诸如双方性格不和,因家庭琐事时有争吵,矛盾激化,感情逐渐淡漠等就结束了。这样也是可以的,只要当事人愿意,没有大的问题。律师觉得只要能解决问题就行了,不必纠结在一些细节中,导致双方在法庭上剑拔弩张,没有必要。但有些当事人非常想借这个机会表达自己,婚姻家庭案件不能完全不考虑当事人的感受,所以我会同意当事人适当的表达。尤其是在第一次起诉离婚的案件中,不知道被告是不是同意离婚的情况下,如果不能很好地向法庭陈述双方感情破裂的事实,在被告答辩不同意离婚的情况下,很可能被判决不准离婚,所以,必要的陈述还是要有的。再配合相应证据的提交,可以更好地帮助当事人。有些律师之所以不想在文书中说太多,还有可能是不想让对方了解自己掌握的情况,而直接在开庭时交证据。每个案件的情况都不一样,如何在文书中表达,是需要律师根据案件情况去掌握的。因为律师在法庭中的大部分发言是依托文书和证据的。

专业律师的心态,自然会选用婉转但又能达意的词句去表达。作为专业人士,不能完全陷入双方的矛盾中,既要理解自己的当事人,维护他的合法权益和尊严,又要适当抽身,从全局去看到案件的本质,帮助当事人解决诉讼难题,化纷止争,而不是要陷入权利斗争中去。说白了,律师是用法律方法解决问题的专业人士,不是专业打架的。在这方面,每个律师都有一部成长史,相信随着经验的增多,每个律师都会更成熟和专业。

(四)不卑不亢,既有原则又要尊重法庭权威

律师的表达,含着律师对法官和法庭的态度。律师要明白,法官才是裁判者,是整个开庭时的主导方,律师必须尊重法庭的权威。说得再通俗一点,就是该配合法官的就要配合,但不能违反原则。法官开庭都有自己的习惯。在婚姻家庭案件中,你会发现,有些法官喜欢上来就调解,有些法官喜欢走完庭审程序了解了大致案情后再调解;有些法官根据当事人提交的证据随时展开质证,有些则一定在双方交齐及调查完全部证据后一并质证;对于当事人提出调查对方当事人银行明细单的,有的法官只同意查诉讼前一年的,有的同意查两年的,有的同意查整个婚姻存续期间的。在对双方当事人一视同仁的基础上,笔者认为问题都不大。但律师如果认为法官的某些决定不妥,只要向法官说明理由努力争取就可以,大部分情况下法官会酌情考虑。

有些律师动辄就认为法官"不公",表达上"义正辞严",在我看来,很多时候是过于敏感了。而有的律师在法官的行为明显不妥时,不知道适当地维护当事人的利益,一味妥协,完全没有必要。如果有明显可能损害自己当事人利益的行为,律师可以坚决地予以拒绝,不可妥协。

四、记录

开庭时,书记员要记笔录,那律师呢?是不是也要做笔录呢?当然。开庭时间那么长,不记笔录,怎么能记得住每次开庭的内容呢?在庭审未结束前,一般是不允许复印庭审笔录的,这时候,律师要靠自己的开庭笔录来回忆每次开庭的主要内容。婚姻家庭案件,即便不是那么复杂,有的也要多次开庭。如果情况复杂,证据繁多,有的一个程序就要经历两年以上,如果没有开庭笔录,律师不可能记住所有开庭的细节,有时两次开庭要间隔好几个月,必须在开庭前查询上次的开庭笔录,梳理案件审理进度。最重要的是,每次开庭后要做的重要工作,也应该记在开庭

笔录里，如法官当庭宣布的下一次开庭时间，多少天内必须交过去的材料，下次庭审必须核实好的事实等。

我在工作中也发现好多律师没有记开庭笔录的习惯，有些律师既不习惯提交书面的答辩状，也没有开庭笔录，有的案件会开上十几次庭，不知道他们是如何在开庭前做预习工作的。一个程序结束后当事人要换律师，要求原律师提供双方证据的复印件，律师就说找不到了，这样的情况我都遇到过。我认为这些都是不专业的行为。

我会使用固定格式的开庭笔录头，每次开庭前准备好笔录头和笔录纸，固定格式的笔录头和笔录纸左侧都会留有装订线，方便记录。开庭时，如果是两名律师作为代理人，则一人发言时另一人负责记录即可。记录的方式和律师谈话笔录差不多，法官的问话，可以以“?”打头，后面记法官说的话。原告或被告及代理人，可以“原”“被”或“原代”“被代”等做开头标注，加冒号后记录其发言。记录的语言可以精练，记重点。如果代理人只有一人，发言时可不做记录，发言后只记录重点、要点即可。比如，在法官问到双方涉案房屋的市场价值时，双方的作答就必须要记录，这是开庭中的重要信息，也非常容易忘记，双方达成一致的意见就会作为法官采信的数据，在计算房屋折价时就以此为准，所以必须有据可查。还有重要证据的对方质证意见，哪些证据对方认可了，哪些没认可，这些都是律师在写代理词时要用到的信息。双方认可的，法庭自会采信，而没认可的往往是律师在发表代理意见时要重点论述的。

五、质证

在前文“表达”的内容中，我们实际上已经讲了律师在开庭时陈述应当注意的表达技巧，但是在开庭时，除了对案情的陈述，最重要的一个环节就是双方对证据的质证。质证是指当事人、诉讼代理人在法庭的主持下，对当事人提出的证据就其真实性、合法性、关联性以及证明力的有无、大小予以说明和质辩的活动或过程。婚姻家庭案件应当如何更好地质证呢?

(一)关于是否当庭质证

一般情况下,被告拿到的原告立案时提交的证据不一定是全面的,原告往往在立案时只提交少量证据,在开庭时再提交完整的证据材料。而如果是原告,只要法庭不在开庭前组织双方交换证据,是不可能提前拿到被告证据的,所以往往是开庭时双方才能正式交换完整证据。双方拿到对方证据,要在很短的时间内浏览证据并直接组织质证意见进行发表,是非常考验律师的应辩能力、表达能力、总结能力、分析能力和专业水平的。如果证据材料不多,或虽然较多,但相对比较简单,很好判断分析的,可以当庭质证,实际上,我们大多数开庭都采用了当庭质证的形式。但是,如果证据材料确实较多,且较复杂,不进行深入研究分析很难发表详细有效的质证意见时,比如,对方提交的是一大堆银行账户明细,需要律师细细看、分析、对照等,才能得出结论的,律师可以向法庭提出不当庭质证,而以事后质证并提交书面质证意见的方式进行质证。一般情况下,法官都会允许。如果只是其中一两份证据较为复杂,法官也可能会让律师先发表质证意见,事后可以对相关证据补充质证意见,这也是可以的。

(二)注意核对原件

质证时,应当核对证据原件,对于某些证据,即便只有复印件,甚至是没有证据,当事人也愿意确认相关事实的,可以不必核实原件。在这里,要注意一点,如果当事人不在场,对于只有复印件而没有原件的证据,律师不能轻易认可该证据的真实性,一般应先不认可证据真实性,事后再与当事人核对后确认质证意见。

为什么看证据原件这么重要呢?因为有些证据不通过原件不能很好地确定证据的真实性。比如,笔者做助理时,指导老师曾讲过一个案例。对方提供了一个借条,是案件中最重要的一份证据,律师要求核实原件,原件写在一张信纸上,律师经核实后十分肯定地向法庭表示,该证据系伪证。原因是信纸上有一行小字标明了印刷时间,而借条上所签的借款日期在印刷时间之前,复印件中看不清楚,但是原件显示得很清楚,所以律师据此认定该证据一定是事后所补的伪证。复印件容易伪造、变造,在未和原件核实的情况下,不能完全确认其真实性。

(三)如何当庭发表质证意见

当庭发表质证意见,要围绕证据来源是否合法、证据是否真实、与本案有无关联、证据是否完整、证明目的和内容能否达到这几个方面来进行质证。一般情况下,可简要质证,即直接陈述证据的真实性、关联性,证明目的是否达到,如果合法性和完整性有问题,单独提出来说就可以。

就像我们对证据作重点标注一样,根据对方所述的证明目的和内容,我们看证据的重点即可,这样就可以在较短的时间内找到关键点发表质证意见。

有些证据的质证意见不好发表。举个例子,某个离婚案件的当事人表示,曾在女方父母要求下写悔过书,该悔过书确实是本人书写,但是其内容并不完全真实,当时为了尽快回家,所以才委曲求全写了不完整、不全面,甚至有些不客观的内容。这种证据如何质证?我们一般会尊重真实的情况,就是对文字签名是当事人书写的真实性予以认可,但对文字内容的真实性不认可,并说明为什么当时会这样写。有些当事人是受胁迫写下了书面材料,如笔者曾经历的一个案例,一方当事人纠结众多人员绑架对方当事人的同事,在其受伤且人身安全无法保证的前提下,该同事不得不按其授意写下了有利于绑架方的证言。在离婚案件中我们认为书写人受到了严重的胁迫,不认可该证据的合法性和内容的真实性等,受害人此后通过向公安机关报案依法追究了绑架人的刑事责任,因此该份证据在离婚案件中当然未被采信。

（四）书面质证意见

在证据较多的情况下，法官可能会只让双方将证据交换，质证环节安排在下一次开庭。庭审后，我们一定会对证据作认真的审核梳理，并要求当事人全部看过，然后与律师讨论，逐一整理确定质证意见，形成书面的质证意见。也就是说，只要不是当庭发表质证意见，我们一定会形成书面文稿，这样可以保证质证意见更全面，律师在下一次开庭质证时有文书作依托，能更好地发表质证意见。质证结束后，可将书面的质证意见提交法庭，以便法官存档。在这种情况下，有的书记员对于质证意见，也可能简单地记一句“质证意见同书面质证意见”，然后笔录不再作详细的质证过程。这也并不影响案件，可以说，这种情况下，书面质证意见就成了笔录的一部分。

对于当庭质证的，开庭后如通过对证据的进一步详细审查发现了新的质证意见，可以提交《补充质证意见》，也是书面材料，在下一次庭审时向法庭提交。

六、辩论

在所有证据都质证完毕，法官也询问完其关心的重要事实后，没有其他需要调查的事项时，法庭调查阶段结束，就会进入辩论阶段。开庭时，根据案件情况，法官可能会允许双方展开几轮辩论。律师应如何更好地进行辩论呢？

（一）辩论提纲

特别简单的婚姻家庭案件，有可能开一次庭就结案，没有第二次开庭的机会。即双方在开庭时都提交了完整证据并完成质证，没有新的证据再提交，则可当庭辩论。这种情况下，无法在庭前准备详细的辩论意见，开庭时的情况也不能完全预测。遇到这种情况，我会在庭前准备一个简单的辩论提纲。首先，是要把相关的可能用到的法条打印罗列好，以备在法庭辩论时使用,因为我们不可能将所有法条背下来,所以事先准备好可能用到的法律依据这是有好处的。如抚养费纠纷案件,我们可能会用到《婚姻家庭编解释(一)》中的相关法条,我们可事先摘录打印。出于对案情的了解,我们虽不能预测出开庭的全部内容,但是完全可以预测一部分,对于可能出现的焦点问题,我们列出来,分析证据、适用法律、整理辩论提纲。开庭时按提纲进行辩论,同时再结合开庭时的具体情况,删减或增加一些内容。开庭后再根据整体情况整理出完整的书面代理词向法庭提交。

(二)代理词

对于开过多次庭,已经了解了案件的全貌,质证也已基本完成的,可以事先组织书面的代理词,开庭时按照代理词发表辩论意见。开庭时如果有新的情况,可适当在书面代理词上手改或增加简单的内容,发言过后直接向法庭提交即可。如果改动较大,则书面代理词可起到帮助律师发表辩论意见的作用,庭后律师可重新整理书面代理词再向法庭提交。

那么,如何更好地起草代理词呢?

1. 找到焦点问题

代理词只对关键焦点问题进行分析,不需长篇大论。在法律分析中,也要找准关键点。注意焦点明确、条理清晰。

2. 重分析、轻陈述

我们发现有些律师对于代理词的作用和功效理解不透,在很多情况下将代理词变成了另一份起诉状或答辩状,更有甚者,将代理词变成了控诉词,实为不妥。代理词是代理律师发表的代理意见,不是陈述意见,应针对案件的焦点问题提出自己的法律意见。即采用分析和列举庭审情况、证据、法律依据等方法,在法律层面表达自己的意见,而不仅仅是陈述。实际上,代理词中的陈述语句应当只作为总结性或者提示性文字,不应过多出现在代理词当中。

比如,律师应当分析哪些事实是庭审中经双方确认的,应当予以认定;哪些证据可以证实焦点问题中我方观点,必要时对某些证据进行细化分析,以说明结论;在某一问题双方都提交证据的情况下,哪方的证据是优势证据;证据有无形成链条,可否证实有关事实;双方都提出法律依据并有冲突的情况下,应当适用哪个法律,原因是什么等。说通俗一点,我经常和年轻律师聊天,告诉他们代理词的感觉就是如果你是法官你为什么要这么判决,原因是什么。你不能只陈述吧,你必须说明理由,这个理由只能通过分析庭审情况、证据和法律依据等进行,而不能没有任何事实依据和法律依据作为依托,只是陈述。

我们要注重认真分析案情,不能自说自话,比如,对方的关键证据明显不利于我方时,应当重点论述该证据是否应当采信,有什么瑕疵,而不是避而不谈。

3. 使用适当的论述方法

代理词其实就是一篇议论文,不需要文学性太强,但是要讲究写作方法。如内容多,想表达清楚,就用分条列举法,列出条理,分出个层次,多用一、二、三、四分条论述,而不要只是堆砌词句,不分层理。数据过多的话,可用附件法或标注的方式,在主文中引用结论,在附件中说明或加括号说明来源等。为了直观,也可加入适量图表,力求一目了然。

另外,起草代理词要学会从正反两个方面论述。以抚养权的争夺为例,你如果想论述你的当事人更适合抚养孩子,子女应当判归他抚养的,你可以论述哪些证据和事实证实了在哪些方面子女归其抚养更有利,而哪些证据和事实证明对方并不适合抚养孩子。从正反两个方面论述是我们在起草代理词时常用的方法。

4. 客观中庸,词尽达意

在书写代理词时,不能因为你是当事人的代理人而不客观地论述,这只能起到反作用。法官可能反而不会认真看你的分析意见,也容易将你有效的代理意见湮没。所以客观、中庸是我们尽量把持的标准。

我发现有些律师在起草文书时，欠缺文字功底，语言不精练，有时词不达义，有时话语啰唆，没有重点，逻辑不清。这个是需要律师长期训练的，律师应认真研究琢磨，在有些时候，我们的文书要改到十几次才定稿，就是想用最精练、明晰、准确的语言表达。这个方面，律师的修炼是无止境的。

下面，给大家提供一个离婚案的代理词模板，供参考：

文书7.1：代理词（离婚纠纷）

代理词

尊敬的审判长、审判员：

本人依法接受本案原告________的委托，就________诉被告________离婚一案，作为原告的代理人，参与本案的诉讼。

开庭前，我们听取了原告的陈述，查阅了本案相关材料，进行了必要的调查；开庭后，经过法庭调查和原、被告之间质证，本案的事实已非常清楚，现就本案焦点问题提出如下代理意见：

一、原被告感情确已破裂，理应判决双方离婚

二、关于子女抚养的问题

三、关于财产分割问题

（一）房屋

1.　　　　房屋

2.　　　　房屋及车位

……

（二）公司股权

1.________有限公司________%股权

2.________有限公司________%股权

……

(三)汽车

1. ________名下宝马轿车一辆(车牌号________)

2. ________名下北京现代轿车一辆(车牌号________)

……

(四)存款

(五)股票、有价证券

(六)共同债权

1. 对________的共同债权15万元

2. 对________的债权合计________元

……

(七)共同债务

对________的共同债务________元

综上所述,原被告分居超过三年,感情确已破裂,希望判决双方离婚,依法处理子女抚养及财产分割问题。

代理人:

年　月　日

附:相关法条

……

扫描二维码

13129

七、调解

婚姻家庭案件,调解是必经程序。一般法官在辩论程序之后会询问当事人是否同意调解,在双方都同意调解的情况下,法官会展开调解程序。也有的法官,会在开庭程序前进行调解,此时双方都未举证质证,如果都有调解意愿,法官直接调解,若调解成功,可以省去开庭的程序,也不容易使双方因举证质证等环节矛盾加深,使调解更易成功。有的法官喜欢按一般程序,在辩论之后调解,是因为这样可以了解整个案件的基本情况,使法官的调解更加有的放矢。调解可以贯穿整个案件审判期间,法官在任何阶段进行调解都可以,有很大比例的婚姻家庭案件以调解结案,这是婚姻家庭案件的一大特点。

我经常说,婚姻家庭案件,小案件也可能搞得很复杂,开多次庭,大案件也可能瞬间调解成功,结案是转眼之间的事。为什么呢?因为这类案件都有“情”字牵连。人有情绪,会变成深度对抗,甚至以对抗为目的,不是以解决法律纠纷为目的。人有情,矛盾也可能在合适的时机立刻转化,只要调解工作做到点上。这是这类案件可调解性高的原因之一。

当然,所有的民事案件都可以调解,调解的关键有很多,每个案件不同。我比较习惯运用的方法之一,是寻找共同点,也就是共同利益。比如,双方都着急结案的案件,律师就要多做工作告诉他们退让后可以尽快结案,投入正常工作生活,即便做一点让步也是可以考虑的。离婚案件,孩子的利益是双方的共同点,可以从维护孩子平稳生活角度给双方做工作。律师在谈判或调解时多说共同点,对方的当事人也比较好接受,这是律师的谈话技巧之一。

在开庭时的调解,以法官掌控为主,律师配合,如需和当事人协商,也可以单独在庭外与己方当事人协商,做一下当事人的工作,争取调解成功。

调解结案有诸多好处,如可以减少开庭次数,节省时间;民事调解书不能上诉,一经送达即生效;双方经协商达成的调解意见履行风险比判决更小,等等。但是,律师不要为了结案在代理中急于调解,要顺其自然,急于调解有时不能起到好的作用,过度让渡当事人的利益也是不可取的。有些当事人为了尽快从诉讼中解脱出来,拿到结案的结果,大量让渡自己的利益,律师应当为其考虑平衡。当事人处于矛盾的中心,在诉讼中的压力可想而知,但律师是专业人士,了解案件大概的走向,如果坚持诉讼出具判决书是更好的选择,时间成本等又不太高时,应当劝说当事人不要过度损害自己的利益,以免事后后悔。即便对于有调解诚意的对方当事人,律师也应当尽量劝说自己的当事人,适当放弃利益,争取达成一致意见。但对于明显超越界限过度损害自己当事人的调解意见,律师应当帮助当事人明确底线,不惧对抗。

还有的情况,律师明显感到己方当事人提出的调解意见过于苛刻,在对方提出较为合适的调解意见时,极力劝说自己的当事人,认为判决结果根本比不上调解意见,但是当事人不听劝说,一意孤行怎么办呢?我认为尽到调解责任即可,如当事人坚持,律师可与其谈话,或作出笔录,告知判决结果很可能更不利,当事人坚持的,就不予调解。有些当事人并不会从利益角度真正为自己考虑,其偏激的个性导致调解很难达成一致,律师不必强求。或者律师认为不重要的东西对当事人来说极为重要,律师尽到调解责任就可以了。律师没法在短时间内解决当事人的性格问题。我常觉得,律师是"陪当事人走一段路的法律人"而已,有的要走长一点,有的走短一点,只要当事人的要求在法律上不被禁止,律师要有耐心,顺其自然,不可强求。有的案件在一审程序不能达成调解,但是出具一审判决后,二审就容易达成调解了,所谓好事多磨吧。

调解意见往往是我们在每次开庭前都和当事人确认好的,所以当事人是否同意调解,同意调解的话,调解意见是什么,或者说最好的意见是什么,最次的要求是什么,律师都做到心中有数,就免去在法庭上长时间讨论的过程,有小的问题,简单讨论就可以了。

八、风险

婚姻家庭案件由于涉及人与人之间的纠纷,在开庭时容易发生争吵甚至会出现动手的情况,律师要有一定的风险意识。比如,涉及家庭暴力的案件,当事人往往会问需不需要自己带家人或朋友一起到法庭外等候。这种情况下,我会跟当事人一起评估风险,如果当事人较为恐惧,认为对方很可能出现过激举动的,会同意当事人带一些亲友陪同开庭,开庭时可在法庭外等候,开庭后尽快随家人离开。

我记得曾代理过的一个离婚案件,男方将女方同事绑架后打伤,女方来咨询律师时一直随身带着聘用的保镖。另一个离婚案件,在男方第一次提出离婚并开庭时,女方十来个家人在开庭后阻止男方离开法院并抢夺东西,导致双方发生纠缠。在六个月后第二次起诉时,我将代理人变更为两人,当事人自己也聘请了专业的保镖在开庭后迅速离开,避免发生进一步的纠纷。还有一个印象深刻的离婚案件,在男方起诉前,女方就曾因被男方伤害报过案,此后一直未找到男方。开庭时女方在未通知法官和律师的情况下通知了刑警到场,在开庭后刑警突然出现要将男方带走,女方询问男方孩子病危时男方知道否,男方不肯回答,女方当即在安检大厅内对男方出手,两人拳头相向,即便在场警察也差点没有拉住。这些案件都让我印象深刻,深知婚姻家庭案件的风险性。所以,作为专业律师要有一定的敏感性,如发现当事人开庭可能存在风险,应当同意当事人有陪同人员,必要时可以提前给法官打电话,要求法警到场。

第八章
婚姻家庭案件常见法律问题

前文较多地讲述了开庭中的程序问题和注意事项，但是婚姻家庭案件有很多实务中的问题，是一个专业律师应当掌握的。说起这些实务中的问题，即便是婚姻家庭这一个领域，单独写一本书也难以说尽，在此，我选择一些常见案由，拣一些重要问题结合案例予以说明，探讨一些婚姻家庭案件中常见的实务问题。

第一节　离婚原因及子女抚养中的常见法律问题

一、关于能否离婚，兼谈家庭暴力的法律认定

（一）离婚的法定事由

离婚案件中，律师遇到的第一个问题就是，什么情况下法官会真的判决原、被告离婚，尤其是在原告的第一次起诉中。我通常会回答当事人，被告同意离婚的情况下就会判决离婚。是的，这个就是百分之百的。除此以外，律师都需要提交证明“感情确已破裂”的证据，法官才能判决双方离婚，即便是当事人第二次起诉离婚法院也不一定判决离婚。在很多地方，法院有个不成文的做法，就是第二次起诉离婚，即便被告不同意离婚的情况下，法院也会判决离婚，但法律上并没有明确的规定，这可能只是很多地方法院掌握的认定感情破裂中的“其他”项，所以应属于法院自由裁量的范围。我代理的离婚案件，即便是原告第二次起诉离婚，也有判决不准离婚的。比如，我本人代理的一个案件，我提出本次虽然是原告第二次起诉，但是应视为第一次起诉对待，因为第一次起诉时法官没有把起诉状等材料送达至被告，被告根本不知道原告曾经起诉过离婚，在没有送达被告的情况下原告就撤诉了，而且双方的婚龄超过 35 年，所以要求法院再给被告一次机会，判决双方不准离婚，法院采纳了我们的意见，仍然判决双方不准离婚。

在前面讲离婚案起诉状时，哪些情形属于法律上认为的“感情破裂”，已经提过，这里再列举一下：

《民法典》第 1079 条

【诉讼离婚】夫妻一方要求离婚的，可以由有关组织进行调解或者直接向人民法院提起离婚诉讼。

人民法院审理离婚案件，应当进行调解；如果感情确已破裂，调解无效的，应当准予离婚。

有下列情形之一，调解无效的，应当准予离婚：

（一）重婚或者与他人同居；

（二）实施家庭暴力或者虐待、遗弃家庭成员；

（三）有赌博、吸毒等恶习屡教不改；

（四）因感情不和分居满二年；

（五）其他导致夫妻感情破裂的情形。

一方被宣告失踪，另一方提起离婚诉讼的，应当准予离婚。

经人民法院判决不准离婚后，双方又分居满一年，一方再次提起离婚诉讼的，应当准予离婚。

《婚姻家庭编解释（一）》

第二十三条　夫以妻擅自中止妊娠侵犯其生育权为由请求损害赔偿的，人民法院不予支持；夫妻双方因是否生育发生纠纷，致使感情确已破裂，一方请求离婚的，人民法院经调解无效，应依照民法典第一千零七十九条第三款第五项的规定处理。

所以律师只要举证证明案件存在以上情形，法官就有可能判决双方离婚。这其中，我想就家庭暴力的认定问题写一写我在实践中的体会。

（二）关于家庭暴力的认定与法律适用

下面两个证据目录分别来自两个离婚案件，其中原告都提出了感情破裂的原因是被告存在家庭暴力，并据此提出赔偿的主张：

表 8.1　证据目录 1

提交人(签名)：J　　　　提交日期：

分类说明	编号	证据名称	种类	来源	取得或登记时间	证明内容	页码	备注
婚姻关系	1	结婚证	书证	北京市海淀区民政局	2014 年 4 月 28 日	证明原、被告婚姻关系及结婚时间	3	提交原件
家庭暴力 感情破裂	2	原告之母×××的证言 附：身份证复印件	证人证言	毕××	2014 年 11 月 2016 年 11 月 22 日	证明被告在原告怀孕及生产期间多次对原告实施家暴，夫妻感情确已破裂	6	提交原件
	3	原告之弟×××的证言 附：身份证复印件	证人证言	贾××	2015 年 2 月 2 日 2016 年 11 月 22 日	证明被告多次对原告施暴的事实，尤其是2015 年 2 月 2 日施暴的过程	4	提交原件
	4	2015 年 2 月 2 日报警记录	书证	北京市公安局海淀分局×××派出所	2015 年 2 月 2 日	2015 年 2 月 2 日，被告对原告实施家庭暴力，原告报警的情况，证明夫妻感情确已破裂，被告存在家庭暴力过错	1	提交复印件

续表

分类说明	编号	证据名称	种类	来源	取得或登记时间	证明内容	页码	备注
家庭暴力感情破裂	5	306医院诊断证明书(No. ×××××)、306医院门诊病历、CT诊断报告单	书证	中国人民解放军第306医院	2015年4月2日	2015年4月2日,被告再次对原告施暴,原告不得不到医院就诊,诊断为“头部外伤,软组织挫伤、胸部损伤”。门诊检查后发现头部外伤30min。头部左侧有压痛。CT检查诊断结论为头部外伤、胸部损伤	4	提交复印件,原件可核实
	6	原告与被告领导A主任的短信	书证	原告	2015年4月3日	2015年4月2日,被告对原告实施家庭暴力,原告第二天曾不得不向被告的领导求助,证明被告确实存在家庭暴力行为,夫妻感情确已破裂	1	提交截图打印件,原件可核对
	7	2015年4月2日晚报警记录及警方询问笔录	书证	北京市公安局海淀分局×××派出所	2015年4月2日	2015年4月2日,被告对原告实施家庭暴力,原告不得不报警,证明被告的家庭暴力过错及夫妻感情确已破裂	3	提交复印件

续表

分类说明	编号	证据名称	种类	来源	取得或登记时间	证明内容	页码	备注
家庭暴力感情破裂	8	北京积水潭医院(回龙观)急诊病历	书证	北京积水潭医院(回龙观)	2015年5月22日	2015年5月22日,被告再次对原告施暴,警察和被告陪同原告到积水潭医院就诊,原告出现胸闷、气短、呕吐、头晕、心悸的情况	4	提交复印件,原件可核对
	9	2015年5月22日晚报警记录	书证	北京市公安局海淀分局×××派出所	2015年5月22日	2015年5月22日,被告对原告实施家庭暴力,原告不得不报警,证明被告的家庭暴力过错及夫妻感情确已破裂	1	提交复印件
	10	原告与被告领导Z处长的短信	书证	原告	2015年5月27日	2015年5月22日,被告对原告实施家庭暴力,原告事后曾不得不向被告的领导求助,证明被告确实存在家庭暴力行为,夫妻感情确已破裂	1	提交截图打印件,原件可核对
	11	被告与原告的短信截图	书证	原告	2015年7月14日	证明被告对原告实施语言暴力,夫妻感情确已破裂	1	提交截图打印件,原件可核对

续表

分类说明	编号	证据名称	种类	来源	取得或登记时间	证明内容	页码	备注
家庭暴力感情破裂								
	12	原告受伤照片	书证	原告	2015年9月12日	证明被告多次对原告实施家庭暴力，尤其是2015年9月12日对原告实施家庭暴力导致原告受伤的情况	9	提交打印件
	13	门诊病历、诊断证明书、影像诊断报告单、就诊证明书、医院请假证明	书证	中国人民解放军第××医院（×××部总医院）、中国人民解放军第×××医院、××××医院	2015年9月至2016年3月	2015年9月12日，被告对原告实施严重家庭暴力行为，导致原告左侧第6肋骨骨折、手部外伤、胸部挫伤、头部软组织挫伤、全身多发软组织损伤的严重后果，此后原告深受后遗症困扰，一直随诊至2016年3月	19	提交复印件，原件可核对
	14	2015年9月12日凌晨×××新城小区西门的录像截图及文字说明	视听资料	×××新城小区物业管理处	2015年9月12日	2015年9月12日，被告再次对原告实施家暴行为，追至小区门口，对原告造成严重的身体伤害，原告无奈报警	26	提交录像照片打印件及说明

续表

分类说明	编号	证据名称	种类	来源	取得或登记时间	证明内容	页码	备注
家庭暴力感情破裂	15	2015年9月12日报警记录及警方询问笔录	书证	北京市公安局海淀分局西北旺派出所	2015年9月12日	2015年9月12日，被告再次对原告实施家暴行为，原告不得不于凌晨时分报警，证明被告的家庭暴力过错及夫妻感情确已破裂	4	提交复印件
	16	伤情诊断证明信及法医学人体损伤程度鉴定书	书证	北京市公安局海淀分局西北旺派出所	2015年9月12日（2015年10月27日出具）	2015年9月12日被告对原告实施的家庭暴力行为严重，经公安机关依法委托专业鉴定机构鉴定，原告伤情被鉴定为轻微伤	3	提交复印件
	17	EMS邮寄信息单及给×××××部的致信	书证	原告	2015年10月28日	在被告多次家暴行为之后，原告不敢回家，不得不向被告单位求助，证明被告在婚姻中确实存在家庭暴力过错，对婚姻破裂负有不可推卸的责任	6	提交复印件

续表

分类说明	编号	证据名称	种类	来源	取得或登记时间	证明内容	页码	备注
家庭暴力感情破裂	18	刑事立案通知书	书证	××市××区人民法院	2016年1月14日	就被告多次对原告实施家庭暴力，造成原告多处损伤，原告曾向××区人民法院提起刑事自诉，要求依法判决被告构成虐待罪，证明夫妻感情已彻底破裂	1	提交复印件，原件可核对
子女抚养	19	女儿×××的出生证明	书证	××妇产医院	2014年11月25日	证明×××系原告与被告的婚生女儿	1	提交复印件
夫妻共同财产	20	给被告方院分房委员会的承诺书	书证	原告	2015年4月15日	证明双方婚后开始承租被告单位的公房三居室（××区×××路××小区12号楼1单元1号），该房屋原告要求依法继续承租或由被告给予相应折价补偿	2	提交复印件，原件可核对

表 8.2　证据目录 2

提交人（签名）：　W　　　　　　　　　　　　　　　　　　提交日期：

分类说明	编号	证据名称	种类	来源	取得或登记时间	证明内容	页码	备注
婚姻关系及感情破裂	1	结婚证	书证	××市××区民政局	2014 年 7 月 28 日	证明原被告婚姻关系及结婚时间	3	提交复印件，原件可核实
	2	原告受伤照片	书证	原告	2016 年 5 月 4 日	证明被告对原告存在暴力行为，夫妻感情确已破裂	8	提交原件
	3	医院伤情证明书	书证	××××医院	2016 年 5 月 5 日	同上	1	提交复印件，原件可核实
	4	录音（双方通话录音）	视听资料	原告	2015 年 6 月 21 日	同上		提交光盘一张

续表

分类说明	编号	证据名称	种类	来源	取得或登记时间	证明内容	页码	备注
个人财产	5	机动车综合信息查询	书证	北京市车管所	2015年1月27日	……	1	提交复印件，原件可核实
	6	中国民生银行个人账户对账单	书证	中国民生银行	2015年1月18日	……	1	提交复印件，原件可核实
	7	北京××贸易有限公司企业信息	书证	企业信息网	2015年9月26日	……	1	提交打印件
	8	原告中国建设银行1660账户交易明细	书证	中国建设银行	2014年7月2日	……	1	提交复印件，原件可核实

以上两个案件，我们都提交了有关家庭暴力的证据，但很明显，第一个案件证据更多、更充分，第二个案件证据较少。一般情况下，我们会认为，第一个案件获得法院认定的可能性更大，原来我也是这样认为的，因为第一个案件中的“J”最严重的伤情是断了一根肋骨，而且男方施暴的次数更多，时间更长，方法更恶劣。而第二个案件证据少、形式较单一，伤情也只是软组织挫伤。但实际的判决情况大相径庭，我们来看一下两份判决中对家庭暴力的认定：

J 案判决书：

每月支付抚养费，抚养费的具体数额，本院根据的收入情况，酌定为 2000 元。关于孩子探视问题，直接抚养孩子，不存在孩子探视问题。关于　主张的家庭暴力损害赔偿问题，　将　打成轻微伤，未造成一定伤害后果，尚不构成法定损害赔偿之情形，故对该主张本院不予支持。　工资账户余额 12 000 元、转入股票 110 000 元及婚后还贷 20 000 元，应作为夫妻共同财产予以分割，[redacted]主张其工资账户中有其婚前昆明房屋的租

W 案判决书：

家庭暴力的；（四）虐待、遗弃家庭成员的。”原、被告自愿登记结婚后，未能巩固夫妻感情，原告[redacted]以被告对其实施家庭暴力为由起诉要求离婚，并提供证据证明双方婚后被告[redacted]曾两次动手打伤原告，虽然被告对此不予认可，但未提供证据推翻其在与原告及其母亲的通话中对其打过原告的事实的自认，也未提供证据证明原告在双方争吵的次日到医院就诊的诊断记录和原告伤情照片显示的受伤情况与被告无关，原告坚持要求离婚，本院准许原、被告离婚，对原告要求被告赔偿精神损害抚慰金的请求予以支持，关于被告应给付的抚慰金数额由本院酌定。原告称登记在被告之父名下的车辆系原告出资购买，要求被告返还车辆或购车款，因该事实和法律关系的认定涉及案外第三人，不属本案审理范畴，当事人如有争议可另行解决。依照《中华人民共和国婚姻法》第三十二条、第四十六条之规定，判决如下：

一、准许原告[redacted]与被告[redacted]离婚；

二、被告[redacted]于本判决生效后七日内向原告给付精神损害抚慰金一万元；

三、驳回当事人的其他诉讼请求。

如果未按本判决指定的期间履行给付金钱义务，应当依照《中华人民共和国民事诉讼法》第二百五十三条规定，加倍支付迟延履行期间的债务利息。

案件受理费七十五元，由原告[redacted]负担三十八元（已交纳），由被告[redacted]负担三十七元（于本判决生效后七日内交纳）。

在前一个案件中，虽然提交了大量的证据，但法官仍认为“被告将原告打成轻微伤，未造成一定的伤害后果，尚不构成法定损害赔偿之情形，故对原告该主张本院不予支持。”在后一个案件中，虽然证据较少，当事人受伤的程度也较轻，但是法官却认定了被告的家庭暴力行为，并据此在女方第一次起诉时就判决双方离婚，并给予了女方离婚损害赔偿。这两个案子的结果都出乎我的意料，在第一个案件中，虽然律师没有表示法官一定会认定家庭暴力，但是从证据和以往经验分析，觉得法官应当认定并支持我方提出的损害赔偿请求，但结果是没有支持，即便法官认为被告有打人行为，仍以“未造成一定伤害后果”为由不予赔偿。这一点，让人不太信服。而第二个案件，律师已经提前给当事人做过工作，表示证据较少，不一定会被法官认定为家庭暴力，如不能认定，被告又不同意离婚，很可能法官会判决不准离婚，需要二次诉讼。没有想到法官不仅认定了家庭暴力行为，判决了一定的赔偿款，还在第一次起诉中直接判决双方离婚。

通过这两个案件，我有两点体会：

1. 不要预判案件

有些律师有丰富的实务经验，在没有开庭及判决前，往往对相关事务有自己的预判，而且大部分情况下会应验。但是，如果只根据自己的经验去做事，容易出现误判。对同一问题的认定，每个法官都不一样，习惯不一样，有的严谨，有的粗放；有的法官不注重学习，不了解法律的变化，比较固守；有的法官却注重专业，勤于研究，细看证据。你不知道会碰上什么样的法官，他们对同一问题的裁量标准往往不同。所以，只要尽力朝着有利于当事人的方向去提交证据和提出主张即可，切忌盲目主观，固执不通。

这一点，其实专业律师最需注意。为什么呢？因为专业律师和法官之间最易沟通，大家都有专业知识和实务经验，做事也容易程式化。对于不了解“套路”的年轻律师的尝试,很多情况下较易否定。其实,专业律师切不可过于固守,凡事皆有例外,只要当事人提出了相关主张,在法律上有可能的情况下,都可以为其争取。这也是为什么有些刚开始执业的律师,经验虽然不丰富,但是往往会出奇制胜,也是因为他们没有固有的观念,愿意从多种角度不遗余力去尝试。

2. 关于家庭暴力事实认定与法律适用

对于上述第一个案件,在一审后原告上诉,虽然没有请律师,我仍然给予了指导,认为法官所述“未造成一定伤害后果”的认定显然不妥,这个法官显然认为,“轻微伤”不是法律后果,那么必须达到轻伤以上才算有法律后果?这岂不是把婚姻法上的伤害后果的标准直接等同于刑法上的故意伤害行为的刑事责任标准了。这是第一点不妥之处。

此外,当时适用的原《婚姻法司法解释(一)》第1条虽然规定了“家庭暴力”是指行为人以殴打、捆绑、残害、强行限制人身自由或者其他手段,给其家庭成员的身体、精神等方面造成一定伤害后果的行为,但是后来的《反家庭暴力法》将对“伤害后果”的要求去掉了,其第一章第2条规定,本法所称家庭暴力,是指家庭成员之间以殴打、捆绑、残害、限制人身自由以及经常性谩骂、恐吓等方式实施的身体、精神等侵害行为。相较原《婚姻法司法解释(一)》中对家庭暴力的解释多了“经常性谩骂、恐吓等方式”,将原来模糊不清的“其他行为”进行了具体说明。所以,家庭暴力不只局限于“动手”,不适当的“动口”也会触碰到法律禁区,法律也没有对伤害后果提出要求。而本案审理时,《反家庭暴力法》早已施行,很显然,这位法官肯定是停留在原有的对“家庭暴力”的认识中,而忽略了对新法的学习。相较原《婚姻法》,《反家庭暴力法》不仅仅是新法,而且是特别法,无论从哪个角度,都应当适用《反家庭暴力法》的规定。

此案二审被发回重审,最终结果不得而知,但笔者却因此对家庭暴力的概念加深了认识。所以我们今后如果再发现法官有对家庭暴力“伤害后果”的要求时，应当明示这是适用法律错误，并指出明确的法律依据。

二、子女抚养中的常见法律问题

有关子女抚养权、抚养费及探视等有诸多法律问题，受篇幅所限，我们在此讨论两个常见的问题，一是经常会遇到的轮流抚养问题，二是有关抚养费标准和给付时间等问题。

（一）关于轮流抚养

1. 法律依据

在离婚案件中，必须要处理子女抚养问题，主要包括抚养权的归属、抚养费和探视。对抚养问题，经常有当事人询问，可不可以轮流抚养子女，有些人说我们虽然离婚，但是还想要“共同抚养”子女，也就是抚养权不放在一人手中，名义上还是共同抚养，由于双方离婚后要分开居住，子女的抚养实际上变成了轮流抚养。

关于轮流抚养，法律并不禁止。在《婚姻家庭编解释（一）》中，第48条规定，在有利于保护子女利益的前提下，父母双方协议轮流直接抚养子女的，人民法院应予支持。可见，法律是允许轮流抚养的。但是这种情况下，抚养权如何处理呢？法院会把轮流抚养的字眼写进判决书或调解书吗？

2. 轮流抚养情况下的抚养权归属

根据我们办案过程中的经验，法院在离婚诉讼中对于抚养权，一般是明确在一人名下，我从未见过判决书或民事调解书中对抚养权问题采用“轮流抚养”或“共同抚养”的。一般是先将抚养权明确在一人名下，然后再增加实际轮流抚养的具体内容。关于轮流抚养的内容，有些法院是要求双方通过私下协议处理，不会写在判决书或调解书中。所以，如果是离婚诉讼,我们也会和双方当事人协商,先将抚养权明确在一人名下,然后确定轮流抚养的具体内容,法院可选择写在法律文书正文中,或者至少记录在庭审笔录里。也就是说,民事判决书和调解书中,抚养权是会明确在一人名下的。

如果是通过民政机构办理的协议离婚,我们的离婚协议书中对于轮流抚养的约定可以宽泛得多,有些“共同抚养”和“轮流抚养”的内容并未被禁止。当然,出于法律上的衔接,我们一般会建议还是要明确一个抚养权人,因为离婚后子女办理一些事项时,需要法律上的抚养权人出面。但是实际的抚养完全可以双方轮流,轮流的频率等内容可以在离婚协议中写得非常详细。

3. 关于“轮流抚养”的具体内容

至于当事人间如何“轮流抚养”,我们一般会先听取当事人自己的意见,然后再给出建议。比如,女方时间充裕,男方经常出差,我们就建议子女在女方处两个月,再在男方处一个月,以此轮换。或者轮流频率过大,怕影响孩子的生活安排,双方也可协商每半年交换一次等。也有的当事人,在子女抚养方面矛盾不深,完全可以以周为频率轮流抚养。这些可以根据案件的情况灵活设计。

4. 轮流抚养模式下的抚养费

普通的离婚案件,一方直接抚养子女,另一方给付抚养费,抚养费数额明确,给付义务人也明确。但是轮流抚养情况下的抚养费的给付就成了一个问题。要解决谁给谁的问题,还有如何管理的问题,甚至是用不用给都是问题。这个也需要针对案件的具体情况来帮助当事人作出安排。

假如双方收入都差不多,轮流抚养的时间也一样,如每月轮换一次,则孩子的各项费用由当时的直接抚养人支付,不必再分那么清楚。双方也可协商对于较大额度的支出平均承担,小额的费用就随机支付了。对于抚养时间不太一致的,如一个人抚养三个月,另一个人抚养一个月,这样的情况可以设计成抚养时间较短的人需要给一定的抚养费。

轮流抚养的抚养费,我比较建议的是建立一个共同账户,小额的各项费用随机支付,大额的以共同账户内的钱来支付。共同账户内钱的来源,可以根据双方的收入情况,一人一半,或者一人多些另一人少些,均可。当然有的案件,一方的经济收入明显好于另一方,大额的抚养费均由一方支出,也是可以的,只要双方协商一致就行。

5. 轮流抚养的利与弊

轮流抚养,使离婚后双方均可抚养子女,减少在离婚中为争抢孩子而大伤和气的现象,在离婚后孩子也可更多地接触父母双方,不失为一种好的解决方案。但是这种情况一般只发生在理性离婚的案例中,如果双方经常争吵,在教育子女的方式上本就不同,有些人甚至就是因为抚养理念不同导致离婚,如果轮换的频率又较频繁,对孩子到底是不是一件好事,是值得探讨的。

在离婚案件中,关于是否采用轮流抚养的方式,当事人经常和我们讨论,大部分情况下,我们最终会否决这种方式。原因就是这种方式很可能还是会将双方的矛盾体现在双方的抚养方式上,双方都要决定权,理念又不一样,孩子今天要按照这个标准,明天到了另一家,又要按照另一个标准,无所适从,倒不如由一方直接抚养,并决定和安排孩子生活教育的大部分事项,另一方以给付抚养费和定期探视的方法来抚养孩子。

所以说,是否采用这种方式,主要根据案件的具体情况决定。

(二)关于抚养费

1. 抚养费的概念

根据《婚姻家庭编解释(一)》第 42 条之规定,《民法典》第 1067 条所称“抚养费”,包括子女生活费、教育费、医疗费等费用。所以,抚养费已经涵盖了子女的生活费、教育费和医疗费等,支付了子女抚养费后,一般无须再单独支付其他的费用。但是子女有特殊情况的,如突发重大疾病,需要大额的治疗费等,这种费用应当不包含在普通的抚养费当中。

2. 抚养费标准

关于抚养费的标准,也是我经常被问到的问题,在《婚姻家庭编解释(一)》中,有关于抚养费标准的明确规定。即第 49 条:抚养费的数额,可以根据子女的实际需要、父母双方的负担能力和当地的实际生活水平确定。

有固定收入的,抚养费一般可以按其月总收入的百分之二十至三十的比例给付。负担两个以上子女抚养费的,比例可以适当提高,但一般不得超过月总收入的百分之五十。

无固定收入的,抚养费的数额可以依据当年总收入或者同行业平均收入,参照上述比例确定。

有特殊情况的,可以适当提高或者降低上述比例。

从中可以看出,子女的实际需要、父母双方的负担能力和当地的实际生活水平是法官考虑抚养费标准的三个原则性因素,月收入的20% ~30% 的比例应是在这三个原则之下作为参考的。

有些人可能会认为20% ~30% 是个硬性的规定,所以抚养费要按照此标准机械地计算。在实践中,我发现法官并不是特别严格地依此标准判决,尤其是在一方收入明显很高的情况下,子女的实际需要可能没有那么高,标准可能会下调。

3. 抚养费的给付方式

根据《婚姻家庭编解释(一)》第 50 条的规定,抚养费应定期给付,有条件的可一次性给付。实践中也有很多当事人想让律师帮助争取一次性支付抚养费,我都会告知,除非对方同意,否则抚养费就是按月定期支付,法官判决按月支付抚养费已成为惯例,不会轻易判决一次性支付抚养费。抚养费定期支付其实是有合理性的,随着通货膨胀,一方收入的变化等,当抚养费不再适合当下的情况时,任何一方有权起诉申请变更抚养费,调高或降低抚养费数额。

当然,该解释第51条同时规定,父母一方无经济收入或者下落不明的,可以用其财物折抵抚养费。但是这种情况比较少见,是特殊情况下采用的方式。

同时,该解释第52条还规定,父母双方可以协议由一方直接抚养子女并由直接抚养方负担子女全部抚养费。但是,直接抚养方的抚养能力明显不能保障子女所需费用,影响子女健康成长的,人民法院不予支持。说明即便夫妻双方协商一致由一方单独承担子女的全部抚养费,但如发现该方没有足够的经济能力时,法官可强制判决另一方必须支付抚养费,以实现儿童利益最大化。

4. 抚养费的给付年限

根据《婚姻家庭编解释(一)》第53条的规定,抚养费的给付期限,一般至子女18周岁为止。

16周岁以上不满18周岁,以其劳动收入为主要生活来源,并能维持当地一般生活水平的,父母可停止给付抚养费。

所以,法官判决抚养费,一般只判决至18周岁止。但是实际的情况是,现在子女一般都要接受大学教育,在22周岁之前根本没有收入。《婚姻家庭编解释(一)》第41条规定,尚在校接受高中及其以下学历教育,或者丧失、部分丧失劳动能力等非因主观原因而无法维持正常生活的成年子女,可以认定为民法典第一千零六十七条规定的"不能独立生活的成年子女"。

但是对于大学生,实务中大部分法院不会认定为"不能独立生活的成年子女"。这时候如果父母中的一方就是不承担子女的任何生活费、教育费等,其实这部分义务就变成了另一方的个人义务,因为不可能因此让孩子失学。如果父母一方就是不承担此期间的任何费用,对另一方父母是不公平的，因为这期间子女的各项费用实际由其中一方自行承担了，子女虽然已成年，但是明显不具备完全经济独立的条件。笔者曾代理的一个案件，就遇到这一情况，因为该子女是外籍，经查其本国法，发现该国规定子女成年年龄为18周岁，但是父母需支付学费等抚育费用至子女21周岁止。笔者认为这样的规定更人性化，更符合实际，如果子女接受大学教育，父母双方有能力的情况下应当都承担一部分生活费、教育费和医疗费，这样才更为合理。

虽然法院的判决书和调解书一律将抚养费的支付年限写到子女18周岁，但是在为当事人起草离婚协议时，很多情况下我会扩展这一年限，直接写到22周岁，虽然18周岁后的费用不再是严格法律意义上的“抚养费”，但其本质并没有太大的区别，在表达上，我们有时也会单独将18周岁至大学毕业的子女费用承担进行约定，虽然法律上没有强制规定这期间支付子女的相关费用，但是如果双方有约定，法律也不会禁止。

第二节　离婚案件夫妻共同财产性质认定常见法律问题

在整个婚姻家庭业务中，离婚案件是占比最大的，另外还有一些离婚后财产纠纷案件，然后是继承类案件，相对数量都较多。离婚和离婚后财产纠纷案件，必涉及夫妻共同财产的分割，而继承案件，由于我国适用婚后所得共同制的法定财产制度，继承时也要先析分出生存配偶的财产，剩余的才是死者遗产，所以，实际上也会涉及一些财产分割的内容。所以说，共同财产分割业务是婚姻家事律师业务的重中之重，是开庭时律师需使用最多的业务技能。

在此，笔者选择将夫妻共同财产分割的整体业务内容拿出来与大家一起探讨，并选择某些重点问题深入分析，同时讨论一些典型案例。

一、哪些财产属于夫妻共同财产

(一)相关法律规定

《民法典》

第一千零六十二条 【夫妻共同财产】夫妻在婚姻关系存续期间所得的下列财产,为夫妻的共同财产,归夫妻共同所有:

(一)工资、奖金、劳务报酬;

(二)生产、经营、投资的收益;

(三)知识产权的收益;

(四)继承或者受赠的财产,但是本法第一千零六十三条第三项规定的除外;

(五)其他应当归共同所有的财产。

夫妻对共同财产,有平等的处理权。

《民法典》第1062条列举了哪些财产归夫妻共同所有,是有关财产制度的基本条款。

此条款还规定了夫妻对共同财产,有平等的处理权。当然,对于财产的处理,夫妻还享有日常家事代理权,对此,《民法典》中已有专门的条款规定,即第1060条。同时,《民法典》在第1063条规定了哪些财产为夫妻一方的个人财产:

《民法典》

第一千零六十三条 【夫妻个人财产】下列财产为夫妻一方的个人财产:

(一)一方的婚前财产;

(二)一方因受到人身损害获得的赔偿或者补偿;

(三)遗嘱或者赠与合同中确定只归一方的财产;

(四)一方专用的生活用品;

(五)其他应当归一方的财产。

可以说,《民法典》第1062条和第1063条是有关我国财产制度的最基本的内容,整体上规定了哪些财产属于夫妻共有,哪些属于个人所有。相关司法解释都是在这两条的基础上进行的解释。如:

《婚姻家庭编解释(一)》

第二十四条　民法典第一千零六十二条第一款第三项规定的“知识产权的收益”,是指婚姻关系存续期间,实际取得或者已经明确可以取得的财产性收益。

第二十五条　婚姻关系存续期间,下列财产属于民法典第一千零六十二条规定的“其他应当归共同所有的财产”:

(一)一方以个人财产投资取得的收益;

(二)男女双方实际取得或者应当取得的住房补贴、住房公积金;

(三)男女双方实际取得或者应当取得的基本养老金、破产安置补偿费。

第二十六条　夫妻一方个人财产在婚后产生的收益,除孳息和自然增值外,应认定为夫妻共同财产。

第二十七条　由一方婚前承租、婚后用共同财产购买的房屋,登记在一方名下的,应当认定为夫妻共同财产。

第三十条　军人的伤亡保险金、伤残补助金、医药生活补助费属于个人财产。

第七十一条　人民法院审理离婚案件,涉及分割发放到军人名下的复员费、自主择业费等一次性费用的,以夫妻婚姻关系存续年限乘以年平均值,所得数额为夫妻共同财产。

前款所称年平均值,是指将发放到军人名下的上述费用总额按具体年限均分得出的数额。其具体年限为人均寿命七十岁与军人入伍时实际年龄的差额。

关于债务问题,新出台的《民法典》,已将原来的司法解释的内容正式规定进主文中,即《民法典》第1064条,基本上是原来法释〔2018〕2号《最高人民法院关于审理涉及夫妻债务纠纷案件适用法律有关问题的解释》中的规定,实际上明确了对债务性质如何认定的标准,简言之,如图8.1所示:

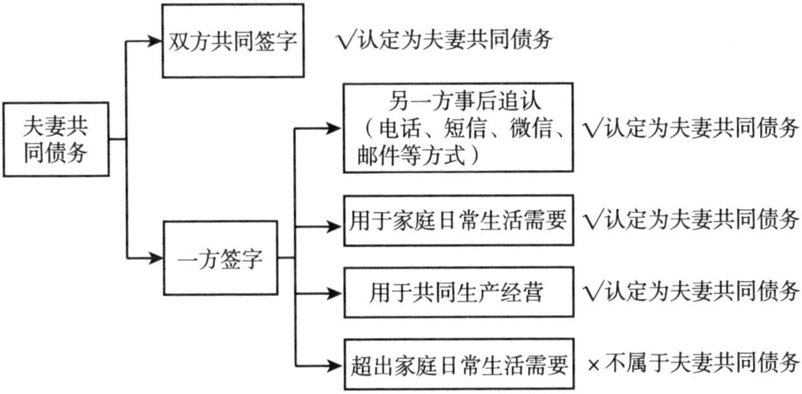

图8.1　夫妻债务性质认定标准

根据以上法律和司法解释的规定,我们来看一个案例:

王杰(男)与李娟(女)于2003年10月结婚,当时王杰24岁,是军人,18岁时即入伍,王杰两年前退伍,军队为其发放复员费和自主择业费20万元。现在王杰33岁,二人感情不睦,协商离婚。对于其他财产均能达成一致分割意见,唯独对于王杰的复员费和自主择业费20万元,不能达成一致分割意见。王杰认为属于自己的个人财产,不应分割,李娟认为应为夫妻共同财产,一人一半。为此诉至法庭要求分割,请问,该20万元应否分割,如可以分割,如何分割?

根据前文列举的《婚姻家庭编解释(一)》第71条的规定,首先要计算出年平均值,即发放到军人名下的上述费用总额按具体年限均分得出的数额,而具体年限为人均寿命70岁与军人入伍时实际年龄的差额,具体到本案的情况:

年平均值:200,000 ÷(70 - 18)= 3846

然后要计算出婚姻存续期间,即:

婚姻存续年限:33 - 24 = 9

用年平均值乘以婚姻存续年限即是夫妻共同财产的部分:

夫妻共同部分:3846 × 9 = 34,614

一般情况下,夫妻共同财产平均分割,李娟可获得其中的一半,即:

李娟可获得:34,614 ÷ 2 = 17,307

(二)财产形态

在前述第四章第二节证据准备中,关于财产证据的准备和调查内容里,我其实已经列举了相关的财产形态,在此再简单列举一下主要财产形态,因为作为专业律师我们要明白重点从哪些方面提醒当事人示明夫妻共同财产情况,即:

1. 房屋及家具家电;

2. 公司股权/股份/合伙份额/公司期权;

3. 汽车;

4. 存款;

5. 股票、有价证券;

6. 基金;

7. 期货;

8. 住房公积金、住房补贴;

9. 保险金;

10. 古董、价值较高的首饰;

11. 知识产权的收益；

12. 债权及债务。

以上是最常见的财产形态，当然，财产可能还有其他的类型，很难穷尽。

二、哪些财产性质易产生纠纷

虽然《民法典》第五编婚姻家庭及相关司法解释中对于哪些财产属于夫妻共有，哪些是个人所有，作了许多规定，但是在司法实践中，具体到某些财产，还是会在性质方面产生争议，即对到底是共同所有还是个人所有，产生截然不同的认识，而这往往会成为案件中的焦点。下面我们来讨论几种财产：

（一）一方以个人财产投资取得的收益

根据《婚姻家庭编解释（一）》第25条的规定，一方以个人财产投资取得的收益属于民法典第一千零六十二条规定的“其他应当归共同所有的财产”。据此一方的个人投资本金部分还是属于个人所有，但是婚后产生的收益就是共同所有了。乍一看，规定得十分清晰，应该不会产生什么争议，但是实际上，具体到个案，可能非常具有争议。

首先从概念上，什么是“收益”就是问题，在司法实践中对“收益”的认识就不一致，如房子在婚后的增值算不算“收益”，一方婚前的股权，在婚后的增值算不算“收益”，一方以炒股为主要职业，其婚前购买的股票婚后的增值利益算不算“收益”？对此，《婚姻家庭编解释（一）》第26条进行了解释，该条规定：夫妻一方个人财产在婚后产生的收益，除孳息和自然增值外，应认定为夫妻共同财产。也就是说，孳息和自然增值不属于共同财产，是个人财产。以房屋为例，婚前一方全款购买的房屋，婚后的增值利益完全来自通货膨胀及市场行情变化，与个人的劳务付出、投资管理等没有什么关系，属于“自然增值”，因此，也就不是“收益”，应为婚前购买一方的个人财产。

尽管如此,在具体案件中,“收益”的认定有可能还是会成为争议焦点。以我代理过的一个案件为例。在该案中,一方用自己的婚前存款支付了房屋的全部首付款,然后将房屋出租,以租养贷,租金完全可以涵盖每月房贷数,这种情况下,我们主张房租是购买方的个人财产,因为首付款全部来自其个人婚前的存款,所以整个房款均来自个人财产,房子也应该属于购买方个人所有。这个案件中,房租到底是个人所有还是共同所有成为了认定房屋性质的关键。如果房租被认定为个人所有,则所有购房款和贷款均来源于个人,那么房屋是其个人财产,如果房租被认定为“一方以个人财产投资取得的收益”,则属于夫妻共同所有,还贷就来源于夫妻共同财产,房子相应地也就不会被认定为个人财产,而属于夫妻共有。所以,这个法律适用问题必然会成为本案的焦点。最终,法庭认为该房屋不是购房者名下的唯一住房,应视为一种“投资”,房租也就成了“投资收益”,属于夫妻共同所有,所以房屋最终被认定为夫妻共有。

其实,关于房租到底是属于“孳息”还是“收益”始终是有争议的,每个法官的认识不一样,个案的情况也不同,以本案为例,法官之所以将房租认定为“收益”,与该房屋不是当事人名下唯一的房子这个事实有关,法官认为属于投资行为,所以将房租认定为“收益”。但是,如果这是当事人名下的唯一房屋呢?房租到底是“孳息”还是“收益”恐怕就不一定了。所以说,认识不同,事实不同,可能导致的认定也不同。在实践中,表面上十分清楚的法律规定,在适用时也可能会有争议。之前有调查称,这个世界上最不容易被人工智能代替的职业之一包含法律工作,笔者深以为然,法律专业问题向来不是一个一加一等于二的简单问题,它是复杂的、具体的,法律规定有时候也只是原则,在法律的适用上,永远都会存在“争议”。这可能也是法律工作的魅力之一吧。

(二)养老保险金等保险类财产

在夫妻共同财产分割中,保险类的财产如何分割是难点之一。这和保险这种财产的特点有关,关于保险合同相关权益是否系夫妻共同财产、可否分割、以什么标准进行分割等,存在诸多的争议。

《婚姻家庭编解释(一)》第80条规定:"离婚时夫妻一方尚未退休、不符合领取基本养老金条件,另一方请求按照夫妻共同财产分割基本养老金的,人民法院不予支持;婚后以夫妻共同财产缴纳基本养老保险费,离婚时一方主张将养老金账户中婚姻关系存续期间个人实际缴纳部分及利息作为夫妻共同财产分割的,人民法院应予支持。"也就是说,如果当事人还未退休,只能对于婚姻关系存续期间个人实际缴付部分主张分割,这种规定就具有可操作性,实践中这样的案例我也见了不少。当然有些案件,考虑到双方都有养老保险,或者数额不高,不分割或者归各自所有的情况也非常多。

那商业保险呢?人寿保险呢?是不是也可以参考这个做法,即对婚姻存续期间实际缴付部分进行分割?我们来看一下《第八次全国法院民事商事审判工作会议(民事部分)纪要》的相关规定:

4. 婚姻关系存续期间以夫妻共同财产投保,投保人和被保险人同为夫妻一方,离婚时处于保险期内,投保人不愿意继续投保的,保险人退还的保险单现金价值部分应按照夫妻共同财产处理;离婚时投保人选择继续投保的,投保人应当支付保险单现金价值的一半给另一方。

5. 婚姻关系存续期间,夫妻一方作为被保险人依据意外伤害保险合同、健康保险合同获得的具有人身性质的保险金,或者夫妻一方作为受益人依据以死亡为给付条件的人寿保险合同获得的保险金,宜认定为个人财产,但双方另有约定的除外。

婚姻关系存续期间,夫妻一方依据以生存到一定年龄为给付条件的具有现金价值的保险合同获得的保险金,宜认定为夫妻共同财产,但双方另有约定的除外。

根据上述规定，在婚姻关系存续期间以共同财产投保的，投保人和被保险人同为夫妻一方的，保险的现金价值可以作为共同财产进行分割。对于意外伤害保险金，一般认定为个人财产。

在实践中，我们对于被保险人和受益人是子女的保险利益，一般会不同意作为夫妻共同财产分割，因为夫妻双方都有抚养子女的义务，不应把这种保险权益视为夫妻的共同财产，这种主张也得到过法院的支持。对于夫妻中一方作为投保人和受益人的以投资理财为目的的非人寿保险，我们也提出过按婚姻存续期间实际投入的部分作为共同财产予以分割，也获得了法庭的支持。

对于婚姻存续期间投保并已取得的保险金，只要不是与人身有密切联系的性质，一般可以作为夫妻共同财产处理。但是，对于尚未取得保险金的保险合同，尤其是投保人和被保险人不一致的情况，再加上受益人也可能是夫妻之外的人如子女，如何分割情况复杂，没有相应的法律规定，实践中也很难处理。要根据具体情况具体分析。

总体来说，比较确定的情况有：

1. 养老保险金的处理有明确的规定，按《婚姻家庭编解释(一)》的规定，离婚时夫妻一方尚未退休、不符合领取养老保险金条件的，只处理婚姻关系存续期间实际缴付的部分。

2. 与人身有关系的意外险、或者夫妻一方作为受益人依据以死亡为给付条件的人寿保险合同获得的保险金，一般认定为个人财产。这一点在《婚姻家庭编解释(一)》第30条中也有类似规定：

第三十条　军人的**伤亡保险金**、伤残补助金、医药生活补助费属于个人财产。

3. 以分红及理财为目的的其他商业保险利益，投保人和受益人同为夫妻一方的，或投保人与被保险人同为夫妻一方的，法官一般按保险现金价值或婚姻关系存续期间投入部分予以分割。

（三）与公房相关的财产权

众所周知，公房的所有权属于产权单位，如政府或企事业单位，而不属于公房的承租人，所以离婚案件肯定不能直接分割公房本身。但是拥有公房的承租权，可以使承租人以极低的价格承租并使用房屋，承租权益是具有明显的财产属性的。所以公房承租权，历来在继承和离婚财产分割中，很易成为焦点问题。虽然法律上对于公房承租权不是遗产这一结论，基本上是通识，但争议仍然以其他方式存在。比如，在公房承租人去世后，新的承租人的确定上，继承人极易产生纠纷，或者在公房承租人去世后未变更新的承租人之前，公房拆迁，所获拆迁利益的归属上，仍然极易引发继承纠纷。

同样，对于离婚时夫妻一方作为承租人的公房，如何处理，相关权益可否作为共同财产分割，仍然是经常遇到的问题之一。对此，之前法院需要对照《最高人民法院关于审理离婚案件中公房使用、承租若干问题的解答》这一司法解释，现该司法解释虽已失效，但并未出台新的相关司法解释，法院应当还是沿用之前的做法或参考之前相关判例。

例如，对于在什么情况下，离婚后双方均可承租公房，在实践中，我们遇到的最多的情形是“婚前由一方承租的公房，婚姻关系存续5年以上的；”或者“婚后一方或双方申请取得公房承租权的”，这两种情形最为常见，也就是说，即便是婚前一方承租的公房，如果婚姻关系存续期间超过5年，另一方也是可以申请继续承租的。但是我们在实践中发现，如果公房单位出具证明，表示只同意本单位员工继续承租，而配偶非本单位员工的，法官一般会尊重公房单位的意见，采用给另一方适当经济补偿的方式处理。该解答第4条明确：“对夫妻双方均可承租的公房而由一方承租的，承租方对另一方可给予适当的经济补偿。”但是，该经济补偿采用何种标准，实际上并没有规定，所以实践中基本上是法官自由裁量，但该种经济补偿都不会太高，与产权房的折价是完全无法相比的。

另外，该解答第5条还规定，夫妻双方均可承租的公房，如其面积较大能够隔开分室居住使用的，可由双方分别租住。在笔者代理的案件中，也有法官将两间公房判决双方各承租一间的。该解答对于公房的分割原则也作了规定，即"(一)照顾抚养子女的一方；(二)男女双方在同等条件下，照顾女方；(三)照顾残疾或生活困难的一方；(四)照顾无过错一方。"总体上，法院处理公房问题，应该还是沿用这些原则。

第三节　离婚案件房屋分割一般方式

一、婚后全款购买(或贷款已还清)

这类房屋是典型的夫妻共同财产，不管是以一人名义购买还是以夫妻双方名义购买，因为是婚后购买的，没有证据证明是以一方个人财产出资，就应当是夫妻共同财产。一般情况下，我们只要将房屋买卖合同、购房发票和房产证作为证据提交，再对照结婚证确定房屋购买于婚后，就算完成了举证责任，可以证明房屋是夫妻共同财产。或者只交一个房产证，双方确认一下共有性质，法院即可分割。分割的方式也最为简单，就是双方确定一下房屋现在的市场价值，要房子的人给另一方折价即可。双方对房屋现值不能达成一致意见的，可由一方申请评估，由司法鉴定机构出具评估报告，来确定房屋的市场价值，依法分割即可。

分割的比例，实践中最多的是一人一半，即一方要房子，要给另一方相当于50%产权价值的折价。当然，有时候法官需要照顾女方和子女利益，或者需要照顾无过错方利益，也不一定是一人一半。但是平均分割是最为常见的。当然，有些时候购房的款项并不都是来源于夫妻共同财产，如一方用个人财产出资一部分，或其父母出资一部分，法官可能会认定房屋按份共有,也不一定会平均分割。如一方出资明显较多,双方条件都差不多的情况下,法官也可能会倾向于将房屋判给产权份额多的一方,由该方给另一方支付折价。

同时,双方都要求房屋归自己所有,给对方折价的,法官要综合各种情况来确定到底把房子判给哪一方,毕竟拿折价的一方更可能产生执行问题。如果女方带孩子,法官最有可能将此类房屋判归女方所有,采取由女方和子女居住,给男方支付折价的分割方式。

在这里,其实有一个关键问题,就是必须确定房屋的市场价值,如果不能达成一致,双方又都不肯申请评估,而双方对房屋的现值认定差异较大的,法官可能就无法按上述方法分割房屋,而只能采用判决共住的方法。所以,如果双方不能在庭审中就房屋现值达成一致意见,双方定价又很悬殊的,法官无法酌定,作为律师,应当明示自己的当事人,尤其是未登记在所有权证上的一方主动申请评估才对。否则法官面临着无法判决折价的困境,自然会选择判决共住,如一人住一间,客厅和厨房等处共用,当事人可能面临着离婚后再次诉讼分割房屋的情况,无端增加讼累,实无必要。在房屋现值无法确定的情况下,有个别的时候,法官也会采取向鉴定机构询价的方式解决,但这种情况极为少见。所以,适当时候要主动申请对房屋进行价值评估,以利于对房屋的实质分割。

二、婚后购买,有贷款未还清

婚后购买,但不是全款购买,离婚时未还清贷款的房屋,因为涉及借款人与银行之间的借款合同关系,处理时会稍微不同。而且折价的计算也稍微复杂一些。

首先,因为购买于婚姻存续期间,一般系用夫妻共同财产购买,所以房屋也是夫妻共有性质,要作为共同财产予以分割。房屋的分割方式,一般也是采取一方要房子,给另一方折价的方式。但是房子判归哪一方所有,除了要考虑照顾女方和子女利益、照顾无过错方、方便生产生活、出资情况等,还可能要考虑谁是借款人一方,对于购买人和借款人是夫妻中的一人的,法官更倾向于将房屋判归借款人一方,这样该方在离婚后可继续履行与银行间的借款合同,按月正常偿还贷款。这种房屋之所以难处理,是因为房屋上设定了抵押权,房屋无法带着抵押流转过户,必须先要解除抵押登记后,才能过户,也才能设定新的抵押,更换抵押人等,但是《民法典》第406条的规定其实突破了这一原则,从其内容看,抵押财产在未解抵押的情况下,可以处分、转让,我们来具体看一下这一条的规定:

《民法典》

第四百零六条 【抵押财产的处分】抵押期间,抵押人可以转让抵押财产。当事人另有约定的,按照其约定。抵押财产转让的,抵押权不受影响。

抵押人转让抵押财产的,应当及时通知抵押权人。抵押权人能够证明抵押财产转让可能损害抵押权的,可以请求抵押人将转让所得的价款向抵押权人提前清偿债务或者提存。转让的价款超过债权数额的部分归抵押人所有,不足部分由债务人清偿。

由于目前民法典实施不久,具体这一条在实践中如何操作,还不十分明朗,但是如果房屋的处分、转让不再受抵押登记的影响,则法院在这种房屋的处理上就更灵活方便。

如果房屋不适合判给借款人一方呢?比如,对方带着子女,也无其他住房,借款人一方存在过错,这种情况下判给借款人一方明显不合理。这种情况下,非借款人一方如果承诺可以在离婚后一次性还贷,就可以解决这一问题,法院有权利将房屋判给非借款人一方,由其一次性偿还贷款,办理解除抵押及过户手续。非借款人一方不能一次性还贷的,法官可能会选择判决房屋共住。也有当事人达成调解,同意离婚后一同卖房,扣掉贷款和税费后售房款平均分割的。

但是,如果夫妻二人有两套以上房屋,其中一套有贷款未还清,双方当事人对房屋分割又未达成一致意见的,法院会习惯性地将贷款未还清的房屋判给借款人一方,由他继续履行借款合同,并给对方房屋折价。折价的计算方法为:

(房屋市值 - 未还贷款本息) ÷ 2 = 折价

上述公式的分子中,扣减的未还贷款数,为什么是本息呢?笔者是根据《最高人民法院〈婚姻法司法解释(三)〉理解与适用》一书中对该解释第 10 条(现对应《婚姻家庭编解释(一)》第 78 条)的解释中所列的折价计算方法(见下述“四、婚前一方购买,婚后共同还贷”房屋的一般分割方式),认为应当加算利息。但是在个案中,也要根据具体情况,比如,有的当事人表示会尽快出售房屋或一次性还贷,实际上可能不会产生多少利息,此时可以按未还贷款本金数来扣减。

三、离婚时只支付了首付款的房屋

如果离婚时刚购买房屋不久,只支付了首付款,还未办理贷款的房屋,此时也未产生什么增值利益,也肯定没有办理产权转让,这本质上是一种合同债权。如果一方想拥有该合同债权并在以后拥有该房屋,给另一方折价,笔者认为一般不需要评估,可直接按首付款出资额进行分割,和存款的分割方法类似。因刚购买房屋,房屋没有什么增值利益,这样最为公平。

四、婚前一方购买,婚后共同还贷

对于婚前以一方名义购买,结婚后继续还贷的房屋,离婚时的分割是比较明确的,《婚姻家庭编解释(一)》第 78 条第 1 款有较明确的规定，即“夫妻一方婚前签订不动产买卖合同，以个人财产支付首付款并在银行贷款，婚后用夫妻共同财产还贷，不动产登记于首付款支付方名下的，离婚时该不动产由双方协议处理。依前款规定不能达成协议的，人民法院可以判决该不动产归登记一方，尚未归还的贷款为不动产登记一方的个人债务。双方婚后共同还贷支付的款项及其相对应财产增值部分，离婚时应根据民法典第一千零八十七条第一款规定的原则，由不动产登记一方对另一方进行补偿。”由此可见，如双方不能对该类房屋的分割达成一致，法院一般判决此类房屋归不动产登记一方，即婚前购买一方，由该方给予另一方折价补偿。折价的计算方法参考《最高人民法院〈婚姻法司法解释（三）〉理解与适用》一书中对原《婚姻法司法解释（三）》第10条的解释，现摘录如下：

对于如何确定未取得不动产所有权一方所应得到的补偿数额，审判实践中有几种不同的计算方式。目前，多数法院采取的计算方式如下：

假设婚前贷款购房者所购房屋的单价是每平方米15,000元，面积80平方米。首付款是36万元，按揭贷款84万元，贷款期限20年（240个月），则利息总计为603,452.87元。还款总额1,443,452.87元。如果采用等额还款的方式，月均还款6014.39元。双方当事人婚后共同还贷3年（36个月）后诉讼离婚，离婚时房屋经评估，价值400万元。计算可知，购房者为购买该房屋总共支付1,803,452.87元（120万元+603,452.87元）。其中，首付款在房价（房价款+利息）中所占比例为（36万元÷1,803,452.87元×100%）19.96%，夫妻共同还贷216,518.04元（6014.39元×36），占房价款的12%（216,518.04元÷1,803,452.87元×100%）。如果不考虑其他因素，则可以判决房屋归婚前购房者所有，由其对另一方补偿24万元（400万元×12%×1/2）。剩余贷款1,226,934.83元（1,443,452.87元-216,518.04元），仍由原购房者继续偿还。由于目前各银行及互联网上均能够提供房贷的计算标准，因此上述计算方式不失为一种简便、实用的计算方法。[1]

为方便理解，笔者将上述折价计算方法总结成如下公式，可方便使用：

$$\frac{\text{共同还贷} \div 2}{\text{房屋总价（含利息）}} \times \text{房屋现值}$$

该公式还可扩展使用，即如果享有折价一方的出资不限于共同还贷的一半，而是在婚后还有用自己个人财产出资的部分，则可用以下公式：

$$\frac{\text{共同还贷} \div 2 + \text{个人出资}}{\text{房屋总价（含利息）}} \times \text{房屋现值}$$

这里要注意的是，最高人民法院此处将房屋总价（分母）的计算包含了利息，即已还贷款利息和未还贷款利息都应计算在房屋购买总价内，所以房屋的总价构成应该是：

$$\text{房屋总价} = \text{合同购买价} + \text{所有贷款利息}$$

或者：

$$\text{房屋总价} = \text{首付款} + \text{贷款本金} + \text{贷款全部利息}$$

有的法官还会把契税、公共维修基金等税费也算入购房总价中。下面我们举案例说明：

案例 8.1：

李男在婚前购房屋一套，其中婚前出首付款 30 万元，贷款 80 万元，婚前即开始还贷，李男婚前个人还贷本息合计 15 万元，后李男与王女结婚，婚后适用法定财产制度，至离婚时婚后期间共同还贷本息和 35 万元，尚余本息和约 70 万元未还清。离婚时房屋市场价值为 400 万元。该房屋按《婚姻家庭编解释（一）》规定理应判决归李男所有，并继续支

---

① 最高人民法院民事审判第一庭编：《最高人民法院〈婚姻法司法解释（三）〉理解与适用》，人民法院出版社 2011 年版，第 168 页。

付离婚后贷款,李男应支付王女多少折价?

答:

(35万元÷2)÷(30万元+15万元+35万元+70万元)=11.67%

400万元×11.67%=46.68万元

即应给予折价46.68万元。

在离婚案件中,这种房屋的折价计算是最容易出问题的,有的法官忘了除以2,折价就会增高一倍,出现计算错误。另外,这种房屋,需要以下数据:婚后还贷本金及利息、房屋首付款、已还贷款本金和利息、未还贷款本金和利息、相关税费数据。所以需要房屋买卖合同、房产证、购房发票、借款合同、还贷清单、还款计划表及税费凭证等来确认以上数据,工作复杂,较为烦琐。有些当事人拒不提供如还贷清单和还贷计划表,会造成难以计算折价的情况。所以作为专业律师,应提前为法官准备齐证据材料,以方便计算。

离婚时,如果贷款已在婚姻存续期间内全部还清,则关于贷款本息的计算只需要打印全部的还贷清单查明即可,但是如果还未还清贷款,则需打印已还贷清单,未还贷部分一般打印还款计划表,来计算未还贷款的本金及利息。打印还贷计划表的目的其实就是确定未还贷款的本金及利息,所以如果银行能计算以上所有数据并打印盖章供法庭使用,也不一定非得打印还贷清单或还款计划表。我们有时也会提供当事人一份书面材料,如果银行可以计算并提供婚前还贷本息和、婚后还贷本息和、未还贷本息和数据,可以不提供还贷清单,这样的书面证明材料银行也曾出具过,简便实用,完全可以代替还贷清单。

五、双方及父母都有出资的房屋

无论是婚前还是婚后购买的房屋,也无论是以一人名义还是以夫妻两人的名义购买,如果是双方共同出资,法官一般会认定为夫妻的共同房屋。对于婚后购买的房屋,因为大部分夫妻适用共同财产制度,所以也无所谓出资来源于双方,这种情况下,说来源于双方,很可能是因为双方的父母有出资行为。实践中,由于购买房屋所需资金较大,所以婚前为购买婚房,或婚后购置新房,不仅是夫妻双方本人出资,父母也参与出资的现象极为常见。对于父母的出资,如果没有明确约定性质,到底算什么?是对双方的赠与吗?还是对单方的赠与?或者是一种债权债务?有很多不确定性。

我们先来看原《婚姻法》相关司法解释的规定:

原《最高人民法院关于适用〈中华人民共和国婚姻法〉若干问题的解释(二)》(以下简称原《婚姻法司法解释(二)》)

第二十二条　当事人结婚前,父母为双方购置房屋出资的,该出资应当认定为对自己子女的个人赠与,但父母明确表示赠与双方的除外。

当事人结婚后,父母为双方购置房屋出资的,该出资应当认定为对夫妻双方的赠与,但父母明确表示赠与一方的除外。

原《婚姻法司法解释(三)》

第七条　婚后由一方父母出资为子女购买的不动产,产权登记在出资人子女名下的,可按照婚姻法第十八条第(三)项的规定,视为只对自己子女一方的赠与,该不动产应认定为夫妻一方的个人财产。

由双方父母出资购买的不动产,产权登记在一方子女名下的,该不动产可认定为双方按照各自父母的出资份额按份共有,但当事人另有约定的除外。

按照原《婚姻法司法解释(二)》的规定,结婚后父母为双方购置房屋出资的,该出资应当认定为对夫妻双方的赠与,但原《婚姻法司法解释(三)》却规定由双方父母出资购买的不动产,产权登记在一方子女名下的,该不动产可认定为双方按照各自父母的出资份额按份共有。这么规定实际上认为父母的出资视为对自己子女单方的赠与，笔者认为实际上改变了原《婚姻法司法解释（二）》第2款的规定。且相对于原《婚姻法司法解释（二）》，原《婚姻法司法解释（三）》在后，是新的解释，一般情况下，应适用原《婚姻法司法解释（三）》。但是现在《民法典》实施后，原《婚姻法》已废止，我们来看一下《婚姻家庭编解释（一）》的相关规定：

《婚姻家庭编解释（一）》

第二十九条　当事人结婚前，父母为双方购置房屋出资的，该出资应当认定为对自己子女个人的赠与，但父母明确表示赠与双方的除外。

当事人结婚后，父母为双方购置房屋出资的，依照约定处理；没有约定或者约定不明确的，按照民法典第一千零六十二条第一款第四项规定的原则处理。

《民法典》

第一千零六十二条　【夫妻共同财产】夫妻在婚姻关系存续期间所得的下列财产，为夫妻的共同财产，归夫妻共同所有：

……

（四）继承或者受赠的财产，但是本法第一千零六十三条第三项规定的除外；

……

《民法典》

第一千零六十三条　【夫妻个人财产】下列财产为夫妻一方的个人财产：

……

（三）遗嘱或者赠与合同中确定只归一方的财产；

……

《婚姻家庭编解释(一)》的规定,实际上采纳了与原《婚姻法司法解释(二)》第22条基本一致的做法,只是增加了有约定按约定的内容,其余的原则基本一致,且该解释去掉了原《婚姻法司法解释(三)》第7条的规定,按该解释的规定,婚后出资应当适用《民法典》第1062条第1款第4项和第1063条第3项的规定,也就是说,视为婚后受赠的财产,只要赠与人没有明确表示是赠与一人的,都视为赠与夫妻。

原《婚姻法司法解释(三)》出台后,法院对于婚后双方父母出资购房的,更多地是将出资视为对自己子女的赠与,将房屋做按份共有处理了。这实际上完全等同于一种投资关系,即将夫妻共同出资部分除以2,算作夫妻个人的出资,各自父母的出资视为各自子女的个人出资,两部分加在一起即是每个人的实际出资数,再除以总房价,即是出资比例,乘以房屋现值,就是对应的折价数。但是《民法典》及《婚姻家庭编解释(一)》的规定,显然更加考虑了夫妻共同财产制度,这之后的相关判决,相信会和之前的非常不同。

六、双方共同出资购买房屋,未办理产权登记房屋的处理

对于这类只签订了房屋买卖合同,并支付部分或全部款项,但是未办理产权登记手续的,有人认为此时未取得房屋的所有权,只能处理使用权。但是有人认为此时如果不把权利归属和折价计算明确,以后还会为当事人增加讼累,应一并处理明白。对此类房屋,《婚姻家庭编解释(一)》第77条规定:“离婚时双方对尚未取得所有权或者尚未取得完全所有权的房屋有争议且协商不成的,人民法院不宜判决房屋所有权的归属,应当根据实际情况判决由当事人使用。当事人就前款规定的房屋取得完全所有权后,有争议的,可以另行向人民法院提起诉讼。”由此可见,此种房屋至少应当处理使用权。但是,笔者发现某些法院的做法更为直接妥当,对于此类房屋,法院会直接判决该房屋的使用权归一方所有,另

一方享有折价(折价的计算方法同上,根据不同情况分别计算),并同时判决待取得房屋所有权时,拥有使用权一方获得所有权。这样就及时有效解决了此类房屋的分割,达到了和分割产权房一样的效果,不给当事人增加讼累,公平、合理、合法,有效快捷,笔者十分推崇。

当然,还有大量的法院的做法是,对于未取得所有权或完全所有权的房屋不处理房屋的所有权,最多判决房屋的使用权,甚至连使用权也不处理,而待取得房屋所有权后,再行处理。这样做,在取得房屋所有权之前,当事人之间非常容易有纠纷,还有些占有房屋的人恶意不办理所有权登记,企图长期独享利益。

七、哪些房屋属于夫妻一方的个人财产

在离婚时,还会有当事人主张自己名下的房屋实际是自己的个人财产,不能作为夫妻共同财产分割。那么,都有哪些房屋可能是个人财产呢?下面我们列举几种常见情况:

(一)婚前以一方名义购买,且支付全款

如果房屋是一方在婚前以自己的名义购买,且支付了全款的,不管是否进行产权登记,房屋都应是其个人财产,这个在实践中基本没有什么争议,法院的判决也比较统一。

(二)婚后以一方名义购买,且用其个人财产支付全款

结婚后,如果一方以自己的名义购买房屋,且全部购房款均来自本人的个人财产,而不是夫妻共同财产,注意,这里指的全款是一次性付款或分期付款完毕,如果含有贷款的话,那么要求贷款也是完全由个人财产支付。这种情况下房屋也是个人财产,这其实是一种个人财产形态上的变化。当然,由于是在婚后购买,购买方有举证责任证明自己是拿个人财产支付的全部房款。这在我们的案件中也常遇到。比如,该方需要举证是拿婚前存款支付的,或者需证明是卖掉婚前个人房屋后,用售房

款购买的新房子,而售房款数额是可以涵盖新房款的,等等。

(三)遗嘱或赠与合同中确定只归夫或妻一方的房屋

如果房屋是受赠所得或继承所得,但在遗嘱或赠与合同中,遗嘱人或赠与人明确只赠与夫或妻一方的,则房屋是该人的个人财产。

除此以外,根据原《婚姻法司法解释(三)》第 7 条第 1 款的内容,婚后由一方父母出资为子女购买的不动产,产权登记在出资人子女名下的,也视为只对自己子女一方的赠与,该不动产应认定为夫妻一方的个人财产。但是《民法典》出台后,该解释并未出现在《婚姻家庭编解释(一)》中,相反,新的《婚姻家庭编解释(一)》第 29 条规定了当事人结婚后,父母为双方购置房屋出资的,依照约定处理;没有约定或者约定不明确的,按照民法典第一千零六十二条第一款第四项规定的原则处理。即没有明示是赠与单方的,应视为对夫妻双方的赠与,实际上改变了原《婚姻法司法解释(三)》的规定。对于《民法典》实施后的法律纠纷,要按照《最高人民法院关于适用〈中华人民共和国民法典〉时间效力的若干规定》的规定,来决定到底适用何时的法律,但是《民法典》实施后,肯定更注重对夫妻共同财产的保护,更注重对女方和子女利益的保护。

需要注意的是,原《婚姻法司法解释(三)》里的出资应当指的是全款出资。

八、有关房屋竞价问题

关于房屋竞价,在《婚姻家庭编解释(一)》中作了明确规定,我们来看一下:

第七十六条　双方对夫妻共同财产中的房屋价值及归属无法达成协议时,人民法院按以下情形分别处理:

(一)双方均主张房屋所有权并且同意竞价取得的,应当准许;

(二)一方主张房屋所有权的,由评估机构按市场价格对房屋作出

评估,取得房屋所有权的一方应当给予另一方相应的补偿;

（三）双方均不主张房屋所有权的,根据当事人的申请拍卖、变卖房屋,就所得价款进行分割。

在该条第(1)项中,明确规定了竞价的内容,但是需要注意它的前提是“双方均主张房屋所有权并且同意竞价”,也就是说,如果一方不同意竞价,不可强迫。比如,夫妻中的女方经济条件较差,可能还要直接抚养子女,没有能力竞价,但是法律上也要保障其居住权等基本权益,当事人可以明确表示不同意竞价。笔者在多个案件中也曾明确拒绝过竞价,因为这不利于维护己方当事人的利益,法院也并没有强制竞价。

竞价这种方式,不仅是在离婚案件中,在继承等案件中,涉及房屋的继承析产,也有可能用到。但是即便是各方当事人都同意竞价,房屋由出价高者得,法院一般也会要求该人将大致的折价提前交到法庭,以免出现将来的执行问题。假设在离婚案件中,双方有共同房屋一处,无房贷,在竞价中,一方认为房屋价值 300 万元,另一方认为价值 310 万元,经不断竞价后,最终一方出价 340 万元,另一方不再竞价,则房屋价值应以 340 万元计算,但一般法院会让该方提前将 170 万元交付法庭。

在一起继承案件中,笔者还遇到过双方对于房屋价值达成一致,且都要求房屋所有权归自己,法官表示,为避免执行问题,谁先将折价交到法庭,就将房屋判归该方,另一方可享有该折价。笔者认为这样的方式也很好很公平,确实不会产生执行难问题。当然,这是在有些案件中可以实现的,在某些案件中,尤其是离婚案件中,要考虑照顾女方及子女等问题,并不一定适合这样处理。对于双方经济条件差不多的情况,可以考虑采取这些灵活方式,既符合法律,又较为合理。

至于该条的第(3)项,双方均不主张房屋所有权的,根据当事人的申请拍卖、变卖房屋,就所得价款进行分割。这种情况在离婚案件中极为少见,至少笔者没遇到过。因为拍卖程序复杂,价格可能也偏低,当事人一般不会申请拍卖。即便双方都不要房子,也可以离婚后将房屋卖掉分房款,或者先判归一方所有,该方离婚后将房屋卖掉后按判决书支付折价,或者周转资金支付折价后再出售房屋,这样所得往往比拍卖的售价更高。

九、有关房屋评估

如上所述,在必要时,代理人必须提示当事人主动对房屋申请评估,否则在双方不能对夫妻共有的房屋现价值达成一致的情况下,法官无法将房屋判归一人,并支付另一方折价,只能判决共有共住或不予处理。当然也有的法官向相关房屋评估机构进行了询价予以分割的,但这种案例非常少见。所以,如果想对房屋实质分割,在双方不能就现值达成一致的情况下,必须有一方主动申请评估。评估费用一般是由申请方先垫付,但是在判决时,法官一般会判决双方平均分担,在有些情况下,如某些继承案件中,由于继承的份额不同,评估费也可能不作平均分担,而是按份分担。

所以,房屋评估申请书是我们在庭审过程中常常要提交的一种文书,下面也给大家提供一份模板作为参考:

文书8.1:评估申请书(房屋)

评估申请书

申请人________,男/女,________年____月____日生,________族,工作单位及职务:____________,住____________,电话____。

申请事项:

对________诉________离婚一案中所涉房产________市________区________号楼________层________单元________(________房权证________字第________号)房屋的现市场价值进行评估。

事实与理由:

________与________于________年____月____日在________区民政局登记结婚,婚后以________的名义购买________(________房权证________字第________号)房屋,购买价约为100万元,房款已全部付清,产权现登记在________名下。该房建筑面积108平方米,三居室,现由________居住。该房产属于夫妻共同财产。现________对________提起离婚诉讼,双方对该房屋的市场价值不能达成一致意见。为确定房屋现市场价值,依法分割夫妻共同财产,保护本案当事人的合法权益,特向贵院申请对此房屋的现值进行评估。

此致

________人民法院

申请人:

年　月　日

扫描二维码

17048

评估房屋的现市场价值,需要提供房产证,评估公司还要进入现场了解情况、拍照等。对于当事人不配合，评估进入不了现场的，建议申请人采取仅要求评估毛坯房的方式，通过改变评估要求，以使评估得以进行。因为不要求评估装修价值，只要求评估毛坯房价值，可以不用进入房屋。笔者经历过一方私自出售房屋后无法再进入现场的情况，也遇到过房屋居住人或控制人拒不配合评估的情况，在提交了房屋所有权证的证明，评估人员在小区及房屋外进行拍照了解情况，出具毛坯房评估价值的方法顺利解决了评估问题。这样只损失对装修价值的分割，对房屋分割的影响较小。

第四节　离婚案件公司股权类财产分割一般方式

房屋虽是离婚案件中最常见的财产种类，但是在财产标的较大的离婚案件中，往往会有公司股权类的财产，包括合伙份额、有限责任公司股权、股份有限公司股份和上市公司股票等，而且有可能所占价值较高。下面我们对该类财产的一般分割方式分别进行简要的介绍和探讨。

一、上市公司股票、新三板股份有限公司股份

上市公司股票、新三板股份有限公司股份有其相似之处，就是价值较好确定，有公开可查询股价的地方，所以如果一方享有股票或股份，另一方要折价的话，折价的数额可以确定；另外，可以直接分割股票及股份，不需要经过其他股东同意等较为烦琐的手续。所以，分割的难度在股权类财产中反而是最低的。在《婚姻家庭编解释（一）》中有明确的规定，我们来看一下：

第七十二条　夫妻双方分割共同财产中的股票、债券、投资基金份额等有价证券以及未上市股份有限公司股份时，协商不成或者按市价分

配有困难的,人民法院可以根据数量按比例分配。

二、有限责任公司股权

在此类财产中,最难分割的是有限责任公司的股权。为什么呢?因为如果将股权直接分割,让配偶也成为股东,根据公司法的相关规定,公司的其他股东需要放弃优先购买权并且同意,这一点很难做到,尤其是在离婚案件中,股东及非股东一方关系焦灼的情况下,更是障碍重重。而股权均归股东一方,另一方享有折价的分割方式,难点在于股权的现价值如何确定。股东一方往往主张股权价值低,而非股东一方则主张价值高,在股权现价值上难以达成一致。虽说法律上有评估的可能性,但是在实践中,股东一方拒绝或确实难以提供整个公司的会计账簿等必须资料,拒绝或无法配合评估,导致实际上难以对股权价值进行评估的现象十分普遍,法官因难以获得股权现价值的准确数据,所以也难以判决折价,有些干脆就找个理由不处理。这历来是财产分割中的难点问题。

如果夫妻二人都是公司股东就不存在这个问题,法官可以直接将股权平均分割即可。但是大多数案件的情况是一人为股东,另一人是非股东。对此,《婚姻家庭编解释(一)》中是有一条规定的,即:

第七十三条　人民法院审理离婚案件,涉及分割夫妻共同财产中以一方名义在有限责任公司的出资额,另一方不是该公司股东的,按以下情形分别处理:

(一)夫妻双方协商一致将出资额部分或者全部转让给该股东的配偶,其他股东过半数同意,并且其他股东均明确表示放弃优先购买权的,该股东的配偶可以成为该公司股东;

(二)夫妻双方就出资额转让份额和转让价格等事项协商一致后,其他股东半数以上不同意转让,但愿意以同等条件购买该出资额的,人民法院可以对转让出资所得财产进行分割。其他股东半数以上不同意转让,也不愿意以同等条件购买该出资额的,视为其同意转让,该股东的配偶可以成为该公司股东。

用于证明前款规定的股东同意的证据,可以是股东会议材料,也可以是当事人通过其他合法途径取得的股东的书面声明材料。

我们看到,这一条是有前提的,就是“夫妻双方协商一致”,如果夫妻双方就是否转让、转让价格等不能达成一致,股权该如何分割呢?在离婚案件中,双方对股权的分割方式和价值等达成一致的情况少之又少,多数情况下不能达成一致。而且双方本就是有矛盾要离婚的,离婚后反而成为一家公司的股东,也不利于公司的经营,这种非股东一方因离婚变成股东的分割方式其实并不是一个很好的分割方式,而且非股东一方也许完全不懂公司经营,让其成为股东也不现实。股东一方获得全部股权,给另一方折价,其实是比较常见的分割方式,很多情况下也是非股东一方希望采用的分割方式。

所以,确定股权的现价值往往就会成为案件的焦点问题之一。在以往的案件中,对于一方是股东,另一方不是股东的,我们遇到过各种各样的处理方法:

1. 为了防止法官在无法获得股权现价值的情况下不处理股权,代理人会征求当事人的意见,在公司运营情况一般时,提出同意按实际出资额作为折价的参考依据。有些法官予以采纳。

2. 如果无法在诉讼期间组织对股权进行评估,但是当事人一方有近期的公司评估报告的,可以作为股权折价的参考。笔者曾代理过一个案件,女方亦是公司的经理,有方便条件获得公司近期评估报告,而该评估报告用于公司融资使用,所以股权价值评得反而是较高的,较有利于想要获得折价的一方。法官明确表示,如男方不能提供方便条件对公司的股权进行评估,将参考女方提供的近期评估报告,判决折价。最后双方达成了调解意见。

3. 如果股东一方认为公司股权实际上价值不高，也有股东一方主动表示同意配偶成为新股东，并出具半数以上股东同意且所有股东放弃优先购买权的证明，在此情况下，即便另一方要求要折价，不愿成为股东，但在股权折价无法达成一致的情况下，笔者认为法官有权利直接分割股权，但是非股东一方有特殊身份不能成为股东的除外。

4. 还有些案件，法官以双方未能就股权价值达成一致，或以公司有其他股东等为由，在案件中不予处理。

虽然在审理中，代理人按法律规定会为当事人准备有关公司股权的评估申请书并提交，但真正能够成功评估的较为少见，基本上在提交后，法官仍以不能提供所需资料为由最终未组织成评估。

三、合伙份额

在《婚姻家庭编解释（一）》中，对如何处理合伙企业份额有明确的规定：

第七十四条　人民法院审理离婚案件，涉及分割夫妻共同财产中以一方名义在合伙企业中的出资，另一方不是该企业合伙人的，当夫妻双方协商一致，将其合伙企业中的财产份额全部或者部分转让给对方时，按以下情形分别处理：

（一）其他合伙人一致同意的，该配偶依法取得合伙人地位；

（二）其他合伙人不同意转让，在同等条件下行使优先购买权的，可以对转让所得的财产进行分割；

（三）其他合伙人不同意转让，也不行使优先购买权，但同意该合伙人退伙或者削减部分财产份额的，可以对结算后的财产进行分割；

（四）其他合伙人既不同意转让，也不行使优先购买权，又不同意该合伙人退伙或者削减部分财产份额的，视为全体合伙人同意转让，该配偶依法取得合伙人地位。

该规定和有限责任公司股权的处理差不多,但是是有前提的,就是“夫妻双方协商一致,将其合伙企业中的财产份额全部或者部分转让给对方时”的处理原则,对于夫妻双方协商不一致时如何处理并没有规定,而夫妻协商不一致却往往是案件中更常出现的。

实践中,不是合伙人的一方,一般也没有必要在离婚后成为合伙人,往往希望获得合伙份额的折价,但是折价的确定有难度。合伙企业在经营中,经营得好的情况下,合伙份额的价值一定不是当初的合伙出资,必然会有所增值;经营得不好,可能其价值会低于当初的合伙出资,这一点和有限责任公司的股权价值类似。所以拥有合伙份额的一方一般会主张份额的实际价值偏低,而且不同意另一方成为合伙人。而希望获得折价补偿的一方当然认为合伙份额的实际价值应高于出资额,或至少相当于出资额。

同有限责任公司股权一样,笔者认为合伙企业份额也可以进行专业评估,以评估价作为计算折价的标准,但是,必须提供完整的财务账簿方可,所以现实中,实际评估一定是存在困难的。如实在无标准可循,至少出资额是个可参考的标准。

四、独资企业股权

《婚姻家庭编解释(一)》中对独资企业的股权分割有如下规定:

第七十五条　夫妻以一方名义投资设立个人独资企业的,人民法院分割夫妻在该个人独资企业中的共同财产时,应当按照以下情形分别处理:

(一)一方主张经营该企业的,对企业资产进行评估后,由取得企业资产所有权一方给予另一方相应的补偿;

（二）双方均主张经营该企业的，在双方竞价基础上，由取得企业资产所有权的一方给予另一方相应的补偿；

（三）双方均不愿意经营该企业的，按照《中华人民共和国个人独资企业法》等有关规定办理。

与有限责任公司的股权分割有相似之处，也有不同，但明显更易分割。首先，因为是独资企业，少了其他股东，如果一方想成为股东，无须征求第三人的意见，从该条第（2）项的内容看，只需竞价即可。而如果股东一方想继续做股东，需要给付折价，如果对于股权价值不能达成一致，由于公司并没有其他股东，该股东也没有理由不提供公司的会计账目等进行评估，否则就是明显恶意不配合，法官有理由据此认定其有隐瞒财产的恶意，对其不分或少分财产。由此可见，独资企业的股权分割比有限责任公司的股权分割要更容易一些。

五、评估申请书（公司股权）

对于股权价值不能达成一致的，一方可向法院递交书面的申请书要求对公司股权价值进行评估，所以有关于股权的评估申请书使用的频率虽不像房屋的评估申请书，但也会经常用到，下面也给大家提供一个模板：

文书8.2：评估申请书（公司股权）

评估申请书

申请人________，男/女，________年____月____日生，________族，工作单位及职务：____________，住____________，电话____________________。

申请事项

1. 对________有限公司的股权现价值进行评估

2. 对________持有的________%的股权现价值进行评估

事实与理由

申请人________与被告________于________年____月____日登记结婚。________于婚后2009年10月22日入资________公司________元，成为该公司股东。公司注册资本________元，________持有该公司________%的股权。

从________年入资至今，该公司已运营________年，且运营良好。在庭审中双方对股权现值不能达成一致意见，且相差较大，为确定夫妻共有公司股权的现价值并依法分割，故向法院申请由专业的评估鉴定机构对________公司的股权现价值和________持有的________%的股权现在价值进行评估。

此致

________人民法院

申请人：

年　月　日

扫描二维码

13107

第五节　离婚案件其他财产分割一般方式

一、汽车

汽车也是离婚案件中非常常见的一种财产。一般需要提交机动车所有权登记证、行驶证和购车发票作为证据。有些以贷款方式购买的车辆,还需提供抵押贷款合同及还贷清单等证据。通过这些证据可以了解车辆的基本信息和购买时的价格。

车辆的分割比较简单,就是确定车辆的现值,要车的人给另一方相应的折价即可。车辆现值由双方协商,不能协商一致的,也可申请评估,程序较为简单。一般来讲,车辆是逐渐贬值的,也就是一定会比购买时的价值低,这一点和房屋正好相反。如果有贷款未还清,将现值扣减贷款即是可分割的价值。

二、存款、理财、基金

存款是夫妻共同财产中最为常见的财产形态。如果说有的夫妻婚后所积累的财富较少,可能没有房屋也没有车,但是很少见连存款也没有的。所以,几乎所有的离婚案件中都会涉及存款的分割。因为理财、基金的购买也往往体现在银行账户交易证据里,所以,在此一并进行分析。

(一)存款的分割

要分割存款,就要先知道有多少存款,这个就需要通过银行账户的交易明细单来确定,可以说此种证据是有关存款的最重要的证据。如果实在取不到这种证据,前文也述及过,可以用一些其他的证据代替,但是只有银行账户的交易明细单是最为正规,也最为方便查明事实的证据。通过明细单,我们可以看到户主账户内目前余额是多少,近期有无不明的大额转出款,有没有转移存款的现象。且账户内可显示的信息非常多,比如,当事人是否有股票,有没有购买过理财、基金或保险产品等,相关的摘要信息都可能看到。所以,通过账户明细,不仅可以查明存款情况,还可能查到其他财产信息,如果是工资卡,还能查明当事人的实际收入情况,对于确定抚养费十分重要。

通过原、被告双方确认,或者查询各自的银行账户交易明细,就可以确定原、被告各自名下的存款数额是多少。这个存款数额就不仅要看余额,还要看在临近诉讼前,甚至在诉讼期间,户主一方有没有大额不明转出款,如果有,在其未能做出合理说明并提交证据,且另一方不认可的情况下,除余额外,法官还要确定哪些转出款仍然作为一方的存款财产计算并予以分割。可以说,存款不仅仅包含账户内余额,临近诉讼或诉讼期间的不明大额转款和取款也有可能被计入,一并分割。

确定了各自名下的存款后,双方数据先互相抵销,一般的分割方式是存款高的一方要给另一方差额的一半。例如,经查明女方名下有存款40万元,男方名下有存款100万元,则男方需要向女方支付30万元的存款折价。当然这是一般的分割方式,法官也有可能作不平均分割,如适当照顾女方等。

(二)理财、基金

对于一方购买的理财、基金产品,另一方拿到其购买合同的可能性较小,除非一方主动出示。所以,我们一般都是通过一方的银行账户历史交易明细查看,如果有购买理财产品或基金,从历史交易明细及摘要中可以看出,但是由于理财产品赎回后又购买,交易非常频繁,通过账户查看,也难以查清,这需要律师耐心查看证据,找出主要大额的理财和基金。在以往的案件中,我们主张一方转出大额存款,要求分割,法官不一定会支持。但是如果经仔细查明账户,确实有未赎回的理财和基金产品,法官一旦查明,分割的可能性是比较大的,其性质和存款余额类似。

据我们观察,有些银行系统其实是可以打出包含理财和基金产品的全部存款账户内的资金总额的,但是大部分银行账户历史交易明细单均是户主本人去银行打印,如果其不是刻意要求银行打印包含理财和基金的账户价值总额,银行一般不会主动打印,所以往往很难查明。就算是法官亲自查询,如果不向银行详细说明和要求,一般的历史交易明细单也很难显示这一内容。而目前所有的银行都不接受律师持调查令调查该证据,所以代理人也很难在这方面达到调查目的。

如果我们知道当事人是在哪家机构购买的基金产品,也可以申请法庭亲自调查或由代理人持调查令调查,关于该类调查取证申请书,在前面已给大家列出模板,代理人需要时应主动向法庭提交以便查明大额基金情况。

三、股票

前面讲公司股权类财产分割时,我们已提到股票的分割方式。在此再具体说明一下。要想知道当事人在证券公司内的财产,需要到其所在的证券公司营业厅打印其证券账户的对账单证据,该对账单上,可以查询到其目前持有的具体股票及股数,有股票当日市值,有资金账户内资金余额,也有目前股票价值及资金的资产总额。对于股票类财产,法官可直接将该对账单上的资产总额作为分割标准,一般会将股票及资金判归户主一方所有,另一方享有相应折价,折价一般情况下就是资产总额的一半。

当然,如果双方都认为股票将来的价值会更高,也可能会更愿意要股票,而不愿要折价。这种情况下,公平的做法是将股票直接分割,上市公司股票的一个特点就是可以直接分割,对此,《婚姻家庭编解释(一)》第 72 条也有明确的规定,即协商不成或者按市价分配有困难的,人民法院可以根据数量按比例分配。

四、住房公积金

住房公积金也是离婚案件中常常要分割的夫妻共同财产。通过当事人单位可以查询到公积金余额,在公积金管理中心,也可打印公积金的明细,看到余额及取出记录。

有些当事人,因为没有购买过房屋等,所以公积金账户内的公积金不断积累,有一个总余额。但是有些购买过房屋的当事人,公积金采用的是定期取出的方式,如每三个月会直接转入对应的银行账户内,这种情况下,公积金余额不会超过三个月,余额数并不高,而是大部分转化为存款分割。但是前一种,公积金余额可能较高,要确定是否有婚前的部分,如果有,余额扣减婚前公积金,其余的应当作为夫妻共同财产分割,没有特殊情况,一般给予另一方当事人一半折价。双方都有公积金的,数额高的给数额低的差额的一半。

五、知识产权的收益

根据《民法典》第 1062 条第 1 款第(3)项的规定,婚姻存续期间知识产权的收益归夫妻共同所有。《婚姻家庭编解释(一)》第 24 条又明确规定,《民法典》第 1062 条第 1 款第(3)项规定的“知识产权的收益”,是指婚姻关系存续期间,实际取得或者已经明确可以取得的财产性收益。从这些规定可以看出,《婚姻家庭编解释(一)》并没有将知识产权本身的价值作为可分割的财产,而是仅规定其收益可以分割,而且这种收益还必须是婚姻存续期间实际取得或确定可以取得的。所以,如果是实际取得的财产,有可能已经转化为存款了,可以和存款一起分割。而明确可以取得,有可能是以合同债权的形式出现的。

在离婚案件中,知识产权类财产并不多,笔者发现知识产权往往是在对公司股权进行调查时发现的,某人以知识产权作价出资,成为公司股东。还有些知识产权的所有权人并不是个人,个人可能只是发明人,但知识产权却属于公司等法人,法院也未分割。

所以,在离婚案件中,只证明某人是知识产权的所有人是不够的,还要证明该知识产权的收益情况。对此,在前面“证据准备”章节中如何对知识产权类证据进行取证已提到过。对于“收益”确定的,其实较好分割,就是所有权人将收益的一部分(一般是一半)作为折价支付给另一方。难点在于知识产权本身能不能作为一种财产予以分割,从法律规定来看,并没有说知识产权本身可以分割,换句话说,如果在婚姻存续期间没有产生收益,也不一定会在离婚后产生收益,那知识产权本身的价值是很难确定的,至今笔者也没遇到过在离婚案件中对知识产权本身进行价值评估的,除非其本身具有明显的高价值。像我们知道的一些著名的商标等明显具有商业价值的知识产权,其所有人也往往是公司,不是个人,该知识产权也只能作为法人财产对公司股权的价值产生影响,离婚时自然人名下的股权可以进行分割,但是隶属于公司的法人财产不可能直接分割。

六、债权债务

婚姻家庭里面的债权债务,一般多是合同之债。如亲属朋友间的借款,当然也有涉及投资的合同债权,但最多的还是“民间借贷”类。特殊情况下,夫妻之间也有可能产生债权债务。

(一)共同债权

离婚时的夫妻共同债权,如夫妻共同对外向第三人的借款,法官一般习惯性地将债权判归一方所有,并给予另一方相应的折价(一般是债权的一半),至于到底将债权判归哪一方,要根据案件的具体情况,尤其要考虑实际的出借人是谁,如借款协议中借款人一方,具体的经办方是谁等。如向夫妻中一方的朋友的出借款,则债权一般归该方所有,该方需将折价支付给另一方。

但是某些债权明显有不能收回的风险,这时如果按照这种分割方式,获得债权的一方明显具有更大风险,有可能收不回债权的情况下,仍然要支付前配偶折价,确实不公平。对于这类债权,如果借款方可以确定为夫妻二人,则可以将债权直接分割,即由债务人向夫妻二人各偿还一半更为公平。但是如果书面的借款合同中借款方只是夫妻中的一方,离婚案件的法官习惯性地要考虑到合同的履行,一般会把债权判归借款人一方,另一方只享有折价。

(二)共同债务

在共同债务的分割方面,首先要解决的一个问题是,什么是夫妻共同债务?前面第二节“离婚案件夫妻共同财产性质认定常见法律问题”中关于何为夫妻共同债务,已解释过相关的法律规定,简言之,如图8.2所示:

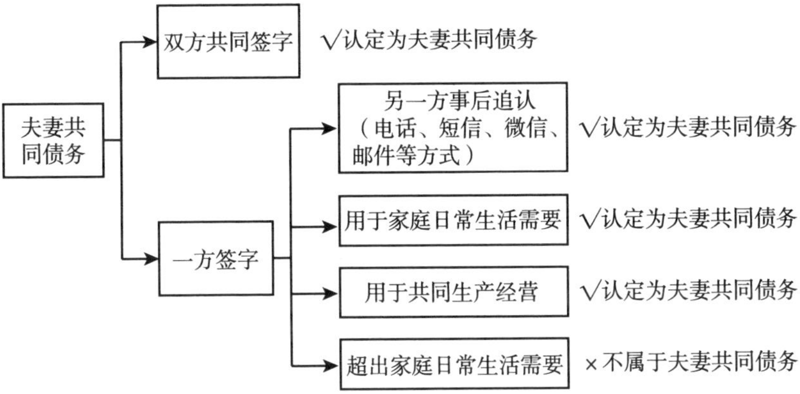

图8.2 夫妻共同债务

即,要么是夫妻共同签字确认的债务,要么是用于家庭共同生活或共同经营所欠债务,否则一方名下的,又明显超出家庭日常生活需要的债务,将被认定为该方的个人债务。也就是说,在离婚案件中,法官先要确认债务的性质,只有被确认为夫妻共同的债务,才存在分割问题,而被认定为一方名下的个人之债,则不需要共同承担和分割,而只应由债务人自行承担。

所以,如果没有证据证明是夫妻二人合意举债,如借款合同中的借款人是夫妻双方等证据,则必须有其他证据证明该债务系用在了夫妻的共同生活和经营上,否则在双方不能确认相关事实的情况下,共同债务有可能不被认定。如我们常见的,因为买房而借款,房屋既然作为夫妻共同财产分割了,那么因为买房所借的款项当然应当被认定为双方的共同债务。所以必须要提交所借款项用于购买房屋的关联性凭证。还有的个人名下借款实际用在公司经营上,而夫妻二人又都是公司股东,同样要提供所借款项投入公司的关联性凭证,以及公司股东证据,来形成完整的证据链条。

在最高人民法院2018年颁布的《关于审理涉及夫妻债务纠纷案件适用法律有关问题的解释》(以下简称《关于夫妻债务的解释》)(现已失效)出台前,离婚案件中伪造债务,企图让另一方承担高额债务以达到少分其共同财产的现象很多,究其原因,是很多人利用了原《婚姻法司法解释(二)》中的第24条第1款,即"债权人就婚姻关系存续期间夫妻一方以个人名义所负债务主张权利的,应当按夫妻共同债务处理。但夫妻一方能够证明债权人与债务人明确约定为个人债务,或者能够证明属于婚姻法第十九条第三款规定情形的除外。"根据该规定,有人认为,似乎只要是婚姻存续期间的债务就应当首先推定为夫妻共同债务。但实际上不然,笔者认为,该条首先是对婚姻法的解释,而《婚姻法》中第41条对共同债务的规定是"夫妻共同生活所负的债务,应当共同偿还",也就是说,还是要看债务的具体用途而定。原《婚姻法司法解释(二)》第24条应当只是为了防止夫妻二人合意企图逃避共同债务、损害债权人利益时,债权人得向二人主张权利的情形。但是仍有一些法官简单适用该第24条解释,使得某些伪造债务的企图得逞,造成了不太好的社会效果。

后来,最高人民法院将该第24条增加了两款,即:

“夫妻一方与第三人串通,虚构债务,第三人主张权利的,人民法院不予支持。

夫妻一方在从事赌博、吸毒等违法犯罪活动中所负债务,第三人主张权利的,人民法院不予支持。”

此两款实际明确表明了并不是婚姻存续期间的债务都是夫妻共同债务,虚假债务、伪造的债务及非法债务等,法律是不保护的。2018年1月,最高人民法院又发布实施了法释〔2018〕2号《关于夫妻债务的解释》,对于何为夫妻共同债务作了更为系统、全面、详尽的规定,更为符合原《婚姻法》第41条的精神。离婚案件中借用伪造债务达到抵销分割共同财产的企图更难得逞,法院的认定更为严格,对证据的审查也更为严格。在2021年实施的《民法典》婚姻家庭编中,则直接把《关于夫妻债务的解释》的内容变为了第1064条,作为《民法典》中的正式条文。

对于被认定为夫妻共同之债的,法官一般会判决由名义上的债务人去全部偿还,另一方给他债务的一半价值。当然,也有法官直接将债务作了分割的,即离婚后各自向债权人偿还一半债务。

关于保险金及保险合同权益的分割,在本章第二节中已作过分析,在此不再赘述。

第六节　离婚案件中离婚损害赔偿和其他财产补偿问题

一、离婚损害赔偿

(一)法律依据

在离婚时对另一方提起损害赔偿是非常常见的情况,虽然赔偿涉及金钱问题，却不属于财产分割，是需要在起诉状中单独提起的一项诉讼请求。法律依据主要是《民法典》的第1091条，该条规定了四种可以请求损害赔偿的具体情形，即：(1)重婚；(2)与他人同居；(3)实施家庭暴力；(4)虐待、遗弃家庭成员；同时，《民法典》较原来的《婚姻法》增加了一个兜底条款，即(5)有其他重大过错。扩大了可提起离婚损害赔偿的范围。

(二)如何主张赔偿额

在笔者参与的离婚案件中，有一次法官问我，提起的损害赔偿指什么，主要是哪方面的损害赔偿，由于很少有法官问这样的问题，我还是犹豫了一下，当时回答主要是精神损害赔偿。确实，由于过错方的重婚、同居或家暴等行为，给受害一方造成的主要是精神损害，但是家暴等行为也很可能造成人身损害，当事人可能还需赔偿受害方因此产生的治疗费用。同时也可能包括一定的财产损害，比如在家暴过程中同时损坏了受害方的个人财产，如手表、首饰等。所以在确定请求损害赔偿的数额时要考虑这几个方面来确定赔偿额。

很多当事人都有一种错误的认识，认为只要证明了一方有《民法典》第1091条所列的过错，就可以对自己大比例地多分财产，或要求高额的赔偿，甚至有的人认为可以让对方“净身出户”，由此把大量的精力放在如何寻找对方的过错证据上。实际上，以往这种赔偿的额度并不高，在财产分割上法院的倾向性也不是特别明显。《民法典》第1087条中首次将照顾无过错方这一原则明确写入法条，作为离婚时夫妻共同财产处理的一个原则，相信在《民法典》生效实施后，对于无过错方的照顾力度会更为加大。

前些年，笔者见过的最高的离婚损害赔偿额是10万元，后来又见过20万元的，最近，我见过的一笔最高的损害赔偿额是30万元，是因为该案标的巨大，30万元对于过错方来说实在是九牛一毛。总之，以往这种赔偿额度不会判决太高,律师要向当事人说明,如其提出的诉讼请求过高,建议当事人调整。比如,有的离婚案件总财产标的不超过200万元,当事人的离婚损害赔偿就要求要100万元,这几乎不可能被支持,所以应当根据案件的情况和司法实践中的具体情况帮助当事人来设计要求的损害赔偿额度。

(三)请求损害赔偿与要求多分财产可否并行主张

在某些离婚案件中,一方的过错明显且恶劣,无过错方在要求离婚损害赔偿的同时,提出能否也要求在财产分割时对自己进行照顾,多分财产?这是可以的。在司法实践中,法院也基本认同这一原则,所以,当事人如果在请求离婚损害赔偿的同时,要求在财产分割上也适当照顾自己,甚至有的提出了具体多分的比例,也是可以的。

但是,具体的案件,代理人还是要帮助当事人去做评估,比如有的当事人要求离婚损害赔偿后,还要求按二八比例分财产,这明显就不妥。照顾无过错方,关于什么是"照顾",法官的认识很不同,这个除了要考虑当事人的意见外,律师也应当根据经验帮助当事人把关,提出一个合理的方案,帮助当事人去判断到底如何主张离婚损害赔偿及"照顾"的比例。

有的时候,当事人对多分财产比较在意,我们甚至会主动放弃要求离婚损害赔偿,而只要求在财产分割上对无过错方进行照顾,以期法院在分割财产时,将更多的财产分割给无过错方,这可能比离婚损害赔偿更能体现对当事人利益的保护。

二、其他财产补偿问题

原《婚姻法》第46条只列举了四项可以提起离婚损害赔偿的情形,且无兜底条款,对于出现的其他过错情形,法官无法进行自由裁量判决赔偿。但是在现实生活中,还有一些明显违反伦理道德的情形,或明显对一方当事人造成伤害的情形,是否就无法提出赔偿请求呢?在《民法典》出台之前,可能律师会转而以提出“补偿”的要求替当事人主张权利。但是我们看到,《民法典》第1091条已增加了兜底条款,如果律师和当事人认为对方当事人“有其他重大过错”,也可以申请离婚损害赔偿,很好地解决了这些问题。

同时,《民法典》第1088条首次规定了离婚经济补偿的内容,规定夫妻一方因抚育子女、照料老年人、协助另一方工作等负担较多义务的,离婚时有权向另一方请求补偿,另一方应当给予补偿。具体办法由双方协议;协议不成的,由人民法院判决。这其实是家务劳动补偿的内容,之前只在《婚姻法》第40条中有类似的规定,但该条的规定仅限于适用分别财产制的夫妻,现在的《民法典》将这一限制去掉了,即不管是适用哪种夫妻财产制度,只要是一方因抚育子女、照料老人、协助另一方工作等负担较多义务,都可以在离婚时向另一方请求补偿。律师应当充分利用这一法律规定,为当事人争取补偿。

同时,《民法典》第1090条规定了离婚经济帮助的内容,离婚时,如果一方生活困难,有负担能力的另一方应当给予适当帮助。具体办法由双方协议;协议不成的,由人民法院判决。所以,除了要求上述补偿外,当事人生活困难的,还可以要求困难帮助金,当然这项主张也要单独在诉讼请求中提出。

第七节　离婚案件财产分割典型案例

离婚案件中,财产分割部分往往是案件的重中之重,前几节已介绍了财产分割各方面的内容,下面我们来列举一些离婚案件及离婚案件引发的案中案的典型案例,和大家通过案例一起探讨常见的法律问题。

案例1:离婚纠纷,男女双方及家人共同出资房屋的分割

(一)基本案情

离婚纠纷中,双方共同购买房屋一处,因为综合双方家长的出资,婚后共同的还贷,对该处房屋,双方的分割意见不一致。男方认为,该房屋以双方名义购买,产权登记在双方名下,且共有方式为“共同共有”,该房屋理应平均分割。

女方认为,应按出资额按份分割。庭审中,女方出示双方所签字条一张,对婚前各自家庭的出资有确认的记录。但男方表示,该条中所列举的义务,即所有房屋贷款均用自己的收入偿还,自己已做到,女方未参与还贷。且男方提交了证据予以证明,这便是在双方出资不一致的情形下为什么双方同意“共同共有”该房,而不是“按份共有”该房的原因。自己对房屋还贷的贡献明显更大,现在离婚分割此房,女方却又主张按份分,对自己不公平。

该房屋尚有贷款本金56万元未还清,未还贷款利息女方一直不肯出示任何证据予以证实。双方都主张要该房,同意给对方折价。

女方除该房外,另有一处登记在自己名下的房屋,是婚后购买,但有男方签署的夫妻财产约定,将该房约定为女方个人财产。男方认可字是自己所签,但认为当时女方隐瞒重要事实,该房屋中有共同出资,并非全部由女方父母出资,因此不认可该财产约定的效力。

双方婚后育有一子,双方庭审中协商由女方抚养。

(二)相关数据

关于该房屋的折价计算,原告男方的意见如下:

(一)双方庭审均认可该房价值为590万元,尚余56万元贷款本金未偿还

（二）原告（男方）认为该房自己至少应当分得一半，要求要房屋，给对方折价，按双方各50%产权份额来计算，原告应给付被告的折价为：

1. 房屋现值590万元，男方应给付被告折价295万元（590÷2）；

2. 未还贷款应共同承担，离婚后由男方实际继续全额偿还，因此，女方应给付男方28万元（56÷2）；

3. 两相抵销后，男方应给付被告（女方）的折价为295－28＝267万元。

如将房屋判归女方，男方享有的折价数额也一样。

关于事实部分，二人的出资比例计算如下：

（一）男方出资

1. 224,530元首付款及税费

2. 婚后还贷的一半：335,265÷2＝167,633元

合计392,163元

（二）女方出资

1. 90万元首付款及税费

2. 婚后还贷的一半167,633元

合计1,067,633元

（三）至目前为止的实际出资：392,163＋1,067,633＝1,459,796

（四）房屋全款：1,459,796＋560,000＝2,019,796

（五）所占比例：

男方：392,163÷2,019,796＝19.42%

女方：1,067,633÷2,019,796＝52.85%

剩余未还贷款占比：560,000÷2,019,796＝27.73%

（三）焦点分析

关于本案的焦点问题我们分析如下：

1. 双方均主张房屋所有权，给对方折价，房屋判归谁所有为宜呢？

考虑到女方名下还有一处房屋，且女方主张为其个人财产，法官认为，双方名下的该处房屋，宜判归男方所有，女方享有折价。

2. 要解决房屋到底应当平均分割还是按出资比例按份分割的问题

我们首先应该解决的一个问题是房屋是何性质？显然，这是一个夫妻共同财产，因为房屋是以双方名义购买，且登记的共有方式为“共同共有”。

笔者作为原告的代理律师，认为既然是共同共有，分割时自然应当一人一半，且另一处女方单独名下的房屋中，男方虽签有夫妻财产约定，同意另一房屋为女方个人财产，但事后了解到有重大误解，另一房屋的出资实际含有夫妻共同财产出资。如果法官坚持认可另一房屋为女方的个人财产，从公平的角度，也应将双方名下的这处房屋进行平均分割。而女方坚持认为应当按出资比例进行按份分割。

我们先来看一下当时适用的原《婚姻法司法解释（三）》的相关规定：

第七条　婚后由一方父母出资为子女购买的不动产，产权登记在出资人子女名下的，可按照婚姻法第十八条第（三）项的规定，视为只对自己子女一方的赠与，该不动产应认定为夫妻一方的个人财产。

由双方父母出资购买的不动产，产权登记在一方子女名下的，该不动产可认定为双方按照各自父母的出资份额按份共有，但当事人另有约定的除外。

该条第2款规定的按份共有，是指产权登记在一方子女名下的。登记在双方名下，且性质为“共同共有”的应该不在此列。所以原告坚持认为不可以按份分割，虽然最终离婚要分出份额，以给付折价，但共同共有本身的含义就是双方均持有100%的产权份额，离婚时无特别情形当然应当平均分割。而被告和法官的意见均认为,可以按出资份额进行按份分割。

3. 关于未还贷款债务,应按本金计算还是按本息计算

这个案例中另一个重要的问题是,女方一直未提交未还房贷利息数,只提供了未还贷款本金数,按照最高人民法院对原《婚姻法司法解释(三)》第10条的解释所示明的计算方法,房屋的未还贷款利息也应计算在债务范围内,一并承担。利息数额较高,会直接影响折价的数额。但女方一直不肯提交,且法官和被告对此表示了不同看法,法官认为该问题并非绝对。考虑到男方即便得到房屋,也有短期内出售房屋的打算,最终在这个问题上与法官和被告达成一致,同意只按未还本金计算。

所以说,一般情况下,计算房屋折价应当考虑到未还贷款利息总额,因为最高人民法院对原《婚姻法司法解释(三)》第10条的解释所示明的计算方法中实际上明确了含有利息。但是为什么本案中原告和代理律师经协商也放弃了再主张利息呢?主要是考虑到事实上男方一定会在短期内出售房屋,大量利息可能并不会产生,从公平的角度可以接受不再计算利息。另一方面,为了尽快了结案件,原告也不愿意费时费力再去申请法院强制调取还款计划,希望尽快结案。

但是在其他案件中,利息的计算对折价影响颇高,该坚持的原则却一定要坚持。对于不能提供还款计划表,无法确定未还贷款利息的,笔者有一个简单的方法,就是以提供的已还贷清单最后一期还贷额为基数,乘以未还贷款期数进行估算,以计算出未还贷款本息和。

4. 按份共有的计算方法

在按份共有的比例计算方法上,也产生了分歧。原告认为,即便是法官判决按份共有,未还贷款部分应计算给最终取得房屋所有权的人,由其继续在离婚后还款,所以只需给对方已出资部分比例的折价而已,即

$$590\text{ 万元}\times 52.85\% = 311.82\text{ 万元}$$

而法官认为，未还贷款理应按一人一半偿还来计算，相应的比例双方均予以增加，所以按法官提供的折价计算方法，则折价应为

$$590\text{ 万元}\times[52.85\% + (27.73\% \div 2)] - 28\text{ 万元} = 365\text{ 万元}$$

（四）案件裁判结果

最终，法官判决房屋归男方所有，需给付女方折价 378 万元。

这个案例之所以典型，就是因为它涉及离婚案件中常见而又复杂的一种房屋分割问题，我们看到，即便是在按份共有的计算方法上，法官和当事人的意见也不一致，而各有各的道理。在未还贷款利息上，也有分歧。所以说，法律看起来公平，法条也繁多，但是每个人对法条的理解也未必相同，还是会有争议。笔者在这个案件之前，比较坚持“共同共有”的房产，不应再按出资比例计算份额分割了，但是该案的法官却不这样认为，其他的法官也可能会和笔者的意见一致。总之，每个案件的情形不同，所适用的法律和原则不同，对于很多纷繁复杂的法律问题，绝对不是一加一等于二那么简单和明确。同样的情形，由于法官更侧重于适用的法律不同，也可能会带来不同的结果。

该案的情况，双方父母的出资基本在结婚前，按现在适用的《婚姻家庭编解释（一）》，仍可视为对自己子女的赠与，法官这样处理尚可。如若出资在婚后，按当前《民法典》及《婚姻家庭编解释（一）》的规定，其出资很可能被认定为对双方的赠与，房屋不会按份分割，而是作为共同共有的财产做基本平均的分割。

案例 2：离婚咨询，夫妻借用女方母亲名义购买福利性住房的房屋性质认定及分割

（一）基本案情

王男和李女婚后，李女母亲获得购买单位福利性房屋资格，价格较

市场价便宜很多,王男和李女与李母还签了借名买房约定,约定房子是小夫妻二人的,房屋由王男家人出资大部分。后王男有出轨行为,双方面临离婚,李女及李母不愿认可房屋为王男和李女的共同财产。

(二)焦点分析

本案例为一咨询案例,本案的焦点问题是李家母女不认可房屋为王男和李女的夫妻共同财产,而认为是李母的财产,在有借名买房约定的情形下,房屋到底是谁的财产呢?

在回答这一问题前,我们先来研究一下案件当时相关的法律和司法解释规定:

原《婚姻法司法解释(三)》

第十二条　婚姻关系存续期间,双方用夫妻共同财产出资购买以一方父母名义参加房改的房屋,产权登记在一方父母名下,离婚时另一方主张按照夫妻共同财产对该房屋进行分割的,人民法院不予支持。购买该房屋时的出资,可以作为债权处理。

现适用的《婚姻家庭编解释(一)》第79条内容与该条内容一致:

第七十九条　婚姻关系存续期间,双方用夫妻共同财产出资购买以一方父母名义参加房改的房屋,登记在一方父母名下,离婚时另一方主张按照夫妻共同财产对该房屋进行分割的,人民法院不予支持。购买该房屋时的出资,可以作为债权处理。

《北京市高级人民法院关于审理房屋买卖合同纠纷案件适用法律若干问题的指导意见(试行)》

第十六条　借名人违反相关政策、法规的规定,借名购买经济适用住房等政策性保障住房,并登记在他人名下,借名人主张确认房屋归其所有或者依据双方之间的约定要求登记人办理房屋所有权转移登记的,一般不予支持。

《北京市高级人民法院民一庭关于妥善处理涉及住房限购政策的房屋买卖合同纠纷案件若干问题的会议纪要》

九、(规避住房限购政策的借名买房合同的处理原则)

因住房限购政策的限制,当事人约定一方以他人名义购买房屋,并将房屋登记在他人名下,借名人以其系实际买受人为由,要求确认房屋归其所有或办理房屋过户登记的,不予支持;借名人因自身条件变化或政策发生调整等原因符合住房限购政策的,可以判决登记人为其办理房屋过户登记手续。

从以上这些规定来看,只要确定房屋是属于“房改”房、经济适用住房等政策性保障住房、两限房、限购房,李母坚持不认可房屋为小夫妻二人的共同财产的,房屋应归登记的所有权人所有,王男和李女的出资可以作为“债权”处理,予以退还。如果房屋不是特殊性质,是普通商品房,则借名约定应予以认可。

借名买房类案件是离婚案中常见的案中案,即在离婚案件中,在一方当事人名下的房屋,该当事人表示不是夫妻共同财产,是他人财产,系他人借用自己名义购买,不同意在离婚中分割。第三人另行诉讼,要求确认房屋归自己所有;或者在离婚案件中,一方主张在第三人名下的房屋实际是夫妻共同财产,系夫妻借用他人名义购买,要求离婚时一并作为共同财产分割。甚至在离婚的同时提起合同纠纷或所有权确认纠纷,确认房屋实际为夫妻二人的共同财产。

上述第一种情况,如果有实际的所有权人起诉的材料,如合同纠纷或所有权确认纠纷的立案材料,则离婚案法官一般不会再在离婚案件中处理该房屋,因为涉及案外人的权益。第二种情况,由于房屋根本未登记在夫妻双方任何一人名下,法官也不会处理。除非拿到了另案生效的判决书或调解书，认定房屋实际为夫妻二人的共同房屋，才会在离婚案件中予以分割处理。

案例3：离婚诉讼引发的案中案

——肖某某请求确认陈某、颜某某股权转让协议无效纠纷案

（一）基本案情

2015年，陈某诉肖某某离婚纠纷中，肖某某发现陈某已于2013年将X有限公司的股权转让给了案外人颜某某，并已办理工商变更登记。而陈某与肖某某于2006年登记结婚，X公司系2012年由陈某及S有限公司出资设立，其中陈某出资5万元，持股50%。肖某某认为X公司中陈某的股权系夫妻共同财产，陈某无权私自转让，陈某转让股权未经其同意。因此，起诉至法院，要求依据《婚姻法》、婚姻法司法解释及《物权法》的相关规定，确认被告一（陈某）及被告二（颜某某）签订的股权转让协议无效。

庭审中，被告陈某答辩，不同意肖某某的诉讼请求，X有限公司股权在陈某名下，陈某具有处分权，且根据陈某与肖某某的生活水平等生活情况，该5万元出资额在夫妻财产中，不属于大额夫妻共同财产，可以适用家事代理的相关规定，陈某对设立公司的5万元出资及股权的转让具有单独的处理权。股权转让的形式合法，股权转让协议不具有《合同法》规定的合同无效的情况，颜某某也是善意的受让方。

被告颜某某答辩，亦不同意肖某某的诉讼请求。其与陈某之间的股权转让协议合法有效，也履行了工商变更的合法手续，不存在无效的情形，请求法院驳回原告诉讼请求。

经审理查明，陈某与肖某某系夫妻，二人于2006年登记结婚，2012年，陈某与S公司共同出资10万元设立了X有限公司，其中陈某出资5万元，S公司出资5万元。X公司章程载明：股东向股东以外的人转让

股权,应当经其他股东过半数同意。2013 年 6 月 21 日,陈某(转让方、甲方)与颜某某(受让方、乙方)签订《股权转让协议》,约定甲方同意将持有的 X 公司 50% 的股权共 5 万元出资额,以 5 万元转让给乙方,乙方同意按此价格及金额购买上述股权;出资转让于 2013 年 6 月 28 日完成;甲方保证转让给乙方的股权是甲方在 X 公司的真实出资,是甲方合法拥有的股权,甲方拥有完全的处分权,甲方保证对所转让的股权,没有设置任何抵押、质押或担保,否则由此引起的所有责任,由甲方承担。同日,陈某与 S 公司签署《X 公司原股东会决议》,对于股权转让及股东变更、公司章程变更等事宜予以确认。涉案股权协议已经履行完毕并办理了股东、股权及公司章程等工商信息变更的备案登记。变更后,X 公司注册资本仍为 10 万元,股东变更为颜某某与 S 公司,双方各出资 5 万元。2015 年 11 月 19 日,X 公司被北京市工商行政管理局核准注销。

另查,2014 年 7 月,陈某以离婚纠纷为由起诉肖某某,被法院驳回诉讼请求,不准予离婚,2015 年 5 月陈某再次对肖某某提起离婚诉讼。

上述事实,有双方当事人陈述及结婚证、企业法人营业执照副本、企业变更登记申请书、《股权转让协议书》等证据材料在案佐证。

(二)关键词

离婚纠纷　夫妻共同财产　股权转让　合同无效

(三)争议焦点

本案为离婚诉讼引发的案中案。夫妻一方是股东,未经配偶同意转让股权应否确认无效;确认合同效力的法律依据;影响合同效力的事实情节。

(四)案件历程(包括裁判文书、起诉状、代理词等)

一审法院认为:

本案系合同无效之诉。对于合同无效,《合同法》第 52 条进行了列举式的规范。合同的效力首先应当依据合同效力的自身规则(主体是否适格、意思表示是否真实、约定内容是否合法、标的物是否确定可能)进行判断。上述判断标准当然适用于股权转让合同,但股权转让合同又具有自身的特殊性,对于股权转让合同效力的判断,除了适用合同法的一般规定对其进行审查外,还要考虑公司法和其他相关法律法规对股权转让所作的特别规定。

关于股权的特殊性。《婚姻法》第 17 条虽规定,夫妻在婚姻关系存续期间所得的生产、经营的收益归夫妻共同所有,但股权的取得兼具人合基础,与股东自身密切相关,股权是集身份、财产与管理等权利于一体的一种独立的、综合性的权利形态,股东资格并不构成共有对象,同时股权变动涉及公司、其他股东甚至第三人的利益,故而股权具有不同于其他夫妻共同财产的特点,对于夫妻关系存续期间夫妻一方所取得的股权,**如依法确认具有夫妻共同财产性质,非股东配偶所享有的应是股权所带来的财产利益,而非股权本身。**

关于股权转让行为的特殊性。股权转让自由是公司法的一项基本原则,对公司制企业的发展具有重大意义,股权转让自由理应受到尊重和保障,**而对股权转让自由的限制亦必须以维护公司制企业发展以及市场经济秩序为目的。**《公司法》第 71 条中规定了有限责任公司股权转让需经过其他股东过半数同意以及其他股东对所转让股权的优先购买权。**除此之外,有关股权的转让问题并无其他需经配偶同意的限制性规定。**《公司法》的该条规定体现了立法保护股权自由转让和尊重股东商业判断的私法自治理念。保护交易安全、尊重意思自治、限制司法的适度和审慎介入是股权转让案件处理的司法导向。因股权具有独立的权利属性,股东对股权的处分具有相对的独立性,**股权转让时配偶是否同意并非股权转让合同生效的必要条件。**至于股东在股权转让过程中存在滥用等规避法律的情形及相应责任,是股权转让之外的法律关系中应当确认及处理的内容,并不构成在整体意义上对股东处分权形成限制的实证。故夫妻一方未经另一方同意转让股权的行为,不应因无权处分而当然无效。

综上所述,法院认为,对于股权转让合同效力之判断,应适用《公司法》及《合同法》的相关规定,肖某某所主张的《婚姻法》《民法通则》等法律规范中关于共有财产处分的相关规定在本案中并不适用。本案中,主张股权转让协议无效的肖某某一方应就涉案股权转让协议无效的事实及理由成立承担举证责任。现肖某某未能举证证明陈某与颜某某签订的股权转让协议存在某种法定无效情形,其要求确认涉案股权转让协议无效的诉讼请求缺乏充分的事实及法律依据,本院不予支持。如肖某某认为本案中陈某所涉股权转让行为侵犯其财产权益,其可依据另外之法律关系主张解决。据此,依据《公司法》第 71 条、《民事诉讼法》第 64 条之规定,判决驳回了肖某某的诉讼请求。

一审判决后,肖某某不服判决,上诉至二审法院,二审法院查明事实与一审一致,肖某某上诉主张涉案《股权转让协议》无效的理由为:根据《婚姻法》《婚姻法司法解释(二)》等规定,涉案股权系肖某某与陈某的夫妻共同财产,故陈某未经肖某某同意转让股权系无权处分,在肖某某未追认的情况下,合同应为无效,涉案《股权转让协议》约定的股权转让价款为不合理低价,故颜某某亦不构成善意取得。

对此二审法院认为,首先,关于本案的法律适用。本案中,肖某某系诉请陈某与颜某某签订的《股权转让协议》无效,各方当事人诉争法律关系为股权转让合同,本案案由亦确定为确认合同无效纠纷,**故本案的处理应当适用我国《合同法》及《公司法》的相关规定,而不应当适用调整婚姻关系及夫妻之间财产关系的法律规定。**

其次,关于陈某转让涉案股权未经肖某某同意,是否构成无权处分。本院认为,**股权作为一项特殊的财产权,除其具有财产权益内容外,还具有与股东个人的社会属性及其特质、品格密不可分的人格权、身份权等**

内容。如无特别约定，对于自然人股东而言，股权仍属于商法规范内的私权范畴，其各项具体权能应由股东本人行使，不受他人干预。在股权流转方面，我国《公司法》亦确认股权转让的主体为股东个人，而非其家庭。故陈某作为 X 公司股东，有权决定是否转让其所持股份。本院对于肖某某主张陈某转让涉案股权系无权处分的上诉意见不予支持。

陈某与颜某某签订《股权转让协议》系双方真实意思表示，不违反法律、法规的强制性规定，应为有效。关于转让价款是否为不合理低价，应当由交易双方判断，陈某与颜某某均为具有完全行为能力的民事主体，其对于股权转让价款的确定出于真实意思表示，应对于双方具有约束力。在肖某某未提交有效证据证明《股权转让协议》存在无效情形的情况下，本院对于肖某某主张的合同无效的上诉意见不予支持。因此判决驳回其上诉，维持原判。

（五）案件焦点问题评析

以上是有关本案的案情介绍及法院认定的重要内容，笔者根据上述内容分析一下本案的关键之处：

1. 关于转让无效的理由

本案中，肖某某及其代理人选择陈某转让股权未经配偶同意作为主张股权转让协议无效的理由，个人认为几乎无胜诉的可能。笔者建议，如果原告真的认为股东个人转让股权系出于转移财产之目的，且转让价款过低，似乎以恶意串通，损害他人利益作为无效理由更为妥当。《民法总则》第 154 条规定（现为《民法典》第 154 条），行为人与相对人恶意串通，损害他人合法权益的民事法律行为无效。当时适用的原《合同法》第 52 条规定，有下列情形之一的，合同无效：……（二）恶意串通，损害国家、集体或者第三人利益；（三）以合法形式掩盖非法目的。肖某某主张股权转让合同无效的目的，是认为股权有重要价值，是重要的夫妻共同财产。所以，如果将无效的理由转到上述规定，将证据的重点转到恶意串通,损害非股东配偶一方的利益,再佐以离婚案件的材料,以及股权转让的时间等作为证据,以形成证据链,会比以未经配偶同意作为无效理由更符合其本意,在法律适用方面也更为有利。

当然本案的情况不适用,因为股权转让的时间离离婚诉讼时间较远,且公司最后注销,受让人与转让方无亲属关系,所以即便从恶意串通、损害他人利益的角度,也很难证实,从时间上、公司目前经营的角度都看不到恶意转移财产的意图。

但是,在离婚案件中,也确实存在恶意转移公司股权,试图逃避对股权进行分割的情况,在这种情况下,即便进行股权转让无效诉讼,无效理由仅为未经配偶同意,也很难获得法院支持,笔者个人认为本案中一、二审法院的法律分析、法律适用等并无不妥。因此,对于这类案件,无效的理由放在双方恶意串通,损害配偶利益上似乎更为妥当,证据也应以此为重点,法院自然也就将重点转移到审查双方是否存在恶意串通的事实,法律适用也将发生变化,这样才有胜诉之可能。

2. 关于法律适用问题

因为本案原告主张股权转让无效的理由是未经配偶同意,因此,法律适用的重点当然就在股权转让行为应当适用哪些法律,配偶同意是否是股东转让股权的必要条件上,法院适用《公司法》等商法范畴就是自然的。但如果无效的理由是转让方与受让方是恶意串通损害第三人利益,则适用的法律重点应当就是前文提到的《民法典》第 154 条规定。就本案原告所提之理由,法院的法律适用及相关论述,相当详尽及经典,很好地诠释了股权的特殊性,将股权的身份、人格特征与其财产属性相分离,明确非股东配偶享有的是股权带来的财产利益,而非股权本身,且其财产权利可通过离婚案件等其他案件直接主张,是有另外的救济途径的,将各部门法之间的关系、法律适用选择等问题解释得淋漓尽致,甚为清晰。

3. 关于救济途径

关于以其他途径进行救济，笔者也经常遇到。在离婚等相关案件中，如法院也认为股东一方的股权转让涉嫌转移财产，则可以直接在其他财产中对非股东配偶一方多分财产；或将已转让的股权价值确定，直接分割折价给对方即可。即便是在离婚案件中，未经股东一方同意，公司过半数股东同意，配偶也不可能直接分割股权，成为股东。也就是说，股东身份，即便在离婚案件中，也不可直接分割，也要遵循《公司法》的程序性规定。

当然，是不是正常的股权转让，股权转让价格是否低于市场价值，股东一方有无转移财产之故意，也是需要充分证据证实的，从本案的情况看，从股权转让时间、受让人是否善意、公司股权实际价值等多方考量，也看不到股东之恶意。

离婚案件引发的案中案现象很多，此类确认合同无效纠纷为一种典型。我们还经常遇到一些其他的因离婚引发的案件类型，多与财产有关，如前文多次提过的所有权确认纠纷、借名买房引发的合同纠纷、民间借贷纠纷、返还财产纠纷、侵权纠纷，甚至还有缔约过失责任纠纷。除了引发民事诉讼，离婚也可能引发刑事类的案件，如故意伤害案、虐待案、职务侵占案件等。

第八节　离婚后财产纠纷案件常见法律问题

一、离婚后财产纠纷产生的原因

除了离婚案件，离婚后财产纠纷案件大量存在。都是什么原因导致产生离婚后的财产纠纷呢？下面列举四点：

（一）一方有隐瞒或被转移的财产，离婚时未发现、未处理

这是最容易引发离婚后财产纠纷的原因。一方在离婚时隐瞒某些财产的存在,或转移财产达到了掩盖财产的目的,使得在离婚时存在未分割的夫妻共同财产,另一方在离婚后发现的,可以起诉离婚后财产纠纷要求重新分割,并可以据此事实依《民法典》第 1092 条要求对隐瞒方不分或少分该部分财产。

(二)有离婚时未分割的财产

有的时候,双方在离婚时明知某些夫妻共同财产的存在,但是未作分割,在离婚协议里找不到相关的约定,甚至连"其他各自名下财产归各自所有"的兜底条款也没有,离婚后其中一方起诉。这就是为什么律师在帮助当事人起草离婚协议书时,一定强调所有财产的处理都要书面约定清楚,否则,并不会产生没列明的财产在谁名下就归谁的法律后果,而是很可能出现一方认为属于未分割、未处理的财产,仍属于双方共有状态,离婚后仍可要求分割。

(三)离婚时明确约定为共有的财产,离婚后不适合再共同所有

还有一些夫妻共同财产,在离婚时,出于某些原因,明确约定暂不进行分割,仍然保持为夫妻共有,如公司股权、不动产等,再如,双方协商夫妻共有的房屋在离婚后仍保持共有,离婚后一起出售,分售房款等,但是离婚后有矛盾,无法共同出售。或者约定共同出租,分享租金,但离婚后发生矛盾或变故,需要实际分割房屋。

(四)一方不履行离婚协议

有些人是以到民政局办理协议登记离婚的方式办理的离婚,但是如果一方不履行离婚协议中的约定,由于离婚协议书没有直接的强制执行力,所以,另一方只能采用起诉的方法,列离婚后财产纠纷案由,由法院把离婚协议的相关条款变为可执行的判决项。这种情况下也很容易引发离婚后财产纠纷。

上述这些情况都可以立"离婚后财产纠纷"案件,如果有不止一个理由,比如既发现一方有隐瞒的财产,又有其不履行离婚协议的事实,两个诉讼请求可以一并列举,在一个"离婚后财产纠纷"案件里处理。

二、"离婚后财产纠纷"案由的优点

通过上述产生离婚后财产纠纷的原因可以看出,有些案件也可以通过其他案由来解决,如一方不履行房屋过户手续,可以立所有权确认这个案由,离婚后分割共有物的,也可以列共有物分割纠纷案由,那离婚后财产纠纷这个案由有什么特别之处呢?它的优点又是什么呢?为什么很多情况下笔者还是建议大家采用这一案由呢?

(一)可以处理较多财产

离婚后财产纠纷案,就如同把离婚案件中的财产分割部分单独拿出来一样,是一个"包罗万象"的案由,凡是离婚时未分割的,或离婚后新发现的、离婚后履行中发生纠纷的,不管有多少项财产,均可以"离婚后财产纠纷"这一案由处理,列多项有关财产分割或者给付的诉讼请求。而如果用其他案由,则只能一个法律关系立一个案件,或者说一项财产立一个案件,不可能一并处理。

(二)诉讼费较低

离婚后财产纠纷的诉讼费和离婚案件是一样的,诉讼费较为低廉,而如果用其他案由,按财产类案件计算,诉讼费会更高。

(三)考虑法律适用

离婚后财产纠纷案件,本质上就是对离婚时未处理或仍有纠纷的财产进行处理和分割,所以主要适用的法律是《民法典》婚姻家庭编及相关司法解释,所以选取"离婚后财产纠纷"案由,案件一般会由民事审判庭中专门审理婚姻家事的专业庭和熟悉婚姻家庭法律的法官审理,这样对案件的处理是有好处的。但是选取其他案由就不一定。

(四)考虑管辖地

离婚后财产纠纷与离婚案件适用一样的管辖规定,即由被告住所地人民法院管辖,所以如果不考虑其他因素,当事人可以选择案由的情况下,要考虑管辖问题。比如,同时可以列所有权确认和离婚后财产纠纷案由的,如果原告不想在被告住所地起诉,而不动产所在地与被告住所地不一致的,则可以不选择离婚后财产纠纷这一案由,而适用所有权确认这一案由,使案件由不动产所在地法院管辖。

当然,离婚后财产纠纷案由不是万能的,不能解决离婚后双方发生的各种纠纷。和财产无关的争议,比如双方在离婚时未约定子女探视权,离婚后又难以协商正常探视的,就要立探望权纠纷的案由;离婚后一方未按离婚协议约定支付子女抚养费的,抚养方只能提起抚养费纠纷;离婚后要求变更子女抚养权的,需提起变更抚养关系纠纷;离婚后发现一方存在重婚、与异性同居的问题时,只能提起离婚后损害责任纠纷。上述这些案件都发生在离婚之后,都和离婚有一定的关系,甚至某些案件也会涉及金钱给付,但都不是直接对共同财产的分割或履行问题,都只能通过其他案件来处理。通俗地讲,离婚后财产纠纷案件,就是在离婚时财产分割部分的事务,离婚后可以用这个案由,其他法律关系都需要适用其他案由。

三、怎样避免、减少离婚后财产纠纷案件的产生

为什么会产生那么多的离婚后财产纠纷案件呢?除了有些案件确实是因为一方隐瞒和转移财产,另一方在离婚后才发现,不得不提起的之外,大量的是因为当事人的离婚协议书起草不规范造成的。有些约定不明,有些没有约定,有些履行不能,等等。

离婚协议书看似是一份简单的文书,其实里面涉及诸多的法律专业判断,是包含着设计者及表达者的专业知识和文字水平的。有的离婚协议书看似只有一两页纸,其实律师能将这些内容写出来,并不是那么简单的。起草之前要和当事人沟通,了解子女抚养及财产分割的具体细

节，了解和判断财产的性质，看到相关的证据材料，考虑双方意愿的同时，要考虑执行，尽量回避相关风险等。所以，一份文书，体现的绝不仅仅是起草者的文字表达水平，更多的是法律专业智慧和经验。

所以，我始终不建议像离婚协议书和夫妻财产约定这种重要的法律文书由非专业人士起草，而应当由专业人士起草。否则，很难保证协议的质量，容易引发离婚后的财产纠纷。

四、离婚后财产纠纷典型案例

离婚后财产纠纷典型案例：艾某某诉秦某某离婚后财产纠纷案

（一）原告起诉情况

原告艾某某与被告秦某某原系夫妻关系，于2003年9月登记结婚。原、被告原来夫妻感情尚好，一直共同经营公司，后因男方出轨且与其他异性生育子女，给原告造成极大精神打击，无法维持正常家庭。在极大的精神压力下，原告希望尽快解除与被告的婚姻，遂敦促男方尽快到民政局办理离婚。由于离婚心切，2011年1月某日，双方来到民政局时，甚至未准备好书面的离婚协议，因无书面离婚协议，婚姻登记工作人员根本不予办理离婚登记，双方就到附近的小店内草草起草、打印了《离婚协议》，对婚姻存续期间购买的房屋作出处理，对两人实际控制的J文化传播有限公司（以下简称J公司）的收益权进行了分配，还约定男方对女方给予500万元的补偿。而对秦某某名下的夫妻共有股权，未作任何处理。主要原因是，双方虽因男方过错离婚，但在公司经营方面，还有基本信任，且一直共同经营公司，相关公司的股权也存在质押状况，股权过户在当时也不可能，双方打算离婚后继续维持现有经营状况，待时机合适时再行办理股权分割事宜。因此，对被告所持有的两公司X投资有限公司和H控股有限公司的股份未作处理，仍保持共有状态。

但离婚后，双方未能很好地配合经营公司，产生矛盾并且矛盾不断加深，被告甚至威胁原告要将其清除出公司。被告声称离婚时双方只对J公司的收益有约定，其他公司股东均为被告，应由被告决策。原告认识到夫妻共同股份未分割已实际影响了自己的切身利益，因此提出分配原夫妻共有股份，但被告拒不配合。对于双方在《离婚协议》第2条中约定的男方要给女方的500万元补偿款，男方至今未履行；对于《离婚协议》第3条男方应保证支付给原告和女儿的J公司的30%的收益，原告也未收到过一分钱。

被告名下夫妻共有公司股权的情况为：

1. X投资有限公司82%的股权

原、被告婚后以被告名义在X有限公司（以下简称X公司）持有82%的股权。

X公司注册资本为3000万元，其中原、被告婚后共出资2460万元，以秦某某的名义享有82%的股权，被告为法定代表人。该公司主要有两家下属子公司，分别为J文化传播有限公司和W有限公司。

2. H控股有限公司91%的股份

原、被告婚后以被告名义在H控股有限公司（以下简称H公司）持有91%的股份。H公司注册资本为1100万元，其中原、被告出资1000万元，以秦某某的名义享有91%的股份，法定代表人为第三者夏某。H公司原有子公司J公司，享有其41%的股份，现已与X公司签订出资转让协议，将41%的股份转让给X公司，工商变更登记在办理之中。

原告艾某某认为，原、被告离婚仓促，对X公司及H公司的夫妻共同股权未分割，现双方矛盾激化，严重影响原告行使股东权益，为维护原告合法财产权，理应对上述股权依法分割，按《婚姻法》及相关司法解释规定和照顾女方及无过错方利益的原则，原告至少应获得被告名下股份的50%以上。且原离婚协议内容合法有效，被告对第2条和第3条中未履行的义务自当履行。因此,提出如下诉讼请求:(1)请求法院依法分割如下离婚时未分割的夫妻共同财产:①被告名下X投资有限公司的股权;②被告名下H控股有限公司的股份。(2)请求法院依法判决被告履行《离婚协议》第2条,被告向原告支付补偿款500万元。(3)请求法院依法判决被告履行《离婚协议》第3条,向原告支付J文化传播有限公司30%的收益。(4)本案诉讼费、诉讼财产保全费由被告承担。

(二)庭审情况

1. 本案当事人情况

法院受理本案后,考虑到诉讼请求涉及双方女儿的财产权,因此,提示原告应追加当事人,原告艾某某申请追加女儿秦某韵为共同原告,由于女儿未成年,原告艾某某一并作为女儿的法定代理人参加诉讼。

2. 被告答辩内容

被告认为,第一,被告与艾某某在离婚协议中已经把夫妻共同财产分割完毕,不存在尚未分割的夫妻共同财产;第二,秦某某目前不具备向艾某某、秦某韵支付J公司收益的条件。故不同意原告第1、2、4项诉请。关于《离婚协议》中约定给付艾某某的500万元补偿被告已给付艾某某。关于《离婚协议》中约定给秦某韵的个人成长专项费用500万元,被告同意在本案中一并处理,给予女儿秦某韵。

3. 庭审情况

在审判期间,原告代理人调查发现,在艾某某与秦某某因股权事宜发生争议之时,被告与情人夏某任法定代理人的D公司伪造了高额债务,并据此将被告在X公司和H公司的全部股权进行了质押。艾某某向法庭申请,对X公司被告名下部分股权(24.39%,对应出资额600万元)进行了财产保全。原告代理人还在调查秦某某与夏某非婚生子女情况时,无意中得知夏某的户籍调入时间是在艾某某和秦某某婚姻存续期间,而调入的身份显示是秦某某的“配偶”。原告向法庭申请向户籍机构调取相关证据,同时向非婚生女出生的医院调取非婚生子女的基本情况,以确定男方存在重婚过错,并据此要求对原告多分财产。

对于涉案公司股权的实际价值,评估较困难,一方面原告难以承受高额的评估费用,另一方面男方不配合提供相关资料,评估也难以进行。原告只递交了一份有关J公司的近期评估报告,由于是当时公司融资时使用,所以评估值较高,但无其他两个公司的评估报告。最终,对于没有评估报告的公司,原告提出同意按出资额计算价值,自己只主张要折价。

(三)调解情况

本案经法官主持调解,最终将全部诉讼请求范围内的财产列入需分割处理的财产,原被告达成调解协议,法院出具调解书内容如下:

(1)秦某某在X公司持有的股权归秦某某所有;(2)秦某某在H公司持有的股份归秦某某所有;(3)秦某某给付艾某某3000万元,给付秦某韵3250万元。并列明了分期付款的具体时间;(4)J公司相关权益与艾某某、秦某韵无关;(5)秦某某于2015年6月30日前给付秦某韵成长专项费500万元(支付方式为存入中国建设银行秦某韵名下账号:×××);(6)如秦某某未按期足额执行本调解书第三、五项确定的给付义务,秦某某需按照中国人民银行同期贷款利率支付逾期给付金额的利息;(7)双方无其他纠纷。案件受理费及保全费由艾某某负担。

(四)本案焦点问题分析

1. 本案是典型的离婚后财产纠纷案件,既有未分割处理的财产,即X公司和H公司的股权,又有未履行离婚协议书的部分,即诉讼请求第三项,应当向艾某某和女儿秦某韵支付J公司30%的收益。

2. 本案还有一个特别之处,在离婚后财产纠纷案件中有一定的代表性,就是离婚协议中涉及对女儿的赠与。在这种情况下,女儿到底应当作为第三人还是共同原告呢?在本案一开始,原告代理人认为女儿应列为第三人,但法院经审查后认为,女儿应为共同原告。也就是说,子女不能作为离婚案件的当事人,但可以成为离婚后财产纠纷案件的当事人,这一点是与离婚案件很不同的地方。而子女之所以取得离婚后财产纠纷案的原告身份,主要是因为在离婚协议中约定了对女儿的赠与,离婚后财产纠纷案切实涉及子女的财产权益,而且案件审理很大程度上要依据离婚协议。

3. 本案中的难点,和离婚案一样,就是公司股权的现价值确认。由于本案原告已不具备继续与被告共同经营公司的条件,所以要折价而不是直接分割股权或股份,就成为当然的选择。既然要判决折价数,股权的价值就必须确定。在这个案件中,虽然一样面临股权价值确认困难,但原告还是提交了一份 J 公司近期的评估报告,且价值较高,是较有利于她的,而且法官明示了被告,如不能组织评估,法庭有权利决定采信该份评估报告。对于没有评估报告的公司,原告为能获得折价判决,及时调整自己的方案,同意按实际出资额来确定股权价值,也为法官提供了一定的事实依据,有利于判决。

最重要的是,要折价,而不是直接分股权,使被告与夏某伪造高额债务质押股权的目的落空。由于债务产生在离婚后,本来就与原告没有关系,原告本身是不需要偿还的,而是否存在股权质押也只是影响了股权,并不影响折价计算,法庭只需要确定股权的价值,找到判决给原告折价数的依据就可以,至于秦某某与夏某的债务,基本与本案无关。原告代理人的策略使得被告伪造债务和质押股权的目的基本落空。

4. 本案能达成调解的关键,除了男方确实有未分割财产和未给付到期债务的事实外,还有两个重要的原因。一是虽然秦某某与夏某所在公司有所谓的“债务”并对 X 公司和 H 公司的股权进行了质押,但是,他们只是恶意串通,质押可随时解除,并不会真正对公司的经营产生什么影响。而原告所申请的对 X 公司的财产保全措施,却是不会轻易被解除的,X公司是被告最主要的公司之一,要想在将来长期稳定经营并获得融资,这些保全措施会对公司造成实质影响,这是被告必须要考虑并解决的问题。另外,男方在婚姻存续期间与夏某生育子女,并将夏某以“配偶”身份调入自己户籍的做法,非常“官方”地证明了其存在重婚事实,如果女方真的请法庭调查到实证,重婚罪追诉期并未超过,对男方的影响也是客观存在的。

因为以上原因,本案得到了较好的调解结果,当事人的财产权益得以维护。

第九节　继承案件常见法律问题

一、关于案由

根据《民事案件案由规定》之规定,继承纠纷有下列子案由:

(一)法定继承纠纷

1. 转继承纠纷

2. 代位继承纠纷

(二)遗嘱继承纠纷

(三)被继承人债务清偿纠纷

(四)遗赠纠纷

(五)遗赠扶养协议纠纷

(六)遗产管理纠纷

在这些案由中,最常见的是普通的法定继承纠纷、遗嘱继承纠纷和遗赠纠纷。如果一个案件中既涉及法定继承的部分,又有遗嘱继承的部分,则必须列上级案由“继承纠纷”。还有些情况下,一个案件会同时涉及法定继承和遗赠,也需要列上级案由。那么遗嘱继承和遗赠有什么区别呢?虽然遗赠必然也是有被继承人留下的遗嘱的,但受赠人本身不是法定继承人,而是法定继承人以外的人,所以是“遗赠”,如果遗嘱中继承遗产的人本身就是法定继承人之一,则列遗嘱继承纠纷的案由。

实践中笔者还发现有些人会列一个叫作“继承析产”的案由,其实在《民事案件案由规定》里并没有这样一个案由,所以本质上这种案件是“分家析产”案件,只是其依据的前提是“继承”,法官必须要考虑继承的份额,作为析产的依据。

二、关于诉讼时效

《民法典》第188条规定:“向人民法院请求保护民事权利的诉讼时效期间为三年。法律另有规定的,依照其规定。诉讼时效期间自权利人知道或者应当知道权利受到损害以及义务人之日起计算。法律另有规定的,依照其规定。但是,自权利受到损害之日起超过二十年的,人民法院不予保护,有特殊情况的,人民法院可以根据权利人的申请决定延长。”

《民法典》诉讼时效规定为3年,所以,现在继承权纠纷提起诉讼的期限为3年,自继承人知道或者应当知道其权利被侵犯之日起计算。但是,自继承开始之日起超过20年的,不得再提起诉讼。

所以,继承的事,不宜久拖,以免超过诉讼时效后影响权益。但什么是“知道或应当知道其权利被侵犯之日”呢?在具体的案件中,其实并不是那么好判断。举例来说,如果遗产是不动产,产权登记在被继承人名下,其中一个法定继承人占有房屋,但是产权仍登记在被继承人名下,是不是属于“知道或应当知道其权利被侵犯”呢?笔者认为,因为遗产是不动产,且产权仍登记在被继承人名下,继承人之一独占房屋的行为并没导致房屋产权的变化,因此,不应影响诉讼时效的问题,因为被继承人去世后,其遗产应视为所有继承人共有,房屋应视为所有继承人的共有财产,法定继承人可得随时起诉继承纠纷。但是如果出现继承人通过非法手段将房屋产权过户至自己名下的,其他继承人得知后在3年内仍不起诉的,便应视为超过诉讼时效期间,这已属于明显的权利被侵犯。但是对于超过20年房屋仍在被继承人名下的房屋,占有房屋的人能否认为房屋属于自己所有呢?笔者个人的意见,因为房屋产权未过户至任何一人名下,所以房屋应系所有法定继承人共有,因此不动产物权的析分可得随时提起,即使不能用"继承纠纷"的案由提起,也可以以"分家析产纠纷"的案由提起诉讼,理由就是遗产实际为法定继承人共有。但是如果继承人占有的遗产是动产,不需要产权过户的,其他继承人如果明知却不主张权利的,应当适用3年的诉讼时效。

三、关于诉讼请求

一些律师在起草继承案件的诉讼请求时,会遇到一个和离婚案件类似的问题,就是如果遗产是多项财产,是在诉讼请求里把每项遗产的分割作为一项诉讼请求单独列明,还是像离婚案的诉讼请求一样,类似"依法分割夫妻共同财产及债权债务"的诉讼请求,写个总的诉讼请求就可以呢?笔者个人的意见,如果继承的遗产数量很少,可以单独列,比如,只有一处不动产和存款50万元,则分别列即可。但如果遗产数量很多,则可以采用总—分式,即总的诉讼请求是要求继承分割被继承人名下的全部遗产,但在下面分列所有的财产清单。

我们来举例说明:

诉讼请求:

一、请求法院判决被继承人郭××名下的北京市西城区××房屋一套(产权证号:××号)由居某丽和居某燕各继承50%的产权份额。

二、请求法院判决郭××的其他遗产(主要为存款)均归居某国继承。

三、本案的诉讼费用由居某丽和居某燕分担。

诉讼请求：

一、判决由原告赵××继承魏××以下全部遗产：

1. 北京市丰台区××号房屋一半价值；

2. 魏××名下存款的一半共计200万元；

3. ……

二、本案的诉讼费用由被告承担。

四、常见法律问题

下面我们列举一些继承案件中常见的法律问题，与大家一起探讨。

（一）丧葬费和抚恤金是遗产吗？

丧葬费是被继承人死亡后单位发放的处理丧葬事宜的一次性费用。抚恤金是被继承人单位发给死者家属的费用。因为丧葬费和抚恤金都是被继承人死亡后产生的财产，所以肯定不是遗产。根据《民法典》第1122条第1款的规定，遗产是自然人死亡时遗留的个人合法财产。而丧葬费和抚恤金都是在被继承人死亡时没有的财产，是其死亡后用于抚恤亲属及办理丧事的费用，所以不是遗产。

但是在继承案件中，申请一并处理丧葬费和抚恤金的很常见，所以，虽然丧葬费和抚恤金不是遗产，但是在继承案件中剩余的丧葬费和抚恤金很多实际比照遗产进行了分配。但是也有一些法官以丧葬费和抚恤金不是遗产为由，不予处理。

（二）公房可以继承吗？

除了丧葬费和抚恤金的性质外，公房是最常被提出来讨论到底是不是遗产的，这已经是老生常谈的问题了。公房不是遗产，这基本上是通识。原因就是公房实际的产权单位要么是国家，要么是企业、事业单位。公民只是作为承租人以较低的价格承租了该房，只享有承租的权利。但是，实际上公房的承租权益是有客观价值的。以公房拆迁为例，公房承租人所获得的拆迁利益与其他性质房屋所有权人获得的利益并没有太大的差别。所以,虽然公房不是遗产,但公房承租人去世后,公房的争夺却往往是遗产继承中的大事,非常容易引发纠纷,而法律又无法介入。产权单位往往也是一句“所有家人商量一致方可变更承租人”,实际上把公房的分配问题变成了一个只能由继承人“协商解决”的问题。

所以,法院并不会受理公房的所谓继承问题。但是实践中,有些承租人想在百年后将公房留与其中的一个子女“继承”,所以他们往往也会写一些类似“遗嘱”之类的文书,大概内容是将公房留与某人。但是,我们看这类文书,充其量是原承租人表达的一种愿意由谁来继续承租的意见而已,法院无法判决该人“继承”或继续承租该房,而公房单位如果认为改变承租人仍需所有亲属的一致意见的话,这个所谓的“遗嘱”也无甚作用。

但是有一种情况,可能会涉及遗嘱继承问题。就是公房承租人死亡后,承租人并未变更,公房拆迁,所获拆迁利益则有可能被法院认定为遗产来进行分割。这样做的前提是公房的承租人是死者,并没有变更的情况。

其实如果想要将公房留与子女中一人,应当做的事是生前就变更承租人,原承租人将房屋的承租人变更为该子女即可。

在笔者写作本书的过程中,《民法典》得以颁布通过,自 2021 年 1 月 1 日起开始实施。该法典第二编《物权》的第三分编《用益物权》第十四章中规定了“居住权”的内容,第 371 条规定了可以以遗嘱方式设立居住权的内容①。所以,如果公房承租人生前立有遗嘱,将公房将来的居住权作为一项财产权处理给某人,是否可以呢?这个问题就可以探讨。

---

① 《民法典》第 371 条 【以遗嘱方式设立居住权的参照适用】以遗嘱方式设立居住权的,参照适用本章的有关规定。

（三）各种遗嘱的效力

根据新近实施的《民法典》，遗嘱的形式变为六种，增加了打印遗嘱，将录音遗嘱变更为“录音录像遗嘱”，这六种形式的遗嘱分别为：自书遗嘱、代书遗嘱、打印遗嘱、录音录像遗嘱、口头遗嘱、公证遗嘱。遗嘱的订立及书写，从形式到内容，都需要专业人士的帮助，否则不能很好地保证其有效性。我们在实践中发现各种各样的遗嘱因为形式或内容的瑕疵，在是否有效的问题上，产生争议，往往也会成为案件的焦点问题。下面我们就来列举一些产生争议的情形：

1. 遗嘱处理了配偶财产

这是一种非常常见的产生争议的情况，就是遗嘱人对我们国家的法定财产制度没有概念，错将夫妻共同财产全都作为自己的遗产在遗嘱中进行了分配。这种情况下，一方可能会主张遗嘱全部无效，而其他方可能会主张遗嘱只是部分无效。对于这个问题，到底哪种意见更为正确呢？通过案例来说明更清楚一些：

例1：

遗　　嘱

本人高希（化名）共拥有以下财产：

1 银行存款：共计人民币 约 100 万元。其中，将扣除：

1.1 人民币 10 万元，此为基金会存款，应交与马德兴；

1.2 人民币 3 万元，此为儿子高湛的存款，以我的名义代存；

2 住房：现有住房一套，位于天津市××大学老区教学楼，5 号楼 4 门 1 楼 1 号，三室一厅。

对于本人拥有的上述财产，我现分配如下：

银行存款的分配方案：

1.1 将我银行存款总额的 40% 分配给配偶张薇敏；

1.2 将我银行存款总额的 30% 分配给长女高圆；

1.3 将我银行存款总额的 30% 分配给儿子高湛。

住房的分配方案：

现有的位于天津市的住房(一套)是我与配偶张薇敏的共同财产。可将此住房按照商品房价格出售。房屋出售事宜由儿子高湛经手办理，住房的出售手续需公开透明，明确出售总价格。

2.1 将住房出售总价格的 40% 分配给配偶张薇敏；

2.2 将住房出售总价格的 25% 分配给长女高圆；

2.3 将住房出售总价格的 25% 分配给儿子高湛；

2.4 将住房出售总价格的 10% 分配给一直照顾我的老周；

2.5 若住房售价中仍有剩余金额，两位子女可平均分配获取。

高希

××××年××月××日

该份遗嘱中，遗嘱人虽然也知道房屋是夫妻共同财产，但还是主张出售房屋后只给配偶留 40% 的售房款，显然是无效的。房屋也罢，存款也罢，首先有一半是生存配偶张薇敏的财产，剩余的才是高希的遗产，可以分配。同样，张薇敏名下如果有存款，其中一半也是遗产。那这份遗嘱到底是全部无效，还是处理了配偶的部分无效呢？这恐怕是个见仁见智的问题。因为遗嘱人对于遗产的分配方式较为复杂，很难揣测如果他知道所有夫妻共同财产中有一半要先留出给配偶的前提下，他会如何处理遗产，是不是还会按现在的比例分配自己的那 50% 。所以，对于这份遗嘱的效力，法院有可能作出两种判断，一种是认为全部无效，因为无法预测在一半财产需要留给生存配偶的前提下，遗嘱是不是还会按现有比例分配其遗产部分；另一种会认为遗嘱部分无效，先析出一半夫妻共同财产给配偶，剩余的按其遗嘱的比例再进行分配。笔者的意见，更倾向于前一种意见，即全部无效，因为一半财产归于生存配偶后，遗嘱人按现有比例分配其遗产的可能性不大。

例2：

遗　　嘱

本人骆梅(身份证号：×××)为防止过世后产生遗嘱继承纠纷，特订立本自书遗嘱：

一、我名下坐落于北京市××房屋全部归我父亲骆××继承；

二、我在以下银行账户内的全部银行存款都归我父亲骆××继承。

1.……

2.……

本遗嘱是本人的真实意思表示，希望其他亲人尊重本人意愿，待本人去世后按本人意愿执行本遗嘱。

立遗嘱人：骆梅

××××年××月××日

这份遗嘱中的房屋是婚后购买，骆梅之夫认为是夫妻共同财产，且女方名下的账户内的存款也不应完全是其遗产。当然，同样，男方婚后的财产的一半也是夫妻共同财产，在这一案件中，男方名下有车有存款等。但这份遗嘱被认定为部分无效的可能性很大，不大可能因为处分了配偶的财产就被认定为全部无效。从遗嘱内容看，遗嘱人是想把自己名下的遗产全部留给父亲继承，所以，只要析出配偶的财产，剩余的属于骆梅的遗产全部留与其父继承，应是遗嘱人的本意。

该案目前已经判决，法官认定房屋为夫妻共同财产，骆梅的遗嘱部分有效，并判决将骆梅个人财产的部分由其父继承，而共同财产的一半先析出给骆梅的丈夫。二审维持原判。

由这两个例子可见，因为处分了配偶的遗产，到底导致整个遗嘱无效还是部分无效，要根据案件的具体情况而定。

2. 遗嘱未给缺乏劳动能力和收入来源的人留份

《民法典》第 1141 条规定："遗嘱应当为缺乏劳动能力又没有生活来源的继承人保留必要的遗产份额"。这和原《继承法》第 19 条的规定是一致的。所以有些遗嘱中未给缺乏劳动能力和收入来源的人留份，导致遗嘱部分无效，法官一般会酌情直接判决遗产中的一部分归这类人所有，这是法律强制性规定。在实践中，笔者碰到较多的情况是，某些人的配偶及婚生子女，不希望该人给非婚生的未成年子女留份额，而只是希望该人通过遗嘱将所有遗产处理给其他人。笔者遇到这种情况，都会劝说他们放弃这一做法，这样做本身是违法的，会导致遗嘱部分无效，法官也会自由裁量出一部分遗产，判归非婚生子所有。而遗嘱人如果在遗嘱中主动给非婚生未成年子女留份额，也就不需要法官去裁量了，而法官自由裁量的遗产价值是有可能高于遗嘱人主动留的份额的，所以对于完全不给非婚生未成年子女留份的做法，笔者认为是不懂法且不可取的，是会导致遗嘱部分无效的行为。

3. 非典型遗嘱

相信在审判一线的法官肯定见过各种各样形式的遗嘱，笔者这里所说的非典型遗嘱就是从形式上判断文书到底是不是遗嘱，容易产生争议。比如，有些人拿被继承人的日记本中的内容来，要求认定为遗嘱。或者被继承人手写的字条，形式很不严谨，内容也不是特别明确。还有些遗嘱签名是代签的，但是手印是本人捺的，或者没有日期等。总之就是形式上与法律规定的遗嘱不太一致，有所欠缺。这些非典型遗嘱，很可能被认定为无效或部分无效。

对于形式基本符合要求，但是遗嘱无日期，又没有人主张有其他份的遗嘱的，笔者认为应当认定为有效。但是在某些情况下，也可能会被法官认定为无效，比如，有人主张遗嘱是在遗嘱人病重意识不清期间所立，而遗嘱本身又没有日期，日期成为判断遗嘱有效性的重要因素时，缺少日期的遗嘱也有可能被认定为无效。所以，立遗嘱应当严格遵循法律，否则都是有风险存在的。

4. 遗嘱见证人只有一位或无见证人

《民法典》规定代书遗嘱、打印遗嘱、录音录像遗嘱、口头遗嘱都必须有两个以上见证人在场见证方为有效，所以，这些形式的遗嘱如果见证人只有一位，或者没有见证人，则遗嘱将被认定为无效。

5. 见证人身份不符

《民法典》第1140条规定：下列人员不能作为遗嘱见证人：（一）无民事行为能力人、限制民事行为能力人以及其他不具有见证能力的人；（二）继承人、受遗赠人；（三）与继承人、受遗赠人有利害关系的人。

该规定与原《继承法》第18条的内容基本一致，只是在第（1）项中增加了"其他不具有见证能力的人"，规定更为全面合理。关于什么是"与继承人、受遗赠人有利害关系的人"，《最高人民法院关于适用〈中华人民共和国民法典〉继承编的解释（一）》（以下简称《继承编解释（一）》）第24条规定，继承人、受遗赠人的债权人、债务人，共同经营的合伙人，也应当视为与继承人、受遗赠人有利害关系，不能作为遗嘱的见证人。

所以，对于代书遗嘱、打印遗嘱、录音录像遗嘱和口头遗嘱，见证人如果是上述不符合要求的人员，则也会导致遗嘱无效。

6. 口头遗嘱最易无效

《民法典》第1138条规定："遗嘱人在危急情况下，可以立口头遗嘱。口头遗嘱应当有两个以上见证人在场见证。危急情况消除后，遗嘱人能够以书面或者录音录像形式立遗嘱的，所立的口头遗嘱无效"。这条规定基本和原《继承法》第17条中规定的口头遗嘱内容一致。也就是说，口头遗嘱发生在危急情况下，如果危机情况消除，则口头遗嘱就无效了，必须用其他形式的遗嘱代替。这和普通老百姓理解的口头遗嘱是不同的，有些人不了解继承方面的法律规定，只是从字面去理解口头遗嘱，认为口头的遗嘱就是口头的形式，可以发生在任何时候，这是不对的。笔者也代理过类似继承案件的被告，原告坚持认为他父亲平时说的话就是口头遗嘱，但是原告既不能证明他父亲确实说过这样的话，也不能证明这些话发生在危急时刻，更不能证明有见证人，但是无论被告代理人和法官如何向其示明他主张的这种所谓的“口头遗嘱”根本就不是法律上规定的口头遗嘱，本人仍坚持认为就是口头遗嘱，应当有效，甚至不惜一直打到再审程序。

7. 律师建议

在继承案件中，对于遗嘱的效力产生争议是非常常见的，在非诉讼文书起草中，遗嘱也是最常见的一种文书，笔者代理及咨询过的继承类案件也较多。根据经验和专业知识，我会建议当事人最好采用公证遗嘱的方式留遗嘱，同时，留一份同样内容的自书遗嘱，以达到双保险的目的。我咨询过的一个案例，公证遗嘱最终被撤销，遗嘱继承就变成了法定继承，继承人的损失较大。我吸取这个案例的经验教训，在给当事人建议时，都会建议他们在立公证遗嘱的同时，最好准备一份同样的自书遗嘱，这样，两份遗嘱都是有效的。

公证遗嘱的订立还要考虑时间，有些遗嘱人年事已高，待到想立遗嘱时已行动不便，有些地方的公证处很难上门订立遗嘱，使得有些当事人订立公证遗嘱的想法落空。而且有些人患有疾病，公证处要求老年人出示精神健康证明，这些人要想拿到“精神健康证明”会很困难。所以，应当在健康时就考虑适时地订立公证遗嘱。

（四）什么是“有扶养关系的继子女”

《民法典》第1127条规定了法定继承人的范围及继承顺序，其中第一顺序的“子女”，包括婚生子女、非婚生子女、养子女和有扶养关系的继子女。这和原《继承法》第10条的规定完全一致。也就是说，有扶养关系的继子女是法定继承人，但关键是，什么是"有扶养关系的继子女"，在司法实践中并不是那么好认定，有些明显是形成了扶养关系，而有些情况，却也很难认定，当事人之间存在争议。目前也没有司法解释对何为形成扶养关系进行解释，所以基本靠法官的自由裁量。

举个例子来说，笔者曾接待过的一个咨询案例，女方丧偶后与男方登记结婚，登记结婚时女方的子女未成年，但因为已经十几岁了，所以结婚后未与男女双方在一起生活，而是与大哥居住在别处，主要由大哥尽经济上的扶养义务，这种情况下，男方与该子女算不算"有扶养关系"？又如，男女双方结婚时，男方的子女未满10周岁，男女双方及子女在一起生活了6年后，男女双方又离婚，女方与该子女算不算"有扶养关系"？再如，结婚时一方的子女已接近成年，半年后即到18周岁，这算不算形成扶养关系，等等。法官在处理继承案件，需要认定法定继承人身份时，面对这些现实情况，其实也很难处理，因为没有统一的标准。

所以作为律师，可以通过证据尽量证明己方观点，如想要证明"有扶养关系"可以从是否同居生活，在生活上是否关心支持，在经济上是否支付抚养费用入手，如果一方离异带子女，那与前任配偶离婚时，子女抚养权是否归该方等，都是确定是否形成"扶养关系"要考虑的因素。

(五)转继承和代位继承

根据《民法典》第1152条的规定，继承开始后，继承人于遗产分割前死亡，并没有放弃继承的，该继承人应当继承的遗产转给其继承人，但是遗嘱另有安排的除外。这实际就是转继承，在实践中经常发生，这和原《最高人民法院关于贯彻执行〈中华人民共和国继承法〉若干问题的意见》(以下简称原《继承法司法解释》)第52条的规定基本一致，实践中转继承的适用较为明确。但是代位继承，在笔者经历的案件中，有一些自己的想法，下面我们来看一下原《继承法》中对代位继承的规定：

第十一条　被继承人的子女先于被继承人死亡的，由被继承人的子女的晚辈直系血亲代位继承。代位继承人一般只能继承他的父亲或者母亲有权继承的遗产份额。

在原《继承法》的这一条里，只规定了被继承人的子女先于被继承人死亡的，被继承人的子女的晚辈直系血亲可以代位继承。但是并没有规定被继承人的兄弟姐妹的晚辈直系血亲可以代位继承，所以当被继承人没有第一顺序的法定继承人时，第二顺序中的兄弟姐妹本应是法定继承人，但是如果兄弟姐妹早于被继承人去世的话，其晚辈直系血亲是没有代位继承权的，这显然不太公平，也不太符合立法本意，因为同一顺序的法定继承人的继承份额本应均等。我们来举个例子：

张某去世后留有一处房屋，张某没有结婚，所以也无子女，其父母均已先于他去世。所以张某无第一顺序法定继承人。张某的祖父母、外祖父母也早已去世，张某有一兄一姐，张某死亡时，其兄长尚在世，但其姐姐早已去世，其姐姐生育有一子李某，按原《继承法》第 11 条的规定，张某的遗产均由其兄继承，其姐姐的孩子李某无代位继承权。

笔者在实践中代理类似案例时发现原《继承法》的这一代位继承权的规定仅授于被继承人的子女的晚辈直系血亲，而排除了第二顺序中兄弟姐妹的晚辈直系血亲的代位继承权，感觉这一规定适用的社会效果不会太好，公平性稍差。但是在《民法典》中，这一规定作了改变，增加了一款，使得法律规定更为全面合理。我们来看一下《民法典》第 1128 条关于代位继承的规定：

被继承人的子女先于被继承人死亡的，由被继承人的子女的直系晚辈血亲代位继承。

被继承人的兄弟姐妹先于被继承人死亡的，由被继承人的兄弟姐妹的子女代位继承。

代位继承人一般只能继承被代位继承人有权继承的遗产份额。

该条第2款为原《继承法》没有的内容，是新增加的内容，显然使代位继承的规定更为合理公平，实际上扩大了法定继承人的范围。

五、相关继承案例

基本案情：

王某某与丈夫刘某某于1999年结婚后，一直与刘某某的奶奶贾某某生活在一起，刘某某的父亲刘某华是贾某某的养子。刘某华与贾某某关系不睦，一直以来都是由刘某某夫妻照顾贾某某的生活，三人共同居住在贾某某承租的公房内。2005年，公房出售，需以贾某某的名义购房，但老人每月只有几百元退休金，连生活费都不够，根本无力购房。因此，购买该房屋的2万余元款项均是王某某和刘某某夫妻出的。

刘某某十几岁时，其父刘某华就把他放在贾某某处抚养，而刘某华从未给过贾某某任何赡养费，还要求贾某某替他抚养孩子刘某某；在王某某与贾某某居住在一起的8年间，刘某华从未去看过老人或打过电话问候，也没有给过赡养费。刘某某与奶奶感情较好，考虑到自己年事已高，贾某某明确表示房屋将来要留给刘某某，但未留有遗嘱。后贾某某去世，刘某华是唯一的法定继承人，但是考虑到老人的生前遗愿及赡养老人的实际情况，刘某华同意房屋由刘某某继承，并想办法办理过户手续。但是在手续办理过程中，刘某某也突然去世。王某某认为，该房理所应当由自己继承，希望刘某华继续办理过户手续，过户至自己名下。王某某的理由是，自己和丈夫是房屋的实际购买人，且多年来直接赡养被继承人，贾某某的遗愿是要将房屋留给刘某某，如顺利继承该房屋，则房屋自然应当是夫妻共同财产，所以要求房屋由自己继承。

刘某华不认可王某某的继承主张，王某某则在此房内一直居住拒不搬出。刘某华遂提起法定继承纠纷，要求法院判决房屋归自己全部继承。诉讼中王某某除了主张自己和丈夫对老人尽了主要赡养义务、承担了全部房款、老人生前有口头遗嘱外,还主张刘某华未尽到赡养义务,在老人去世时知道消息后也不出现,老人去世后的一切事宜,包括安排遗体告别、联系亲友、联系火化、存放骨灰及一切费用开支,刘某华一概不管,最后只参加了遗体告别仪式,连火化厂也没有跟去,同行的其他亲属朋友都感到十分意外。王某某认为,刘某华对被继承人完全遗弃,生不养、死不葬,根本未尽过赡养义务,此事连他的三个子女也不能理解,十分气愤。因此,依法不应分给他遗产。

最终,一审法院认定多年来贾某某、刘某某、王某某三人共同在诉争房屋内长期生活的事实,也认定了贾某某生前由王某某与刘某某尽了较多赡养义务的事实,认可王某某为《继承法》上规定的"继承人以外的对被继承人扶养较多的人",可以分给适当的遗产。但仍将房屋判归刘某华所有,仅分给王某某相当于房屋市值10%左右的折价5万元。

王某某不服上诉,要求从遗产中返还2万余元购房款,对自己的折价补偿提高到25万元,二审法院未予支持,仍维持原判。

案例分析:

因被继承人贾某某未留有有效遗嘱,房屋确实应由刘某华继承。王某某虽称贾某某有口头遗嘱,但显然其主张的口头遗嘱并非法律上的口头遗嘱。老人生前虽明确表示了房屋要留给王某某夫妇的愿望,但并非在紧急情况下所立,也无见证人见证。因此,本案中其实并没有真正意义上的遗嘱,案由是法定继承。在这种情况下,王某某如果能够明白自己并非法定继承人,只是"继承人以外的对被继承人扶养较多的人",可以分给适当的遗产,就不应该采取强势的态度与公公对抗,并坚持认为自己应该分得全部房产。如果被继承人生前想将自己的遗产留给法定继承人以外的人,则留下符合法定形式的遗嘱是必须的,否则,应当行生前赠与。但是可惜的是,很多人不了解法律,被继承人的遗愿未能达成,也极易引发纠纷。

但是本案中,何为“适当的遗产”,是一个值得探讨的问题。在当时适用的原《继承法司法解释》里,第31条规定,依继承法第十四条规定可以分给适当遗产的人,分给他们遗产时,按具体情况可多于或少于继承人。《继承编解释(一)》第20条规定,依照民法典第一千一百三十一条规定可以分给适当遗产的人,分给他们遗产时,按具体情况可以多于或者少于继承人。做了完全一致的规定。也就是说,这里的“适当”不是指一定会少于法定继承人的份额,也有可能是等于或多于继承人的份额,但是本案的法官显然认为,即便是尽了主要赡养义务,即便明知老人有此遗愿,但因为没有合法的遗嘱,只要分给继承人以外的人少量遗产就可以了,这可能是大多数法官在处理这类案件时的做法。笔者个人认为,既然《继承编解释(一)》对于何为“适当”已经作了明确的规定,在具体适用时,应当结合案件情况,考虑公平原则,决定分给继承人以外的对被继承人扶养较多的人更多的遗产。

第九章 开庭后工作

第七章笔者介绍了开庭时律师的主要工作,并针对婚姻家庭案件的特点,在第八章介绍了开庭时可能遇到的婚姻家庭案件常见法律问题,下面,我们来讨论一下开庭之后的律师工作。

一、主动积极补充相应材料

婚姻家庭案件涉及的事务纷繁复杂,比如财产形态多样,有的案子,主要的财产形态都会涉及,如房屋、汽车、公司股权、存款、股票、住房公积金、债权债务等,在每种财产中还涉及多处,比如房屋有四五套,公司有十来个,存款在多个银行和账户中均有,其中可能还购买有理财、基金和股票,有住房公积金,还有住房补贴,债务有很多笔,时间不同,债权人不同等,是极为复杂的。有人还提出离婚损害赔偿,律师还要证明对方有过错,而过错可能也不止一种,比如有人既有与异性同居的行为,又有家庭暴力,这些证据律师也要提供。关于子女抚养,双方为争夺抚养权,也可能提交众多的证据。所以,有的婚姻家庭案件,开庭最多的要开上十几次,每一次开庭后,都有要准备的资料。比如,针对双方新交换的证据,提交书面的质证意见;需要补充一些新的证据材料;需要补充一些事实材料,如离婚和继承案中涉及房屋的分割,法官需要双方提交书面的对房屋现价值的意见。再如,根据证据的情况,一方可能要申请对证据进行鉴定,需要补充书面的鉴定申请并准备鉴定材料等。总之,每一次庭审后,都有下一步要做的工作,即便是最后一次庭审,庭后律师也可能会需要准备书面的代理词提交,这通常是律师提交的最后一份诉讼文书了。

二、书面质证意见的书写

(一)书写的注意事项

通常立案时原告提交的证据材料并不全面,往往在开庭时才会提交完整证据,而有很多案件,法官并不会在庭前组织双方进行证据交换,所以原告在开庭时才看到被告方的证据材料,有时证据较多,不能将双方证据完全质证完,法官也会择日再开庭。或者在双方证据都很多的情况下,法官也可能选择只是了解基本情况,留待下一次开庭时一并质证。还有些情况,明显不适合当庭质证,律师需要回来认真看过证据后再质证的,也可以向法官提出,很多情况下法官会允许。

如果证据未能当庭质证,律师在回来认真看过证据后,应当和当事人核实情况,组织书面的质证意见,这样下次开庭时可以依据书面材料发表质证意见，然后向法庭提交该书面材料，这样可以保证质证更完整。有些法官因为有书面质证意见，就不怎么组织现场质证，只是记录与书面质证意见一致，这种情况其实不利于查清事实。即便是有书面质证意见的前提下，也应当尽量对全部证据进行当庭质证，并记录在案，因为质证的过程就是说明案件重要情况的过程，书面的交流与现场交流的效果肯定是不一样的。

书面质证意见，要逐一列明对方当事人证据名称，然后对证据的真实性、关联性和来源是否合法发表意见，同时要质证是否达到证明的内容和目的。对于证据中的疑点要向法官指出，便于法官进行判断。对于证据有利于己方之处的，也要指出。可以对有同样证明目的的证据是否能形成证据链条等发表意见。

（二）如何对对方存款类证据进行质证

在书写书面质证意见时，除了上述笔者提到的内容外，针对存款类证据，要特别说明一下质证意见的注意事项。存款类证据，如果数量较多，律师应尽量要求庭下看过后组织书面质证意见，因为存款的证据多为一段时间内的银行历史交易明细单，时间一般至少为一年或超过一年，所以律师不仅要看存款余额，还要看在诉讼前及诉讼期间当事人有无大额不明转出款，如果有的话，应列表，要求当事人说明并提供证据，否则可以要求认定为转移存款，与余额相加后一并要求分割。所以书面质证意见中，可以列明要求分割的存款余额和转出款，采用列表的方式，表中有账户、余额、转出款、合计项等，这样的质证意见更为明确细致，与当事人对存款财产的具体诉讼请求或答辩意见相呼应，是其事实依据。

同时，明细单中有许多交易的摘要内容，可以看到当事人是否购买有理财产品、保险、股票等，以及对其他人的转款信息，我们在看当事人的银行账户交易明细单时，也发现过对第三者的转款，以此作为证明对方当事人有过错的证据，发表质证意见。笔者曾代理过的一个案件，就是当事人发现其配偶向其银行账户的转款多来自深圳,于是到深圳的房屋管理部门进行调查,发现男方私自购买过六七套房产并出售,手上有大量的售房款收入。所以,存款类的证据要认真审核,往往会发现存款之外的其他证据线索。

(三)如何对对方股票类证据进行质证

股票证据,前面多次说过了,看证券账户的对账单,可以看到现持有股票数及当日市值,也可以看到资金账户内的资金余额数,两者相加,即是可以分割的价值总额。在对账单上,价值总额也是有显示的,一目了然。所以,股票证据,只需要证券公司开具的对账单就可以了。其实并不需要其他的材料,如买卖股票的流水单,这些过程中的东西意义并不大。而证券账户资金的进出,最终可以到对应的银证通银行账户中去作为存款主张,并不会出现遗漏的财产。

综上所述,对股票证据的质证,首先看在证据形式上是否符合,如果不是证券公司打印的这种明确简单的对账单,可以要求对方重新出具正式的对账单或申请法院调取。在价值上就看对账单的总额即可。转出的资金,作为银行存款类财产去主张即可。

三、如何补充证据材料

在开庭后,根据案件的需要,律师最需要补充的材料往往就是证据材料。作为原告的一方往往在开庭时才能看到被告出示的证据,如果需要针对被告的证据提供反证,肯定需要在庭后再去寻找和组织证据,如果法官认为哪方面的证据有所欠缺,需要查明事实,要求各方再尽量提供相关更多证据时,庭后律师也要帮助和指导当事人增加证据。复杂的婚姻家事案件,开庭次数多,证据多,需要经常补充证据,最多时证据要超过一百份。我们补充证据材料时,所有的证据都要采用大流水的方式编号,比如,第一次开庭时提交了证据目录和证据七份,第二次再提交时,证据目录要编为“证据目录二”,编号处可以注明承接证据目录一,证据则从第八号开始编,这样以此类推,不论提交多少次证据,证据交了多少份,都不会乱,法官好寻找,代理人表达时也方便,代理词引用时也清晰、明确,我们提示法官参考证据时,只要告诉法官是证据目录×中的第×号证据,法官会很快找出证据来核对,不会出现指向不明的情况。而没有这一习惯的当事人和代理人,就会一次一次地交所谓的“补充证据”,有的要补充三四次,既不注明是第几次提交的,也不注明提交日期,每次证据编号还都从证据一开始,最后证据是乱的,法庭记录不好做,引用也不好引用。这是开庭后再组织补充证据时一定要注意的。关于证据如何梳理和作标注,证据目录的证明内容和目的如何更好地表达,前面已述,在此不再赘述。

四、准备书面代理词

在第七章“开庭”中,已介绍过代理词的写作,在此不赘述。但是,婚姻家庭案件开庭的次数往往较多,只开一次庭的案件其实是比较少的,很多案件需要多次开庭,起草代理词往往是在开庭之后的常见工作之一。开庭过后,由于经过了庭审和质证,案件的相关事实和争议焦点更为清晰,在这种情况下,组织代理词才更能言之有物和有的放矢。有些律师不喜欢写书面的代理意见,当庭发表过代理意见后,回来也不会再起草书面的代理词。作为一名专业律师的习惯,不管案件是否复杂,开庭几次,当庭是否发表过口头的辩论意见,只要案件最终没有调解结案,都应当有书面的代理词。

书面代理词可以更全面地表达代理人的代理意见,也便于法官参考。代理词是整个案件的总结,而且是法律分析的总结,所以非常重要,也是最能体现律师水平的一种文书。所以一定要注意开庭后的工作,该起草书面代理词的一定要起草。

五、庭后会议或庭前会议

根据案件的情况，开庭后，律师往往要与当事人见面，了解对对方证据的质证意见及相关事实，调整调解意见等，为下一次庭审做准备。或者在一次开庭后，在下一次开庭前，要与当事人见面，就下一次开庭的主要内容和注意事项，与当事人交流意见，确定方案。如果案件不复杂，往往电话交流就行，对于情况复杂、事务多样、证据较多的案件，则应当组织当面交流，以保证庭后的各项工作和下次开庭的正常进行。

第十章

送达、结案

经过一次或数次开庭,完成了调查、辩论、最后陈述、调解等所有案件程序后,最终案件会有一个结果。结案的方式不外三种,一是达成调解,法院出具民事调解书;二是一方撤诉,法院可能口头裁定同意撤诉,或出具书面的民事裁定书允许撤诉;三是未成达调解,或者法院不允许一方撤诉的,法院出具民事判决书。笔者代理婚姻家事案件,往往会在法院的地址送达的确认书上将送达地址填写为律师事务所,所以往往是代理人最先拿到民事裁定书、调解书或判决书,这时就有送达的问题。

一、送达结案法律文书

律师拿到结案的法律文书后应当第一时间通知当事人，尤其是一审的判决书，涉及当事人是否提起上诉的问题，需要在法定期限内作出决定并写出上诉状等，所以更需要及时地通知。在取得法院邮寄或直接送达的法律文书后的第一时间，笔者一般会采用拍照或扫描的方式，先电子传输给当事人看，之后再通过邮寄或直接交付的方式将原件送达给当事人。对于管辖异议的裁定书也是这种送达方式，因为裁定书的上诉期更短，非涉外案件只有十天上诉期，所以更需要及时送达当事人以决定是否提起上诉。

律师送达法律文书给当事人应留有记录，如让当事人写收条，或者在律师的谈话笔录中记入，让当事人签字，同时，我们在案件工作记录中也会作出记录，工作记录到时也会请当事人签字。如果不方便直接送达的，如采用邮寄送达，快递单中应当记录邮寄的文件名称、案号等，并注明原件，快递底单要留下来，贴在 A4 纸上留档备查。

但是偶尔会有律师难以联系到当事人的情形，在前文的《委托代理协议》模板中，有一条专门记录了代理律师与委托人联系、邮寄或快递法律文书及其他资料的收件地址，目的就是在联系不到当事人时，律师可以将重要的法律文书邮寄至该快递地址，完成送达。

送达完成后，对于一审判决或裁定，还要提示当事人上诉期，询问当事人是否上诉等。

二、律师提供法律服务工作记录表

在接手案件之初，律师应当做案件工作记录。笔者的习惯是，每日都做工作记录，然后过一段时间，对于某一案件的工作记录，从总的工作记录中摘录下来，形成案件工作记录，每次见到当事人，都会将近期的工作记录打印好给当事人看,并让其签字。这样到最后,就会形成一整份案件工作记录,放入档案中。

养成记录和整理案件工作记录表的习惯有很多好处。有的案件拖的时间很长,律师有时候也需要查询工作记录来确定某些事实;而且当事人每过一段时间就可以看到律师的具体工作,也有助于他们了解案件的进展和律师工作,达到了良性沟通和主动沟通的目的,毕竟律师的很多工作当事人并不知道。而且这一习惯也让当事人看到律师对自己的案件是认真的,工作是专业的,从而更加放心地将工作交与律师去做。还有些当事人,时间长了某些事情记不清楚,尤其是一些有抑郁倾向的当事人,明明就某事律师已多次示明并征求意见,但他们最后可能还是会认为律师的工作有误,这时当事人签字认可的工作记录可以起到消除误会、打消当事人无端指责和投诉的可能。

所以律师不应当嫌麻烦,要养成按时记录工作的习惯。但是有些人,把所做的所有工作事无巨细地都写上,就失去了做工作记录的意义。工作记录是把相关的工作做简单的记录,说白了是个流水账,应该是个总结性的记录。但有些人写太多啰唆的内容,反而让人看不明白主要工作,没有做好总结。有些记录又过于简单,对于某些重要内容,需要适当写明细节的,又不写。所以做工作记录也要把握平衡尺度,既要做总结让人一目了然,又要有重要的内容,便于将来查询。

下面将笔者常用的工作记录表格提供大家参考:

文书 10.1:律师提供法律服务工作记录表

律师提供法律服务工作记录

当事人(委托人)				承办人	
案由		审级		助理律师	
当事人签字确认		本人对上述工作认可(签名)			

扫描二维码

17047

例：

律师提供法律服务工作记录

当事人(委托人)	L	承办人	张静、单 ×
案由	离婚后财产纠纷	审级	一审程序
2018 年 8 月 2 日	L 到所咨询		
2018 年 8 月 10 日上午	两名律师一起接待 L，签订委托代理合同，做接案笔录		
下午	L 到朝阳区房管局调取女方名下相关房屋资料，房管局不予查询		
2018 年 8 月 13 日	解答 L 调证的相关咨询，L 周三返回 × × ×		
2018 年 8 月 20 日	两名律师讨论 L 案思路		
2018 年 8 月 23 日	律师讨论本案的财产清单、起诉状思路、证据部分细节，将草稿文件发给 L，告知两名律师讨论的意见，约好下周三开微信会议		
2018 年 8 月 24 日	解答 L 的微信咨询		
2018 年 8 月 26 日	修改起诉状		
2018 年 8 月 27 日	再修改起诉状；将起诉状发给 L 让他先看，看其卷宗内全部证据材料		
2018 年 8 月 28 日上午	见 L，梳理与起诉状有关的所有事实，谈相关证据，确定起诉状全部内容		
下午	单 × 律师去车管所查 × × 名下的车辆登记情况，查出三辆车的登记，L 再到所送相关立案证据材料		
当事人阅后签字			

三、订卷、退回原件

（一）为什么要订卷

如果案件没有涉及需要继续上诉或者申请强制执行的，或者接下来的程序当事人不再委托律师继续代理的，律师就可以将已结案的所有案卷材料进行整理，组织订卷了。

订卷实际上是结案时的重要工作，笔者发现有些律师并不重视。比如，某些当事人二审时来委托笔者代理案件，需要向一审程序的代理律师索取一些资料，如双方证据等，律师却不能很好地提供。或者当事人的案件需要其他案件的相关诉讼材料作为证据时，联系之前的代理律师索取，律师也不能很好地提供，或者根本找不到卷宗了，这些情况笔者都遇到过。其实，结案后订卷存档，不仅是律师的职业要求，也是专业体现。笔者的案源大量地来源于转介绍，除了同行之间的介绍外，当事人的转介绍也非常多，这是因为当事人在自己的案件中，从开始到最终结案每个阶段的工作都需要律师的帮助，律师的工作是否专业、尽责，能否给予当事人适时有效的帮助，当事人是有亲身感受的。如果订卷的工作做不好，也是会影响律师形象的。

举例来说，笔者曾经为某位男士代为起草婚前财产约定，虽然只是个文书起草工作，律师不需要做见证，为慎重起见，笔者还是要求当事人提供一份双方签署的原件，并建立了书面档案，存放入律师事务所。几年后，该委托人向律师寻求帮助，称自己的那份婚前财产约定不见了，因为当时男女双方约定了婚后适用分别财产制度，男方怀疑自己的原件被女方收走藏匿，希望将律师手中的那份原件送给自己。律师为保护委托人的利益，借出档案后同意将原件赠送，男方得以再次拿到该婚前财产约定的原件。男方婚前财产较多，因为适用分别财产制，所以在约定中承诺每年给予女方 70 万元的家务劳动补偿，如无该份约定，将极大地影响男方家族的财产安排，因此，该文书原件十分重要。律师要求委托人写好收条，并表示同意卷内只留存复印件后，方将原件借出。该文书的起草费用虽然不高，但对委托人的意义却极为重大，这也是为什么笔者坚持要立档的原因。实际上，大部分的文书起草工作，律师只提供文本，收取较为低廉的费用,也不建档案,但是在起草该文书时,考虑到文件的重要性,律师还是说服当事人增加费用,将文书代拟工作作为非诉讼案件处理,建立档案以便查询,收到了较好的效果。

在订卷存档后,因继续诉讼、执行等各种原因,当事人寻求律师帮助,要求借用法律文书原件或查阅某些资料的事情,时有发生。虽然法院都有案件底档,但是当事人觉得程序复杂,需要预约,代理人查询也需要专门的授权委托手续等,占用时间较多,如果通过原来案件的代理律师可以很快解决问题,当事人可能觉得更方便,更愿意寻找原律师的帮助。所以律师卷宗档案完整有序,可以在结案后帮助到当事人,这就像好的售后服务一般,专业和不专业,尽责与不尽责,在结案后也可见一斑。

(二)如何整理订卷

1. 退回原件

订卷前,要先梳理原卷宗材料,有多份文件的,一般抽出多余的,只留取一份即可。有些重要的原件,律师应当统一整理好退回给当事人,并留好退还的记录,一并放入卷宗中。

2. 卷宗目录及文件顺序

卷宗内文件顺序,一般按时间整理,各个律师事务所可能要求不同,律师需整理并打印卷内文书目录。下面列举一些案例,用来参考:

例1:一审卷宗目录

卷内文书目录

(卷一)

序号	标　　题	页号	备注
1	法律服务委托协议	1~6	
2	诉讼风险告知书	7~8	
3	授权委托书及当事人身份证明	9~24	

续表

序号	标　　题	页号	备注
4	收费凭证	25～26	
5	民事起诉书	27～29	
6	答辩状 2 份	30～35	2018 年 6 月 28 日 2018 年 7 月 31 日
7	延期举证申请书	36～37	
8	民事答辩状汇总	38～44	
9	被告提交的补充诉讼请求	45～46	
10	调查令申请书	47～49	
11	2018 年 6 月 28 日邮寄清单	50～51	
12	被告书面质证意见	52～54	
13	给××邮寄××离婚纠纷全案卷宗光盘 1 张的邮寄记录	55	
14	广东省深圳市福田区人民法院参加诉讼通知书、交纳诉讼费通知书	56～59	
15	原告提交的证据	60～218	

卷内文书目录

（卷二＊接卷一）

序号	标　　题	页号	备注
16	被告提交的证据	219～477	
17	第三人刘×提交的证据	478～486	
18	律师对被告所作的谈话笔录	487～490	
19	传票及法庭谈话笔录、开庭笔录	491～510	
20	代理词	511～514	

续表

序号	标　　题	页号	备注
21	律师提供法律服务工作记录表	515～520	
22	民事判决书	521～543	
23	民事裁定书(财产保全)	544～546	
24	广东省深圳市福田区人民法院查封、冻结、扣押财产通知书	547	

扫描二维码

17050

例2:二审卷宗目录

卷内文书目录

序号	标　　题	页号	备注
1	法律服务委托协议	1～5	
2	诉讼风险告知书	6	
3	授权委托书	7～11	
4	当事人身份证明	12～13	
5	收费凭证	14	
6	一审判决书	15～21	
7	民事上诉状、诉讼费交款通知书、诉讼收费专用票据	22～29	
8	上诉人×××二审提交的证据	30～70	
9	被上诉人××二审提交的证据	71～83	
10	律师对上诉人所作的谈话笔录	84～86	

续表

序号	标　　题	页号	备注
11	二审开庭笔录	87 ~ 92	
12	律师提供法律服务工作记录表	93 ~ 98	
13	二审民事判决书及快递单、快递回执	99 ~ 109	

扫描二维码

17051

例3:再审程序卷宗目录

卷内文书目录

序号	标　　题	页号	备注
1	法律服务委托协议	1 ~ 7	
2	诉讼风险告知书	8	
3	授权委托材料	9 ~ 17	
4	收费凭证	18 ~ 23	
5	北京法院电子送达告知书、信息公开告知书、廉政监督卡、合议庭组成人员通知书	24 ~ 30	
6	再审申请立案提交材料清单	31	
7	原审主要材料	32 ~ 50	
8	再审申请书	51 ~ 56	
9	向高级人民法院提交内容清单	57	
10	申请证人出庭作证申请书	58	

续表

序号	标　　题	页号	备注
11	×××提交《官司情况说明》	59~64	
12	发回重审一审时的×××民事答辩状	65~66	
13	×××提交的《有关本案事实的补充》	67~68	
14	××提交的《对×××发回重审一审中提交证据的质证意见》	69~72	
15	×××提交的《书面质证意见》	73~74	
16	××提交的《民事上诉状》	75~80	
17	×××提交的二审答辩状	81~82	
18	×××提交的《诉争房北京市××号房屋与×××一号公租房之间的必然关系》	83	
19	×××提交的证据	84~183	
20	××提交的证据	184~232	
21	×××多余备用证据材料	233~266	未提交
22	邮递材料记录	267~268	
23	律师所作当事人谈话笔录	269~276	
24	民事案件开庭笔录	277~308	
25	代理词	309~311	
26	律师提供法律服务工作记录表	312~319	
27	北京市高级人民法院(××××)京民申×××号裁定书	320~321	
28	北京市第三中级人民法院(××××)京03再×××号民事裁定书	322~325	

续表

序号	标　　题	页号	备注
29	北京市朝阳区人民法院(×××)京0105民再××号民事判决书	326～331	
30	北京市第三中级人民法院京03民再××号民事判决书	332～340	

扫描二维码

17052

3. 订卷

将文件整理好顺序后,还要将文件拆除曲别针、文件夹和订书钉等,在页面右上角编号,填写好卷宗皮的所有内容,进行装订。然后放入装订盒内,相关摘要内容都要写清,便于将来寻找和查询。

第十一章
执行程序

经审理结案的婚姻家庭案件，可能会产生执行困难的问题，有些会引发执行程序，律师也可以代理该程序的业务。不仅仅是婚姻家庭案件会产生执行问题，所有的民事案件都可能产生执行问题，所以执行业务其实是相当专业的一块专门领域，在此仅作简单的介绍。

一、申请强制执行的期限

根据《民事诉讼法》的规定，申请执行的期间为二年。但是有些当事人并不了解这一规定。笔者的一个当事人称，自己之前的一个民间借贷案件，虽然胜诉了，但是不了解强制执行的程序及规定，当事人认为法院会自动执行案件，在超过执行期后才知道需要自行申请强制执行，导致案件虽然胜诉，却无法执行的尴尬后果。所以律师在给付生效的法律文书时，要向当事人适当讲解执行的法律程序和规定。

二、立案

对于生效的民事判决书和调解书，如果一方不履行相关调解项或判决项内容时，需准备相关材料向立案庭申请立执行案件。这些文书一般包括生效法律文书，如民事判决书或调解书、生效证明、申请执行书、申请人身份证明、被执行人财产线索、被执行人拒不履行判决书、调解书的相关证据等，如果有代理律师，同时提交授权委托材料。

文书 11.1：强制执行申请书

使用场景：用于启动强制执行程序的文书。

法律要点：

1. 强制执行申请书要将申请事项写清，对应判决书或调解书中的内容。

2. 根据《民事诉讼法》第二百三十九条，申请执行的期间为二年。申请执行时效的中止、中断，适用法律有关诉讼时效中止、中断的规定。

前款规定的期间，从法律文书规定履行期间的最后一日起计算；法律文书规定分期履行的，从规定的每次履行期间的最后一日起计算；法律文书未规定履行期间的，从法律文书生效之日起计算。

有些当事人对于一方不履行判决书和调解书，还需要去申请强制执行并不了解，更不了解强制执行还有期限的限制，导致错过了申请期，官司就白打了，因此，律师不能想当然地认为当事人了解法律常识，要给以明示。

强制执行申请书

申请人________，男/女，________年____月____日生，________族，工作单位及职务：____________，住____________，电话____________________。

被申请人________，女/男，________年____月____日生，________族，工作单位及职务：____________，住____________，电话____________________。

申请事项：请求将位于________________号房屋产权过户至申请人________名下。

事实与理由

2014年9月3日贵院作出的________号《民事判决书》判决：________________号房屋由________（申请人）继承。2014年10月8日该判决已发生法律效力，但由于被申请人________拒不提供房屋相关产权证明且拒不配合办理过户手续，致使申请人迟迟无法顺利办理房屋过户手续。根据《中华人民共和国民事诉讼法》有关规定，申请人特向贵院申请强制执行，请求贵院依法作出裁定。

此致

________人民法院

申请人：

年　月　日

扫描二维码

13131

文书11.2:执行阶段授权委托书

授权委托书

委托人:

联系方式:

受委托人:　　　　　　　　　　　　电话:

工作单位:　　　律师事务所　　　　　职务:律师

现委托上列委托人在我方与________________纠纷一案执行程序中,作为我方的代理人。

受委托人________的代理权限:特别授权:代为放弃、变更民事权利、代为进行执行和解,代为收取执行款项、代为提出执行异议、复议、代领法律文书。

(或:一般代理:代为立案、参与执行和解、提供执行线索、代领法律文书。)

委托期限为:至本案执行程序终结

委托人:

受委托人：

年　月　日

扫描二维码

17065

三、管辖法院

当事人的案件可能经历了一审、二审甚至再审，那么法律文书生效后，应向哪一级法院申请执行呢？《民事诉讼法》第224条规定，发生法律效力的民事判决、裁定，以及刑事判决、裁定中的财产部分，由第一审人民法院或者与第一审人民法院同级的被执行的财产所在地人民法院执行。法律规定由人民法院执行的其他法律文书，由被执行人住所地或者被执行的财产所在地人民法院执行。

因此，当事人应当选择向第一审人民法院或者与第一审人民法院同级的被执行的财产所在地人民法院执行。这也是当事人比较容易感到迷惑之处，尤其是经过二审程序的案件。有时当事人未聘请代理律师，自己去申请执行，这也是当事人最容易咨询律师的问题之一，律师可以在解释执行程序时一并告知。

3

第三部分

非诉讼业务

第十二章 婚姻家庭非诉讼法律业务

第一节 咨询、调查、谈判和调解

除了婚姻家庭诉讼业务，律师还会从事大量的非诉讼业务。主要包括咨询、代为调查、谈判、法律文书起草、出具家庭财富传承规划方案等，笔者就常见的婚姻家事非诉讼业务，和大家简单探讨。

一、咨询

可以说，咨询是最常见的非诉讼律师业务，是每个律师日常最常做的一项工作。尤其是以诉讼业务为主的律师,咨询业务往往是代理的前提,当事人不经过咨询,如何判断律师的专业水平,如何决定聘请呢?当然,有的当事人并不想聘请律师,可能只是需要律师在重要的问题上给予意见,作某些决定。总之,咨询是律师最为常见的工作。

由于咨询往往是诉讼代理前的必经工作,在本书第二章中,诉讼前的咨询工作已和大家分享过不少,但其实律师咨询的范围很广,不局限于为了诉讼而做的咨询。就婚姻家庭咨询业务来说,有不少非诉讼业务也是需要咨询的。例如,男女双方协商离婚,就如何谈判及分割财产希望征求律师的意见;已经发现一方隐匿、转移财产了,如何调查和保留证据,需要律师给予提醒和帮助;夫妻感情出现问题,希望签署相关的夫妻财产约定,因此向律师咨询;家里老人去世,继承人共同向律师咨询如何办理继承手续;儿女要结婚,但是家庭大量财产都放到了孩子名下,考虑到当下离婚率较高的事实,如何在婚前对相关财产做安排,也需要向律师咨询;遭遇了被他人侵犯隐私权、名誉权的事件,如何保留证据及寻求法律保护,也需要律师给予专业意见等。总之,即便是婚姻家事领域,涉及的法律咨询范围也很广,律师如果能够在当事人需要时给以有效的法律帮助,对当事人来说是极为重要的。

可以说,咨询业务是律师的基本功,其实也最能体现律师的专业水准。业务不熟,根本不能给予当事人准确的回答,也不能给予有效的帮助,难以获得当事人的信任,也就不会有后续的其他业务。

咨询的注意事项在第二章讲解诉讼前的咨询中已讲过,不再重复。针对非诉讼咨询,尤其要注意的是,也要做好相关的记录。律师的工作忙碌,每天要处理很多事,当面咨询、线上咨询、电话咨询、同事间咨询,各种咨询可能很多,所以不可能将当事人咨询时的细节都记得那么清楚,应当做好记录。这样做的好处是,下次当事人再来咨询时,律师可以看记录。笔者的习惯是,不做正式的记录,但做必要简单的书面记录,主要记录咨询时间及咨询人,还有咨询中的重要内容,仅供自己查阅。该咨询记录至少保留一年,一年以上的未再次咨询的可以销毁,往往当事人在一年内再次咨询时,我会找出旧有的简单记录,将所有重要事件说出,这既可以提高工作效率,又体现了对当事人的尊重,当事人容易信任律师。所以,将咨询中的重要内容做简单记录是个好的工作习惯。

同时,律师也要通过咨询发现律师能够从事的其他法律业务。比如,调查、文书代拟、法律顾问、家庭财富规划与安排、非诉讼谈判和诉讼代理等。

二、调查

为当事人调查相关事实或证据材料,也是律师常遇到的非诉讼业务。尤其是在咨询过律师之后,当事人暂时不需要诉讼的情况下,往往只会要求律师继续帮助调查相关证明材料,以备不时之需。我们在代理诉讼业务时,如遇有需要到外地调取证据材料的情况,考虑到成本等问题,也会把一些单独的调查工作交于当地律师去办理。

律师经常办理的调查业务,如为当事人调取配偶及子女户籍证明,用于离婚案件的立案;为当事人调取亲属关系证明、被继承人人事档案等用于继承案件的立案;为当事人调取公司登记档案及法定代表人身份信息用于案件的立案、审理或执行;为当事人调取不动产登记的相关资料,如购房合同、房产登记信息等。

在从事调查业务时,律师需要注意审查当事人提供的相关信息和材料,尽量确保当事人的调查事项是用于合法、合理用途的,而不能随意帮助当事人调取他人信息和商业信息。

三、谈判和调解

婚姻家庭案件都具有可调解性,所以有些案件不一定需要通过诉讼来解决，通过非诉讼调解和谈判的方式，也可以很好地解决。以离婚案件为例，当事人可以委托律师进行谈判和调解，促成双方达成一致的离婚协议，到民政机构办理协议离婚。再以继承案件为例，律师也可以代理当事人与其他继承人或受遗赠人进行谈判和调解，达成一致的继承协议，到公证处办理继承公证，完成继承事宜。

即便是已经进入诉讼阶段的婚姻家庭案件，律师在庭下与对方当事人见面进行谈判，或为双方进行调解也是常见的事，本质上和非诉阶段的谈判调解技巧并无不同。

关于非诉讼调解与谈判，笔者分享以下经验：

（一）委托合同中应约定谈判和调解时限、终止调解的条件

非诉讼的调解和谈判，与诉讼相比，有它的特点。其一是可能出现反复调解，无限期谈判的现象，这些调解和谈判，并不一定采用面谈的方式，可能体现在协议条款不断的调解变更上，也可能通过其他方式，如电话、网络等，不断调解，久调不决。所以律师如果不是采用按小时收费的方式，则应该根据案件的情况在委托协议中约定调解期间，如1个月、3个月等。调解期过后，如果觉得工作有希望和进展，仍需继续的，可以增加调解期，也要增加律师费。如果工作进展不大，可能就要考虑放弃调解，转而用诉讼的方法更为合适，因为诉讼有审限限制，调解不成，法院会依法判决，不会出现案件久拖不决的现象。

非诉讼的调解和谈判还有一个特点，就是可能难以进行。比如，当事人委托律师调解，律师与对方当事人通话后，对方当事人根本就拒绝与律师见面和沟通，律师无法强迫，做工作仍然不同意的情况下，只能选择尊重，所以调解必须是双方都有意愿才行。还有时，经过一轮谈判后，对方就拒绝继续调解和谈判，工作难以有进展。所以，除了约定调解时限外，还应当约定调解终止的条件，即没到调解时限，但案件情况明显不适合再进行调解的，经当事人明确提出或当事人与律师协商决定，则终止调解,可转为诉讼。以离婚案件为例,通常情况下,笔者与当事人的委托代理协议中的委托事项都会同时包含诉前调解和调解不成时的一审诉讼程序,这样一旦调解难以进行,转而立案进行诉讼即可。有些案件,一旦诉讼,可能反而会促成调解的进行,在诉讼中仍可继续进行调解,久调不决又不诉讼,不利于事情的尽快解决。

(二)律师应注重调解技巧

1. 安排良好的调解环境

调解、谈判不同于诉讼,虽然双方的利益有一定的冲突,谈判本身也有一定的对抗性,但毕竟大家愿意和谈是希望达成一致的意见,所以做调解和谈判工作时应当考虑到它的特性。比如,有的法院的调解室环境安排得比较温馨,桌子是圆桌。由于面对面进行的谈话非常容易让人在心理上有防御之感,所以安排圆桌有利于和谈,律师调解时也可以借鉴,安排适宜的环境进行面谈。

2. 充分沟通,找到焦点问题

律师不可只听自己当事人的一面之词,除与自己的当事人对案件情况进行充分的沟通外,在与对方当事人见面时,应当耐心倾听了解与案件有关的全部情况,了解双方争议的焦点是什么,各自的主张是什么。在这个基础上,针对焦点问题去给双方做工作。就双方争议的问题,需要了解相关事实,消除误解,宣讲法律,再晓以情理,告诉双方达不成一致意见的后果和损失是什么,从不同角度给双方做工作,做充分沟通,调解才容易成功。

充分沟通,这里面最重要的一步是先倾听,只有耐心倾听别人的意见,别人也才愿意吐露真实的想法,也才愿意倾听律师的劝解。

3. 寻找共同点

在调解遇到僵局时,律师要善于寻找共同点,以促成调解成功。以离婚案为例,子女的利益一定是双方的共同点,有时双方在财产问题上争执不下，当律师提出将财产放在子女名下时，往往双方都有可能让步。当律师告诉双方，如果对于子女抚养权争执不下，法官有可能要求子女上庭，询问子女意见时，双方为了不让孩子上法庭，很可能达成一致的抚养意见。再如，双方虽然争议颇大，但是由于某些原因，都必须在短时间内结束婚姻，所以时间限制就是双方的共同点，律师要善于利用这些进行调解工作。

4. 适时安排单独面谈和双方谈判

根据案件的情况，律师可直接和对方当事人面谈，不让自己的当事人参与。双方当事人都易有情绪，不利于沟通，所以才请律师来调解，律师可以作为中间人，代为传递意见，屏蔽情绪信息，促成调解，有利于双方快速解决问题。对于明显不合于法律和情理的意见，律师应当表明立场，保持原则，向当事人讲解法律规定，规劝当事人调换方案。如果双方当事人都有律师，双方律师可以直接沟通，然后各自做当事人的工作。必要时，律师也可以安排双方当事人见面，尤其是调解到一定程度时，对于焦点问题双方也可以见面充分沟通，互相让步，尽量快速达成一致意见。

5. 适时终止调解

诉前调解不可久拖不决，不管到没到合同约定的调解时限，如果调解已明显难以进行，应当适时终止调解，考虑诉讼。在诉讼中，当事人受到法律程序的诸多限制，又有法官居中调解，示明厉害关系，反而可能会更容易调解成功。在婚姻家庭案件中，调解可以贯穿诉讼始终。还有的案件，一审判决后，在二审阶段比较容易达成调解，原因就是一审判决给予了双方一些限制，当事人可能更现实，会放弃一些不切实际的要求。

6. 律师不可强制调解

当己方当事人提出调解的要求时，律师应当明白，对方当事人有权利决定是否同意调解，在对方当事人坚决不同意调解的情况下，律师不可强迫,而是应当尊重他人的意见,向自己的当事人说明只能采用其他方法。实践中,有的当事人告诉笔者,在自己明确表示不想与对方律师见面调解的情况下,律师找到其单位强迫见面游说,实为不妥。

第二节　文书起草的注意事项

代拟文书是最常见的非诉讼业务,在诉讼和其他非诉业务中,起草文书也是律师常使用到的基本技能。婚姻家事律师最常起草的文书包括离婚协议书、夫妻财产约定、遗嘱等,下面就常见的文书起草与大家分享一下自己的经验和心得。

一、应明确约定律师的工作范围

以起草离婚协议为例,当当事人提出起草要求时,笔者一般会询问一下当事人,双方是否对离婚协议达成一致的意见,并向当事人明确表示,只有达成了完全一致的意见,才可聘请律师代为起草离婚协议书。否则,律师起草文书后当事人可能会发现,对方根本不同意协商和签署,或调解意见差异巨大,根本不是一份文书的问题,导致律师做无用工,当事人白白支出费用。如果当事人明确表示已达成一致意见,律师方可同意承接该文书起草业务。考虑到实际上事情可能会出现反复,笔者会告诉当事人,文书起草工作,在与委托方协商定稿后,发给对方,对方提出修改意见后,律师可代为再修改一次。如果出现反复修改,不断谈判变更的情况,则需加收费用,律师的工作就绝不仅是起草文书那么简单,而实际上变成了不见面的谈判和短期法律顾问工作。

当然,如果双方基本达成一致意见,律师也可考虑适当提高费用,并约定起草的期限,放宽修改文书的次数,争取以非诉讼的方式帮当事人达成目的。

笔者之所以会与当事人有上述约定,是因为有过各种各样的经验。曾经有个当事人委托笔者起草婚前财产约定,但反复修改变化,以至于修改时间达到半年之久,修改次数繁多,一个文书起草工作变成了婚姻法律顾问,每次修改律师实际上都要和当事人协商,并给予法律意见和指导,工作量巨大,而由于事先没有约定期限等,律师只能无限期地工作。所以,文书起草如果不限定修改次数或时间限制,非常容易变成无限次谈判,而谈判的工作量和文书起草的工作量及作用等显然不同。总之,接受文书起草的委托时,律师应当了解案件情况,看看案件本身是不是只是起草文书那么简单,如果明显不适合,律师应当指导当事人变更委托事项,将委托事项变更为短期法律顾问,只限制服务时间,不再就文书修改及咨询的次数进行限制,相应地,法律顾问的费用也要更高,或者按时间收取,这样更公平。

二、律师费的确定

起草文书如何确定收费标准呢?这往往是律师拿不准的事。因为文书起草工作看似是很简单的事情,所有的律师可能都会遇到这样的困扰,经常有朋友会随随便便就要求律师帮助审核一份文件或起草一份协议,认为这对律师来说不是个难事,不就是一页纸嘛。其实不然,律师的专业,有时可能就体现在一行字上,有时可能就是体现在字少上,有时为了写一份一页纸的文书,律师可能要工作一天。文书的长短,并不能完全体现出律师的工作量。以遗嘱为例,为了写一份简单的遗嘱,律师需要问遗嘱人很多问题,要了解他财产取得情况、婚姻状况、法定继承人的情况、有无养子和代持财产等,要审查财产凭证,相应的名称、地址等都要准确无误才行,稍有不慎,就会导致起草的遗嘱有问题,影响他人利益。

所以,律师起草文书,除限制修改次数或明确起草期限外,还要看文书起草涉及的工作量、难度、复杂程度来确定收费,因为收费基本是一次性的,不可随意增加,所以要充分考虑到工作的专业度和价值,确定合理的收费标准。

三、语言文字表达

律师能够起草出专业明确的好文书,这是基本功之一。在实践中,笔者发现,很多律师的基本功不扎实。婚姻家事领域的协议、文书与普通的合同有所不同,有其明显的特点。

大部分婚姻家事协议和文书都是在亲友间签订,涉及其日常生活,大部分签署方都没有法律专业背景。因此,律师应当选择通俗易懂的语言表达,但相关名词和专业术语也要尽量符合法律规定。同时,不宜用长句子,中国的文字表达习惯就是用短句子,一个句子过长,就容易表达不清,这一点和英文有明显的区别,所以婚姻家事方面的文书与商事合同的表达有明显的区别,但求清晰明确。

当然,尽管要尽量做到清晰易懂,书面协议还是要尽量用书面语,忌口语化。当事人之间起草的协议往往就非常口语化,而律师起草的文书自然不同,即便是通俗易懂,但仍然是书面正规的法律文书,法言法语也不可缺少。

如果文书涉及的事务较多,起草文书后和多次修改后,应再通篇审核,以免出现前后矛盾、逻辑错误等。

第三节　离婚协议书的起草

在诉讼中,如果双方能调解成功,律师有时会起草离婚协议书作为证据,直接提交给法院,作为调解笔录的主要内容;在非诉讼离婚谈判中,谈判成功后,自然也是要起草离婚协议书的;还有的当事人,与配偶直接谈判,只需要律师帮助起草和修改离婚协议书,并不需要律师出面,但由于谈判需要一段时间,律师可能需要反复修改协议,给予意见;还有的当事人,与配偶就离婚的内容达成了一致,但担心自己不够专业,所以请律师代为起草离婚协议书。不管是哪种业务,起草离婚协议书是必不可少的。

下面,针对纯粹的离婚协议书起草工作,分享笔者的有关经验。

一、离婚协议书的三大部分

离婚协议书一般分三大部分,是不可或缺的,即离婚、子女抚养和财产分割问题,借鉴法院判决书的写作顺序,我们的离婚协议书一般也会先书写关于解除婚姻关系的内容,然后是子女抚养的内容,最后是财产和债权债务分割的内容。

(一)离婚条款

即解除双方的婚姻关系的内容,一般放在第一条。

(二)子女抚养条款

子女抚养问题涉及子女的抚养权归属,抚养费的数额、支付时间、支付方式,以及探望权的内容。

(三)财产及债权债务的分割条款

财产和债权债务的分割往往是离婚协议书的重点,尤其是财产众多又复杂的案件。涉及财产的性质确认、离婚后归属、折价补偿及支付、后期债务的承担,等等。

除了上述主要内容外,还有一些其他的条款,如生效条款等,构成了完整的离婚协议书。

二、起草注意事项

就离婚协议书中的主要内容,起草中容易忽略和出现问题的地方,与大家分享一些注意事项：

(一)关于抚养费的年限

法院的判决书中，一般支付抚养费的年限只到子女18周岁止。但是，现在大部分子女是要上大学的，上大学期间仍会发生子女的生活费、医疗费、教育费，甚至会比之前更高，而子女此时往往没有收入来源，无法在经济上独立。所以笔者在书写离婚协议书时，往往会根据情况与双方协商，将抚养费的支付年限延长至子女22周岁止，即便18周岁后的费用不再是法律上的“抚养费”，但可以“生活费、医疗费、教育费”代替，这样可以更好地维护子女的利益。这是协议离婚不同于诉讼离婚的方便之处，就是在离婚协议中，可以灵活处理这些问题，只要双方协商一致，法律也不禁止。

例：

……

2. 抚养费

(1)男方每月给付抚养费5000元直至子女满18周岁止。

给付方式为：

现金，于每月第一次探视子女时直接给到女方；

或

银行汇款，每月15日前将本月抚养费转入女方的如下账户：

账户名称：

开户行：

卡号：

(2)如子女从18周岁至22周岁在上大学，男方仍应按不低于每月5000元的标准给付子女各项费用。男方届时可选择将费用支付给女方或直接支付给子女。

（二）关于抚养权和监护权的误区

当事人起草的离婚协议中，往往会混淆抚养权和监护权，其实在法律上，这是两种权利，离婚协议中处理的是子女的抚养权，而非监护权。我国适用共同监护制度，即便是夫妻离婚，父母仍是子女的监护人，并不会因为离婚失去监护权。与子女共同生活的一方和不与子女共同生活的一方都享有对子女的监护权。与子女共同生活的一方无权取消另一方对该子女的监护权①。而抚养权则不然，需要双方协商确定。离婚后一方享有抚养权，另一方只能探视子女并支付抚养费。笔者发现，当事人起草的离婚协议书中，往往用“监护权”来代替“抚养权”，是用词错误，概念不清，但有些律师也不清楚，出现错误。因此离婚协议中处理的应当是子女的抚养权，而非监护权。

（三）财产分割条款中注意增加履行义务

在财产分割条款中，律师除应确定离婚后财产归属外，还要注意增加履行条款，这是区别于当事人自己起草文书的地方。当事人往往考虑事情不那么周全，不太了解法律相关内容，所以文书起草不容易全面。但是律师了解法律规定，知道履行条款有时会带来巨大差别，所以一定不能忽略。

以房屋为例，如果不增加过户条款，很可能出现多种风险，所以离婚协议中只约定房屋归属是不够的，还要约定过户时间、费用承担等。实践中，未及时过户导致一方抵押房屋、出售房屋或者反悔的情形多有发生。

例：

双方一致同意将位于________号的房产（房产证号：________）一处赠与子女________，男方应于________年____月____日

① 马忆南：《婚姻家庭继承法学》，北京大学出版社2019年版，第200页。

前将该房产过户至子女________名下。双方均确认,此赠与为不可撤销之赠与,男方不配合办理过户手续的,子女及法定代理人可要求法院强制执行。离婚后女方可和女儿共同居住于此,男方自行解决住所。

以上述案件为例,在男女双方离婚时,可能会在离婚协议中约定将某些财产赠与给孩子,但是如果迟迟不履行交付或过户手续,容易引发纠纷,如一方事后要求撤销赠与等。《民法典》第658条第1款规定,赠与人在赠与财产的权利转移之前可以撤销赠与。而如果财产及时交付或过户,赠与完成,财产权利转移后,赠与便不可撤销。所以这种情况下相关的履行条款意义重大,不可忽略,这也是笔者在经历了某些类似案件后,在该条款中一定要加"此赠与为不可撤销之赠与"的原因,并且在起草文书时,一定要提醒当事人,及时办理财产交付和过户手续。

(四)相关事实的确认

《婚姻家庭编解释(一)》第69条第1款规定,当事人达成的以协议离婚或者到人民法院调解离婚为条件的财产以及债务处理协议,如果双方离婚未成,一方在离婚诉讼中反悔的,人民法院应当认定该财产以及债务处理协议没有生效,并根据实际情况依照民法典第一千零八十七条和第一千零八十九条的规定判决。所以,一般情况下离婚协议不必事先签署,而只需要由双方确定好内容,在实际办理协议离婚登记时当着民政机构工作人员的面签署即可。但是,在某些案件中,律师会指导当事人事先草签协议,目的是将来如协议未成,该文书可以作为证据使用,确认某些事实。比如,双方有些夫妻共同财产放在他人名下,在协议时,双方往往比较容易实事求是,愿意按真实的情况去处理,而一旦诉讼则不然,所以这时通过协议确认某些事实就非常重要,这时需要当事人在条款协商一致后提前签字,以便将来有不时之需。

这种离婚协议书,对于事实的确认部分就是最重要的。

例：

第A条　双方确认以下财产为夫妻共同财产

……

第A+1条　双方确认以下债务为男方的个人债务，未用于家庭共同生活和经营

……

第A+2条　夫妻共同财产和债权债务的分割

（五）关于离婚后案件管辖条款

在离婚协议中，有些当事人和律师还喜欢增加"管辖条款"，如：

例：

第六条　因本协议发生的所有争议由本协议签订地法院通过诉讼解决。

我们来讨论一下，因离婚协议发生的争议可不可以适用约定管辖。首先离婚协议书肯定不是普通的合同，《民法典》第464条第2款规定："婚姻、收养、监护等有关身份关系的协议，适用有关该身份关系的法律规定；没有规定的，可以根据其性质参照适用本编规定。"所以，离婚协议书与普通的合同不同。

《民事诉讼法》第34条规定，合同或者其他财产权益纠纷的当事人可以书面协议选择被告住所地、合同履行地、合同签订地、原告住所地、标的物所在地等与争议有实际联系的地点的人民法院管辖，但不得违反本法对级别管辖和专属管辖的规定。

《民诉法司法解释》第34条规定，当事人因同居或者在解除婚姻、收养关系后发生财产争议，约定管辖的，可以适用民事诉讼法第三十四条规定确定管辖。

从以上规定可以看出，因离婚协议所发生的争议，如果只涉及财产

争议，是可以约定管辖的，即如果案由是“离婚后财产纠纷”等财产类纠纷的，可以约定管辖，但管辖地也应当与争议有“实际联系”。而如果不是财产类争议，如因抚养等发生的争议，则不能适用约定管辖，离婚协议与普通的合同还是有区别的。

所以，律师在起草离婚协议时，管辖条款应当只约定财产类争议的管辖地，而不要像上述例子一样，约定“所有争议”都由协议签订地管辖，例如，离婚后因子女抚养权及抚养费发生争议的，则不适用约定管辖。而且，《民事诉讼法》第 34 条同时规定了实际联系的原则，也就是说，法院仍有权利审查约定的管辖地是否符合法律规定的原则，与案件有无联系，所以离婚后财产类案件的管辖地最好要选择与争议有实际联系的地方，如主要财产所在地、一方当事人住所地等。

三、离婚协议书常见条款模板

文书 12.1：离婚协议书

离婚协议书（总模板）

男方：（姓名、出生时间、民族、身份证号码）（如系外籍人士，要注明外文名、常用中文名、国籍、护照号等）

女方：（姓名、出生时间、民族、身份证号码）（如系外籍人士，要注明外文名、常用中文名、国籍、护照号等）

男女双方于________年____月____日在________登记结婚，婚后________年____月____日生一女________（或：婚后无子女）。现因________（例：性格不和），夫妻感情彻底破裂，已分居，故双方自愿离婚。现经友好协商，就离婚、财产分割及子女抚养达成如下协议：

第一条　离婚

男女双方自愿离婚，解除双方之间的婚姻关系。

第二条　子女的抚养

1. 抚养权

双方婚后________年____月____日生一女/子________，现年________岁。离婚后女儿/儿子由________方抚养。

2. 抚养费

________方每月给付抚养费________元直至子女**满________周岁/子女**（此处一般写十八周岁，但协议的话可以写到更多，如二十二周岁等）能独立生活；给付方式为：

（1）现金，于每月第一次探视子女时直接给到________方。

（2）银行汇款，每月________号前将本月抚养费转入________方的如下账户：

开户行：

卡号：

子女遇有重大医疗、教育等大额开支的，如面临升学、突发重大疾病等，需要较大额度经济支出时，男女双方对此额外费用各承担一半。

3. 探望权

（1）________方可每两周探望子女一次，一次两天，于周五晚上七点接走，周日晚上七点送回。

（2）遇寒暑假，子女在________处居住的时间为不短于________天，具体时间由双方协商。

(3)每年节假日,如春节、国庆节等,原则上按年度轮流在男方或女方家中度过,具体时间详见下表。

	不能整除2的年份	能整除2的年份
中国的农历新年(一周)	在男方处生活	在女方处生活
清明节(一天)	在男方处生活	在女方处生活
五一劳动节(三天)	在女方处生活	在男方处生活
端午节(一天)	在男方处生活	在女方处生活
中秋节(一天)	在女方处生活	在男方处生活
国庆节(一周)	在男方处生活	在女方处生活
圣诞节和公历年(两周)	在女方处生活	在男方处生活

第三条　财产及债权债务的分割意见

(一)婚前个人财产归个人所有

1.双方共同确认,以下财产属于男方个人所有的财产,归男方个人所有。

……

2.双方共同确认,以下财产属于女方个人所有的财产,归女方个人所有。

……

(二)夫妻共同财产及债权债务的分割

双方确认,以下为双方婚姻关系存续期间的夫妻共同财产及债权债务,双方经协商,作如下分割:

1.房屋

位于________________号的房产(**房产证号:**__________)一处,离婚后归女方所有,未还贷款由女方继续偿还,离婚后女方给付男方房屋折价款__________万元人民币,两年内付清。(**注:产权人一致**

的情况）

[或：位于________________号的房产（房产证号：________）一处，产权登记在男方名下，离婚后归女方所有，未还贷款由女方借用男方账户继续偿还，直至偿还完毕。男方应保证不动用该账户内的资金，并在贷款全部还清后配合女方办理解除抵押登记和过户手续，相关费用由双方分担。离婚后女方给付男方房屋折价款50万元人民币]

[或：位于________________号的房产（房产证号：________）一处，由________负责于________年____月____日前根据市场价格对外出售，________有权利监督，售房所得价款由双方平分/按男方________%、女方________%的比列分配。]（注：产权人不一致的情况）

[或：双方一致同意将位于________________号的房产（房产证号：________）一处赠与子女________，男方应于________年____月____日前将该房产过户至子女________名下。双方均确认，此赠与为不可撤销之赠与，男方不配合办理过户手续的，子女及法定代理人可要求法院强制执行。离婚后女方可和女儿共同居住于此，男方自行解决住所。]

（或：双方约定，离婚后该房仍保持双方共有状态，办理离婚手续前/后，产权人应配合________方到房管局办理加名手续，将房屋所有权人变更为男女双方共同共有/按比例共有。）

（或：双方约定，位于________________号的房产一处，购房合同编号：________，离婚后至取得产权证之前，由女方使用，取得产权证后，归女方所有。即离婚后无论是否取得产权证，有关该房的一切权益归于女方。离婚后未还贷款由女方继续偿还。离婚后____

日内女方给付男方房屋折价款50万元人民币。)

2. 汽车

双方婚后购买________牌车辆一辆,车牌号________,离婚后该车归男方所有,离婚后男方给付女方车辆折价款________元人民币。(注:产权人一致的情况)

(或:双方婚后购买________牌车辆一辆,车牌号________,所有权人登记在女方名下,离婚后该车归男方所有,离婚后____日内男方给付女方车辆折价款________元人民币,女方应于离婚后____日内配合将所有权人变更为男方,相关费用双方分担。)(注:产权人不一致的情况)

3. 公司股权

男方名下在________公司的________%股权离婚后归男方所有,男方应于________年____月____日之前给予女方股权折价款________元。

(或:男方在A公司有40%股权,女方持有A公司30%股权,离婚后双方各持有A公司35%的股权,男方应配合将5%的股权转让给女方)

(或:男方在A公司有40%股权,离婚后男方将20%的公司股权转让给女方,男方配合办理工商变更登记手续,如公司其他股东行使优先购买权的,该20%股权的转让款归女方所有)

……

4. 银行存款

双方确认夫妻关系存续期间有共同存款50万元,男方手中有40万元,女方手中有10万元。双方同意,平均分割该存款,在双方办理离婚手续、领取离婚证完毕后,男方当即给付女方15万元。

(或:双方共有共同存款50万元,男方手中有40万元,归男方所有。女方手中有10万元,归女方所有。注:此处不建议只写双方各自名下存款归各自所有,而应明确数额,否则容易引发离婚后财产纠纷)

5. 有价证券(股票、债券、投资基金份额、理财产品等)

男方名下有(股票、债券、基金、理财产品等)价值约________元,离婚后归男方所有,男方应于________年____月____日前给付女方折价________元。

6. 住房补贴、住房公积金

女方名下有住房补贴、住房公积金________元,男方名下有住房补贴、住房公积金________元。双方平均分割此财产,由________方给付________方差额________元。

7. 养老保险

双方确认,双方在婚姻关系存续期间交纳的养老保险归各自所有。

8. 知识产权

婚姻存续期间男方获得的________专利归男方所有,男方应于离婚后____日内支付女方折价款________元。

9. 军人一方的复员费、自主择业费(或破产安置补偿费)

________方的复员费、自主择业费(破产安置补偿费)共计________元,其中________元归男方所有,________元归女方所有,________方应于离婚后____日内将________元给付________方①。

① 具体分配办法可参见《婚姻家庭编解释(一)》第71条。

10. 共同债权债务

(1) 婚姻关系存续期间，曾有对________________________的共同债权5万元，该债权归男方所有，男方于离婚后三日内给付女方2.5万元。

(2) 除前述房屋贷款外，婚姻关系存续期间，双方还曾向________借款10万元，该债务由男女双方共同承担，各担一半。

(三) 家务补偿费/一次性困难帮助

1. 在婚姻关系存续期间，因抚育子女、照料老人、协助男方工作等女方付出较多义务，男方同意给予女方经济补偿款________元整。

2. 因女方生活较困难，男方同意离婚后三日内给予女方一次性困难帮助金5万元。

(四) 共同财产及债权债务的确认

双方在此确认，已经披露了双方所有的财产及债权债务。任何一方违反该披露义务，隐瞒、转移、隐藏夫妻共同财产和债权，另一方可以要求分割隐瞒、转移、隐藏夫妻共同财产和债权，并可以要求多分。

(五) 双方按照以上约定对相关财产进行分配和处理后，双方之间无其他财产争议

第四条　本协议在双方签字并经民政局对双方的婚姻进行离婚登记之后生效。

第五条　本协议一式叁份，每份具有相同法律效力；双方各持壹份，另外壹份由民政局婚姻登记机关留存。

男方：　　　　　　　　　　女方：

年　月　日　　　　　　　年　月　日

扫描二维码

14296

第四节　夫妻财产约定的起草

一、相关法律规定

在探讨如何起草夫妻财产约定前，我们先来了解一下原《婚姻法》以及《民法典》中对夫妻财产约定都做了哪些规定，我们采用条款一一对照的方式来了解一下：

原《婚姻法》

第十九条　夫妻可以约定婚姻关系存续期间所得的财产以及婚前财产归各自所有、共同所有或部分各自所有、部分共同所有。约定应当采用书面形式。没有约定或约定不明确的，适用本法第十七条、第十八条的规定。

夫妻对婚姻关系存续期间所得的财产以及婚前财产的约定，对双方具有约束力。

夫妻对婚姻关系存续期间所得的财产约定归各自所有的，夫或妻一方对外所负的债务，第三人知道该约定的，以夫或妻一方所有的财产清偿。

《民法典》

第一千零六十五条　【夫妻约定财产制】男女双方可以约定婚姻关

系存续期间所得的财产以及婚前财产归各自所有、共同所有或者部分各自所有、部分共同所有。约定应当采用书面形式。没有约定或者约定不明确的，适用本法第一千零六十二条、第一千零六十三条的规定。

夫妻对婚姻关系存续期间所得的财产以及婚前财产的约定，对双方具有**法律**约束力。

夫妻对婚姻关系存续期间所得的财产约定归各自所有，夫或者妻一方对外所负的债务，**相对人**知道该约定的，以夫或者妻一方的**个人**财产清偿。

原《婚姻法》第19条规定了夫妻约定财产制度的相关内容，《民法典》中相对应的条款为第1065条，该条的变化并不大，只是将第1款中的夫妻改为男女双方，将第2款中的约束力改为法律约束力，第3款中的第三人改为相对人，第3款中最后一句"以夫或妻一方所有的财产清偿"，改为"以夫或者妻一方的个人财产清偿"，表述更为准确到位，但本质上的含义基本没有变化。该条中提到的没有约定或者约定不明确的，适用法定财产制度相关条款，我们再来看一下这些条款有无变化：

原《婚姻法》

第十七条　夫妻在婚姻关系存续期间所得的下列财产，归夫妻共同所有：

（一）工资、奖金；

（二）生产、经营的收益；

（三）知识产权的收益；

（四）继承或赠与所得的财产，但本法第十八条第三项规定的除外；

（五）其他应当归共同所有的财产。

夫妻对共同所有的财产，有平等的处理权。

《民法典》

第一千零六十二条 【夫妻共同财产】夫妻在婚姻关系存续期间所得的下列财产，***为夫妻的共同财产***，归夫妻共同所有：

（一）工资、奖金、***劳务报酬***；

（二）生产、经营、投资的收益；

（三）知识产权的收益；

（四）继承或者***受赠***的财产，但是本法第一千零六十三条第三项规定的除外；

（五）其他应当归共同所有的财产。

夫妻对共同财产，有平等的处理权。

从夫妻共同财产制度条款的规定看，《民法典》的变化并不大，除了第1062条第(1)项中明确增加了“劳务报酬”这一项外，其余的规定基本和原来相同。

原《婚姻法》

第十八条 有下列情形之一的，为夫妻一方的财产：

（一）一方的婚前财产；

（二）一方因身体受到伤害获得的医疗费、残疾人生活补助费等费用；

（三）遗嘱或赠与合同中确定只归夫或妻一方的财产；

（四）一方专用的生活用品；

（五）其他应当归一方的财产。

《民法典》

第一千零六十三条 【夫妻个人财产】***下列财产为夫妻一方的个人财产：***

(一)一方的婚前财产;

(二)一方因受到人身损害获得的赔偿或者补偿;

(三)遗嘱或者赠与合同中确定只归一方的财产;

(四)一方专用的生活用品;

(五)其他应当归一方的财产。

对于夫妻个人财产的规定,《民法典》也基本没有改变原《婚姻法》第18条的内涵,只是表述做了改变,更为准确完整。

从以上法律规定来看,夫妻可将婚前个人财产及婚后的共同财产作各种形式的约定,以改变财产的归属,甚至可以改变整个夫妻财产制度。但是约定应当采用书面形式,口头形式是不被法律认可的,这种改变夫妻财产制度和财产性质的重大法律事件,对协议双方的财产利益有重大的影响,因此有形式要求,是非常合理的。

二、哪些人适合签订婚前财产约定和夫妻财产约定

专业的婚姻家事律师应当有一定的敏感性,在与当事人的咨询、案件代理中,了解到相关情况时,应当有能力敏感地意识到当事人需要提前做的法律安排是什么。比如,有些再婚家庭,或有非婚生子女的家庭,或有精神疾病的子女为唯一法定继承人的家庭,或没有法定继承人的人,明显需要提前立遗嘱,这些风险,没有法律背景的当事人不大可能意识到,需要律师提醒。夫妻财产约定也是如此,律师经验越丰富,越可能为当事人设计简单易行的方案,解决风险,化解矛盾,未雨绸缪,而非亡羊补牢。当律师了解到当事人有以下情况时,可以建议当事人订立夫妻财产约定,以解决他们遇到的难题,化解未知的风险。

(一)婚前财产较多,或名下有众多家族财产的

在签订婚前财产约定的案例中,笔者遇到最多的就是这种情况,即在婚前,某人名下就有大量的资产,考虑到现在离婚率较高,无论是本

人，还是其家庭，都有一定的顾虑，所以往往要求签订婚前财产约定，把婚前财产说清，甚至还有些选择了在婚后适用分别财产制度。还有些人，所持有的大量资产，其实来源于父母或整个家族，有大量的代持现象，不签订婚前财产约定，如果结婚后又离婚的，风险极高，所以会选择在婚前签订财产约定。

（二）选择婚后实施分别财产制度的

还有一些人，基于某些原因，打算婚后适用分别财产制度，如再婚者，上述提到的婚前大量代持家族财产的人，或者是不同国籍的人，一方本国适用的法定财产制度是分别财产制度，而另一方所在国适用的法定财产制度可能是共同财产制度；或者是发生了婚姻危机，夫妻要把一些财产变更为一方个人所有的，等等。总之，凡决定财产分开，适用分别财产制度的，都要签署夫妻财产约定方可做到。

（三）有离婚风险又暂不离婚的

这是诉讼律师最容易遇到的一种需要签署夫妻财产约定的情形。即婚姻中的双方由于某些原因，遭遇了婚姻危机，双方可能都不太愿意直接离婚，但有一方又担心另一方只是为了拖延时间好转移财产，因此，不能下定决心给予另一方机会，这种情况下，签署夫妻财产约定，达到分割目前夫妻共同财产的目的，并且该办理财产交付的办理财产交付，该办理不动产过户的要办理过户手续，对于未来的财产制度，也可以进行约定。这样可以打消一方顾虑，争取时间，使婚姻保留下来，慢慢化解婚姻矛盾。笔者遇到比较多的情况是，一方出轨被发现后，或者是因为一方经常不经配偶同意支出夫妻共同财产，因为经济问题发生争议等，通过签署夫妻财产约定，可以暂时缓解矛盾激化，争取调解时间。

还有一种情况，夫妻双方都愿意离婚，且已协商好离婚方案，对各方面意见都达成一致，但又由于某些原因暂时不能办理离婚登记，如希望在子女高考后办理，这时，就需要签订一份夫妻财产约定达到实际分割财产的目的,待将来真正离婚时,再起草离婚协议书办理离婚。

有些人可能会有疑问,这时为什么不能签署离婚协议书呢?实际上,也有一些律师这样做了,甚至部分履行了,但是一旦一方反悔,该离婚协议就是未生效协议,仍要按《民法典》的规定依法分割财产及债务,因为《婚姻家庭编解释(一)》第69条第1款明确规定,当事人达成的以协议离婚或者到人民法院调解离婚为条件的财产以及债务处理协议,如果双方离婚未成,一方在离婚诉讼中反悔的,人民法院应当认定该财产以及债务处理协议没有生效,并根据实际情况依照民法典第一千零八十七条和第一千零八十九条的规定判决。所以,法院也只是对这种未生效的离婚协议书进行参考,签订离婚协议书起不到实质分割固定财产的目的,而夫妻财产约定却可以做到。

(四)创业举债者

有些已婚的创业者,在创业和公司成长初期,可能要以个人名义大量举债,而公司及投资等还未产生实际利益,事业的最终成功一定是有一个过程的。如果创业成功且创业者一直身体健康,家庭财产不会受到创业所带来的不良影响,如果一旦创业失败或者创业者突然故去,所留下的巨额债务会给配偶带来巨大的压力和生活变故。例如,春雨医生创始人意外去世留有巨额债务的案例,以及小马奔腾创始人突然去世遗留巨额债务案件。一旦巨额债务被认定为夫妻共同债务,配偶将承担无限连带的还款责任,家庭将遭遇经济等方面的极大变故。这样的不良影响,其实通过一个夫妻财产约定的安排,就可以解决,达到债务隔离的目的。在举债前,创业者夫妇应先签订夫妻财产约定,为配偶保留一部分个人财产,同时约定所借债务为经营者的个人之债,在举债时,让债权人知晓财产约定的存在,同时保留债权人知晓的凭证(如债权人签过字的夫妻财产约定书,证明债权人阅读过并知晓夫妻财产约定的存在)。这样,即便出现一方经营失败或突然去世的变故,由于债务是经营者的个人债务，只能执行经营者的财产，不能执行配偶的个人财产，配偶也无须承担偿还高额债务的无限责任，这样的安排很好地保护了配偶基本的财产权和生存权。因此，夫妻财产约定是已婚高净值人士创业初期必须要考虑签署的文书。可惜现在很少有人未雨绸缪，都是在出了问题后才来找律师，如果事前通过夫妻财产约定来预防和规划，是件很简单的事，所支出的费用也极其低廉。

（五）家庭财富传承规划的需要

众所周知，我国现行夫妻法定财产制度是婚后所得共同制，即婚后所得一般是共同共有，所谓共同共有就是夫妻不分份额地共有某项财产，或者说对这项财产的所有权份额都是百分之百。但是在现实生活中，出于各种需要，夫妻之间有可能需要改变财产共同共有的现状，如上述提到的，做生意前的安排。除此之外，夫妻财产约定还是家庭财富传承中常用的方法之一，比如，一方在病重需要安排遗产继承事宜的情况下，对于打算给配偶的财产，可以直接通过夫妻财产约定的方式进行处置，而不一定需要通过立遗嘱。

另外，由于我国适用婚后所得共同制作为夫妻法定财产制度，所以夫妻在立遗嘱的时候或生前赠与时，只能处分属于自己的份额，否则就可能导致处分无效或部分无效。以立遗嘱为例，我们知道，一般情况下，所有的夫妻共同财产的一半是属于夫妻中的一方的，但是这一半只是确定了一个遗产的大致范围，在遗产继承中，还有具体分割方法的问题，如一处房屋，假设继承人是配偶和两个子女的话，先要分出配偶的 1/2，剩下的份额三人各 1/3。三人当然可以分割产权份额作为一种分割遗产的方式，但房屋如何使用呢？后续可能面临使用、收益及分配等诸多问题。如果一方想拥有整个房屋的话，接踵而来的是给付多少折价合适的问题，也容易引发家庭纠纷，而立遗嘱的目的就是明确财产归属，尽量减少纠纷和不确定性，所以夫妻二人为了立遗嘱的方便，也可以考虑在立遗嘱前立夫妻财产约定，将不动产整体进行分割，如有两处房屋的，一处房屋作为一方的个人财产，另一处房屋作为另一方的个人财产，然后二人再分别对自己拥有绝对处分权的不动产立遗嘱处分，就不会存在上述不确定性，可以更方便地完成整个物权的传承，减少在遗产实际分割中发生纠纷的可能。由此，我们看到，在有些情况下，签订夫妻财产约定是立遗嘱前或行赠与前的一个良好安排，是家庭财富管理与传承中经常使用的方法之一。

（六）国籍和法定财产制度不同的

夫妻双方国籍不同，两国规定的夫妻法定财产制度不同，所以两个人的理念也不同，而且在两国可能都有财产的情况，对于财产制度，如果不事先进行约定，也容易有纠纷。这种情况下，可以在结婚时进行约定。笔者曾代理过的案件，也有在离婚前先签订夫妻财产约定，把夫妻财产制度约定明确后再离婚的。

三、财产约定的一般内容

（一）明确婚前财产

无论是在婚前签订的财产约定，还是结婚后签订的夫妻财产约定，明确双方有哪些婚前个人财产，往往是约定的重要部分。根据《民法典》第 1063 条的规定，一方的婚前财产为夫妻一方的个人财产。所以列明哪些财产是一方的婚前财产，有利于明晰财产性质。有些人之所以签订财产约定，主要的目的就是明确自己的婚前个人财产。

（二）分割现有夫妻共同财产

《婚姻家庭编解释(一)》第 69 条规定，当事人达成的以协议离婚或者到人民法院调解离婚为条件的财产以及债务处理协议，如果双方离婚未成，一方在离婚诉讼中反悔的，人民法院应当认定该财产以及债务处理协议没有生效，并根据实际情况依照民法典第一千零八十七条和第一千零八十九条的规定判决。也就是说,婚姻存续期间签订的离婚协议书是没有生效的协议,只有最终在民政机构登记离婚了,该份离婚协议书才生效。实践中,法院最多对双方签订的离婚协议书进行参考,或在查明事实时参考,在财产分割方面,不会过多受协议的影响。所以签订离婚协议书,达不到分割财产,固定财产分割方案的目的。但是夫妻财产约定书不一样,一旦签署,就是有效的,当事人如果履行了给付、过户等义务,想要撤销更是不可能的。所以专业的律师,会让当事人签订夫妻财产约定书而不是离婚协议书,达到在婚姻存续期间实际分割夫妻共同财产的目的。

当然,如果一方坚决不同意签署夫妻财产约定,另一方想要达到在婚姻存续期间分割夫妻共同财产的目的,只能是提供证据证明存在《民法典》第 1066 条规定的情形①,向人民法院请求分割共同财产才可以。

(三)明确今后的财产制度

我国适用的夫妻法定财产制度是婚后所得共同制,规定在《民法典》第 1062 条,也就是说,如果男女双方结婚,没有明确的书面约定改变财产制度的话,就要适用婚后所得共同制这种夫妻财产制度,受《民法典》婚姻家庭编的约束,除了《民法典》第 1063 条规定的属于夫妻一方的个人财产之外的财产,都是夫妻共同共有。

所以,如果夫妻二人不想适用法定财产制度,而是要适用分别财产制度,或者约定某些财产为个人所有,某些财产为共同所有,总之,要改变婚后所得共同制的财产制度,就必须通过签订书面的夫妻财产约定书来实现,这是原《婚姻法》第 19 条的规定,2021 年 1 月 1 日实施《民法

① 《民法典》第 1066 条 【婚姻关系存续期间夫妻共同财产的分割】婚姻关系存续期间,有下列情形之一的,夫妻一方可以向人民法院请求分割共同财产:(一)一方有隐藏、转移、变卖、毁损、挥霍夫妻共同财产或者伪造夫妻共同债务等严重损害夫妻共同财产利益的行为;(二)一方负有法定扶养义务的人患重大疾病需要医治,另一方不同意支付相关医疗费用。

典》后,是《民法典》第 1065 条的规定。

至于为什么要改变法定财产制度,有各种原因,比如,夫妻中一方或双方有大量的个人财产或家庭资产放在个人名下;或者是婚姻存续期间,夫妻感情出现问题,需要适用分别财产制度或约定部分财产归一方所有;或者是将要结婚的双方来自不同国家,每个国家的法定财产制度不同,双方选择适用分别财产制度等。总之,因为要改变财产制度,所以必须签订财产约定的例子非常多,所以,夫妻财产约定中,明确今后的财产制度,往往是约定中的重要内容。

(四)其他

某些人签订夫妻财产约定是有特殊目的的,比如,一方出轨后,想通过夫妻财产约定将一部分财产约定为一方的个人财产,从财产上补偿对方,以使婚姻存续下去;还有的人因为创业,需要以个人名义借高额债务,所以需要通过夫妻财产约定将财产进行分配,甚至改变财产制度,以期达到一旦创业失败,配偶和子女可以保留基本的生活资料,不至于太影响家庭生活的目的。所以这些情况下,财产约定书的内容里,就必然有一方个人财产及约定债务的相关内容。总之,要根据当事人的具体需求,来确定夫妻财产约定书的主要内容。

(五)注意事项

1. 不要加入与离婚有关的内容

由于很多情况下,签订夫妻财产约定实际是离婚危机发生前的一个行为,所以很多人会希望将未来离婚时的相关内容也写入财产约定中,对于这种做法,笔者是坚决反对的。首先,夫妻财产约定只是对财产进行约定,是有关财产的协议,与子女抚养及离婚没有必然的联系,不能轻易混淆在一起。尤其是很多财产约定是为了维持好的婚姻关系,保障家庭财产的需要才签的。所以夫妻财产约定就是夫妻财产约定,不要和离婚协议书混同。

另外,根据《婚姻家庭编解释(一)》第 69 条的明确规定,即便签订了离婚协议书,如果双方协议离婚未成,法院仍会按《民法典》的规定依法判决。如果夫妻财产约定中加了离婚的内容,这份文书到底是夫妻财产约定还是离婚协议书,容易产生争议,一旦文书被认定为实际上是一份离婚协议书,则未生效,达不到在婚姻存续期间分割夫妻财产的目的,是非常不可取的。

2. 最好不要加入遗嘱的内容

另外,有些人签订夫妻财产约定书,还有可能是为了自己立遗嘱处分财产的方便,所以有时会希望在财产约定中加入自己的遗嘱的内容。笔者认为这也是不可取的,夫妻财产约定是夫妻双方对共同财产或个人财产进行约定的文书,是双方行为,而遗嘱完全是另一种性质的法律文书,是单方行为。没有必要把两者混在一起写,这样不专业。立遗嘱其实是一个严肃的法律行为,对当事人也很重要,如果起草遗嘱,也是需要当事人和律师好好研究和规划的,所以不能随随便便就把两种文书混在一起写,它们各有各的功能。如果当事人在签订完夫妻财产约定后需要立遗嘱的,律师应当单独为其起草确定遗嘱正文,由当事人根据《民法典》第六编继承编规定的遗嘱形式去立遗嘱方可。遗嘱有法定的形式,夫妻财产约定大多为打印版,原《继承法》中没有规定打印遗嘱的形式,《民法典》第六编继承编中规定的打印遗嘱也是有形式要件的,须有两个以上见证人在场见证方可。所以,不要轻易地把遗嘱的内容写入夫妻财产约定,这样不仅使夫妻财产约定显得不那么专业,而且很难保证遗嘱部分的效力。

当然,现实生活中,如果有当事人未咨询律师就这样做了,法官还是要审查事实,适用法律,来确定这部分内容的效力。但是如果是事先规划,则一定要按照专业的方法签署和订立相关文书。

四、财产约定的具体起草规范

以上介绍了财产约定总体的常见内容，下面，我们从文书题目至结尾的部分，来具体讲如何起草一份财产约定。

（一）题目

实践中，笔者发现当事人签订财产约定使用的题目常见的有如下几种：夫妻财产约定、婚前财产约定、婚姻财产约定、婚内财产约定、婚内财产协议。还有一些没有题目，直接写正文，还有一些使用"声明""协议""承诺"等字眼。

对于使用"声明""承诺"等字眼的文书，尤其是只有单方签字的，是不是财产约定，往往会成为案件争议的焦点，有时律师会主张文书只是一份单方的赠与声明，主张财产系赠与，在权利转移之前，可以行使任意撤销权。而财产约定，相关内容是不是适用赠与，司法实践中始终存在争议，并不十分明确，每个案件的处理结果也不尽相同，但是依笔者的经验，很多情况下，法官不认为财产约定的相关条款是赠与，因此不适用法律关于赠与的有关规定，即约定签署后，想要撤销，希望渺茫。所以，该份文书到底是赠与声明还是财产约定，有可能会对当事人的利益产生极不同的结果。这也就是为什么，笔者一直主张使用"夫妻财产约定"等正规文书名称的原因。上述夫妻财产约定、婚前财产约定、婚姻财产约定、婚内财产约定、婚内财产协议这些名称，在实践中法官一般都会认定为正规的财产约定，很少产生歧义。但是，像"声明""承诺"等文书，就难以确定其性质了，尤其是其中还加了离婚的相关内容，就更难以认定。所以，律师起草该类文书，建议使用"夫妻财产约定"这样正规的、不会产生歧义的题目。司法实践中，笔者发现，当事人喜欢用"婚内财产协议"这样的题目，一般也不会产生歧义，都是可以的。对于婚前签订财产约定的，由于双方还没有婚姻关系，还不是夫妻，所以可以使用"婚前财产约定”或者“婚姻财产约定”作为题目,也是可以的。

(二)自然状况

在财产约定的题目之下,当然首先要列明签订该份约定的双方信息,因此要列男女双方的自然状况。婚姻家事协议尤其是夫妻间的协议,与普通的合同有所不同,一般不使用甲方、乙方之类的,可使用男方、女方予以列明,这一点,和离婚协议一样。然后只要列明男女双方各自的姓名、身份证号即可,其他的信息是可有可无的。通过性别、姓名、身份证号,就可以准确识别,所以其他的信息如住址等在财产约定中可以列,也可以不列。

例:

男方:T,　　年　　月　　日出生,汉族,身份证号

女方:D,　　年　　月　　日出生,汉族,身份证号

(三)正文开头部分

列清了签订约定的双方当事人自然状况,接下来就是正文的开头部分。根据常见的签订约定的情形,笔者将开头部分总结为以下几种情况:

1. 直切主题方式

第一种,是不作过多的描述,有时还特意隐去签订财产约定的原因,直接进入主题:

例:

男女双方于　　年　　月　　日登记结婚,现经双方协商,就婚后夫妻共同财产自愿达成如下约定:

2. 列明目的方式

第二种,是根据男女双方签订该份协议的主要目的,予以陈述说明:

例:

当事人双方经自由恋爱,将办理结婚登记,为明确双方婚前婚后个人财产的范围和归属,经双方平等自愿协商,特在婚前作如下协议:

3. 叙述铺陈式

第三种,就是在开头以叙述铺陈的方式列明一些事实,说明签订协议的原因、目的等。尤其是在结婚前签订财产约定的情形,一方因为某些原因希望签署财产约定,但又要考虑到对方的感受,毕竟结婚是一件喜事,如果沟通或文字过于生硬,有可能影响双方的婚姻和感情,要妥善处理。因此,律师也要考虑到这些方面,尽量通过文字体现出签订财产约定的合理原因等,便于一方与另一方协商签署。还有些财产约定,以叙述铺陈式为开头,可以同时确定某些事实,避免或减少将来产生纠纷和争议。

例:

现男女双方经自由恋爱,将办理结婚登记;由于女方名下有较大数额的婚前财产,主要为房产,均为女方父母全额出资,为将来传承方便才购于女方名下,目前财产基本由女方父母使用,且全部房屋租金收入是女方父母主要的生活来源。考虑到女方婚前财产来源的实际情况,为了明确双方婚前婚后个人财产的范围和归属,保障女方及其父母的生活平稳,经双方平等自愿协商,特在婚前作如下约定:

(四)明确婚前财产的部分

前面提到,明确婚前财产的条款往往是财产约定的主要内容,但应当如何书写呢?有哪些需要注意的问题,我们通过示例等方法来具体说明一下:

1. 确认并列明双方的婚前财产

对于双方的婚前个人财产,要进行列明。不动产,有产权证的,坐落信息要抄写房产证上的地址,并列明产权证号;没有进行产权登记的,要列清已交房的实际地址和购房合同上列明的地址,并列明房屋买卖合同的合同号。汽车,列明车的品牌和车牌号。公司股权,要列清公司名称,所占股权比例等。股票,要列清证券账户号和资金账号等。

例:

第一条　以下房屋系女方婚前个人财产

女方婚前由父母全额出资购买但登记在女方个人名下的房产,为女方的婚前个人财产,相关房产情况如下:

(一)北京市××区××01,房屋产权证号为京房权证海私移字第××号。

(二)北京市××区××02,房屋产权证号为京房权证海私移字第××号。

(三)北京市××区××03,房屋产权证号为京房权证海私移字第××号。

(四)海南省××市××房,房屋产权证号为××房(2008)字第××号。

(五)河北省××市××××号房屋,购房合同编号为2016－××××××。

上述房产均系女方父母出资在女方婚前以全额方式购买,该房产及房内所有装饰、家具、电器等附属设施,及产生的增值等均归女方个人所有。

2. 对于婚前财产婚后增值、收益的约定

婚前财产,虽属个人所有,但在婚后如果产生增值和收益,增值的性质如何,法律上是有不同规定的。比如,因市场原因产生的房屋增值,法律上认为是“自然增值”,存款的利息,是法律上典型的“孳息”,都仍属于个人财产。但是其他的增值有可能被认定为个人财产在婚后的“收益”,从而被认定为夫妻共同财产。所以,如果当事人有不同的想法,就要通过约定予以明确。

例:

男方的婚前个人财产

房屋

坐落为　　　　,房屋产权证号为　　　　。该房系男方婚前个人出资购买,已付清全款。该房屋及房内装饰、家具、家电、产生的增值等均归男方个人所有。

3. 对于既有婚前出资又有婚后共同出资的财产的约定

对于按揭购买的房屋、汽车等财产,不仅有婚前出资的部分,也有婚后出资的部分,如果双方在婚后未适用分别财产制,则财产本身可能会有一些共同的部分,这种财产如果不约定,按法律规定,婚后还贷一方是享有一定的财产权的。如果财产原本系父母或家族出资或使用的,则需要明确作出不同的约定,在出资方面也要适当地调整。

例:

坐落为　　　　的房屋一处,房屋产权证号　　　　。该房首付款为婚前男方父母出资,同时以男方个人名义贷款　　　　元,借款期限为　　　　年,自　　　　年　　月　　日起至　　　　年　　月　　日止,每月还贷　　　　元,现已偿还　　　　月贷款,还剩　　　　个月的贷款未还。

双方约定,结婚后,男方的父母继续偿还该房屋的贷款,该房全部是男方的个人财产。

4. 婚前财产在婚后形态变化后的约定

婚前个人财产并非一成不变,婚后可能会出售,变更为其他形态的财产,如出售婚前房产,购买新的房屋、汽车等,对于财产形态变化后的婚前个人财产，性质如何，一般也要在财产约定中明确。

例：

以上男女各自的婚前个人财产无论将来发生何种形态变化，均归原所有权人所有，为其个人财产，除非所有权人主张赠与，认可其为双方共同财产或另一方个人财产。如一方以婚前个人财产在婚后购买的房屋、汽车等，该房屋和汽车登记在该方名下的，仍为该方的个人财产。

5. 婚前财产的处置权

财产约定中还可约定对于一方的婚前个人财产或者其他个人财产，所有权人有单方的处置权：

例1：

婚前个人财产的处置权

(1) 男女双方完全享有其婚前个人财产的所有权，包括对该财产的占有、使用、收益及处分权。如何使用、处置（包括投资、出租、转让、赠与他人等）该财产完全由所有人独自行使，另一方不得以任何理由加以干涉。

(2) 男女双方对各自所有财产进行处置（包括投资、出租、转让、赠与他人等）所产生的收益归各自所有，男女双方各自所有财产所产生的增值、孳息均归各自所有。

例2：

女方婚前个人财产的稳定性

女方婚前个人财产无论将来发生何种形态变化，均归女方所有，为其个人财产。

6. 婚前产生的共同财产

一般情况下，婚前财产的部分，主要是为了明确哪些财产为属于一方所有的婚前个人财产,但也有例外情况,就是婚前双方共同出资购买了一些财产,这些财产反而可能是共同所有的。如果说,一方婚前购买的财产,即使没有财产约定,也可以通过购买票据等证据予以证实,按法律规定为该方的婚前个人财产,风险并不高,但是如果婚前双方购买了财物,却登记在一人名下,或出资时以一人名义,双方此时又没有结婚,财物的共同属性反而无法证实,此时,签订财产约定是一个好办法。比如,双方结婚前,各自父母为他们出资买房的,此时签订一个财产约定共同确认,反而有利于双方的婚姻稳定。所以,那种认为婚前财产约定就是明确哪些财产属于一方个人所有的观念,并不是特别正确,现实生活是复杂的。

例:

婚前共同财产的约定

1. 为了组建家庭,双方共同出资购买了以下财产,该财产为双方共同所有:(同上)

2. 对共有财产双方均享有使用权,任何一方未经对方同意不得擅自处分该财产,因该财产产生的收益或增值、孳息均属于双方的共同财产。

(五)对婚后财产进行约定的部分

除了对婚前财产进行约定外,大量的财产约定实际上是要对婚后产生的夫妻共同财产进行约定,以改变现有的财产属性。下面我们就来探讨一下,该部分常用的写法和条款:

1. 共同财产单独列项直接约定

对于财产比较简单的,可以采取单独列项,并直进行约定的方法。下面我们来看一下完整的夫妻财产约定的例子:

例:

夫妻财产约定

男女双方于　　　　年　　月　　日登记结婚,现经双方协商,就婚后夫妻共同财产自愿达成如下约定：

1. 双方婚后购买北京市××区　　　东区　　　号楼　　　单元房屋一处，房屋所有权证号为：X京房权证崇私字第　　　号，该房产权登记在D名下，双方约定从本夫妻财产约定签订之日起该房屋归D个人及儿子S共有，为D及S的共同财产，不是夫妻共同财产。

2. 双方婚后购买××小型越野车一辆（车牌号为京　　　），该车所有权登记在T名下，双方约定从本夫妻财产约定签订之日起该车辆归T个人所有，为其个人财产，不是夫妻共同财产。

3. 双方婚后购买×××轿车一辆（车牌号为京　　　），该车所有权登记在T名下，双方约定从本夫妻财产约定签订之日起该车辆归D个人所有，为其个人财产，不是夫妻共同财产。本夫妻财产约定签订之日起两个月内，男方配合将车辆所有人变更为女方。

4. 女方名下有存款　　　万元，存于如下账号内：

账户名称：

开户行：

卡号：

双方约定从本夫妻财产约定签订之日起，上述账户内的存款共计　　　万元归D个人及儿子S所有，为D和S的共同财产，不是夫妻共同财产。D可为自己及儿子S生活、教育等支取、转移、使用该存款。

5. 除上述存款外，男方还掌握有40万元人民币，自本协议签订之日起，该40万元归D个人所有，为D的个人财产，不是夫妻共同财产，本协议签订后一年内，男方将该40万元实际交付给女方。

6. 其他现在及将来双方在婚后的所得仍为夫妻共同财产，由双方共同共有。

7. 签订本约定后，若有未尽事宜，双方可另行协商。

8. 本约定原件一式贰份，具有同等法律效力，男女双方签字后即生效,由双方各保留一份。

签名: 男方: 女方:

年 月 日 年 月 日

该份财产约定第1~5条,就采用了简单列举婚后财产,并直接约定性质的方法。对于家庭财产不多的,用这种方法简单直接,较为合适。

2. 总—分式

对于财产较多的,可以采用总—分式,即前面列举共同财产,后面对于约定为共同财产的及男女个人的财产进行各自汇总约定的方式,举例如下:

夫妻财产约定

男方:G,1982年××月××日出生,汉族,身份证号

女方:L,1983年××月××日出生,汉族,身份证号

男女双方为夫妻关系,现经双方平等协商,就二人婚内的夫妻共同财产归属及今后的财产制度自愿达成如下约定:

一、双方认可以下财产为目前的夫妻共同财产

(一)房屋

1. 位于北京市××区××202(房产证号:X京房权证昌字第××号)房屋一套,产权登记在女方名下,以女方名义与银行签订借款合同,目前尚有部分贷款未还清。

2. 位于北京市××区××1606[房产证号:京(2016)××区不动产权第××号]房屋一套,产权登记在男方名下,房款已全部付清。

3. 位于北京市××区××1002[房产证号:京(2016)不动产权第×

×号］房屋一套，产权登记在男方名下，以男方名义与银行签订借款合同，目前尚有部分贷款未还清。

4. 位于广东省深圳市××房屋一套，以男方G名义签订了房屋买卖合同、交纳了首付，并以男方名义与银行签订了借款合同，目前尚有部分贷款未还清。该房为期房，预计将于2019年年底交房，尚未进行产权登记。

（二）公司股权

1. J（北京）科技有限责任公司，男方持有该公司100%的股权。

2. Y（北京）国际贸易有限责任公司，男方持有该公司94.83%的股权。

（三）汽车

1. 宝马520轿车一辆，车牌号京××，全款已付清，所有权登记在男方名下。

2. 别克GL8轿车一辆，车牌号京××，该车系本约定的男女双方共同出资购买，租用他人×××的车牌号。

（四）存款及理财

1. 男方名下存款共计贰佰叁拾伍万（￥2,350,000）元；

2. 女方名下存款约陆佰万（￥6,000,000）元，另有理财产品约伍拾万（￥500,000）元。

二、双方对以上夫妻共同财产归属现进行如下约定：

（一）自双方签订本约定之日起，以下财产约定为女方个人财产，不再是夫妻共同财产：

1.

2.

3.

……

三、自双方签订本约定之日起，以下财产约定为男方个人财产，不再是夫妻共同财产：

1.

2.

3.

……

四、双方的共同财产

双方确认，本约定签订后，以下财产仍是夫妻共同财产：

1.

2.

……

3. 对单项财产进行约定

有些夫妻财产约定，只是对某一单项财产进行约定，其他的财产，仍按法律规定，财产属性不变，这样的财产约定也很多，我们来举一例：

例：

夫妻财产约定

男方：B，××××年××月××日出生，汉族，身份证号

女方：Z，××××年××月××日出生，汉族，身份证号

男女双方于2013年×月×日登记结婚，现经双方协商，就婚后购买的夫妻共同房屋自愿达成如下约定：

一、北京市××区××201号房屋双方按份共有

（一）双方婚后购买北京市××区××201号房屋一处，为夫妻共同财产，房屋所有权证号为：京2018海不动产权第××号，该房产权登记在B名下。双方约定从本夫妻财产约定签订之日起，该房屋为双方按份共有，共有比例为：男方B占有30%的产权比例，该30%产权为男方的

个人财产,不再是夫妻共同财产;女方Z占有70%的产权比例,该70%产权为女方的个人财产,不再是夫妻共同财产。

(二)该房屋目前有按揭贷款未还清,以男方名义签订借款合同,用男方银行账户还贷。双方约定从签订本约定之日起,每月贷款也由双方按份偿还,即女方需以自己收入承担每月贷款中的70%,具体方式为每月将贷款的70%转至男方还贷账户偿还贷款,男方每月仅需承担30%的贷款。

男方还贷账户信息:

开户行:

账号:

(三)贷款全部还清后,男方需配合女方办理解除抵押登记、产权过户等手续,即将房屋产权变更为按份共有,男方享有30%产权份额,女方享有70%产权份额。

(四)双方均确认,该房为双方共同出资购买,除按揭贷款外,该房屋及出资无任何纠纷、外债。

4. 注意事项

对于婚后财产的约定部分,要注意一个问题,就是财产约定的履行条款。如果财产性质发生变化,如由夫妻共同财产变更为一方个人财产的,要考虑是否需要后续的履行,如办理权利变动手续,即房屋、车辆、股权等涉及过户问题,动产涉及交付问题等。

例:

广东省深圳市××房屋一套。

自签订本约定之日起,有关本房屋的一切权益均为女方个人财产,不是夫妻共同财产,包括未取得房屋所有权之前的全部合同债权及取得房屋所有权之后的所有权权能。

因该房以男方名义签订购房合同和借款合同，目前未进行产权登记，将来产权需首先登记于男方名下，男方应于产权登记后九十日内配合女方办理完成一次性还贷、解除抵押登记及产权过户至女方名下的全部手续，一次性还贷费用及过户等相关费用由女方承担。在一次性还贷办理之前，每月贷款由女方向男方还贷账户转款进行偿还。

（六）结婚后财产制度或约定签订后的财产制度部分

签订财产约定，除了约定目前财产的性质外，往往还需要约定夫妻婚后适用的财产制度。对于婚后签订的将目前所有共同财产分割了的财产约定，今后到底是适用分别财产制度还是继续适用共同财产制度，非常容易引起误解，在相关案例中，因为约定不明，也产生了很多争议。所以，财产约定中，对夫妻适用的财产制度进行约定，是非常常见的内容，我们具体来分析一下。

1. 结婚后财产制度

对于结婚后的财产制度进行约定，往往是婚前签订财产约定的主要内容。下面我们来看几个例子：

例1：分别财产制

四、婚后财产制

（一）结婚后，男女双方实行分别财产制，即婚前及婚后取得的所有财产在谁名下即归谁个人所有，不适用夫妻共同财产制，包括但不限于：

1. 劳动收入，如工资、奖金；2. 生产、经营的收益；3. 投资收入；4. 接受赠与的收入；5. 知识产权的收益；6. 在一方婚前个人财产基础上产生的其他收益；7. 一方因侵权所获得的赔偿或补偿款；8. 一方作为继承人继承的遗产，但被继承人明确表示由夫妻双方共同继承的除外；9. 个人名下的债权。

例2:共同财产制

第八条　婚后财产制

除以上财产为女方婚前个人财产外,双方婚后仍依法律规定,实行法定的夫妻共同财产制,即婚后所得共同制。

例3:部分共同,部分各自所有

第八条　婚后财产制

上述男方名下房屋及女方名下的房屋结婚后的贷款,由男女双方用各自的收入偿还,男方名下整个房屋为男方个人财产,女方名下整个房屋为女方个人财产,除此之外,双方婚后产生的其他财产仍依法律规定,实行法定的夫妻共同财产制,即婚后所得共同制。

或:

双方婚后男方名下的公司股权,无论男方何时入资,除双方另有约定的外,均视为男方的个人财产。其余财产适用我国法定的财产制度,即婚后所得共同制。

2. 婚后签订约定后的财产制度

以上是婚前财产约定签订时,需要对结婚后的财产制度进行约定的情况,但是很多情况下,是双方在婚后签订夫妻财产约定,对现有财产的属性进行了变更,这种情况下,往往也需要对签订该约定之日后适用何种财产制度予以明确:

例1:此后仍适用共同财产制度(实际为部分共同,部分各自所有)

……

四、其他双方婚后所得仍为夫妻共同财产,由双方共同共有。

……

二、双方仅对上述房屋进行约定,其他现在及将来双方在婚后的所得,依法应为夫妻共同财产的,仍为夫妻共同财产,由双方共同共有。

以上案例,虽然规定了签订约定后产生的新的财产仍为共同财产,但约定本身可能已将现存的财产变更为一部分归各自所有了,所以,从总的财产情况看,实际上是部分共同、部分各自所有的情形。

例2:适用分别财产制度

四、本约定签订之后的夫妻财产制度

本约定签订之日后,双方适用分别财产制度。再产生的新的财产,在谁名下即为谁的个人财产。

例3:部分共同,部分各自所有

本约定签订之日后,男方再投资任何公司,男方名下的公司股权均为男方个人财产,不是夫妻共同财产,其他现在及将来双方在婚后的所得,适用我国《民法典》婚姻家庭编的法定财产制度,应为夫妻共同财产的,仍为夫妻共同财产,由双方共同共有。

(七)分别财产制度下的注意事项

1. 考虑要不要有家务劳动补偿内容

如果实行分别财产制,在一方工作,另一方不工作照顾家庭的情况下,要考虑是否增加给付一方家务劳动补偿的内容。

原《婚姻法》第40条规定,夫妻书面约定婚姻关系存续期间所得的财产归各自所有,一方因抚育子女、照料老人、协助另一方工作等付出较多义务的,离婚时有权向另一方请求补偿,另一方应当予以补偿。夫妻签订财产约定适用分别财产制度时,可以考虑这一规定,虽然没有离婚,但从该条的规定可以看出,原《婚姻法》是支持在分别财产制度下给予一方劳动补偿的。这样,有利于一方更好地照顾家族,尤其是,在家付出劳动照顾家庭的往往是女方,这样也有利于践行原《婚姻法》规定的照顾女方的原则。尤其是婚前签订财产约定适用分别财产制度的,如果不约定家务劳动补偿的内容,显然不利于双方顺利结婚,有失公允。

《民法典》第 1088 条干脆去掉了分别财产制的前提,即便适用共同财产制度,夫妻一方因抚育子女、照料老年人、协助另一方工作等负担较多义务的,离婚时有权向另一方请求补偿,另一方应当给予补偿。具体办法由双方协议;协议不成的,由人民法院判决。这一规定,加强了对弱势一方的财产保护,所以,如果财产约定里只约定适用分别财产制度,没有对照顾家庭的一方给予家务劳动补偿,并不是特别合适,事先在约定里明确,确实更为公允。

例:

二、男方向女方支付的补偿款

考虑到婚后女方以照顾家庭为主,男方为主要的经济来源人,为保障女方的权益,男方应每年向女方支付一定的家务劳动补偿款,作为女方的个人财产,具体补偿方法为:

(一)在女方不工作,全职照顾家庭的情况下,男方每年补偿女方 70 万元人民币价值的财产。

(二)如女方有工作,男方每年补偿女方 8 万元人民币价值的财产。

(三)以上补偿的财产可以存款、不动产,信托受益等各种形式体现。

(四)男方对女方家人补偿财产,也视为对女方的家务劳动补偿,应涵盖在上述补偿款内。补偿可以由男方、男方家人或指定他人对女方进行。

例如,男方通过他人设立的海外信托,将女方父母列为受益人,则女方父母每年信托受益也应记入补偿款。

2. 考虑结婚后可能产生的共同财产问题

分别财产制度下，也并非不会产生夫妻的共同财产，所以可以约定相关条款：

例：

六、夫妻共同财产

结婚后，如产生一定的夫妻共同财产，如他人赠与二人的财产，可以作为共同共有财产处理。

3. 考虑共同支出问题：如子女抚养费等

虽然夫妻可以适用分别财产制，但婚后很可能生育共同的子女，生活中也不乏各种共同的生活开销，在适用共同财产制的情况下，无论谁支出费用，剩余的财产都是共同共有，属于双方，不容易产生矛盾。但是在适用分别财产制度的前提下，这些共同的生活支出如何承担，就成为一个问题。所以，这个应该事先进行协商，并明确约定在文书中，以防止之后为此产生矛盾。

例：

三、生活费及子女抚养费

双方婚后共同生活产生的生活费以及子女抚养费主要由男方承担，女方根据自己的财产情况自愿承担。

4. 债务性质及通知义务

根据《民法典》第1065条第3款的规定，夫妻对婚姻关系存续期间所得的财产约定归各自所有，夫或者妻一方对外所负的债务，相对人知道该约定的，以夫或者妻一方的个人财产清偿。也就是说，签订夫妻财产约定，适用分别财产制度，当一方名下有债务时，并不能当然地成功对抗债权人，使债务按约定成为一方个人债务，还必须要债权人知道该约定方可。所以，在约定分别财产制度的情况下，增加有关债务性质及通知义务的内容就很有必要。

例：

四、婚后的债务

（一）由于男女双方婚后实行分别财产制，因此，结婚后一方名下所欠债务应视为该方个人债务，由其用个人财产自行承担。

（二）根据中国法律规定，如债权人不知道双方适用分别财产制，仍可主张债务为夫妻共同债务，因此，男女双方在婚后向他人有大额借款前，有义务让债权人知晓本约定的内容。

5. 互相给付财产行为的性质

结婚后，男女双方日常生活中难免有互相给付财产的行为，这些行为到底视为借款行为还是赠与行为呢？这也可以在财产约定中予以明确：

例：

婚后男女双方互相给付财产的行为，如无特别约定外，视为相互赠与行为。

6. 法律适用问题

很多适用分别财产制的是因为国籍和法定财产制度不同，所以，要考虑在财产约定的最后增加“法律适用”条款。

例：

八、法律适用

考虑到双方婚后有移民、变更国籍的可能，特对法律适用作如下约定：

本协议在中国签订，关于本协议的效力，适用中国法律，本协议效力不受双方婚姻缔结国、经常居住地国、任何一方国籍国、任何一方财产所在地国的法定财产制度的影响。

对本协议内容、条款的解释,适用中国法律,不受双方国籍或居所变更等的影响。

7. 其他

当然,每个财产约定签署的原因都不同,每个案例的具体情况也不同,律师要有思考和观察能力,熟悉婚姻法律知识,适时地在每个约定中增加具体的条款,这个就无法一一论述,需要律师的专业敏感度和与当事人多沟通。

例1:

五、财产代持

因生意等需要,婚后双方可能需要配偶代持某些财产,对代持的财产,不以实际记名人或持有人为财产所有人,财产的归属应以书面的代持约定为准,归实际所有权人所有,也不是夫妻共有财产。在必要时,代持人应将代持财产归还至实际所有人名下。

……

七、和谐互谅

结婚后,双方应本着和谐互谅的原则,协商处理日常开支和子女抚养问题,日常主要开支由男方承担,但双方均可自由使用一定的个人财产投入夫妻生活,作为互相赠与及支持。

例2:

九、其他事项

(一)双方均认可,签定本协议内容是自己的真实意思表示,并已向律师咨询了解过中国法律有关规定,也明确签定本协议的法律后果;双方也认可,在签定本协议时身体健康,神智清楚,具备完全民事行为能力。

(二)签订本协议后,若有未尽事宜,双方可另行协商,签订补充协议。

(三)本协议以中文签订,若将来出现协议外文翻译件与本协议含义冲突时,以中文版为准。

对于有涉外因素的,在签订约定时要注意在约定后附相关法条:

例:

……

附:相关法律法规

《中华人民共和国民法典》

……

……

总之,帮当事人起草财产约定是律师文书代拟业务中的常见业务,在财富传承规划中也非常常用,能否起草好财产约定也是体现律师专业度的一个试金石,专业律师都应当好好研究、应用。本节中,插入了大量的现实版财产约定案例,大家可视为模板使用,也可另行购买笔者另一本工具书《中国合同库:婚姻家庭》一书,详细了解相关的财产约定模板,此处不再重复插入模板。

第五节　关于夫妻财产约定中的风险及防范措施

上一节我们探讨了如何起草夫妻财产约定,下面,就夫妻财产约定在适用中的风险和防范,和大家讨论分享一下。

一、夫妻财产约定的性质

夫妻财产约定在财富传承及婚姻家庭诉讼中,有很大的适用空间,作用很大。但在其适用过程中我们也发现,由于对夫妻财产约定在法律上的性质认识不同,导致约定的适用也有不确定性,即有相应的风险存在。这主要体现在有些人认为,夫妻财产约定肯定要将现有的财产或财产份额的归属作出改变,所以必然涉及赠与,其实质应为赠与行为。另有人认为,根据《民法典》第 1065 条的规定,夫妻约定的财产制度是优先于法定财产制度的,这种约定行为本身是法律已经赋予效力的一种法律行为,不必再适用赠与,不能等同于赠与。

上述不同认识为什么往往会成为诉讼中的焦点问题,也是会在家庭财富传承中使用这种方法的律师非常关注的呢?因为它直接决定了签订夫妻财产约定是当即产生物权变动的效力,还是必须要履行物权变动后方产生效力。

具体说来,如果夫妻财产约定是赠与行为,那么根据《民法典》合同编的相关规定,动产在实际交付前可以撤销赠与,不动产和车辆等财产在做产权变更登记前可以撤销赠与,而如果夫妻财产约定不适用赠与,则约定合法签订后即生效,不管是否真正进行了财产转移,财产的归属都因约定的生效而发生了变化。

由于夫妻财产约定中最常涉及对不动产的约定,而不动产往往有贷款未还清,这种情况下无法在短期内将原产权人变更为新的产权人,如将房屋从夫妻中的一方名下过户至双方名下,所以如果在这期间发生了婚姻变故,一方主张按赠与的规则撤销约定的内容,另一方的可期待利益就落空了。所以,这也就是为什么在夫妻财产约定适不适用赠与的问题上,一直有争执的原因,因为在法律后果上,真的很不同,对当事人的利益影响甚至是极大的。

二、司法实践中的现状

司法实践中,对于签订夫妻财产约定,到底是否适用赠与,当事人有无在财产权利转移前的任意撤销权的问题,法院的掌握不一。

有的法院认为,双方签订的夫妻财产约定适用赠与,只要没有按照约定的内容将产权人变更,当事人都享有任意撤销权,在离婚案件中只要该方明示撤销,就会予以认可。

而有的法院认为,夫妻财产约定是等同于赠与的一种法律行为,夫妻财产约定不能当作赠与合同来对待,因此约定只要是合法签署并为书面形式,就认可其效力,不会在财产权利是否转移这个方面过多审查,直接依据《民法典》第1065条及夫妻财产约定的具体内容来判决。

笔者2017年审结的一个案例即是如此,男方将婚前购买婚后还贷的房屋约定成男女双方的共同财产,但因贷款未还清抵押未解除,尚未将女方名字加在房产证上,因此男方在离婚案件中明示法庭要行使撤销权,不再赠与女方,未获法庭认可,法官直接依据夫妻财产约定的内容判决房屋为共同财产并作了平均分割,对于被告提出的行使撤销权的主张,未作任何论述。当事人为此上诉,二审时由于双方达成调解协议,二审法院也未能就这一法律问题进行明确裁决。

另一案件,较为典型,且一、二审法院均出具判决书,对于男方放弃不动产权益的书面声明的性质等有较为明确的法律分析和认定,现将该典型案例及判决书相关论述介绍如下:

案例:

(一)基本案情:

男女双方在结婚后以男方的名义购买一处房屋,贷款一直未还清,男方L购房后曾为女方书写一《权利放弃声明》,表示:“自愿放弃所购房产的使用权、买卖权、产权和所有权等一切权益。该房产位于×××。本人声明上述房产一切权益归于女方S,女方可自行处置房屋,无须征得本人同意。首付款由女方一人支付。男方立此权利放弃声明时,身体健康,思路清晰,无外力胁迫,完全自愿”。声明落款处有男方签名字样及手印一枚。在离婚诉讼中,男方明确表示不认可该声明,称女方安全感不好,要求自己书写,该声明自己认为是没有效力的,并且表示如法院认可其效力,这也是一个赠与的意思表示,自己要行使任意撤销权,撤销赠与。同时提交了自己在首付款中有实际出资,及全部贷款均是男方在偿还的证据。女方主张该声明有效,房屋应为其个人财产。在离婚诉讼未完结的情况下,男方突发急病去世。男方父母与女方又进行了一场法定继承诉讼,在该案件中,男方父母主张男方在离婚诉讼时已明示撤销赠与,该内容也记入了离婚案的笔录,因此,该房屋应为夫妻共同财产,其中有一半是遗产。而女方认为该房屋全部为自己的个人财产,其中的一半不是L的遗产。

(二)一审法院判决书认定:

关于×城房产,本案的争议焦点在于该房产是否属于原告S的个人财产,《婚姻法》第19条规定,夫妻可以约定婚姻关系存续期间所得的财产以及婚前财产归各自所有、共同所有或部分各自所有、部分共同所有。约定应当采用书面形式;夫妻对婚姻关系存续期间所得的财产以及婚前财产的约定,对双方具有约束力。《婚姻法司法解释(三)》第6条规定:婚前或者婚姻关系存续期间,当事人约定将一方所有的房产赠与另一方,赠与方在赠与房产变更登记之前撤销赠与,另一方请求判令继续履行的,人民法院可以按照合同法第一百八十六条的规定处理。本案中,各方当事人对《权利放弃声明》的真实性无异议,原告S主张系夫妻财产约定;二被告主张系L的单方赠与声明,在房产未转移登记前L可以撤销赠与,且L也在离婚案件中明确作出了撤销的意思表示。本院认为,×城房产购买于S与L结婚之后,系夫妻于婚姻存续期间取得的共同财产。L于××××年××月××日书写的《权利放弃声明》的内容为其自愿放弃该房产的使用权、所有权等一切权益,该房产的使用权、所有权等一切权益归S完全拥有,S可以自行处置,无须征得L同意;同时申明书上载明L确认该房产的定金及首付款均为S一人支付。从申明的内容来看,L确认该房的首付款为S一人支付,并放弃其作为夫妻一方对该共同财产享有的相应权益,将本应属于夫妻共同所有的财产约定为归S一人所有,约定的内容明确、清楚。该申明系夫妻双方对该套房产采取何种夫妻财产制所作的约定,是双方协商一致对家庭财产进行内部分配的结果,在不涉及婚姻家庭以外第三人利益的情况下,应当尊重夫妻之间的真实意思表示,按照双方达成的婚内财产分割协议履行。二被告辩称该申明系L单方签署,并不是双方协商的结果,对此本院认为,该份申明并未施加给S任何义务,对S而言,其对该房产本就享有的夫妻共同财产之权益未受到任何影响,双方仅是将本应夫妻共同所有的财产权益约定为S一人所有,S作为纯获利一方未在该申明上签名不应影响该申明的效力或性质,其未签字亦不违背常理,对二被告该项答辩意见,本院不予采纳。二被告同时辩称,上述声明应视为L的单方赠与意思表示,但《婚姻法司法解释(三)》第6条的规定应适用于当事人将一方所有的财产赠与另一方,赠与方在赠与房产变更登记之前可以行使任意撤销权,如前所述,×城房产系夫妻双方婚后共同购买的财产,性质上属于夫妻共同财产,并非L婚前个人财产,L亦无权将该套房产赠与他人,对二被告关于该声明系赠与性质的主张,本院不予采纳。二被告还辩称,L生前在离婚诉讼中已明确表示撤销赠与,但该撤销行为的适用前提是L作出声明的法律行为系赠与性质,如前分析,本案不是赠与性质,故不具备任意撤销权的行使前提,对二被告的该项答辩意见,本院亦不予采纳。综上,本院认为《权利放弃声明》系夫妻双方通过书面形式,在平等、自愿、意思表示真实的前提下对婚后共有财产归属作出的明确约定。根据《婚姻法》第19条之规定,该夫妻财产约定对双方具有约束力,虽然该房产产权尚未变更至S名下,但物权法的不动产登记原则不应影响婚内财产分割协议关于房屋权属约定的效力,即S应作为该房产事实上的物权享有者,故该房产应根据约定内容认定为S的个人财产,而不应作为L之遗产予以法定继承。

(三)二审判决书认定:

本院认为,本案第一个争议焦点是各方对于涉案《权利放弃声明》的性质存在争议。《婚姻法司法解释(三)》第6条规定的婚前或婚姻关系存续期间约定将一方所有的房产赠与另一方的情形,前提是房产是一方所有,即房产性质为一方个人财产。本案中,×城房产登记于L与S结婚之后,且S能够证明有出资行为,上诉人上诉亦称S与L共同出资购买该房产,故该房产属于L和S的夫妻共同财产。基于该房产的性质,L所出具的《权利放弃声明》不符合以上法律规定中须是一方所有的房产赠与另一方的法定要件。据此,上诉人所称《权利放弃声明》是赠与房产的意思表示,且已被L撤销的意见,有违以上法律规定,本院不予采信。

《婚姻法》第19条规定,夫妻可以约定婚姻关系存续期间所得的财产以及婚前财产归各自所有、共同所有或部分各自所有、部分共同所有。此为夫妻分别财产制的法律规定。L出具涉案《权利放弃声明》,将原本属于夫妻共同财产的涉案×城房产,通过书面形式约定为S的个人财产,该《权利放弃声明》是L的真实意思表示,对各方具有法律约束力。L出具该文书"权利放弃",明确其为权利让渡人,而S是权利受让人,仅L作为放弃权利的一方在文书上签名符合出具该《权利放弃声明》的本意。故上诉人所称S未在《权利放弃声明》上签字的有关意见,本院亦不予采纳。因×城房产及《权利放弃声明》应适用《婚姻法》第19条的有关规定,上诉人有关该《权利放弃声明》可以撤销的主张,没有法律依据,本院不予支持。据此,原审法院有涉案×城房产经《权利放弃声明》的约定,属于S个人财产,不应作为L的遗产予以法定继承的认定,有事实和法律依据,本院予以确认。上诉人上诉称×城房产是L的夫妻共同财产,应予分割的意见,无事实和法律依据,本院不予支持。

从该案例看,一、二审法院都认定了文书虽然不太规范,但仍是夫妻财产约定,且财产约定,如果完全是一方个人财产,约定为另一方的个人财产,才是“赠与”,否则不适用赠与。本案中,因涉案房屋被认定为夫妻共同财产,所以约定将房屋归 S 一人所有的性质就不是“赠与”,而是“约定”,不是必须履行物权变动手续,不可行使任意撤销权。

对此,笔者不太认同。如果房屋是夫妻共同财产,也就是说,L 享有房屋产权份额,不管财产额度大小,将夫妻共同财产变为个人财产,难道没有赠与的部分吗?这就完全不是赠与吗?是全部产权赠与,还是部分产权赠与,影响赠与的性质吗?根据《婚姻家庭编解释(一)》第 32 条的规定,婚前或者婚姻关系存续期间,当事人约定将一方所有的房产赠与另一方或者共有,赠与方在赠与房产变更登记之前撤销赠与,另一方请求判令继续履行的,人民法院可以按照民法典第六百五十八条的规定处理。该条修改了原来的《婚姻法司法解释(三)》第 6 条,将“当事人约定将一方所有的房产赠与另一方”变更为“当事人约定将一方所有的房产赠与另一方或者共有”,也就是说,把一方个人婚前的房产变更为夫妻共有,也是“赠与”性质,那反之,把共同共有的房屋约定为一方所有,为什么就不是“赠与”了呢?显然,法院的认定在理论上很具争议性。当然,法院的这种认定,应该不是单一的现象。从该案例分析,可能在夫妻财产约定是否适用赠与规则的问题上,很多法院掌握的原则都是如此。

三、笔者的意见

对于夫妻财产约定是否适用赠与,似乎争议颇多,但是原《婚姻法司法解释(三)》第 6 条(现对应《婚姻家庭编解释(一)》第 32 条)的规定,似乎向人们传递了一个信号,即夫妻财产约定适用赠与的规则[①],因为毕竟,夫妻之间签订赠与协议的不太多,有很大部分是以夫妻财产约定的方式将房屋的性质进行了改变,所以很多人认为此处的赠与,不仅仅包含夫妻间的赠与协议,很大程度上是指的夫妻财产约定。

笔者查阅了原《婚姻法司法解释(三)》刚刚出台时最高人民法院于2011年8月出版的《婚姻法司法解释(三)理解与适用》[②]一书,这本书是在《婚姻法司法解释(三)》颁布的同时发行的,所以笔者认为,其内容最接近当初立法时的本意。在第6条的释义(五、条文的法理依据)中多处内容都提到夫妻财产约定包含在本条所说的"赠与合同"中,即夫妻财产约定当然适用赠与,具体摘录如下:

该书第102页,讲解"制定本条司法解释的背景情况"时的表述:

夫妻在婚前或婚姻关系存续期间约定将一方个人所有的房产赠与另一方,但没有办理房产过户手续,离婚时赠与房产的一方主张撤销赠与,另一方主张继续履行赠与合同,请求人民法院判令赠与房产一方办理过户手续。在此问题的处理上,各地法院存在两种完全不同的认识和做法:一是认为**夫妻之间有关财产的约定**,只要系夫妻双方真实意思表示,不违反法律、行政法规的强制性规定,就应当认定为有效且对双方产生法律上的约束力。相对于物权法及合同法的相关规定,婚姻法对夫妻财产关系的规定属于特别规定,就当优先适用婚姻法的规定,**故夫妻之间有关房产赠与的约定无须经过物权变动手续**,离婚时人民法院可以判决房产归受赠人所有,对赠与房产一方主张撤销赠与合同的请求不予支

① 《婚姻法司法解释(三)》第6条　婚前或者婚姻关系存续期间,当事人约定将一方所有的房产赠与另一方,赠与方在赠与房产变更登记之前撤销赠与,另一方请求判令继续履行的,人民法院可以按照合同法第一百八十六条的规定处理。

② 最高人民法院民事审判第一庭编著:《最高人民法院〈婚姻法司法解释(三)〉理解与适用》,人民法院出版社2011年版。

持。二是认为夫妻有关财产的约定合法有效，但依据《合同法》中赠与合同一节的规定，“赠与人在赠与财产的权利转移之前可以撤销赠与”；“赠与的财产依法需要办理登记等手续的，就应当办理有关手续”；“具有救灾、扶贫等社会公益、道德义务性质的赠与合同或者经过公证的赠与合同，赠与人不交付赠与的财产的，受赠人可以要求交付”。婚姻家庭领域的协议常常涉及财产权属的条款，对于此类协议的订立、生效、撤销、变更等并不排斥合同法的适用。在实际生活中，赠与往往发生在具有亲密关系或者血缘关系的人之间，合同法对赠与问题的规定并没有指明夫妻关系除外。虽然**《婚姻法》第19条**规定了夫妻对婚姻关系存续期间所得的财产以及婚前财产的约定对双方有约束力，但就夫妻之间的赠与而言，一方赠与另一方钻戒、珠宝等贵重物品且已经交付的，依据合同法的相关规定，当然不能随便撤销，这就是所谓的“约束力”。而一方赠与另一方不动产，在没有办理过户手续之前，依据合同法的规定，是可以撤销的。我国采用的是不动产法定登记制度，无论基于何种原因发生的权属变动均需经登记才产生效力。因此，尚未办理房产过户手续的赠与，房产赠与人可以随时撤销赠与，人民法院对赠与房产一方离婚时主张撤销赠与合同的请求应予支持。针对审判实践中同案不同判的情况，很有必要对此问题予以明确规范。

该书第107页，讲解“夫妻赠与房产的撤销权的产生及现状”时的表述：

当今国际社会，在实行一般共同制的国家（如巴西、荷兰、葡萄牙），不论是夫妻的婚前财产还是婚后财产，是动产还是不动产，一律归夫妻共同所有。在实行所得共同制的国家（如俄罗斯、罗马尼亚），夫妻关系存续期间所得财产及原有财产的孳息为夫妻共有。在分别财产制国家（如日本），夫妻的婚前财产和婚后所得的财产仍归各自所有。**因此，在**

后两种夫妻财产制度下，才有夫妻相互赠与房产的可能性，才会出现撤销赠与房产的问题。目前，我国基本采用夫妻婚后所得财产共同制，同时允许夫妻约定适用其他财产制，从而为夫妻互相赠与房产和撤销赠与提供了法律基础。

（二）本条解释涉及两个重大问题：一是婚姻法确认夫妻对婚姻财产约定的合法性，却又赋予赠与人任意撤销权；二是对经过房产转让登记和公证的夫妻间房产赠与合同，不得行使任意撤销权。

该书第109页第1段的表述：

根据婚姻法第十九条第二款的规定，**夫妻可以约定其财产的归属，“约定应当采用书面形式”。因此，夫妻房产赠与合同属于要式合同，**构成我国赠与合同为不要式合同的例外，故不承认夫妻之间口头房产赠与合同的效力。

从上述内容，我们明显看出，最高人民法院对原《婚姻法司法解释（三）》第6条的释义中，明确该条的“赠与合同”包含夫妻财产约定，或者反过来说，明确了书面的赠与合同也是夫妻间的一种财产约定，因此夫妻财产约定应当适用赠与。

那么到底什么情况下才是“赠与”呢？从解释的开篇：“夫妻在婚前或婚姻关系存续期间约定将一方个人所有的房产赠与另一方，但没有办理房产过户手续，离婚时赠与房产的一方主张撤销赠与，另一方主张继续履行赠与合同，请求人民法院判令赠与房产一方办理过户手续。……”中我们似乎可以看出，必须是一方个人完整的房产，而不是产权份额，才会被认定为“赠与”，这和上述判例的分析一致。《婚姻家庭编解释（一）》第32条的开篇仍表述为“当事人约定将一方所有的房产赠与另一方或者共有”，即该赠与必须是将一方所有的个人房产赠与另一方或共有。但至少，从以上司法实践中的案例看，法院并未否认财产约定中的“赠与”性质,只是认为必须是一方所有的个人财产才可以适用“赠与”,如果是夫妻共同财产,一方只是享有共有权,就不适用赠与。当然对于这一点,笔者对其理论依据存疑,无论是100%产权,还是50%产权,还是多少部分的产权,都应当可以行赠与才对。

四、风险防范措施

对于哪些情况下,夫妻财产约定中的内容可以适用赠与,虽然存在争议,但是可以肯定的是,某些情形的夫妻财产约定中的内容是会被认定为赠与的,可以行使任意撤销权。明确以上法律风险,在婚姻家事财富传承中的意义在于,律师在给予当事人建议时,在运用夫妻财产约定调整婚姻家庭财富管理与传承工作中,给予当事人更为明确的指导意见,对客观存在的风险,明确提出防范方案。

笔者认为,在给予客户利用夫妻财产约定管理和传承家族财富的过程,应作如下防范措施:

1. 夫妻财产约定中应规定不可撤销条款;

2. 夫妻财产约定如涉及房屋过户问题,应办理公证为宜,因为根据《民法典》第658条的规定,经过公证的赠与合同不可撤销;

3. 签订夫妻财产约定后,应尽可能办理不动产过户,动产交付的事宜。

同时,夫妻财产约定效力极高,无须公证,自行签署也是有效的,但是,普通大众对于这一点并不是特别明确,因此,作为律师应特别提醒当事人。他们并不知道,签订了离婚协议书,只要没有真正去民政局办理协议登记离婚,离婚协议书都是未生效的,而这一纸夫妻财产约定,只要一签字,没有胁迫等情形,当即生效,如果又不涉及不动产过户等财产权利转移事项,也难以行使任意撤销权,这是一种对当事人权益影响极大的法律文书,可以达到在婚姻关系存续期间分割共同财产的目的。笔者在众多诉讼及非诉讼实例中,深切感受到这类文书的效力之高,影响之深,遂专作此节论述。

第六节　遗嘱的起草

一、遗嘱起草的含义

除了夫妻财产约定和离婚协议书以外,遗嘱是律师最常遇到的需要起草的文书。此处的遗嘱起草指的是帮助当事人确定遗嘱中的内容,但是到底要立什么形式的遗嘱,是另外一回事。比如,当事人请律师拟好遗嘱内容后,到公证处做公证遗嘱,对于遗嘱的内容,公证员还要再审核一遍,然后出具正式的公证遗嘱。还有的当事人要立自书遗嘱,那么就要按照事先确定的文本内容从头到尾自行抄写,做自书遗嘱。所以说,此处所说的遗嘱起草,主要指的是根据委托事项的具体情况,起草遗嘱文本交付给当事人,以备立各种形式的遗嘱。

二、起草前的咨询

在起草任何文书之前,律师都要充分了解相关情况,尽量掌握与起草文书有关的所有法律事实。否则,律师很可能会起草一份并不合格有效的遗嘱。举例来说,如果律师不知道遗嘱人还有一个未成年的非婚生子,在立遗嘱时完全将遗产留给了配偶或婚生子,而没有给未成年的非婚生子留份额,则此份遗嘱很可能会被认定为部分无效,因为《民法典》第 1141 条规定,遗嘱应当为缺乏劳动能力又没有生活来源的继承人保留必要的遗产份额。所以在这类继承诉讼中,法官可能会行使自由裁量权,将遗产中的一部分判归该未成年子女继承,这样,就使遗嘱的执行陷入不确定的因素中,所以起草遗嘱,并不是要完全按照当事人的意思表示进行,还要帮助委托人判断这样起草遗嘱会不会影响遗嘱的效力,给予委托人有效的建议和指导,尽量保证遗嘱有效、可执行。

所以,在起草遗嘱前,律师会和当事人面谈,对相关的情况进行了解,设计方案,一方面要保证遗嘱内容真实反映当事人的想法和需求,另一方面要保证遗嘱的效力没有问题。《民法典》继承编中所涉内容很多,律师需要熟知所有法条才能很好地判断,需要了解哪些情况对遗嘱起草是有意义的,所以为方便起见,笔者为大家起草了《起草遗嘱告知书》,可以将该份文书一式二份交给当事人签署,一份留给律师,一份留给当事人由其认真研读后,根据每一条的内容来确定,是否有律师需要了解但遗漏的事实,尽量保证律师了解了与立遗嘱相关的所有情况,律师可以更好地帮助当事人起草一份优质有效且利于执行的遗嘱。

文书12.2:起草遗嘱告知书

起草遗嘱告知书

1.遗嘱人(委托人)应保证是意识清晰的完全民事行为能力人。

2.遗嘱人应保证遗嘱是其真实意思表示,无受胁迫等情形。

3.遗嘱人立遗嘱后,应妥善保管,遗嘱被篡改的,篡改的内容无效。

4.遗嘱人应保证处分的财产是属于其个人所有的财产。不得处分属于国家、集体或他人所有的财产;也不得处分国家禁止公民持有、限制流通的物品。否则遗嘱无效。

5.遗嘱人已婚的,只能处分夫妻共同财产中属于遗嘱人的份额。

6.对于其他共有财产如家庭共有财产,遗嘱人只能处分属于自己的份额,必要时可考虑进行析产后再重新设立遗嘱。

7. 遗嘱涉及财产内容有可能发生变化。如果由于遗嘱人生前的行为,使得遗嘱处分的财产在继承开始前灭失、部分灭失或所有权转移、部分转移的,遗嘱视为被撤销或部分被撤销。

8. 请保证所立遗嘱中包含所有遗嘱人的个人财产,否则遗嘱未涉及的遗嘱人财产将按法定继承处理。

9. 公民的债权、知识产权亦属于可以处理的遗产范围,遗嘱人立遗嘱时请勿遗漏。

10. 继承人中有缺乏劳动能力又没有生活来源的人或胎儿的,遗嘱人应当为其保留必要的遗产份额。否则,依法律规定,在遗产处理时,仍要为该继承人留下必要的遗产,所剩余的部分,才可参照遗嘱确定的分配原则处理。

11. 由于继承契约的有效性法律无明确规定,处理遗产继承事宜,应首先签订遗嘱,继承契约可作为遗嘱的补充,以免日后发生继承纠纷。

12. 遗嘱人拟将遗产留给未成年子女等无民事行为能力、限制民事行为能力人,但指定监护人以外的人在一定时期内为遗产管理人(受托人)的,对遗产管理人(受托人)的选用应符合我国《信托法》的规定。由于遗产管理人的财产管理权和监护人对被监护人的财产管理权有一定冲突,在法律无明确规定何者优先的情况下,将来有发生纠纷的可能性。

13. 遗嘱人财产中包含公司股权的,公司股权的继承应首先依据公司章程处理,遗嘱人如另有安排,可提前与股东进行商议,依法修改章程或达成其他协议。

14. 公民立遗嘱处分个人财产,可以在遗嘱中指定遗嘱执行人。

15. 公民如在生前与扶养人签有遗赠扶养协议的。请确定遗嘱中所处理的遗产与遗赠扶养协议无冲突,否则遗嘱无效。

16. 遗嘱人具体立遗嘱的程序不属于本次起草遗嘱中律师的工作,遗嘱人应严格按照《民法典》第六编第三章中规定的六种遗嘱形式立遗嘱,相关见证人也必须符合该编中规定的条件。

承办律师就上述告知书的全部条款已向我进行了详细的说明和解释,我已理解上述告知书全部条款的法律含义,对上述告知书的全部条款均无疑义。

委托人:

年　月　日

扫描二维码

14307

三、材料审核

律师在起草遗嘱时,需要看到第一手的原件资料,方能更好地判断遗嘱应当如何起草,给当事人提出更好更切实可行的方案。比如,律师需要判断一处房屋是不是夫妻共同财产,可能需要看到购房合同、房产证、结婚证等文书,以更好地判断房屋是遗嘱人的个人财产,还是夫妻共同财产,这将决定遗产的范围。同时,遗嘱正文中的表述,和离婚协议书一样,要与原始法律文书保持一致。比如,房屋的地址,要照房产证抄写,还要写房产证号;继承人的名字要与户口簿和身份证一致,如果曾变更过国籍,需要写其护照中的正式名字,且注明曾用中文姓名,必要时可注明身份证号和护照号。

所以，一份文书，也许只有一页纸，但是非常考验律师的专业功底和是否敬业。如果专业不扎实，或者不认真，在遗嘱起草中，非常容易出现问题和瑕疵。

那么对于某些不能提供证据原件甚至不能提供复印件的情况，律师如何处理呢？这种情况下，要告知当事人，律师只能按照当事人提供的信息进行起草，由当事人保证所提供信息的真实性和准确性；如果因为当事人提供的信息不真实不准确，导致律师判断失误，遗嘱内容有瑕疵的，律师是不负责任的。在这种情况下，律师方可为当事人起草。相关内容律师可以记录在笔录中，必要时留档备查。由于大部分文书起草工作相对简单，不是案件，笔者一般也不立卷，在咨询之后起草文书交付电子版给当事人；但是对于明显有风险的文书起草，也应当签订非诉委托的协议，作为非诉讼案件立卷归档，保留相关材料，以排除律师的风险。

四、起草中的注意事项

（一）关于公房承租权是否可以作为遗产

公房承租权不是遗产，在第八章第九节“继承案件常见法律问题”中笔者就公房是否可以继承已专门论述过，所以如果有当事人要求对公房的继承请律师起草遗嘱，律师只能拒绝，可以建议当事人在生前将承租人直接变更至他人名下，将相关权益以接近于“生前赠与”的方式传承。

（二）夫妻共同财产的审查

普通人起草遗嘱最常出现的一个错误，就是把夫妻共同所有的财产均纳入自己的遗产范围中，一并处理了。所以，律师在起草遗嘱时，要着重审查财产的性质，到底是一方所有的财产，还是夫妻共同财产。以房产为例，尤其对离婚后再婚或丧偶后再婚的，要通过购房时间、资金来源、房产登记信息、有无财产约定等来确定房屋属于谁，是与之前配偶的夫妻共同财产，还是一方个人财产，还是与之后配偶的夫妻共同财产等。现实生活是极为复杂的，律师要细心、耐心审查，帮助当事人确定背景情况，再设计遗嘱。

那在遗嘱中一般如何处理夫妻共同财产的继承问题呢？笔者一般习惯用“某某财产中属于遗嘱人的份额留与××继承”的类似方式，来处理夫妻共同财产的继承问题，该方法也可用在家庭财产的继承问题上。比如，某处房屋是大家庭成员一起出资盖的，或者是拆迁所得，属于很多家庭成员共有，还未析分，这时委托人由于病重等某些原因又要尽快立遗嘱，不可能等财产析分完毕再立，这时就可以采用这种方法立遗嘱。哪怕遗嘱人立完遗嘱后很快去世，财产并未析分完毕，其遗嘱继承人或受遗赠人也可以参与财产析分，在析分后再去继承。

所以，如果想要把一个完整的财产留于某人继承，夫妻需要分别签订遗嘱，将自己的份额留给该人继承。当然，也可以采用夫妻签订财产约定的方式，将完整财产变为一方的个人财产，再由该人起草遗嘱，将整个财产处分，留给特定的人继承。假设夫妻二人有两处夫妻共同所有的房屋，其中 A 处房屋想留给大儿子继承，B 处房屋想留给小儿子继承，夫妻可以采取分别立遗嘱的方式，将 A 房屋中属于自己的份额留给大儿子继承，将 B 房屋中属于自己的份额留给小儿子继承。也可以签订一份夫妻财产约定，将 A 房屋约定为男方的个人财产，B 房屋约定为女方的个人财产，然后男方起草遗嘱将整个 A 房留与大儿子继承，女方起草遗嘱将整个 B 房留与小儿子继承。

（三）关于共同遗嘱

针对上面提到的案例，有很多人可能会想，夫妻间签订一份共同遗嘱可不可以，在一份遗嘱中共同处分两房，将 A 房留与大儿子继承，B 房留给小儿子继承。关于共同遗嘱的效力，《继承法》以及 2021 年 1 月 1

日起实施的《民法典》均未规定其效力如何。各国对共同遗嘱的效力规定也不同。由于夫妻不太可能会同时去世,所以共同遗嘱面临着一方去世后,另一方是否不能变更和修改遗嘱的问题,共同遗嘱中双方对共同财产的处分,是否意味着是互为条件,不能轻易变更,等等。当然,虽然法律并未规定共同遗嘱的效力,司法实践中却时有出现,很多情况下也被认定为有效。但这并不代表着共同遗嘱这种形式的遗嘱就一定是有效的,法官根据自由裁量权判断遗嘱效力,不同案件结果也不尽相同。所以,从审慎的角度,对于想要起草共同遗嘱的,律师应当向当事人示明,我们国家的法律没有规定共同遗嘱的效力,所以应当严格按《民法典》第六编继承编的内容,选择符合法律规定的遗嘱形式立遗嘱为宜。

所以,对于要求立共同遗嘱的,律师只须为双方起草两份单独的遗嘱,由他们各自去立即可。

五、遗嘱模板

为大家起草遗嘱方便,笔者提供两份遗嘱模板供大家参考:

(一)遗嘱(普通版)

文书12.3:遗嘱(普通版)

使用场景:普通遗嘱,适用于所有书面遗嘱形式,需要根据遗嘱的具体形式选择不同落款。

法律要点:

1. 由于我国的法定夫妻财产制度是婚后所得共同制,所以写遗嘱时,一定要询问遗嘱人的婚姻状况,了解所处理的财产是否是其个人财产,其有无完全的处分权。如果是夫妻共同财产,则只能处分自己的份额。

2. 另外，还需了解是否有其他缺乏劳动能力又没有生活来源的继承人等，必须给这样的继承人留出一定的遗产份额。可以配合《起草遗嘱告知书》来使用，了解相关情况，确定有无此类人等。

3. 要提醒当事人，实际立遗嘱时，遗嘱为多页的，应当在遗嘱每一页签名，注明年、月、日。

遗　嘱

立遗嘱人：________，女/男，________年____月____日出生，________族，身份证号________________。

一、遗产范围

（一）婚前个人财产

1. 房屋

(1)________________号房屋一处，全部房款已于婚前交清，所有权人为________，房屋所有权证号为：________号。

(2)________________号房屋一处，系________于婚前________年____月____日以自己的名义购买，房产证在办理之中，但房屋全款已于婚前一次性交纳完毕，因此仍为本人的婚前个人财产。

2. 公司股权

(1)________持有的________有限公司________%的股份

婚前________年____月____日，________入资________有限公司________元，成为该公司股东，公司注册资本________元，________持有该公司________%的股份，该股份为________婚前个人财产。

(2)________持有的________有限公司________%的股份

婚前________年____月____日，________入资________有限公司________元，成为该公司股东，公司注册资本________元，________持有该公司________%的股份，该股份为________婚前个人财产。

3. 汽车

________轿车一辆（车牌号________）为________于婚前购买，车款已全部支付完毕，该车为________婚前个人财产。

4. ________在以下银行账户内的存款及理财产品

(1)中国________银行 账号

(2)中国________银行 账号

(3)________银行 账号

(4)________银行 账号

……

5. 本人以下账户内的股票及资金

中国________证券股份有限公司________证券营业部以________名义开具的资金账号为________的账户，下挂下列卡号的股票及基金。

________在深圳证券交易所的股东卡号为：

________在上海证券交易所的股东卡号为：

6. 本人以下基金账户内的资产

________的开放基金账户号为：

中国工商银行账号为________的账户

7. 本人以下贵重古董及首饰（字画、邮票、家具、收藏品等）

……

8. 本人以下个人债权

(1)对________的债权________元

(2)对________的债权________元

9. 本人无个人债务(或本人欠________的债务________元)

(二)婚后夫妻共同财产

________年____月____日,________与________登记结婚,婚后产生如下夫妻共同财产:

1. 房屋

(1)________________号房屋一处,产权登记在________名下,房款已全部付清,房屋所有权证号为:________号。

(2)________________号房屋一处,产权登记在________名下,房屋所有权证号为:________号。尚有贷款未还清,未还贷款为________和________的夫妻共同债务。

2. 公司股权

(1)________持有的________有限公司________%的股份

婚后________年____月____日,________入资________有限公司________元,成为该公司股东,公司注册资本________元,________持有该公司________%的股份,该股份为________和________的夫妻共同财产。

(2)________持有的________有限公司________%的股份

婚后________年____月____日,________入资________有限公司________元,成为该公司股东,公司注册资本________元,________持有该公司________%的股份,该股份为________和________的夫妻共同财产。

3. 汽车

(1)婚后购买________轿车一辆(车牌号________)该车所有人登记为________,车款已全部支付完毕,该车为______和______的夫妻共同财产。

(2)婚后购买________轿车一辆(车牌号________),该车所有人登记为________,该车价税合计________元,其中首付款________元,其余________元为分期付款,共________期,车辆贷款还未还清,该车为夫妻共同财产,未还贷款为________和________的夫妻共同债务。

4. 存款及理财产品

(1)________在以下银行账户内的存款及理财产品

中国________银行 账号:

中国________银行 账号:

________银行 账号:

________银行 账号:

……

(2)________在以下银行账户内的存款及理财产品

中国________银行 账号:

中国________银行 账号:

________银行 账号:

________银行 账号:

……

5. 股票及证券账户内资金

(1)________以下账户内的股票及资金

中国_______证券股份有限公司_______证券营业部以_______

名义开具的资金账号为________的账户，下挂下列卡号的股票及基金。

________在深圳证券交易所的股东卡号为：

________在上海证券交易所的股东卡号为：

(2)________以下账户内的股票及资金

中国________证券股份有限公司________证券营业部以________名义开具的资金账号为________的账户，下挂下列卡号的股票

________在深圳证券交易所的股东卡号为：

________在上海证券交易所的股东卡号为：

6. 基金账户内的资产

(1)________的开放基金账户号为：

中国工商银行账号为________的账户

(2)________的基金账户号为：

________银行账号为________的账户

7. 贵重古董及首饰(字画、邮票、家具、收藏品等)

……

8. 除以上未还银行贷款外，无夫妻共同债务，无夫妻共同债权。

以上共同财产的一半份额为遗嘱人××的遗产。

二、遗产分配

以上________的全部遗产，包括房屋、股票、基金、存款等在之后产生的自然增值、收益、孳息，在________去世后作如下分配：

(一)________________号房屋(房屋所有权证号为________号)由________继承。

（二）________号房屋（房屋所有权证号为：________号）中属于我的份额由______继承，该房剩余未还银行贷款______亦应承担一半。

……

（＊）我持有的________有限公司________%的股权，我去世后由________个人继承，不是其夫妻共同财产，该股权仅留给________个人继承，作为其个人财产。如公司允许其成为股东，________可成为股东；如公司不同意其成为新股东，则股权转让所得价款全部由________个人继承，为其个人财产，不是夫妻共同财产。（**注：**相关遗产仅留给个人继承，不作为夫妻共同财产的情况）

（＊）________轿车一辆（车牌号________），我去世后由________继承。

（＊）婚后登记在我配偶________名下的________轿车一辆（车牌号________），属于我的份额由配偶________继承。

……

（＊）以下账户内的本人婚前存款及理财资产由________继承。

(1)中国________银行 账号：

(2)中国________银行 账号：

(3)________银行 账号：

(4)________银行 账号：

（＊）夫妻共同存款及理财资产中属于我的份额由________继承。

（＊）本人婚前以下账户内的股票及资金由________继承。

中国________证券股份有限公司________证券营业部以________名义开具的资金账号为________的账户，下挂下列卡号的股票及基金。

________在深圳证券交易所的股东卡号为:

________在上海证券交易所的股东卡号为:

(*)婚后在本人及配偶________名下的股票、基金,属于我个人的份额由________继承。

(*)本人婚前对________的债权________元由________继承。

……

三、遗嘱的执行

(一)遗嘱执行人系被继承人死亡后、继承开始前实际控制遗产,并在之后具体执行遗嘱所列内容将遗嘱付诸实施的人。

(二)________指定________为本遗嘱的执行人;

(三)________作为遗嘱执行人的权利义务如下:

1. 辅助完成遗嘱的保管、保密;

2. 收集、保管遗嘱人的财产资料和信息,将遗嘱人的遗产清理、登记并造册;

3. 负责在________去世后、继承开始前,确认、清理、保管遗嘱人的财产,对全部遗产进行实际控制;

4. 在立遗嘱人去世后,通知并召集继承人等相关当事人,宣布遗嘱,对遗嘱条款进行解释,就遗产情况作相关说明;

5. 按遗嘱内容对遗产进行实际分配、执行,并协助办理执行中各种手续如房屋过户、存款转移等事务;

6. 有针对各种妨害继承的行为提起诉讼的权利;

7. 遗嘱执行人可从遗产中预先扣留________元作为劳务费,劳务费可在宣读遗嘱后立刻领取。并保留相关凭证向继承人作书面说明。

（四）如遗嘱执行人先于立遗嘱人去世，立遗嘱人________将另行以书面方式变更遗嘱执行人，届时将以新的遗嘱内容为准。

四、本遗嘱原件一式四份，由立遗嘱人________保存一份，遗嘱执行人________保存一份，________父母保存一份，________的朋友________保存一份（________身份证号为：________________）。在________去世后，由遗嘱执行人向所有法定继承人及其他亲属宣读并负责解释。

五、当本遗嘱确立后，被继承人的遗产发生变化时，本遗嘱仍然有效，对于本遗嘱已涉及的遗产，按本遗嘱第二条分配，对于本遗嘱未涉及的遗产，按法定继承处理。

自书及公证遗嘱：

立遗嘱人签名：

年　月　日

（代书遗嘱：

立遗嘱人签名：

年　月　日

代书人：　　　　见证人：

年　月　日　　　年　月　日）

（打印遗嘱：

立遗嘱人签名：

年　月　日

见证人：

年　月　日

见证人：

年　月　日

注：打印遗嘱，遗嘱为多页的，要求遗嘱人和见证人在每一页都要签名字和年、月、日）

扫描二维码

14301

（二）遗嘱（简单万能版）

文书12.4：遗嘱（简单万能版，自书）

使用场景：适用于不宜自行书写长篇遗嘱或较为紧急情况下使用，比如高龄活动不便的老年人。遗嘱正文中不含遗产范围，由继承人确定遗产范围。

法律要点：在紧急情况下，可以立口头遗嘱，但其实立口头遗嘱的条件也较多，一是在紧急情况下立才有效，一旦事后紧急情况解除，口头遗嘱也就无效了，而且要有两位无利害关系的见证人方可，所以很多所谓的口头遗嘱其实都不具有效力。如果遗嘱人身体不好，难以书写较长的遗嘱，也无法到公证处进行公证，甚至还有些人没有什么文化,不太会写字,这种情况下,这种字数较少、陈述简单但反而全面的遗嘱更加适合,至于遗产范围,可以根据证据来确定。

遗　嘱

立遗嘱人________,女/男,________年____月____日出生,________族,身份证号________________。

我去世后,我的全部遗产由________继承。

立遗嘱人签名:

年　月　日

扫描二维码

14306

第七节　其他继承类非诉业务和文书的起草

一、遗嘱见证业务

笔者很少做遗嘱见证业务,原因有二。一是该业务其实非常考验律师的专业技能,律师要控制整个立遗嘱的过程,保证遗嘱人按法律规定的程序正确地立遗嘱,保证遗嘱的效力,律师的工作是具体而烦琐的;二是律师起草遗嘱内容后,如果采取公证遗嘱的方式,费用更低廉,而从效力来看,公证遗嘱的效力很高,公证处对于立遗嘱的流程有比较强的行业规范,法院采信的可能性几乎接近百分之百,而遗嘱见证费用更高,法院采信的程度并不会高于公证遗嘱。所以,从各种角度考虑,笔者一般都会建议当事人,由律师起草文本,去做公证遗嘱,保证效力,费用更低。而且由于律师不是见证人,如果将来因继承产生纠纷,也可以作为代理人代理案件,而不是作为证人出庭。因此,从成本及有效性角度考虑,笔者比较建议的方式,是由律师起草遗嘱文本,当事人做公证遗嘱。

另外,根据笔者多年的经验,很多人之所以宁愿选择收费更高的遗嘱见证,而不愿去做公证遗嘱的原因,是因为公证处经审查,不同意为其做公证遗嘱。可能是由于房屋未取得所有权,或者当事人的行为能力经审查不合格,或者财产归属有争议等。其中,笔者发现最多的,是当事人的行为能力问题。所以律师要好好审查当事人的行为能力,为当事人做笔录,由其出具精神健康的证明,否则在遗嘱见证中很容易出现问题。

当然,由于公证处审查较严格,在遗嘱的内容方面不那么灵活,有诸多较严格的要求,当事人希望做律师见证,起草更为全面、灵活的遗嘱时,律师也应当为当事人服务,帮助其更好地解决困难,处理好立遗嘱的问题。就遗嘱见证业务,笔者有如下建议:

(一)严格起草遗嘱

关于如何起草遗嘱文本,前一节已论述得很清楚,在此不赘述,总结起来就是一是要全面了解与遗嘱相关的所有事实,二是做好各项原始材料的审核,然后再起草遗嘱内容。

(二)确定遗嘱形式

遗嘱文本确定后,律师需要和当事人商量做哪种形式的遗嘱。口头遗嘱是紧急情况下方能立的,所以不在此限;公证遗嘱是在公证处立的,也不在此限。那么剩下的就是自书、代书、打印和录音录像遗嘱。由于律师见证一般还是要采用书面的方式,所以纯粹的没有文本的录音录像遗嘱,不推荐;但是自书、代书、打印遗嘱,可以同时结合录音录像,以强化遗嘱的真实性。对于不识字、不会写字的人立遗嘱的,可能录音录像遗嘱反而是比较适合的遗嘱方式。所以,要根据遗嘱人的具体情况来确定采用哪种遗嘱形式。

（三）严格把握程序

确定好遗嘱形式后，律师就要严格按《民法典》继承编的内容指导当事人完成立遗嘱。比如，自书遗嘱，律师需要求当事人将遗嘱从头到尾抄写，由遗嘱人亲笔书写，签名，注明年、月、日。然后由两名律师在见证页上签名字和日期。代书遗嘱，一名律师要作为代书人，抄写遗嘱，并由遗嘱人、代书人和另一名律师作为“其他见证人”签名，注明年、月、日。打印遗嘱，遗嘱人和律师应当在遗嘱每一页签名，注明年、月、日。整个过程，可以同时录像。

（四）档案保存

律师做遗嘱见证，应保留档案，内存见证遗嘱原件及相关笔录等。为方便大家，在此提供两份与遗嘱见证有关的文书模板，供参考：

1. 律师遗嘱见证告知书

文书12.5：律师遗嘱见证告知书

使用说明：相对于只是起草遗嘱内容而言，进行遗嘱见证，律师的风险更高，因此，也必须对相关需要了解的情况了解全面，因此让遗嘱人了解并签订这样一份材料，是保证工作质量的简洁方法。

律师遗嘱见证告知书

我所受理委托人申办遗嘱见证工作，特向申请人告知如下：

1. 遗嘱是遗嘱人生前按照《民法典》继承编规定的方式处分其自己所有的财产或者处理其他事务，并在其死亡时发生效力的一种民事法律行为。

2. 办理律师遗嘱见证，遗嘱人必须亲自办理。

3. 立遗嘱人应具有完全民事行为能力，遗嘱必须反映遗嘱人的真实意愿。

4. 根据《民法典》继承编的相关规定，遗嘱可以采用自书、代书、打印、录音录像、口头、公证六种形式。遗嘱人可以对自书、代书、打印、录音录像遗嘱申办律师见证或由律师陪同去公证处公证。遗嘱人可以撤销、变更自己所立的遗嘱。立有数份遗嘱，内容相抵触的，以最后的遗嘱为准。

5. 遗嘱人应保证处分的财产是属于其个人所有的财产。不得处分属于国家、集体或他人所有的财产。遗嘱人已婚的，只能处分夫妻共同财产中属于遗嘱人的份额。

6. 遗嘱人可以立遗嘱将其所有财产指定由法定继承人的一人或者数人继承，也可以立遗嘱将其个人财产赠给国家、集体或者法定继承人以外的人和组织。

7. 遗嘱人可以指定遗嘱执行人。遗嘱执行人既可以是法定继承人，也可以是其他人。

8. 遗嘱应当包括以下内容：

(1)遗嘱人的自然状况：姓名、性别、民族、出生日期、身份证号等；

(2)遗嘱处分的财产状况(名称、数量、所在地点以及是否共有、抵押等)；

(3)对财产和其他事务的具体处理意见；

(4)有遗嘱执行人的，应当写明执行人姓名、性别、年龄、住址等；

(5)遗嘱制作的日期以及遗嘱人的签名。

遗嘱中一般不得包括与处分财产及处理死亡等事宜无关的其他内容。

9. 遗嘱应当对缺乏劳动能力又没有生活来源的继承人保留必要的遗产份额。继承人是否缺乏劳动能力又没有生活来源,应按遗嘱生效时该继承人的具体情况来认定。

10. 遗嘱人应向委托律师如实说明所立遗嘱的有关情况,包括:

(1)身体状况、精神状况;

(2)婚姻状况,家庭成员情况,包括其配偶、子女、父母及与其共同生活人员的基本情况;

(3)遗嘱所处分财产的情况,是否属于遗嘱人个人所有,遗嘱人以前是否曾以遗嘱或者遗赠扶养协议等方式进行过处分,有无已设立担保,已被查封、扣押等限制所有权的情况;

(4)是否指定遗嘱执行人及遗嘱执行人的基本情况;

(5)其他有关内容。

11. 当事人、申请人不得有下列行为:

(1)提供虚假证明材料,骗取见证;

(2)利用见证书从事欺诈等违法活动;

(3)其他违法行为。

12. 无行为能力人、限制行为能力人不能立遗嘱。

申请办理律师遗嘱见证时,承办律师就上述告知书的全部条款已向我进行了详细的说明和解释,我已理解上述告知书全部条款的法律含义,对上述告知书的全部条款均无疑义。

委托人:

年　月　日

扫描二维码

14311

2. 律师遗嘱见证书样本

文书 12.6:律师遗嘱见证书样本(自书遗嘱见证)

使用场景:律师为委托人所立自书遗嘱进行见证时使用。

法律要点:律师做遗嘱见证,应为两人。见证内容,主要是见证遗嘱订立和签署的过程,对自书遗嘱的签署进行见证,遗嘱全文均应由遗嘱人书写。

遗嘱见证书

兹证明________(应写明姓名,性别,民族,出生年、月、日和身份证号等)于________年____月____日在________________(地点),在律师________和________的面前,立下了前面的遗嘱,该遗嘱全文、签名及日期均系________亲自书写。

特此见证!

北京市________律师事务所

律师:(签名)

律师:(签名)

年　月　日

附:

1. 立遗嘱人的身份证明,如身份证、户口簿等复印件;

2. 立遗嘱人处分的财产所有权的证明复印件；

3. 立遗嘱人健康证明原件；

4. 律师执业证复印件。

扫描二维码

14314

二、继承契约

所谓继承契约，也称为继承合同，是指被继承人与其法定继承人或其他民事主体之间订立的关于指定继承人、遗赠、负担、抛弃继承期待权等与继承相关事项的双方法律行为①。在实践中，笔者也经常碰到签署继承契约，或准备签署继承契约的。比如，父亲与几个子女签署，由谁来主要赡养自己，自己去世后财产归属谁，其他各方无异议等。下面我们来看一下例子：

案例1：

吴梅的丈夫去世多年，吴梅准备和老李再婚。吴梅有两个子女，儿子程成，女儿程华，老李有一个儿子李巍，均已成年。吴梅名下有两处房屋，老李婚前收藏了若干字画，比较有价值。为了尽快再婚，并保证孩子们的财产利益，吴梅打算和老李、程成、程华、李巍一起签订一份协议，说明房屋是吴梅的婚前个人财产，吴梅去世后，两处房屋均归程成、程华继

① 王旭光、王明华：《论继承契约的效力》，载《人民司法(应用)》2013年第19期，转引自樊丽君、邓画文：《论继承契约》，载《中国社会科学院研究生院学报》2006年第4期。

承。但是如果吴梅先去世,老李可以在其中一处房屋中居住到去世。如果老李先去世,吴梅自动放弃继承老李的所有字画,字画都由老李的儿子继承。

案例2:

裘先生今年已75岁高龄,有三个子女,大儿子裘志伟、大女儿裘维维、小女儿裘芊芊。由于裘先生最近身体渐差,需要人每天照顾,裘先生就准备住到一个孩子家中。裘先生和三个子女商量后签订了一份协议,约定老人的生养死葬都由大儿子及儿媳负责,但是裘先生名下的所有财产,包括一处房屋和若干存款,在其去世后也只由大儿子继承,两个女儿自愿放弃继承权。

上述两个案例就是比较典型的继承契约。作为律师,第一个问题肯定是要确定,这种继承契约在法律上是否有效。无论是原来的《继承法》,还是新近实施的《民法典》继承编,都没有规定继承契约的效力。在国外立法例中,有否定说和肯定说两种,规定各不相同。既然法律没有规定,那么司法实践中遇到继承契约,法官只能运用自由裁量权,来确定该契约构不构成被继承人的“遗嘱”:如果认为是符合《民法典》继承编中规定的合法形式的遗嘱,则会支持按继承契约处理遗产分配问题;如若不构成遗嘱,而所有的继承人和受遗赠人又不能达成一致意见,则可能按法定继承处理。

所以,当律师接到要求起草继承契约的委托时,一定要明示当事人,这种契约的效力法律并未明确规定,所以不能保证有效性,应同时起草内容不相冲突的遗嘱,以保证相关人的利益,如继承契约不能很好地履行,遗嘱人也可以根据情况适时地修改遗嘱。由于法律未规定继承契约的效力,所以本书也不介绍相关的写作方法。如果从当事人利益角度考虑,认为可以签署继承契约,一定要有符合法律规定的遗嘱相配套才可以。

三、遗赠扶养协议

原《继承法》

第三十一条　公民可以与扶养人签订遗赠扶养协议。按照协议，扶养人承担该公民生养死葬的义务，享有受遗赠的权利。

公民可以与集体所有制组织签订遗赠扶养协议。按照协议，集体所有制组织承担该公民生养死葬的义务，享有受遗赠的权利。

《民法典》对该条进行了修改，即：

第一千一百五十八条　【遗赠扶养协议】自然人可以与继承人以外的组织或者个人签订遗赠扶养协议。按照协议，该组织或者个人承担该自然人生养死葬的义务，享有受遗赠的权利。

《民法典》的修改实际上扩大了遗赠扶养协议的范围，自然人不仅可以和继承人以外的个人签订遗赠扶养协议，也可以与继承人以外的组织而不是限于"集体所有制组织"签订遗赠扶养协议。

笔者在律师从业过程中，较少接到遗赠扶养协议的代书业务，甚至这方面的诉讼也较少。但是，遗赠扶养协议是《民法典》继承编中不可或缺的一部分内容，在原来的《继承法》中，也有明确的规定。在此，仅提供相关模板供大家参考：

文书12.7：遗赠扶养协议

使用场景：公民与法定继承人以外的自然人或组织达成遗赠扶养的意向所签订的协议。

法律要点：根据《民法典》第一千一百二十三条的规定，继承开始后，按照法定继承办理；有遗嘱的，按照遗嘱继承或者遗赠办理；

有遗赠扶养协议的,按照协议办理。《继承编解释(一)》第三条也规定,被继承人生前与他人订有遗赠扶养协议,同时又立有遗嘱的,继承开始后,如果遗赠扶养协议与遗嘱没有抵触,遗产分别按协议和遗嘱处理;如果有抵触,按协议处理,与协议抵触的遗嘱全部或者部分无效。由此可见,遗赠扶养协议是最为优先适用的。

遗赠扶养协议

甲方(遗赠人)________,女/男,________年____月____日出生,________族,身份证号________________。

乙方(扶养人)________,女/男,________年____月____日出生,________族,身份证号________________。

[或乙方(扶养组织)________,法定代表人或负责人________]

遗赠人因家中无人照料,长期以来依靠扶养人照顾。经双方协商,愿意签署遗赠扶养协议,双方承诺履行以下约定:

一、遗赠人愿将自己的建筑面积为________平方米的房屋(地址:________,房产证号:________)以及房屋中的一切家具杂物(计有________件)全部赠给扶养人。扶养人在遗赠人去世后即受领上述全部财产。

二、扶养人保证继续悉心照顾遗赠人,让遗赠人安度晚年,至遗赠人去世之前供给生活水平保持在居民平均水平以上。遗赠人的饮食起居一切照顾由扶养人承担。遗赠人去世后由扶养人负责送终安葬。

三、本协议自签订之日起生效。

本协议一式三份,遗赠人、扶养人、见证人各执一份。

遗赠人(签字)： 年 月 日

扶养人(签字)： 年 月 日

[或 扶养组织(盖章)： 年 月 日]

见证人(签字)： 年 月 日

扫描二维码

7991

四、遗产分割协议

此处的遗产分割协议指的是，被继承人去世后，法定继承人或受遗赠人之间就遗产分割达成的协议。即法定继承人及受遗赠人之间，就被继承人的遗产分割事宜自行达成的一致意见。此协议中处理的遗产如果是直接可以支配、分割的，则该协议可以作为遗产分割完毕的证明凭据，各自保留。如果涉及不动产或者汽车、存款等需要通过有关部门过户、登记或取出的财产，则该分割协议可以作为呈递给有关部门(如法院、公证处、不动产事务管理中心等)的证明材料使用，表明所有法定继承人及受遗赠人的意见。

律师偶尔也会接到要求起草该类文书的委托，现提供相关文书模板一份，供参考：

文书 12.8：遗产分割协议

使用场景：被继承人去世后，法定继承人及受遗赠人之间就遗产分割达成的协议。

法律要点：

我国《民法典》第一千一百三十条规定：

同一顺序继承人继承遗产的份额，一般应当均等。

对生活有特殊困难又缺乏劳动能力的继承人，分配遗产时，应当予以照顾。

对被继承人尽了主要扶养义务或者与被继承人共同生活的继承人，分配遗产时，可以多分。

有扶养能力和有扶养条件的继承人，不尽扶养义务的，分配遗产时，应当不分或者少分。

继承人协商同意的，也可以不均等。

由此可见，因各种情况，继承也可以不均等，尤其是经继承人协商同意的，也完全可以不均等分割遗产。现实生活中，法定继承案件，不均等分割可能更有助于快速、高效地分割遗产。所以当所有法定继承人之间达成一致意见时，就需要签署一份遗产分割协议，如需履行相关手续如房屋过户手续的，应当履行，以达到早日定分止争的目的。

如果被继承人留有遗嘱，遗产中有留给法定继承人以外的受遗赠人的部分，或者同时有遗嘱继承也有法定继承的案件，就遗嘱的效力、遗产的分配等，法定继承人及受遗赠人也可以协商，达成一致的遗产分割意见。

遗产分割协议书

甲方________，女/男，________年____月____日出生，________族，身份证号________________。

乙方________，女/男，________年____月____日出生，________族，身份证号________________。

丙方________，女/男，________年____月____日出生，________族，身份证号________________。

丁方________，女/男，________年____月____日出生，________族，身份证号________________。

上述各方就遗产分割事宜，经平等、自愿协商，达成如下协议：

一、有关背景介绍

________年____月____日，________因________原因，逝世于________。现就被继承人遗产问题，各方经协商同意按本协议处理。

二、遗产分割安排

1. 存款

金额：

开户银行：

账号：

目前遗产管理人：

具体分配处理办法：

2. 房产

处所：

房产证号：

具体分配处理办法：

3. 其他遗产

遗产情况：

具体分配处理办法：

三、债务承担

1. 现有债务金额：

现有债务说明：

现有债务分担：

2. 本协议未作说明的债务分担，依据法律规定承担。

3. 补充约定

按本协议的约定进行分配时，如需要各方配合办理取款、过户等手续，各方应予配合。相关手续费、税费按对应财产的分配比例由获得遗产的各方承担。

相关遗产如尚有关联的未还贷款、债务，则由该项遗产的继承人自行承担；如有多位继承人继承，则多位继承人按继承比例承担。各方另有约定时除外。

四、相关事务安排

1. 相关事务包括：

2. 相关事务费用安排：

3. 相关事务分工：

五、其他

本协议经各方签字后生效，协议各方各持一份，具备同等法律效力。

甲方（签字）：　　　　　　　　　　　　年　月　日

乙方（签字）：　　　　　　　　　　　　年　月　日

丙方（签字）：　　　　　　　　　　　　年　月　日

丁方（签字）：　　　　　　　　　　　　年　月　日

扫描二维码

96

五、放弃继承声明书

《民法典》第1124条第1款规定，继承开始后，继承人放弃继承的，应当在遗产处理前，以书面形式作出放弃继承的表示；没有表示的，视为接受继承。所以，如果继承人想放弃继承，需要以书面的形式作出。作出放弃继承的表示后，其他继承人的继承份额会发生变化，所以，这一文书对法定继承人都有影响，需要认真对待。如需律师起草该文书，律师应当向声明人示明作出该声明的法律后果。

下面，我们提供一份放弃继承的声明文本供大家参考：

文书 12.9:放弃继承声明书

使用场景:法定继承人放弃继承权益所发表的声明。

法律要点:《民法典》第一千一百二十四条第一款规定,继承开始后,继承人放弃继承的,应当在遗产处理前,以书面形式作出放弃继承的表示;没有表示的,视为接受继承。可见,放弃继承应当采用书面形式,因此,放弃继承的声明书,在继承中将产生重要的作用。在诉讼中,如继承人放弃继承,法官一般会将放弃继承的表示明确记录在笔录中。

放弃继承和赠与自己的继承权益要加以区分。放弃继承后,放弃的权益将由其他继承人平均地享有;而赠与继承份额则不同,实际上是先继承,然后再将权益赠与指定的人。

放弃继承声明书

声明人________,女/男,________年____月____日出生,________族,身份证号________________。

声明人就放弃继承事宜,声明如下:

一、有关情况

1. 声明人是被继承人________的________(配偶、子女、父母等),被继承人________于________年____月____日在________(地点)因________________________________(原因)死亡。

2. 被继承人的遗产有:

(1)登记在________名下位于________________号的房产(房

屋所有权证号:________号);

(2)登记在________名下银行存款共计人民币________元(共________笔,分别表述存款银行名称、存款金额及账号)。

以下统称为上述遗产。

二、本人郑重声明

1. 本人自愿放弃上述遗产中属于我应继承的遗产份额。

2. 本人至今未发现 ________生前有应当依法缴纳的税款和需要清偿的债务;至今也未发现 ________生前对上述遗产立有遗嘱或签订有遗赠扶养协议。

3. 本人对亲属关系证明中所载明的继承人无异议,保证无遗漏其他继承人。

声明人确认:知悉放弃上述遗产所产生的法律意义和法律后果,并自愿承担因上述声明内容引起的法律责任与后果。

声明人(签名、捺指印):

年　月　日

扫描二维码

5455

六、接受遗赠声明

《民法典》第 1124 条第 2 款规定,受遗赠人应当在知道受遗赠后 60 日内,作出接受或者放弃受遗赠的表示;到期没有表示的,视为放弃受遗赠。显然,和法定继承人不同,如果受遗赠人不作出明确的表示,则视为放弃受遗赠。这一点,很多人并不了解,律师需要向受遗赠人明示,对于如何作出表示,法律并没有明确的规定。笔者也经常被问到这种问题,到底要向谁表示,以什么方式表示才算作出明确的表示。笔者认为,既然法律并没有限定形式,则一切"明确的表示"行为都应该被认为是可以的,如书面的表示、口头的表示、向法定继承人做出的表示、向不特定人群做出的表示,等等。但是,为了证明自己确实在知道受遗赠后60日内表示过接受遗赠的,应考虑以多种方式,尤其是公开的书面的方式进行"表示"。比如,向法定继承人邮寄声明书,保留邮寄底单,写明邮寄的是《接受遗赠声明》,或向法定继承人发邮件,保留网络记录,或者对网页记录进行公证;或者在公证处、律师事务所发表公开的声明,受遗赠人持有声明的公证书或律师见证书;或向法定继承人口头明示,保留相关的视频文件等。以上这些证据都应当明示日期,即在书面文件和凭证中注明日期,在视频中声明日期等。总之,受遗赠人应该有意识地保留在法定期限内的相关"表示"凭证。

在此,向大家提供一份接受遗赠声明书的模板供参考:

文书12.10:接受遗赠声明

使用场景:受遗赠人在知道受遗赠后六十日内作出接受遗赠表示时使用。

法律要点:根据《民法典》第一千一百二十四条的第二款的规定,受遗赠人应当在知道受遗赠后六十日内,作出接受或者放弃受遗赠的表示;到期没有表示的,视为放弃受遗赠。在继承诉讼中,往往法定继承人会以受遗赠人没有作出接受遗赠的表示来主张其已经放弃受遗赠,因此,受遗赠人应当重视保留自己明示接受遗赠的证据,必要时,可采用向某些人或机构发书面声明的方式,以作为接受遗赠的证据。

接受遗赠声明

声明人________，女/男，________年____月____日出生，________族，身份证号________________。

声明人就接受遗赠一事，声明如下：

声明人已知悉________（身份证号：________________），已于________年____月____日去世，去世前曾留有遗嘱，将部分遗产遗赠于本人。《民法典》规定，“受遗赠人应当在知道受遗赠后六十日内，作出接受或者放弃受遗赠的表示；到期没有表示的，视为放弃受遗赠”，因此，本人在此郑重表示，愿意接受________遗赠给本人的全部遗产。

声明人（签名、捺指印）：

年　月　日

扫描二维码

14317

第八节　其他常见婚姻家事协议的起草

除了前文所述的常见协议外，律师还会遇到一些其他的婚姻家庭类协议，如收养协议、分家析产协议、同居协议、投资协议、赡养协议，借款协议等。在此,我们讨论一些较常见的协议,并提供一些模板。

一、赠与协议

赠与协议也是一种常见的婚姻家庭类法律文书,律师有时也会被委托起草该类协议。比如,老人在生前就将房屋赠与子女、孙子女等。这种情况下赠与人往往是父母、老年人,考虑到一旦赠与完成,如果受赠人对长辈不孝敬,而房屋又难以收回的情况,建议该赠与附返还条件,或者只签订赠与合同,但是约定较长一段时间后再过户,这样,如果受赠人对老人不孝敬,在不动产过户前,是可以行使任意撤销权的。根据《民法典》第658条的规定,赠与人在赠与财产的权利转移之前可以撤销赠与。经过公证的赠与合同或者依法不得撤销的具有救灾、扶贫、助残等公益、道德义务性质的赠与合同,不适用前述规定。赠与人为保持任意撤销权,不仅要推迟过户时间,协议最好自行签署,不要进行公证,因为公证过的赠与合同不可撤销。

当然,根据案件的不同,赠与协议的目的不同,条款设计也应不同。比如,父母想把房屋赠与孩子,但考虑到当下年轻人的婚姻并不稳定,只想将房屋赠与子女一方,则赠与协议中的条款需约定该赠与只赠与子女单方,是其个人财产,不是夫妻共同财产。再如,父母想将房屋赠与子女,是不想在自己去世后,配偶再婚,导致房屋的产权份额被其他法定继承人分走,所以反而要规定该赠与为不可撤销之赠与,以保证整个不动产留给子女。由此可见,目的不同,条款不同。作为律师,要了解当事人的主要目的,同时也要把相应的风险提示给委托人。

下面,为大家提供一份赠与协议示例,律师可根据不同案件的情况斟酌条款,进行增删或改变。

文书12.11:赠与协议(父母赠与房屋给子女)

使用场景:父母将不动产赠与子女时签订。

法律要点:婚姻家庭案件中的赠与协议常常发生在亲属之间,有人可能会有疑问,亲属之间赠与为什么还要签协议。以本协议为例,如果受赠人是已婚状态,通过书面的赠与协议,就可以明确是其个人财产,而不是夫妻共同财产。在一些婚姻已经出现风险的情况下,签署赠与协议就是非常有必要的,而且最好公证,以证实签订协议的真实时间。在离婚诉讼中,有些当事人也会出示一些父母与自己的赠与协议,以证实所赠为对自己个人的赠与,但是由于双方之间明显的利害关系,使得这样的证据很难得到采信,而通过公证的赠与协议则不然,其真实性往往会得到法院的认可。

生前赠与房屋,父母子女间可配合办理过户手续,省去继承程序的麻烦和不确定性。

赠与协议

赠与人:________,男/女,________年____月____日出生,________族,身份证号________________。

________,女/男________年____月____日出生,________族,身份证号________________。

受赠人:________,女/男,________年____月____日出生,________族,身份证号________________。

________与________为夫妻关系,________为________和

________的女儿。现________与________经协商，拟将夫妻共有的坐落于________________房屋一处赠与女儿。具体事项约定如下：

一、________________房屋（产权证号：________）为________与________的夫妻共同财产，现产权登记在________名下，无贷款。________和________自愿赠与给女儿________个人所有，为其个人财产。

二、本协议签订后三十日内________和________应配合________办理产权过户手续。

三、本赠与协议从签订之日起生效，为不可撤销合同。

四、本合同一式三份，三人各持有一份，具同等法律效力。

赠与人：　　　　　　　　　　　　　　受赠人：

年　月　日　　　　　　　　　　　　　年　月　日

扫描二维码

16269

二、借款协议

借款协议，也是律师经常遇到需要起草的文书之一。在婚姻家庭案件引发的案中案中，民间借贷纠纷是常见的一种，起草一份好的借款协议，可以减少或防止纠纷的发生。很多纠纷的发生是由于没有书面的协议，没有明确的约定导致的。尤其是父母为支持子女而给付的款项，到底是借款还是赠与，甚至是共同投资，如果约定不明，将来反而容易引发矛盾。所以如果亲友间有借款存在，最好也要起草一份借款协议，来明确相关事实。

鉴于父母为子女购房出借款项的情形较普遍,现以此情形为例为大家提供一份借款协议模板,供参考:

文书 12.12:借款协议

使用场景:亲属之间借款时签订,如为子女购房出借款项等。

法律要点:父母出资为儿女买房,应明确款项性质,尤其是在子女已婚的情况下。如果是赠与,应明示赠与,并明示是赠与单方还是双方;如系借款,子女又已婚的,应请子女及配偶同时作为借款人,明确借款为共同债务;如系投资,则应一起签订投资协议。根据款项性质不同,法律后果都是不同的。明确款项性质后,不容易发生纠纷。笔者代理的很多婚姻家庭案件,在诉讼发生时各方对款项性质往往各执一词,各自选取有利于自己的主张,加重矛盾,难于处理。因此在出资之初,各方就明确款项性质,反而有利于彼此相处。

借款协议

借款人:

________,男/女,________年____月____日出生,________族,身份证号________________。

________,女/男,________年____月____日出生,________族,身份证号________________。

贷款人:

________,男/女,________年____月____日出生,________族,身份证号________________。

________，女/男，________年____月____日出生，________族，身份证号________________。

________与两贷款人是父母、子女关系，________与________为夫妻关系，________与________是夫妻关系。现因________与________婚后购房，资金紧张，特向父母借款，双方达成如下协议：

一、________及________向________和________出借人民币________万元用于购房，于________年____月____日之前支付至________的如下银行账户：

中国工商银行　账号：

二、该贷款在十年内为无息贷款，________和________应在十年内还清该________万元。即借款期限为________年____月____日至________年____月____日。

三、如到期未能归还，除应继续归还本金外，还需加收利息，即十年后仍未还本金部分从借款期限界满第二日起计算同期银行贷款利率。

四、本协议一式两份，自签订之日起生效，双方各执一份。

借款人签名：　　　　　　　　　　贷款人签名：

年　月　日　　　　　　　　　　　年　月　日

扫描二维码

13143

三、投资协议

笔者曾代理过一个案件，是由父母出资购房但房屋登记在儿媳的名下引发的，为购买该房，还以儿媳的名义贷款，后来老人希望对房屋进行处理时，引发了与儿媳的矛盾，导致儿子和儿媳矛盾加剧以致分居，老人将儿子、儿媳告上法庭，要求确认房屋归自己所有，并出示了很多证据证明自己出全部款项，但是最终还是败诉了。老人出资肯定也是为了子女的生活，后来考虑两个子女的财产平衡，想作些调整，也是人之常情，但是由于一开始对于出资的性质、房屋的归属等约定不明，导致之后双方各持己见，以致引发家庭大战，破坏了出资的初衷，是很遗憾的事。

所以，家庭之间合伙进行投资，应该明确性质，所谓“亲兄弟，明算账”，就是这个道理。婚姻家庭案件涉及的投资协议，与普通的合同不同，因为发生在亲友之间，有其特点。在此，向大家介绍一个模板，仅供参考：

文书12.13：投资协议

使用场景：家人要一起投资时所签订的协议。

法律要点：投资关系和赠与、借贷均不同，既然是投资，则要共享利益，共担风险，即假设共同投资不动产，则房屋增值利益应按约分配。考虑到家人共同投资和普通的投资有区别，在利益分配上不一定完全按照出资比例，也可以有所变通，但是协议签订的目的就是要将所有的约定事项予以明确，协议各方对自己享有的权利义务都知晓，才不容易产生矛盾。

投资协议

甲方：

________，男/女，________年____月____日出生，________族，身份证号________________。

________，男/女，________年____月____日出生，________族，身份证号________________。

乙方：

________，男/女，________年____月____日出生，________族，身份证号________________。

________，男/女，________年____月____日出生，________族，身份证号________________。

________与________、________是父母子女关系，________与________为夫妻关系，________与________是夫妻关系。现四人决定共同投资购房，达成如下协议：

一、四人共同出资购买坐落于________________室房屋一处。

二、考虑到办理手续的简便以及申请贷款的方便等事项，四人同意仅以________的名义签订购房合同、办理贷款并办理产权证。

三、四人约定出资比例如下：

1. 首付款122万元，________和________出资61万元，________和________出资61万元。________和________应于________年____月____日之前将61万元转至________如下银行账户：

招商银行　账号：

2. 以________的名义申请银行贷款________元，之后每月还款由________和________垫付，每满一年，________和________应按本年度实际还贷数支付一半至________的还贷账户内，于每年1月5日前支付上一年的贷款。

四、将来房屋产权人虽只显示________一人，但四人均确认该房实为甲乙双方按份共有，即甲方占有产权的50%，乙方占有产权的50%。

五、四人将来可协商共同出售该房，以________的名义办理出售相关手续，所得售房款甲乙双方各一半。

六、在出售前，甲方可在此房内居住，乙方同意不收取租金。

七、如甲方不在此房居住，因乙方另有住房，四人可共同出租该房屋，以________的名义签订租赁合同，所得租金甲乙双方各一半。

八、如因其他合理理由，甲乙双方不再适合共有此房，任何一方任何一人均可提出析分该房的主张，甲乙双方应友好协商处理。

九、本协议一式四份，自签订之日起生效，每人执一份。

甲方签名：　　　　　　　　　　乙方签名：

年　月　日　　　　　　　　　　年　月　日

扫描二维码

13145

四、分家析产协议

对于家庭共同财产，如果能够协商一致，早日分清，有利于家人的团结和睦。家庭共同财产,如农村中家人一起翻建房屋,城市里拆迁,作为被安置人的一家获得的拆迁利益等,都是家庭共同财产,有必要进行析分。还有继承上一辈老人的遗产后,法定继承人之间一直共有遗产,未作实际分割等情形,都会产生大家庭的共同财产,这些都是分家析产协议产生的缘由。所以,律师也会接到起草该类协议的委托。

下面为大家提供一份模板,供参考用:

文书 12.14:分家析产协议

使用场景:家庭成员就共同财产的分割达成的一致签订的协议。

法律要点:家庭成员间共同共有财产是很常见的情况,如城市内经常遇到的拆迁所获财产,往往就是共同财产。如何明晰财产权属,在大家庭和小家庭之间进行利益分配,是必须面对的问题。这时候,大家协商一致,签订一份分家析产的协议,明确财产分割、财产权属及后续履行等事项,对于避免产生矛盾是十分必要的。

分家析产协议

甲方________,男/女,________年____月____日出生,________族,身份证号________________。

乙方________,男/女,________年____月____日出生,________族,身份证号________________。

丙方________,男/女,________年____月____日出生,________族,身份证号________________。

丁方________,男/女,________年____月____日出生,________族,身份证号________________。

上述各方签署协议如下。

一、甲方系乙、丙、丁方之父(母),甲方家庭财产如下:

1. 坐落于________________的房屋一套,产权证号________,面积:________;

2. 存款人民币(大写)________(¥________元);

3. 家具价值人民币(大写)________(¥________元)。

二、乙方、丙方、丁方系兄弟姐妹关系,均已结婚,________与甲方共同生活,________均愿分家单过,甲方与子女协商后,均同意并请 ________作见证人,根据每个子女的人口和经济状况,达成分产协议如下:

1. 甲方分得   ;

2. 乙方分得   ;

3. 丙方分得   ;

4. 丁方分得   ;

5. 各人原居室衣物归个人所有。

三、以上所立各项各立约人完全同意,并有见证人在场,今后各自分居单过,永无争执。

四、由于不可抗力事件,致使一方在履行其在本协议项下的义务过程中遇到障碍或延误,不能按规定的条款全部或部分履行其义务的,不应视为违反本协议。本协议所指不可抗力,是指不能预见、不能避免并不能克服的客观情况。

五、各方在履行中产生的任何争议,都应由各方通过友好协商解决,协商不成,任何一方有权向本协议签订地(________)人民法院提起诉讼。

六、本协议自各方立约人签字捺手印后生效,立约人各方各执一份,每份具有同等效力。

签署时间:　　　　　年　　月　　日

甲方(签字捺手印):

乙方(签字捺手印):

丙方(签字捺手印):

丁方(签字捺手印):

见证人(签字):

身份证号　:

联系方式　:

见证人身份:

扫描二维码

6931

五、赡养协议

赡养协议也是常见的婚姻家庭类协议,赡养协议一般要解决老人的居住、经济支持、日常照顾等方面的事项,有些当事人喜欢将赡养和将来继承的内容放在一起,那样就成了继承协议了,所以不建议在纯粹的赡养协议中加入继承的内容。

在此,提供一个模板,供大家参考:

文书 12.15:赡养协议(简单版)

使用场景:用于有赡养义务的人之间,或赡养人与被赡养人之间订立的有关赡养的协议,内容简单直接,较实用。

法律要点:除因为赡养费发生问题需要一家人协商外,赡养义务人较多时,到底由谁家与老人同住,照顾老人,也往往是容易产生矛盾的地方。一般情况下,可以商定由一家主要负责照顾,其余人等可常看望并给付赡养费,也有约定在各子女家中轮流居住的。只要赡养义务人和老人都能达成一致,都是可以的。

赡养协议

母亲:________,________年____月____日出生,________族,身份证号________________。

长女:________,________年____月____日出生,________族,身份证号________________。

长子:________,________年____月____日出生,________族,身份证号________________。

次女:________,________年____月____日出生,________族,身份证号________________。

因母亲________的赡养一事,经三子女及母亲商议,达成如下协议:

一、因________年事已高,需人直接照顾,特委托长女________一家直接照顾母亲,________一家可与母亲共同居住于母亲住所内,即________________。

二、母亲________有退休工资约3000元每月，全部交予________管理，主要用于母亲的日常生活开支。

三、________、________每年1月5日前向________支付母亲的赡养费________元，平日有时间时应主动探望母亲。

四、母亲________如有医疗等大额开支(指单次费用超过5000元的)时，三个子女每人承担三分之一。

五、母亲如遇病重需要陪护时，三个子女轮流值班陪护，并可共同聘请护工帮助护理，护工费用每人承担三分之一。

六、本协议一式四份，每人执一份，具同等法律效力。

母亲：　　　　　　　　　　　　长女：

年　月　日　　　　　　　　　　年　月　日

长子：　　　　　　　　　　　　次女：

年　月　日　　　　　　　　　　年　月　日

扫描二维码

13146

六、同居期间协议

(一)同居协议

笔者曾代理过同居期间财产纠纷案件，深知由于同居期间对财产问题约定不明导致风险的后果。对于有婚姻关系的男女，受《民法典》婚姻家庭编的保护,适用法定的夫妻共同财产制度保护,不需要太多考虑签订书面协议的事情。但是,同居期间的财产关系,法律并没有特别明确的规定,生活中容易有矛盾,一旦结束同居容易有纠纷。尤其是某些人,选择同居为一种生活方式,不愿意结婚,这种同居可能是长期的。所以,在同居之初签订一份约定是比较必要的。

文书 12.16:同居协议

使用场景:在同居前就财产关系等进行约定时使用。

同居协议

男方:________,________年____月____日出生,________族,身份证号________________。

女方:________,________年____月____日出生,________族,身份证号________________。

男女双方现决定同居,对同居期间相关事项达成如下协议:

一、双方同居期间,共同居住于男方名下房屋,即____________________。

二、双方同居期间,各自名下的财产归各自所有。

三、双方建立共同的银行账户(________银行,卡号________),双方定期按男方60%、女方40%的比例存入现金,双方共同的生活开支等使用该共同账户内的钱来支付。

四、双方如需共同购买较大额的财产(如家用电器等),由男方单独出资60%、女方单独出资40%共同购买,但所购财产为双方共同共有。

五、在同居期间由单方出资购置或产生的财产(如房屋、汽车、公司股权、个人用品等)均为购买人的个人财产。

六、双方在同居期间,应尽互相帮助之义务。

七、本协议一式两份,自签订之日起生效,男女双方各执一份,具同等法律效力。

男方:　　　　　　　　　　　　　　女方:

年　月　日　　　　　　　　　　　　年　月　日

扫描二维码

13147

(二)同居期间财产约定

相较于同居协议,同居期间的财产约定更有针对性,是就财产制度、财产使用、财产归属等进行约定,尤其是在已经产生了许多同居期间财产的情况下,需要将财产性质、财产制度等予以明确时签订。现提供模板一份,供参考:

文书12.17:同居财产约定

使用场景:对同居期间产生财产的约定。

同居财产约定

男方:________,________年____月____日出生,________族,身份证号________________。

女方:________,________年____月____日出生,________族,身份证号________________。

甲乙双方为同居关系,自________年____月____日起开始同居生活。双方为了更好地明确同居期间取得财产的归属问题,防止因解除同居关系发生争议,现将所有的同居期间取得的财产进行划分。根据有关法律规定,双方经过友好协商,对同居期间取得的财产的归属达成以下协议,双方共同遵照执行:

一、房产

甲乙双方同居期间以________名义购买房屋一处,房产证号为________,位于________________,该房付款方式为________________,首付款为人民币________元由________支付,银行按揭贷款总计为人民币________元,每月还款人民币________元,自________时开始偿还,月供还款由________支付。

现双方认可该房屋产权按下列第________种方式处理:

(1)两人共同所有,各占一半产权;

(2)双方按份共有,具体的份额比例为:________;

(3)________方所有,但若两人分手,则拥有房屋产权方应按当时的市值向另一方支付房屋的一半价值作为折价补偿款。

二、车辆

甲乙双方同居期间购买的________车一辆,车牌号为________,登记在________名下。

现双方认可该汽车产权按下列第________种方式处理:

(1)两人共同所有,各占一半产权;

(2)双方按份共有,具体的份额比例为:________;

(3) ________方所有,但若两人分手,则拥有产权方应按车辆当时的市值向另一方支付一半价值作为折价补偿款。

三、公司股权

________公司的________%股权(出资额________元),登记于________名下。

现双方认可该股权按下列第________种方式处理:

(1)两人共同所有,各占一半股权;

(2)双方按份共有,具体的份额比例为:________;

(3)________方所有,但若两人分手,则拥有股权方应向另一方支付折价补偿款人民币________元。

四、其他财产

甲乙双方同居期间取得的其他未列明的存款、股票、基金、期货、首饰及个人生活用品等,双方认可按下列第________种方式处理:

(1)谁出资购买归谁所有;

(2)不论谁出资,为甲乙双方的共同财产,且各占50%的份额;

(3)________归甲方个人所有,________归乙方个人所有,其他为双方共同财产,各占50%份额。

五、债务

甲乙双方同居期间产生的债务,双方认可按下列第________种方式处理:

(1)在谁名下的债务,由谁承担,与对方无关;

(2)不论是谁名下债务,另一方均承担连带责任,视为双方共同债务。

六、附则

本协议一式两份,双方各执一份,每份具有同等效力,自签字之日起生效。

签署时间:　　　　年　　月　　日

男方(签字):

女方(签字):

扫描二维码

6866

(三)解除同居关系协议

无论在同居期间有无签订相关协议,在结束同居关系时,笔者强烈建议要签一个解除同居关系的协议。因为夫妻离婚一定要有离婚协议或法院的民事调解书、民事判决书,对于婚姻关系的解除、子女的抚养、财产的分割都有据可查,但是结束同居关系时,如果不主动签署书面协议,则根本无据可查,可能会埋下将来发生各种纠纷的隐患。笔者曾代理的一个同居关系析产纠纷案件,就是在双方同居分手后数年,男方突然反悔,要求分割同居期间女方购买的一处房屋。所以,解除同居关系时签订一份明确的协议是十分必要的。

解除同居关系协议不仅仅是明确双方解除同居的关系，同时还可能涉及非婚生子女的抚养、探望等，还有财产分割事宜。

文书 12.18：解除同居关系协议

使用场景：对于没有婚姻关系但长期同居，财产混同甚至生育子女的人，在解除同居关系时就关系解除、子女抚养、财产分割所达成的协议。

解除同居关系协议

男方：________，________年____月____日出生，________族，身份证号________________。

女方：________，________年____月____日出生，________族，身份证号________________。

男女双方自________年____月开始同居，并于同居期间生育一子________，现年五岁，现双方决定解除同居关系，并对相关事项达成如下协议：

一、双方自即日起解除同居关系，女方应与子女在本协议签订后三十日内搬出男方住房，即________________房屋。

二、子女________由女方抚养，跟随女方生活；男方每月支付女方子女抚养费________元至________18 周岁止，18 周岁至子女大学毕业期间，男方仍按此标准按月支付子女教育费等各项费用；男方可每两周探望一次子女，每次一天，即每隔周的周五晚接走，周六晚送回。

三、双方同居期间，只产生少量夫妻共同财产，均为家电，女方同意均归男方所有。其余各自名下的财产归各自所有。

四、男方同意在解除同居关系并且女方搬离男方住所后十日内，一次性支付女方经济补偿金________万元。由男方打入女方银行账户如下：

中国工商银行　账号：

五、本协议签订并履行后，双方无任何其他争议。

六、本协议一式两份，自签订之日起生效，男女双方各持一份，具同等法律效力。

男方：　　　　　　　　　　女方：

年　月　日　　　　　　　　年　月　日

扫描二维码

13148

七、关于夫妻忠诚协议的效力

除以上协议外，律师还会经常接到要求代为起草夫妻忠诚协议的委托。这种情况下，我都会告诉当事人，从司法实践看，忠诚协议的效力没有规定，所以一般不会接受委托。所谓的夫妻忠诚协议，一般是指夫妻二人签订的，约定互相保持忠诚，如一方违反该义务，则给予另一方赔偿的约定。也有的协议会约定如一方有不忠行为，则离婚时净身出户等。总之，是以忠诚为条件，违反者一般需要付出财产方面的代价，还有的约定丧失抚养权等内容。从以往的司法判例看,法官的裁判不一,有支持的,有不支持的,有参考的,有完全不参考的。在原《婚姻法司法解释(三)》征求意见稿中,笔者曾看到有关认定忠诚协议有效的条文,但正式稿中此条已删除,说明立法者并没有坚持忠诚协议有效论。在现实生活中,很多人签忠诚协议是因为一方出轨,过错方往往为了维持婚姻,不得已签订该类协议,或者对协议的效力认识不清,或者是在压力下考虑不周的情况下签订。可能是出于诸多原因,目前的法律并没有规定忠诚协议到底有没有效力。《民法典》第 1043 条规定的夫妻应当互相忠实的义务只是倡导性规定,是不可诉条款,依据该条起诉法院会不予立案。但是依据双方签订的夫妻忠诚协议起诉,会不会立案呢?从司法实践看,如果是不离婚,在婚姻存续期间起诉,恐怕大部分法院会不予立案。但是在离婚案件中,将忠诚协议当作证据,要求据此裁判,是不是可以呢?此问题不得而知,从司法实践看,也完全取决于法官的自由裁量。

基于上述原因,笔者一般不接受代为起草忠诚协议的委托。但是,律师应当是运用法律解决现实问题的专业人士,在这个问题上也不能太固执己见。既然法律并没有规定忠诚协议是无效的,那么就应当可以签署,只是律师必须要向当事人明示,该种协议的效力存在争议,法官的判决也不同,有可能最后根本起不到作用,法官甚至不会参考。但是,笔者仍然认为其有法律上的价值。

首先,签署了该协议,有助于一方约束自己的行为,表明自己忠诚于配偶与婚姻的决心,即便是一种仪式,也没什么不好;其次,签署此种协议,有时需把一方过错的事实作为前提陈述,双方对该事实予以认可,该文书就可以作为将来打离婚官司时的过错证据使用;再次,如果将来发生离婚,双方未必需要对簿公堂,一方如果愿意遵守契约精神,履行协议的约定,也未尝不可;复次,即便对簿公堂,即便有不被认定和支持的可能,但法官毕竟有自由裁量权,不管他是支持,是部分支持,是参考,还是完全不支持,对无过错方并无任何损失,不妨一试;当然,最后,笔者要提醒无过错方的是,如果以维持婚姻为目的,不要非得逼着配偶签忠诚协议或者保证书之类的,如果对方拒绝,但是确有悔改的意思,也要灵活处理,以主要利益为重,与财产相比,稳定和谐的家庭和未来是更大的利益,所以要根据每个案件的具体情况来决定是否要签署类似的协议。

第九节　家庭财富规划与传承

目前,家庭财富规划与传承的主题在婚姻家庭领域非常火爆,主要是因为适应了当事人的需要。笔者有时也会接到这类咨询,希望律师给予建议;有时律师也以授课的方式,来讲解这方面的主题。在这一领域,笔者的经验有限,仅就自己的观察和思考略作分享。

所谓传承,简单理解,就是将财产从上一代传至下一代或他人,实现财产的平稳过渡与传递。为了更好地传承,要合理配置各种类型的财产,以各种方式回避或减少传承过程中可能产生的风险等;而规划,则涉及当事人更多的需求,根据案件的具体要求,律师从法律等角度给予设计规划,以达到委托人的目的。有些人会使用财富管理的定义来代替财富规划,笔者认为意思其实基本一致。

这里面涉及的细节颇多。举例来说,财产过度地集中在配偶一方手中,导致该方突然生病时医疗资金难以迅速获取的问题。就这一个问题,引发的财富规划问题就有多方面。为防止这种情况,首先,律师应当引导当事人将财富分散,即一定要有一些财富放在另一方配偶的名下,方便取用;其次,对于名下财产数量多、种类多的,应当引导当事人养成定期列财产清单的习惯,在其本人有意外之时,可以让家人有线索找到所有的财产;最后,越是家庭财产数额巨大的,现金比例往往越少,从投资的角度也许是正确的,但是从风险的角度,是不可取的,应当保证家庭中有固定数量的活期存款,以备突发情况发生时可以迅速获取现金;对于疾病,当然要考虑事先投资保险产品,等等。也就是说,针对一个小问题,律师可以做的财富"规划"建议就有很多。但是我们看到,律师的规划完全不同于纯粹的理财师,理财师们更注重资产的增值和保值,而律师,更注重法律及多层面的风险,即资产的保值和风险的防控、委托人主要目的的实现。在家族办公室中,除了律师,需要配备会计师、税务师等多种人才,也是为了从不同角度解决家族的财富规划与传承问题。所以律师参与财富规划与传承,笔者认为核心点还是离不开法律、风险防控,最终是和各种价值目标进行平衡的产物,律师的工作重点是利用法律手段本身进行规划,再结合其他专业人才的其他方法和手段,更好地为委托人服务。比如,为了定向传承某一财产,针对中国的夫妻共同财产制度,可能要使用签订夫妻财产约定等纯法律的手段予以解决,这样的专业方法只有律师可以娴熟地操作。

就传承而言,有的人可能会问,我们原来有《继承法》,《民法典》施行后,又有继承编,就是解决财富的传承问题的。但是,继承这一种单一的方式,在目前显然已不能解决"财富传承"这一主题,尤其是对财富量巨大的家族。现在,律师讲解的财富传承方法,基本是在生前赠与、保险、信托、继承这几种方式中进行,少量家族还会采用慈善基金会的方式管理和传承财富。

一、生前赠与

采用生前赠与的方式传承家庭财富,有其好处,也有弊端,要根据委托人的具体需求来决定是否适合采用这种方式来传承财产。之所以考虑用生前赠与的方式,肯定是有其原因的。比如,存在继承人年龄小、家族结构复杂等情形,如当事人有多次再婚及多个子女的情形;再如,夫妻二人均不想出现一方先去世的情况下,另一方再婚,导致继承复杂化,在这种情况下,愿意在生前行赠与,保证房屋能传承给子女。总之,赠与这种方式不需要经过继承程序,赠与人在世时可以办理财产权利转移手续,有其灵活性,能确保财产传承给赠与人指定的人。

但是过早地将财产转移给子女,也有其弊端。赠与财产后,如果遇到子女不孝顺的情形,老人往往又想收回财产。所以,即便是采取赠与的方式传承财产,也建议将赠与设为附条件的赠与,一旦出现受赠人不赡养老人等情形时,赠与人可以要求返还财产。或者将不动产类的财产权利转移手续设定为一段时间之后,在明确表示赠与后,暂不办理不动产的产权过户手续,约定在一定年限后再办理过户手续,以便于必要时行使任意撤销权。

遇到子女已婚的情形,老人赠与子女财产,如果只想将财产赠与子女一人,则必须在赠与协议中声明,这一点和遗嘱是一样的。如果没有明示,则无论是受赠的财产还是继承所得的财产,都将作为夫妻的共同财产;如果只赠与子女一方,需要特别注明。

二、继承

对于大多数老百姓来说,继承还是采用最多的财富传承方式。如果完全没有事先进行财富规划管理与传承的概念和想法,那么就是普通的法定继承了,这样的案件,婚姻家事律师遇到的非常多。但是,如果不能很好地规划自己的财富传承,不作事先妥当安排,后代很可能产生纠纷,导致不和。笔者曾代理过的一个法定继承纠纷案件,就是因为老人没有留遗嘱,而在生前又曾经说过一些话,导致有些法定继承人认为那就是“口头遗嘱”,执着不放,不考虑其他继承人的利益和法律的规定,而使原本和睦的兄弟姐妹六人产生巨大矛盾,是令人非常痛心的。

采用法定继承的方式传承财产,并不是不需要在生前进行财产的规划、变动、管理,有可能更为需要。例如,一方生重病后,为了把房屋留给配偶,不要产生相关的继承问题,可以通过签署夫妻财产约定的方式把夫妻共同的房子约定为一方的个人财产,并且要保证房屋登记在配偶名下。这样,该房屋就不会纳入生病一方的遗产中。这样通过法律的方法进行小小的规划,就解决了当事人的难题,将来产生法定继承程序,也与该不动产无关了。这比赠与的方式更直接,省税费,更便捷,甚至有过户问题,其本质也是"夫妻更名",基本不需要支出什么成本。总之,法定继承应该是规划后的法定继承,当事人对于发生法定继承的结果是可以预期的,是有提前规划并认可的。

当然,一般的规划,应当会用到遗嘱。关于如何起草遗嘱以达到遗嘱人的目的,在前面遗嘱的起草中,笔者已讲过,不再赘述。起草遗嘱需要用到专业知识,包括遗嘱形式的把握,遗嘱内容的设定及效力,遗嘱的保存等,专业人士可以给予更好的指导。通过遗嘱继承方式传承财产的,在立遗嘱之前,为了达到遗嘱人的处分目的,也可能会有规划的需求,这一点和法定继承是一样的。总之,遗嘱人是提出其想法和要求的人,而律师才是帮助其达到目的的设计者。

继承这种财产传承方式的缺点是程序较复杂,可能要经过公证处审核出具公证书或法院审理后出具民事调解书和判决书等程序。需要准备的资料也较多,如所有法定继承人要到场,要提交被继承人和已去世的法定继承人的死亡证明,要提交所有的法定继承人与被继承人的亲属关系的证明,要提交财产凭证等。当事人经常会遇到不能找到已去世的法定继承人的死亡证明等资料而不能公证,或者一方不配合到场等尴尬情形,导致不得不以诉讼方式解决,时间长、工作多、变数大。

但是,继承这种传承方式也有其优点,比如,法定继承人继承遗产几乎没有什么税费,当然如果是遗赠则不然,以受赠房产为例,至少受赠人要交纳契税。所以很多情况下,当事人考虑税收方面的因素,愿意通过继承的方法来传承财产。

《民法典》第 1133 条最后一款规定，自然人可以依法设立遗嘱信托。这一款是《继承法》中没有的，是新增条款。由此可见，遗嘱和信托的结合，将来也必将是一种很好的传承财产的方式。

三、保险

在财富传承领域，利用保险合同的方式即购买保险产品传承财富是律师推荐最多的方式之一。这是由于保险产品在财富传承领域确实具有一些独特的优点，其中最大的优点是直接传承。投保人拟将一定的财产在去世后留给某位继承人，只要把自己列为被保险人，同时把受益人写成该继承人，在被保险人出险或死亡后，受益人凭保险合同、死亡证明等就可以获得保险利益。这样可以省去通过复杂的继承程序继承遗产的过程，比较快捷、直接地将财产传承给受益人。对于想要在子女结婚等重大事件中进行经济支持的家长，为了回避子女快速离婚的风险，婚前支付的礼金都可以变为购买相应的大额保单，以保证在结婚较长一段时间后子女才能取得保险利益，对婚姻进行一段时间的观察。为了应对自己去世后子女挥霍财产，投保人甚至可以再将保单结合信托，进行保险金的信托，设计自己去世后子女取得保险利益的方式，如分阶段、附相应条件等，防止子女在取得大额利益后短时间内挥霍一空，影响其生活质量。

总之，由于保险市场的相对成熟，保险产品的低风险性，在传承方面的直接、快捷、灵活，一些律师非常乐于推荐用保险的方式去进行一定比例的家庭财富传承。甚至有些人深入研究保险法律和产品，成为既懂法律又懂保险的跨界人才，可以更好地用这种方式为当事人服务。

四、家族信托

保险产品虽然可以达到直接传承等目的，但是其传承的财产额度是有限的；如果家族资产巨大，则单纯使用保险来达到传承的目的是不可能的。家族财产信托,才是更适合高净值客户对家族财富进行全面管理与传承的重要方法,这几乎已成为一种共识。信托制度产生于英国的衡平法,其特有的普通法和衡平法的二元所有权的制度设计非常适合用来从事家族财富管理和传承①。也就是说,该种传承方式来源于英美法系,真正在中国开始全面发展也不超过十年,由于法律传统及文化的不同,也不可能在短时间内完全移植与复制。单纯研究家族财产信托就可以写一本书,保险也如是,其在中国的发展与成熟绝非一日之功,相信未来家族财产信托在中国会发展得越来越好。

据笔者了解,目前中国内地的几十家信托公司,所开展的家族财产信托业务,财产形态基本是以现金类为主,还有保险金类的信托。如果想将公司股权及不动产直接装入信托计划是比较困难的,只能采取一些变通方法。而且,大部分银行的私人银行业务中的家族财产信托,其本质是理财产品,而不是真正为了传承资产设计,客户的主要需求也是以求得资产的增值为目的,而非平稳地传承。相对于保险、继承等方法,家族财产信托方式可以全面解决高净值人士家族财富的整体传承和平稳过度,从理论上分析是完美的方案,不仅解决了因继承可能产生的程序复杂、不确定性等问题,在有遗产税的国家,也解决了税负的问题,其重规划与风险的事先防控,是家族财富规划与传承这一主题中无法回避的主角,闪耀着最初设计者的智慧光芒。这一点,境外家族财产信托的诸多成功案例已给予了答案。

律师可以合理运用以上各种方法帮助委托人设计财富传承方案,家庭财富管理、规划与传承业务在婚姻家庭非诉讼领域,越来越占有重要的地位。这需要律师了解保险、信托等多方面的法律知识与经验,还可能涉及与相关机构及人员的合作,是需要不断学习与充实的领域。

---

① 韩良主编:《家族信托法理与案例精析》,中国法制出版社 2015 年版,第 26 页。

4

第四部分

其 他

第十三章 婚姻家事律师需要具备的综合专业素养

婚姻家事专业律师代理的是有关婚姻家庭的相关案件,常见的是婚姻家庭纠纷和继承纠纷,案由如离婚纠纷、离婚后财产纠纷、夫妻财产约定纠纷、抚养纠纷、扶养纠纷、探望权纠纷、赡养纠纷、收养关系纠纷、监护权纠纷、同居关系纠纷、法定继承纠纷、遗嘱继承纠纷、遗赠纠纷等。另外,婚姻家庭类纠纷还容易引发其他常见案中案,如物权保护类纠纷、合同纠纷等。律师代理这些案件,不仅要有好的法律素养,还要具备多方面的素质。这些案件多发生于亲友之间,有其独有的特点。律师应当注重调解,耐心发现问题,并解决问题,而不仅仅采取公事公办的生硬态度。当事人容易情绪化,处理不好,容易引发突发事件,律师应当有一定的敏感度。尤其是在自己的当事人情绪不稳甚至达到了抑郁的程度时,更要有耐心和智慧,运用多种专业知识帮助当事人,办法总比问题多,律师应当树立信心。认真、耐心、专业、善沟通,是婚姻家事专业律师不可缺少的品质,否则做不好案件,自己烦恼,当事人也不满意。

一、学习必要的心理学知识

离婚案件,当事人之间有情感上的纠纷,容易情绪化;继承类案件,发生在亲人之间,家庭过往积累的种种矛盾也容易在继承事件中发酵。婚姻家庭案件,当事人之间有"情"牵连,是代理案件的难点,但也往往是突破点。案件中的矛盾,不仅仅是表面化的现象,其本质中都蕴含着原生家庭的影子。如果律师学习一些心理学的知识,有助于律师帮助当事人分析案情,结合法律,作理性的决定,作适当的选择。

由于大量地代理这类案件,所以笔者通过看相关书籍、参加心理学方面的活动、组织读书会讨论、请教专业老师甚至亲自尝试等方法,探索在代理该类案件中律师要掌握的洞察能力、沟通能力等,更好地工作,引导自己的当事人往积极、健康、正确、有效的方向努力,大部分情况下很好地完成了工作。在此仅分享一点心得。

(一)律师对当事人的同理心

在与当事人沟通交流时,律师要学会站在当事人角度进行沟通。随着代理案件的增多,笔者的经验也在不停地积累。在与当事人的关系相处上,律师站在自己当事人的角度考虑问题是一个原则,也就是所谓的同理心。不管当事人的行为是否正确,律师都要明白,倾听是必须的,即便是一个明显的错误行为,当事人也必定有一定的理由这样做。这并不是说要无原则地去维护他。在法律上当事人需要为自己的行为承担责任;但是,从心理上,律师要有同理心,要善于倾听,不要急于下结论,要有耐心去了解当事人为什么会作出某些行为,或提出一些过分的要求。在充分倾听的基础上,律师给予的建议当事人才更容易接纳,更加信任律师。当事人也会明白,律师给予的建议,也是为了充分地维护当事人的最大利益。

例如,我经常会在充分与当事人沟通交流后,提出让其在财产上让步,并告知他律师的预判,就是风险客观存在,如果不调解,结果可能更差,或者从照顾女方和子女利益等角度让当事人明白和理解,弱化矛盾,促成调解或加快案件进程。律师在与当事人建立了信任之后,工作就比较容易做下来。关于案件成本,律师也会告诉当事人,是考虑了诉讼给当事人带来的压力的,需要花大量的时间精力,所以如果所做出的让步不是太大,律师会明示要考虑这方面的成本,代理案件的核心不仅仅是技术上的赢和财产利益的最大化,核心永远是人,是当事人的综合利益。

(二)律师要引导当事人换位思考

虽然要对自己的当事人有同理心,但是律师也要引导当事人适当地换位思考,考虑对方的行为、语言等代表着什么,怎么做会化解矛盾,而不是激化矛盾,把案件引导到更积极的方面。当当事人初步尝到正向引导的变化时,他会更愿意作这方面的努力,有些案件在转瞬之间就会调解成功。

如果当事人一时半会儿想不通,也不要急于求成,有的时候是要等待的。当事人提出的主张只要在法律上是允许的,也要尊重。所谓水到渠成,有的案件就是在多次开庭沟通,进行了一段时间后才有化解矛盾的契机出现,调解是贯穿整个婚姻家庭案件过程的。

(三)律师要做引导者,而不是被影响者

婚姻家庭案件的当事人受情感和家庭矛盾的困扰,容易情绪化,有些人甚至有抑郁、焦虑的情况,严重的会到达精神分裂的程度,有些需要服药,需要其法定代理人共同委托并处理案件。所以,律师要注意学会和他们相处:一方面,要理解自己的当事人,多些耐心,要有一定的敏感度,当自己的当事人情绪和行为明显存在问题时,要及时发现并关注;另一方面,也要明白法律是公平、中立的,当事人如果有偏激、过度自我的目标和想法时,律师应当采取适当的方法劝导。必要时应当引导当事人进行专业的心理咨询,配合案件的处理。

大部分人在离婚等案件中,会有情绪焦虑、过度担心等问题。这种情况下,他们比较容易出现的一个问题是过多的负面预测,最集中的一个表现就是,不停地假设问题让律师回答,而当律师回答完这个问题后,他们又会假设出另一个问题。最终,律师会发现,这些问题都不是问题,当事人的负面情绪才是问题,所以解决问题的关键并不是律师从法律的角度不断地解释和给出解决方案,而是从心理上对当事人进行疏导。这时候可以尝试引导当事人放下所有想法,并引导他们说出能想象的最有利的局面,然后告诉他跟随律师,一起朝着这个方向而努力,但是会做好最坏的准备。说白了,在这种情况下,律师应当引导当事人,而不是被当事人的负面情绪带着走。

(四)律师要有敏感度,要学会及时有效沟通

有些律师缺少耐心和专业性,对于当事人出现的明显焦虑等情绪问题,认为都是当事人的过错,甚至容易和当事人发生矛盾。律师要认识到,这是人们在特殊情况下面对压力时都有可能出现的情况,大部分人在案件终结后会恢复平静。律师应当运用专业知识帮助他们渡过难关,要敏感地识别出当事人的情绪问题,甚至是疾病,然后才能理性地提供帮助。

笔者曾经遇到过两个咨询案例,刚开始来都是咨询离婚事宜,一个已经被起诉并且定了开庭时间,另一个是要求律师起草离婚协议书准备办理协议离婚。咨询后,两个人很久都没有再联系律师,但后来还是来咨询律师关于继承的问题,因为他们的妻子都已自杀身亡。还有一个案件的对方当事人在诉讼期间自杀未遂。这些案例都给笔者留下了深刻的印象。这些人都患有抑郁症,可惜家人和配偶并没有意识到,认为对方就是不可理喻,而没有发现疾病,未从对待病人的角度去关心他们,缺少基本的防范意识。笔者咨询时,如果发现当事人陈述配偶有抑郁行为时,都会提醒要给予足够的关注,以防出现意外事故,因为当事人没有经验,但律师不是,当长期从事这一领域的工作时,这种敏感度会自然地建立。夫妻之间有相互扶养的义务,虽然可能面临离婚,但是这期间如果发生意外事件,相信是任何人都不愿意看到的,也会给活着的一方带来深深的心理阴影。这是对当事人负责,也是律师应当具有的专业敏感度,虽然这种极端事件出现的比例不高,但毕竟涉及一方的生命健康权,不可忽略,要谨慎对待。

遇到自己的当事人有明显的情绪问题时,律师要及时发现,善于引导,保证在代理期间不出现问题;结束代理时,如果发现当事人的情况还是不好,应当向其家人明示,要对当事人负责。

(五)律师要有原则和界限感

律师和当事人之间是代理人和被代理人的关系,律师要为当事人认真服务,并且关心当事人的状态,保证案件的正常进行。但同时,律师也要有自己的原则和界限感。不是律师应当做的工作可以拒绝;如果是出于帮忙,而不是律师的义务,也要说清,以免出现当事人提出各种无端要求的情况。以联系时间为例,有些当事人不顾律师需要休息,动辄就要求律师为他加班,没有急事晚上 11 点之后还在不停发信息,这些都是不合理的,律师应当引导当事人尊重律师的工作和休息时间,而不是无原则地“配合”当事人。律师与当事人见面,或者与对方当事人面谈,应当在工作场所,如律师事务所的办公环境,或至少在公共场所,不能深入他人家庭,这也是一个原则。对于案件的处理意见,做不到的就说做不到,律师是借助法律工具进行服务的,却很难超越法律去做到某些事情。

另外，律师代理的案件有可能不能从根本上把当事人的困难一下子解决。律师和当事人都应该明白，法律并不是万能的，那种想通过案件和律师的工作把所有困难一并解决的想法，也是不切实际的。这就是为什么笔者在代理过程中比较重视调解的原因，是因为调解可以化解更深层的矛盾，使调解书内容履行起来更为容易。以探望权纠纷为例，民事判决书和离婚协议书即便将探视的时间、频率写得很清楚，在履行时也会发生问题，两方有矛盾，子女夹在中间可能非常无措。解决不好，既影响父母看望子女，也影响子女的健康成长。所以发现真正的矛盾，并花些时间解决，做到案结事了，是最好的。笔者曾做过的一个探望权纠纷案件，通过法官和律师的配合，让矛盾的中心——男方的父亲在法庭上说了一两个小时，进行了较为正面的沟通，老人化解了心结后，痛快地达成了调解方案，也为之后女方顺利探望子女真正扫清了障碍，收到了较好的效果。但是并不是所有的案件都可以达到这样的效果，当情况不允许时，律师应当专注于把法律服务本身做好，尽到自己的代理责任即可。

二、常用法律梳理

婚姻家事专业律师，除了大量地做婚姻家庭类的案件外，其专业性还体现在对于该领域法律的了解。下面将最常用到法律和司法解释罗列如下：

《民法典》(最常用到的是第五编婚姻家庭编和第六编继承编的内容)

《婚姻家庭编解释(一)》

《继承编解释(一)》

另外，还可能用到《反家庭暴力法》、《未成年人保护法》和《老年人权益保障法》等。

在2021年1月1日之后,《婚姻法》、《继承法》、《收养法》及与其相关的司法解释中的一些内容变为了《民法典》第五编婚姻家庭编和第六编继承编的主要内容,上述三部法律已废止。同时,原《婚姻法》的三个司法解释修改整合后成为《婚姻家庭编解释(一)》,该解释也结合了其他一些单项的司法解释内容,原《继承法》的司法解释也被整合修改成为《继承编解释(一)》。原来的司法解释也被废止。

三、了解其他领域法律的必要性

当然,除了了解婚姻家庭领域内的法律,也要注重其他法律的学习。整个《民法典》中的内容都应当学习,《民事诉讼法》及相关司法解释也是必须要学的。其他法律也应当学习,虽然不能达到像了解婚姻家事领域法律那样的程度,但最好了解一些基本常识。因为婚姻家庭业务会和几乎所有的法律相关联。例如,大标的的离婚案件,主要的财产一定是有限责任公司股权、股份有限公司股份或者上市公司股票。笔者就曾和公司法律师、证券律师一起合作,或向他们请教。术业有专攻,你会发现,请教专业律师后,对于证据的收集和分析,对治一方转移财产的行为等,更有的放矢。所以,这种情况下,既了解婚姻家庭法律,又了解公司法,是一件非常好的事。再如,遇到案件中的知识产权证据取证时,要了解一些知识产权方面的法律,或者向知识产权方向律师请教,会了解更多的取证常识和途径;对于离婚案件中经常涉及的重婚、虐待、故意伤害等案件,如何进行刑事自诉,需要了解《刑法》《刑事诉讼法》的内容,向常做刑事案件的律师同行请教;在进行财富规划与传承业务时,要了解《信托法》《保险法》的相关规定;在遇到与不动产有关的纠纷时,要了解《民法典》物权编、合同编的相关法律规定和司法解释,向专业的房地产方向律师咨询,等等。总之,专业律师有其长处,但也有其短板,做到重点研习婚姻家庭领域的法律规定,又不放弃其他法律的学习,才是一个专业律师的基本素养。

小 结

以上就是我从实习律师做起,在律师行业十八年以来的工作体会和总结。我从2006年开始,专业从事婚姻家事领域律师业务。这些年做的案件不少,也积累了一些经验,但所学及水平总体有限。因为经常遇到同事和同行请教婚姻家事方面的问题,所以后来就经常分享和授课,现受法律出版社邀请,将我这些年作为一名普通婚姻家事律师的所想、所感写出来,希望可以在专业上帮助到同行,尤其是那些有志于从事这一领域的年轻律师们。也希望借此机会和各位老师、同行互相交流,共同提高。

后　记

这本书历时一年多，终于写完，虽然有些辛苦，有时有些畏难，但最终顺利完成了。在写作的过程中，我才发现，任何事都是积累而成，非一日之功。本书其实融合了我这些年在多处的讲课内容，融合了我的许多文书，融合了我的一些论文，融合了我很多的案例。所以行到某处，就要找找以前的课件、文章、文书、记录，抑或翻翻旧卷，做一些复制粘贴的动作，再作些调整修改，便成为了书的一部分。所以本书是我自 2006 年起专业从事婚姻家事法律业务的总结，是各种文件和经验的汇总。我要感谢那些课程、那些听众、那些案件、那些老师、那些当事人，也感谢自己，像是龟兔赛跑里的乌龟，跑得慢却没有停，终于今天能写出一本完整的有关婚姻家事律师业务的书。

在本书写作的过程中,《民法典》出台,本书未成书之际,《民法典》及相关司法解释已正式实施。所以书中往往同时引用了《民法典》《婚姻法》《继承法》及新旧司法解释的规定。在法律交替之际出版本书也十分有意义,我们可以清晰地看到法律的变化和与时俱进。

囿于水平有限,难免有不足甚至错误之处,且写作过程更让笔者认识到所学甚浅,学海无涯!勉强以本书,与同行切磋共勉,共同学习,共同进步。